Also in the Variorum Collected Studies Series:

ROSHDI RASHED
Optique et mathématiques

FRANZ ROSENTHAL
Science and Medicine in Islam

C.F. BECKINGHAM
Between Islam and Christendom

SEBASTIAN BROCK
Studies in Syriac Christianity: History, Literature, Theology

FRANZ ROSENTHAL
Muslim Intellectual and Social History

GEORGE MAKDISI
Religion, Law and Learning in Classical Islam

D.P. WALKER
Music, Spirit and Language in the Renaissance

HAN J.W. DRIJVERS
East of Antioch

JOSEPH GUTMANN
Sacred Images: Studies in Jewish Art from Antiquity to the Middle Ages

IRFAN SHAHÎD
Byzantium and the Semitic Orient before the Rise of Islam

Edited by B.Z. KEDAR
The Horns of Hattin

GEORGES VAJDA
La transmission du savoir en Islam (VIIe-XVIIIe siècles)

R.B. SERJEANT
Studies in Arabian History and Civilisation

VARIORUM COLLECTED STUDIES SERIES

The Dimension of Music in Islamic and Jewish Culture

Professor Amnon Shiloah

Amnon Shiloah

The Dimension of Music in Islamic and Jewish Culture

Routledge
Taylor & Francis Group
LONDON AND NEW YORK

First published 1993 by Ashgate Publishing

Published 2016 by Routledge
2 Park Square, Milton Park, Abingdon, Oxon OX14 4RN
711 Third Avenue, New York, NY 10017, USA

Routledge is an imprint of the Taylor & Francis Group, an informa business

A CIP catalogue record for this book is available
from the British Library.

ISBN 13: 978-0-86078-352-7 (hbk)

CONTENTS

THE SCIENTIFIC ASPECT

This volume contains x + 319 pages

PUBLISHER'S NOTE

The articles in this volume, as in all others in the Collected Studies Series, have not been given a new, continuous pagination. In order to avoid confusion, and to facilitate their use where these same studies have been referred to elsewhere, the original pagination has been maintained wherever possible.

Each article has been given a Roman number in order of appearance, as listed in the Contents. This number is repeated on each page and quoted in the index entries.

It has not been possible to reproduce all the illustrations originally included in these articles; in some cases new illustrations have been substituted.

PREFACE

In accordance with the great importance attached to learning during the epoch known as the Golden Age of Muslim civilization, the study of music acquired a prominent place among the areas of knowledge designed to mold the educated individual.

Exploration of the world of sounds, as found in sources of each era, was expressed in a variety of ways and approaches, ranging from anecdotal and entertaining statements to highly philosophical or systematic scientific speculations. To what extent do these different types of texts correspond to or reflect the then contemporary norms, taste and practice of the music itself? There is no clear-cut answer to this question. First, because we cannot actually hear the music conceived in remote times as it was transmitted orally and, second, at least part of the musicological output envisioned the intellectual challenge rather than the practical aspect. Nevertheless, literary and anecdotal writings bring us closer to musical reality and enable us to feel the vibrations and emotions experienced by both musicians and listeners of the more or less distant past. From them we also acquire notions concerning the technical, ethical and aesthetic norms accepted in those days. The scientific writings lead us either to the higher spheres of philosophical or cosmological consideration, or to the perplexing labyrinth of mathematical calculation and the dry abstracted essence of theoretical knowledge.

Under these circumstances, one finds the treatment of music intertwined with a dense network of related areas of knowledge. Thus, because of their interdisciplinary nature, the best contributions can be considered important links in the chain of cultural achievements and the history of sciences, as well as vital factors in the transmission of knowledge. Central to this approach is the keen belief, then held, in the overwhelming power of music resulting from ideas associating it with ethical and therapeutic effects and properties. These effects contribute to the establishment of harmony between passions and reason, and help make man aware of the supreme harmony of the universe. However, this very belief in the extraordinary power of music also arouses harsh opposition on the part of theologians and doctors of religion, both Muslims and Jews, who regard it as a rather depraving and debasing agent.

The fifteen items included in this volume bring together essays and critical editions of translated treatises with commentary pertaining to Muslim and Jewish writings. They represent samples of my long effort to explore, through interdisciplinary means, the conception of music as it emerges from the texts of the past.

I hope this volume will be of use to students of Arab and Jewish music, of medieval musical thought and theory and to all those concerned with Muslim and Jewish cultural phenomena.

For permission to reprint the essays included in this volume, I am grateful to the following editors and publishers: Tel Aviv University (I, III, V); The Magnes Press of the Hebrew University of Jerusalem (II, IV, VII, X); The Currency Press, Paddington, Australia (VI); *Orbis Musicae*, Tel Aviv (VIII); The American Musicological Society (IX); The University of Notre Dame Press, Notre Dame, Indiana (XI); Johannes Stauda Verlag, Kassel (XII); Florian Noetzel Verlag, Heinrichshofen-Bücher, Wilhelmshaven (XIII); Ateliers d'ethnomusicologie, Geneva (XIV); The University of Illinois Press, Champaign, Illinois (XV).

I would also like to thank Mrs Jane Singer for all her hard work in producing article XII.

AMNON SHILOAH

The Hebrew University of Jerusalem
July 1992

I

Un ancien traité sur le *'ūd* d'Abū Yūsuf al Kindī

Traduction et commentaire

INTRODUCTION

Abu Yūsuf Ya'qūb b. Isḥāq al-Kindī, "le Philosophe des Arabes", ainsi que l'appelaient ses contemporains, est l'auteur d'au moins 265 différentes oeuvres couvrant toutes les branches du savoir de son époque y compris la musique. L'auteur du Xe siècle Ibn al-Nadīm énumère sept traités de musique[1], alors que H. G. Farmer dans sa liste de sources musicales[2] en cite treize.

Dans une importante étude publiée récemment, R. Walzer écrit: "al-Kindī vécut au cours de la première moitié du IXe siècle, mais les dates exactes de sa naissance et de sa mort ne sont pas connues. Son influence fut prépondérante pendant environ un siècle, mais fut éclipsée ensuite par celle des philosophes tels qu'al-Fārābī et Avicenne, au point que seule une infime partie de son abondante production nous est parvenue dans quelques rares manuscripts... al-Kindī est le premier philosophe musulman dont la pensée et la personnalité nous soient devenues accessibles"[3]. La dernière phrase de la citation est également applicable à la pensée musicale d'al-Kindī telle qu'elle se reflète dans les différents écrits que nous connaissons et notamment dans le traité qui fait l'objet de cet article.

Ce traité qui porte le titre: *Risāla fī l-luḥūn wa l-naġam* (Epître sur les mélodies et les notes) n'a été connu que dans une version incomplète (Ms. Berlin no. 5530 fols. 25a–31a) jusqu'à ce que fut découvert en 1958 le manuscrit de Manisa 1705. Ce manuscrit a été édité en 1965, à Bagdad, par Zakariya Yūsuf. Nous avons démontré que le manuscrit de Berlin présente deux ouvrages distincts et que même la partie du texte parallèle au texte de Manisa inclut un long passage tout à fait différent (voir *infra*, notre traduction, n. 66)[4]. Ce

1 Bayard Dodge, *The Fihrist of al-Nadīm* (New York, 1970) vol. II, p. 626.

2 H. G. Farmer, *The Sources of Arabian Music* (Leiden, 1965), p. 8–10.

3 Richard Walzer, "L'Eveil de la philosophie islamique" (suite), dans *Revue des Etudes Islamiques* XXXVIII, fascicule 2, 1970, p. 209–210.

4 Pour plus de détails, voir notre article: "Les sept traités de musiqe dans le manuscrit 1705 de Manisa", dans *Israel Oriental Studies*, I (1971), 308–312.

passage est en soi fort intéressant, mais seule une étude approfondie nous permettrait de savoir si l'une des deux versions est à cet endroit plus authentique; ou encore dans le cas où nous aurions la conviction que toutes les deux appartiennent au même traité, tenter de les fusionner. Etant donné que le texte de Manisa me semble pour le moment parfaitement homogène et comme l'objet principal de cette étude est de prendre connaissance des sujets musicaux développés dans cet ouvrage, j'ai choisi la version de Manisa, utilisant quelquefois les leçons inspirées du Ms. de Berlin. D'autre part, l'épître est relativement longue et embrasse une variété de faits musicaux dont l'exposition complète exigerait un long développement. J'ai donc été amené à laisser en suspens certaines questions importantes dans l'espoir d'y revenir bientôt et d'en reprendre l'examen de façon approfondie. Toutefois, une ou deux questions me semblent devoir être abordées dans cette étude préliminaire. Les deux manuscrits portent exactement le même titre "Epître sur les mélodies et les notes" suivi de la remarque d'après laquelle cette *risala* a été rédigée à la demande du prince Aḥmad fils du calife al-Muʿtaṣim. Or, un examen même superficiel démontre clairement que le titre ne correspond pas au contenu du traité. Dès la première phrase nous lisons: "je me propose, répondant à ta requête de rédiger un compendium sur l'instrument des philosophes, instrument à quatre cordes qu'ils nomment *ʿūd*". Dans la bibliographie d'al-Nadīm citée plus haut, nous ne trouvons aucun titre similaire à celui de notre traité. Par contre Ibn 'Abī Uṣaybiʿa mentionne dans son *ʿUyūn al-anbā'*[5] le titre suivant qui pourrait correspondre à notre traité: *Muḫtaṣar al-musīqī fī ta'līf al-naġam wa ṣanʿat al-ʿūd, allafahu li-Aḥmad ibn al-Muʿtaṣim.* Je crois donc que nous pouvons admettre l'hypothèse que le titre de ce traité devrait être en bref, *Muḫtaṣar fī l-ʿūd* ou le long titre mentionné dans *ʿUyun al-anbā'*. Reste à savoir d'où provient le titre actuel qui d'ailleurs ne figure dans aucune liste bibliographique ancienne. Je pense qu'il pourrait provenir d'une confusion avec le titre de la *risāla* d'Euclide[6]. Le deuxième problème que j'aimerais mentionner est beaucoup plus important: Al-Kindī affirme à deux ou trois reprises sa fidélité aux doctrines philosophiques des anciens alors qu'apparemment il rapporte surtout des renseignements sur la pratique musicale de son époque; je pense ici entre autres, à l'étonnant exercise à deux voix destiné aux joueurs débutants du *ʿūd.* Cet exercise occupe à lui-même un folio et demi. Or, les faits musicaux, très importants, et qui sont, autant que je sache, présentés pour la première fois dans l'histoire de la théorie musicale arabe, sont le plus souvent noyés dans des spéculations d'ordre philosophique et cosmologique. Une question de principe se pose donc: est-ce que ces spécula-

[5] Ibn abi Uṣaybiʿa, *ʿUyūn al-anbā' fi ṭabaqāt al-aṭibbā'* (Königsberg, 1882–1884) I, p. 210.
[6] A. Shiloah, "Les sept traités...", p. 308.

tions viennent expliquer et donner une raison d'être aux faits réels, ou bien les faits ont-ils été conçus pour être adaptés à des conceptions philosophiques préalables? Il existe à ce propos une ambiguïté qui exige une grande précaution dans l'utilisation du matériel exposé dans ce traité. C'est pourquoi tout en partageant le point de vue de Farmer sur la grande importance de ce traité ainsi que sur l'enseignement que l'on peut en tirer, je dois faire certaines réserves quant à ses conclusions affirmatives sur l'originalité de la théorie exposée par al-Kindī par rapport aux théories grecques et persanes aussi bien que sur la notation, l'organum, les modes, etc....[7]. Entendons-nous bien! je ne veux pas dire par là que je nie ces conclusions, ou même que je les mette en doute, mais étant donné que la version utilisée par Farmer était incomplète et aussi, il faut bien le dire, l'examen trop hâtif qu'il a fait de ce texte, il faudrait avant d'aboutir à des conclusions sûres, reprendre chacun des points avec grand soin.

TRADUCTION

(*Fol.* 110*b*) Au Nom de Dieu le Clément le Miséricordieux
que Dieu m'accorde Son assistance.
Compendium de la musique sur la composition des notes et la construction du *ʿūd*, rédigé à la requête d'Aḥmad ibn al-Muʿtaṣim.[1]

Que Dieu rende manifeste ta sagesse, multiplie ta science et dirige ton pouvoir dans la voie juste. Je me propose, répondant à ta requête, de rédiger un compendium sur l'instrument des philosophes, instrument à quatre cordes qu'ils nomment *ʿūd*[2]; cette épître a pour but de faire connaître, sa construction, la composition de ses notes et tous les éléments de la science le concernant. J'ai rédigé tout cela à ton intention en suivant autant que possible l'exemple des

[7] Voir par exemple: *A History of Arabian Music* (London 1929), p. 151–152; *Historical Facts for the Arabian Musical Influence* (London, 1930). Appendices 25,3 9, 45; "The Old Persian Musical Modes", dans *JRAS*, 1926, p. 92–93.

[1] A la place du titre figurant en haut du folio 110*b*: "L'Epître d'al-Kindī sur les mélodies (*al-luḥūn*) et les notes (*al-naġam*) rédigée à la requête d'Aḥmad ibn al-Muʿtaṣim" j'ai adopté le nouveau titre proposé et discuté dans l'introduction. Voir nos remarques à ce sujet.

[2] Il me semble voir ici une double confusion: a) l'identification du *ʿūd* avec la lyre, l'instrument national des Grecs sur lequel est fondée la doctrine grecque, ainsi que toute la terminologie musicale ainsi qu'en témoigne le mot tétracorde, quatre cordes. b) La conception répandue attribuant l'invention de la musique et de ses instruments aux savants de l'Antiquité. Voir H. Potiron, *Boèce Théoricien de la musique* (Paris, 1961), pp. 55–59; A. Shiloah, "L'Epître des Iḫwān al-Ṣafa," *Revue des Etudes Islamiques*, 1964, p. 131, 148–149.

traités[3] de musique rédigés par les philosophes; je veux dire par musique, la composition des mélodies[4]. Que Dieu m'accorde son assistance.

Sache que cet exposé se divise en trois chapitres. Le premier traite des dimensions des parties constituant le *'ūd*, je veux dire sa longueur, sa largeur et sa profondeur, de la disposition des cordes, de la fixation des ligatures à leurs places suivant les règles, et de la perfection de sa confection. Le deuxième chapitre traite de la connaissance des cordes, de leurs rapports réciproques, de leurs mesures respectives; également des notes: leur nombre, celles qui s'accordent entre elles, leur consonance et dissonance, la connaissance de celles qui sont masculines ou féminines, ainsi que de toutes leurs causes, avec les explications nécessaires, et enfin la connaissance de l'accordature la plus considérable comme aussi des autres accordatures connues chez les virtuoses. Le troisième chapitre (*fol.* 111*a*) traite des mouvements des doigts sur les ligatures et les cordes le but étant d'entraîner celui qui n'est pas exercé au jeu de cet instrument et n'a pas l'habitude de poser les doigts de sa main gauche à l'endroit fixé pour chaque doigt au niveau de chaque ligature, tout en coordinant la droite dans son attouchement des cordes et en observant les lois des mouvements et des pauses[5]. L'élève de cet art a en effet besoin de trois choses: la première est la connaissance du rythme du morceau que l'on se propose de jouer[6]. La seconde concerne le choix de notes, leur composition et leur combinaison suivant les règles imposées dans la pratique instrumentale (*ḍarb*)[7], sans rien ajouter et sans rien omettre. La troisième chose est la capacité de combiner la pratique avec la compréhension et la connaissance de ce que l'on joue, afin que le choix effectué par l'esprit et [la ligne mélodique] qui se

[3] Nous recontrons souvent l'emploi du mot *kitāb* dans le sens de "matière étudiée." Ici également le mot est employé comme équivalent de "science musicale".

[4] Cette glose explicative venant après le terme *musīqī* est fort courante. Al-Ḫwarizmī écrit: "Quant au terme *musīqī* il a pour sens la composition des mélodies" (*Mafātīḥ al-'ulūm*, Leiden, 1895, p. 235). Et al-Fārābī dit: "Le terme *musīqī* a pour sens les mélodies (*alḥān*)" (R. d'Erlanger, *La Musique arabe*, tome I, Paris, 1930, p. 5).

[5] Avec les mouvements et les pauses, nous glissons vers la rythmique qui est partiellement expliquée par la technique de la main droite dans le jeu du *'ūd*. Etant donné que dans les instruments à cordes pincées le son ne peut pas être tenu et prolongé, l'on considère sa durée comme une pause s'intercalant entre deux percussions ou mouvements.

[6] Ce n'est pas par hasard qu'al-Kindī place la connaissance, ou l'aptitude rythmique en premier lieu. Il suffit à cet effet de citer le mot célèbre de l'illustre musicien Isḥāq al-Mawṣilī: "celui qui se trompe est des nôtres; celui qui ajoute ou retranche dans une mélodie est des nôtres, mais celui qui s'écarte du temps sans s'en rendre compte ne peut être des nôtres" (voir J. Rouanet, "La Musique arabe", dans *Ency. de la musique Lavignac*, première partie, vol. V, p. 2769).

[7] *Ḍarb* est un terme qui signifie l'action de jouer d'un instrument et surtout du *'ūd*, accompagnement instrumental ou rythmique, espèce d'une mélodie, d'un rythme, ou d'un mètre, et enfin par extension la pratique ou la musique instrumentale.

dessine dans le fredonnement (*tarnīm*)[8] puissent être réalisés par l'entremise du *'ūd*, grâce à une longue expérience et l'excellence de la technique. Dans ces conditions la main droite sera plus apte à exécuter le rythme[9], et la main gauche plus apte à mettre en évidence les notes, à les répartir et à les composer. Celui dont les mains sont exercées et possèdent la technique nécessaire pour jouer les notes pourra réaliser l'objectif décrit dans le troisième chapitre. Cependant, il devra encore connaître les modes rythmiques et la composition des notes qui sont en relation avec ce qu'il aimerait jouer. Ce sont là deux domaines extrêmement vastes et qu'il est impossible d'embrasser totalement. En effet, les modes rythmiques sont innombrables et au point qu'il est difficile de les comprendre tous; ceci est vrai pour les rythmes arabes comme pour les rythmes étrangers, ceux de (*fol.* 111*b*) toutes les autres langues et de tous les autres royaumes. Il en est de même pour les notes, car en dépit du fait qu'elles sont en quantité déterminée, leur combinaisons sont pratiquement en nombre illimité. Il faut donc commencer par agir suivant l'habitude établie[10], exercer les mains et les doigts à se déplacer sur les notes, s'appuyer sur les modes rythmiques principaux connus chez les virtuoses de cet instrument. Si l'élève procède de la sorte, il n'aura aucune peine à imiter tout ce qu'il entend, qu'il s'agisse d'un rythme (*'īqā'*), d'un morceau joué (*ḍarb*)[11], ou chanté (*naġam*)[12]; et de même lorsqu'une mélodie lui viendra à l'esprit, ou naîtra de son fredonnement, il pourra l'exécuter sur le champ. Commençons maintenant avec le premier des chapitres mentionnés.

L'EXPOSÉ SUR LA CONSTRUCTION DU 'ŪD

Les *'ūd* diffèrent les uns des autres par leur grandeur, leur exeguité, leur longueur, leur largeur, leur profondeur, leur forme, leur finesse, leur épaisseur,

[8] Le *tarnīm* désigne non seulement l'action de fredonner, mais aussi les vocalises placées sur des voyelles prolongées, ou ajoutées à la fin d'un vers. Suivant al-Fārābī le *tarannum*, ou le *tarnīm* constitue la première étape dans l'évolution de l'art musical. Celui-ci s'exprime sous forme des vocalises et des formules musicales rudimentaires destinées à aider l'homme dans l'accomplissement de son labeur (voir Erlanger, *op. cit.*, *supra*, n. 4, p. 18–19; al-Ḥasan al-kātib, *la Perfection des connaissances musicales*, traduction annotée par A. Shiloah, Paris, 1972, p. 80.) Selon toute vraissemblance il s'agit ici tout simplement de l'improvisation qui est citée comme complément au choix délibéré de l'esprit. Dans cette démarche de l'imagination, il est intéressant de signaler l'intervention obligatoire de la voix, et aussi les relations réciproques entre improvisation et capacité technique.

[9] Voir *supra* n. 5.

[10] Nous avons ici la preuve qu'al-Kindī n'entendait pas étudier dans ce traité les modes rythmiques ou mélodiques. D'autre part il convient de signaler l'importance de l'imitation des modèles existants dans le processus de l'éducation musicale.

[11] Voir *supra* n. 7.

[12] Le mot *naġam* (notes) est employé ici dans un sens similaire à l'hébreu *ne'imah* (mélodie).

et par la minceur de leur différentes parties les unes par rapport aux autres. Le plus souvent, les défauts sont dûs au manque d'aptitude professionnelle du constructeur. Les défauts qui peuvent s'y présenter seront la cause de l'altération des cordes et de la détérioration des notes.

Je me propose de décrire le *'ūd* suivant l'exemple donné par les anciens philosophes qui se sont occupés de la science musicale. Il faut en premier lieu que la longueur soit de l'ordre de 36 doigts réunis, des doigts bien remplis et charnus. Ceci représente au total trois empans entiers[13]. La largeur sera de l'ordre de 15 doigts (30 cm), et la profondeur de l'ordre de sept doigts *(fol.* 112*a)* et demi (15 cm)[14]. La distance englobant la largeur du chevalet (*al-mušṭ*) et la partie située au dessus de lui équivaudra à six doigts (12 cm), ce qui fait que l'espace coïncidant avec la longueur des cordes mesurera trente doigts (60 cm). Sur cette section de trente doigts s'effectue la répartition et la division [des notes — AS], car elle correspond à l'espace de résonnance.[15] C'est pourquoi il faut que la largeur soit de l'ordre de 15 doigts représentant la moitié de la longueur. De même la profondeur est de l'ordre de sept doigts et demi, correspondant à la moitié de la largeur et au quart de la longueur. Le manche doit correspondre au tiers de la longueur, à savoir dix doigts, ce qui fait qu'il reste 20 doigts pour le corps de resonnance. Le dos de l'instrument doit être bien arrondi et façonné au tour vers le côté du manche (*al-'unq*), comme s'il s'agissait d'un corps sphérique conçu avec un compas, puis divisé en deux moitiés d'où peuvent être produits deux *'ūd.* Quant aux ligatures (*al-dasātīn*) elles sont les limites des notes et il faut que les quatre ligatures correspondent au quart de la longueur [de la corde — AS], à savoir sept doigts et demi; cette mesure est égale à celle de la profondeur. Il n'est pas permis que l'une de ces deux distances dépasse l'autre, je veux dire celle de la profondeur du *'ūd* et celle de la section des ligatures, pour une raison que je me propose d'exposer et d'expliquer si Dieu le veut. Sache que chacun des éléments constituant [le *'ūd*] a une signification particulière et un effet déterminé par la raison pour laquelle il a été fait. A cette catégorie appartiennent la profondeur

[13] L'empan, distance comprise entre l'extrémité du pouce et celle du petit doigt très écartés, est de l'ordre de 22 à 24 cm, et ceci se rapproche sensiblement de 12 doigts. Par conséquent la longueur indiquée serait de l'ordre de 72 cm. Cette longueur correspond à celle du *'ūd* de petite dimension que l'on trouve encore de nos jours, Quoiqu'il en soit, nous avons ici les proportions exactes qui nous permettent de reconstituer avec précsions le *'ūd* décrit par al-Kindī (voir le dessin). Signalons à cet effet que les proportions avancées par les Iḫwān al-Ṣafa ne concordent pas tout à fait avec celles d'al-Kindī (voir A. Shiloah, "l'Epître...", p. 149).

[14] Dans le texte il est question de neuf; comme il s'agit d'une erreur évidente qui, d'ailleurs, est corrigée quelques lignes plus bas, j'ai adopté la correction marginale.

[15] Littéralement: "l'espace qui produit des sons"; autrement dit, la majeure partie du corps de résonnance et la section des ligatures.

du *'ūd* et la répartition des ligatures. En effet la profondeur sert [à la résonnance (*dawwīy*) et la répartition[16]] des ligatures à détailler les notes et à les mettre en évidence. Ces deux (*fol.* 112*b*) choses sont nécessaires l'une à l'autre et réciproquement. En effet, si la profondeur est plus réduite que la distance des ligatures le son en sera amuït à cause de l'étroitesse de son espace; si d'autre part la distance de la profondeur est plus grande que celle des ligatures, la résonnance sera rédondante et les sons deviendront peu claires; la résonnance d'une note sera si grande qu'avant de cesser une autre viendra la renouveler, d'où se produit un affaiblissement dans la précision et la netteté des notes. Il est nécessaire donc que les deux distances soient égales afin que leurs effets soient aussi égaux.

La répartition des ligatures: La première, appelée par les philosophes "la clé" (*al-miftāḥ*)[17], se situe à la suite du sillet (*al-'anf*) et elle correspond à la touche de l'index. Cette ligature est commune à toutes les cordes et elle n'est guère touchée que par l'index[18]. Elle est placée de la façon suivante: on évalue trois doigts sur la section de trente représentant la longueur de la corde; on commence à mesurer à partir du sommet de la partie mince du manche qui coïncide avec le sillet[19]; là où se terminent les trois doigts, on enroule deux fois un morceau de *bamm*[20] que l'on noue sur le dos du manche en serrant le noeud très fort pour qu'il ne puisse pas bouger aisément de sa place. Puis on mesure à partir de cette ligature vers le chevalet deux doigts et l'on place à cet endroit un morceau de la deuxième corde de la même façon que pour la première ligature. Ce sera la ligature du médius (*fol.* 113*a*) sur toutes les cordes·

[16] Cette addition est empruntée à une correction marginale.

[17] C'est probablement parce qu'il s'agit de la première touche sur le *'ūd*. Cette même dénomination se retrouve chez al-Ḥasan al-Kātib, *op. cit.*, *supra* n. 8, p. 84.

[18] Le *'ūd* classique comporte quatre cordes dont les deux extrêmes portent des noms persans: *bamm* — la corde grave — et *zīr* — la corde aiguë. Les deux autres cordes portent des noms arabes: *al-muṯallaṯ* que nous considérons comme deuxième corde venant après le *bamm* et le *muṯanna*, troisième corde. Il convient de signaler que les noms arabes des cordes dans ce traité sont vocalisés comme nous les avons transcrits et cette lecture diffère de celle généralement admise, à savoir *maṯlaṯ* et *maṯna*.

C'est sur le quart de la longueur de chacune des quatre cordes qu'on établit les ligatures ordinaires. Ces ligatures, ainsi que les notes qui leur correspondent, portent les noms des doigts, à savoir la *sabāba* (index), la *wusṭa* (médius), le *binṣir* (annulaire) et le *ḫinṣir* (auriculaire). La note obtenue par la corde jouée à vide s'appelle *muṭlaq*. Les différentes ligatures sont communes à toutes les cordes.

[19] Le mot -*'anf* (sillet) est d'une autre main.

[20] Pour délimiter les touches on use aujourd'hui de morceaux de fil et les ligatures ont toujours la même largeur. Al-Kindī nous enseigne ici que les ligatures sont faites chacune avec un morceau d'une autre corde et cela implique forcément une différence de largeur étant donné que les cordes ne sont pas de la même épaisseur, comme on le verra. Ce procédé pourrait avoir pour but de faciliter la distinction entre les ligatures par le tact.

Puis l'on mesure à partir de cet endroit, vers le chevalet, un seul doigt et on y place une ligature[21] avec un morceau du *muṯanna* dans les mêmes conditions que les ligatures précédentes. Puis à partir de là on mesure un doigt et demi et on place une ligature avec un morceau du *zīr* dans les mêmes conditions que les ligatures précédentes. Voilà quelle est la répartition des ligatures. Je vais maintenant donner une explication des causes présidant à cette répartition et exposer clairement pourquoi elle est ainsi sans rien de plus ni rien de moins. En effet, il n'y a rien dans cet instrument qui ne soit déterminé par une raison spécifique: soit philosophique, soit géométrique, soit arithmétique, soit astrologique. En ce qui concerne la répartition des ligatures, sa raison d'être est arithmétique; ceci parce que la longueur de la corde étant de trente doigts, le dixième en représentera la plus petite fraction susceptible d'être désignée par un seul mot[22]; cette fraction est de l'ordre de trois doigts et coïncide avec la place d'une note; on y fixe donc la touche de l'index. En effet, il n'y a pas de fraction plus petite que la dixième, puisque la partie de onzième, la partie de douzième etc., ne sont pas considérées comme étant généralement admises et reconnues, parce qu'elle n'ont pas reçu de nom. Le nom correspond en effet à un seul mot tel que: dixième, neuvième, huitième et ainsi de suite jusqu'à atteindre la moitié. On a cherché ensuite la fraction qui vient après la dixième afin de placer à l'endroit correspondant une ligature. Or, la fraction suivante est la neuvième, mais comme le nombre 30 n'est pas divisible par neuf[23], en conséquence on ne pouvait pas y placer une ligature, car la corde ne profère de sons articulés qu'à l'endroit correspondant à une fraction entière de ses parties, les philosophes continuèrent (*fol.* 113*b*) et constatèrent de même que ni le huitième ni le septième[24] ne sont possibles quand il s'agit de diviser 30. Continuant ils aboutirent alors au sixième qui correspond à cinq [doigts]. Ce fut la place d'une note et là ils fixèrent la ligature du médius qui se trouve

21 Le nom de la touche n'est pas mentionné mais il est sans doute question de l'annulaire. Quant à la question des mesures données, si elles sont exactes, le premier intervalle de demi ton index-médius serait extrêmement large (deux tiers de ton, environ 134 savarts) tandis que l'autre demi ton serait fort réduit (un tiers de ton, 66 savarts environ). Même l'intervalle annulaire-auriculaire, appelé *leimma* ou intervalle de reste, ne correspond ni à la doctrine grecque, ni aux différentes théories ultérieures de la musique arabe. Je pense que la répartition d'al-Kindī repose principalement sur les spéculations arithmétiques qui vont suivre.

22 En arabe toutes les fractions au délà du dixième sont exprimées par deux mots ou plus. D'autre part les Anciens s'efforcèrent d'éviter des fractions ayant un dénominateur plus grand que dix, voir: René Taton (éd.) *Histoire générale des sciences* (Paris, 1957), t. I, p. 453. Le savant Abraham Bar Ḥiyya (1065–1136) écrit par exemple: cinq neuvième plus le cinquième du neuvième, c'est à dire: $5/9 + 1/5 \times 1/9$ à la place de 26/45 et ainsi de suite, Pour plus de details voir Gad Ben Ami Sarfati, *Munnaḥey ham-matematica...*, Jérusalem, 1968 [Hebrew].

23 L'auteur entend par là que l'on ne peut pas obtenir un nombre entier.

24 J'ai corrigé "neuvième" qui est une erreur certaine.

à distance de deux doigts de la ligature de l'index et de cinq du bout de la corde. Puis ils cherchèrent le cinquième et ils le trouvèrent; celui-ci correspond en effet à six doigts. Ils placèrent là la ligature de l'annulaire. Puis ils cherchèrent l'endroit qui coincide avec le quart[25]; ils le retinrent comme terme de toutes les ligatures et là ils placèrent la ligature de l'auriculaire. La répartition des notes sur cette section de la corde c'est à dire le quart, n'a été commandée que par la raison[26] susmentionnée: celle de la profondeur du *ʿūd* qui doit nécessairement égaliser [la section] des notes comme aussi réciproquement la nécessité pour la section des notes d'être égale à la profondeur du *ʿūd*. Puis ils appliquèrent la partie après le quart, savoir le tiers comme définition du manche[27] par rapport au corps du *ʿūd*. Ensuite ils appliquèrent la partie après le tiers, savoir la moitié, à la largeur; c'est à dire à l'endroit le plus large de l'instrument qui doit correspondre au niveau se situant à distance de trois doigts de l'extrémité du chevalet dans la direction des cordes. La raison en est qu'elle correspond au lieu où les cordes sont percutées. En effet c'est l'endroit le plus large du *ʿūd* et le plus parfait[28] au point de vue de la résonnance. L'endroit où l'on percute les cordes est distant de trois doigts du chevalet et cela s'explique par le fait qu'il coïncide aussi avec la dixième partie de la corde[29]. D'autre part il faut que le corps de l'instrument soit le plus mince possible (*fol.* 114*a*) et ceci est valable pour toutes ses parties; aucune ne sera plus mince ou plus épaisse, qu'il s'agisse de son dos ou de sa face. Toute inégalité de ses parties en minceur et en épaisseur affectera l'accordature des cordes et la consonance des notes.

DEUXIÈME CHAPITRE: LA CONNAISSANCE DES CORDES ET DES NOTES

Les cordes sont au nombre de quatre. La première est le *bamm* qui est une corde en boyau mince, égale sur toute sa longueur et n'étant nulle part ni plus épais ni plus mince. On plie le boyau en quatre fils puis on le tresse très fort[31]. La corde suivante est le *muṯallaṯ*, elle est faite à l'exemple du *bamm*,

25 Al-Kindī abandonne ici l'explication entammée plus haut au sujet de la divisibilité du 30 car on ne peut certainement pas obtenir un nombre entier en divisant 30 par 4. Le quart s'explique d'une autre façon: c'est en effet la partie de la corde qui correspond à la section des touches.

26 A cet endroit se rencontrent notre texte et celui du manuscrit de Berlin.

27 Lire *ʿunq* (manche) au lieu de *ʿumq* (profondeur).

28 "Le plus beau", version du manuscrit de Berlin.

29 Cette fois-ci le dixième de la corde est mesuré à partir du côté inférieur de la corde.

30 Voir *supra,* note 18.

31 Dans un passage analogue sur le *ʿūd,* ses dimensions etc., les Iḫwān fournissent des explications qui diffèrent de celles données par al-Kindī. Voici à titre d'exemple ce qu'ils écrivent à propos des cordes: "Leurs épaisseurs respectives seront entre elles dans un rapport

mais elle se compose de trois fils seulement. Ensuite vient le *mutanna*, qui elle aussi comporte un fil de moins et n'en a donc que deux seulement, mais cette corde sera en soie et une fois tressée, elle aura la même épaisseur que deux fils en boyau. La corde suivante est le *zīr* qui elle aussi comprend un fil de moins que la troisième et se compose par conséquent d'un seul fil en soie équivalent à un fil en boyau. Or, le *bamm* comporte quatre fils parce qu'il sert de base aux notes fondamentales qui sont les notes graves (grandes)[32] produites à l'endroit le plus large du larynx situé au commencement de la trachée-artère. C'est pourquoi, après avoir suspendu le *bamm* à sa place, laquelle est la plus élevée[33] parmi celles des cordes, il faut le tendre pleinement, puis fredonner la note produite par toute sa longueur, je veux dire la première note (*fol.* 114*b*), au niveau le plus bas du larynx tout en touchant le *bamm* avec le pouce de la main droite. Si la note jouée s'accorde avec la note fredonnée on doit la fixer à ce même degré de tension et celle-ci deviendra alors la note fondamentale dans l'accordature[34]. En effet les philosophes établirent le *bamm* sur cet ordre d'épaisseur afin que sa note puisse égaler la note grave du larynx et que la série ascendante des notes produite par les cordes soit identique à l'ascension des notes dans la larynx, note par note de façon à ce que la plus aiguë de celles produites par les cordes équivale la plus aiguë par le larynx. C'est pour cette raison que la deuxième corde (le *mutallat*) est moins épaisse que le *bamm*, car les notes quand elles s'élèvent dans le larynx deviennent plus minces et nécessitent à cet effet des cordes produisant des notes minces pour pouvoir s'accorder avec elles. C'est aussi pour la même raison que la troisième corde (le *mutanna*) est plus mince que la deuxième, comme aussi le *zīr* est moins [épais] que la troisième corde. On peut se demander pourquoi la troisième corde et le *zīr* sont faites en soie contrairement au *bamm* et à la deuxième corde; il y a deux raisons à cela: la première est que lorsque les notes montent jusqu'à devenir aussi minces qu'elles doivent l'être sur la troisième corde et le *zīr*, elles ont besoin de la pureté du son; [or[35]] la corde en soie lorsqu'elle est tendue, produit un son plus pur que celui de la corde

noble, c'est à dire l'épaisseur du *bamm* sera avec celle de la deuxième corde dans le rapport de 4/3; l'épaisseur de la deuxième avec celle de la troisième dans le rapport de 4/3.... Le *bamm* sera composé de 64 fils de soie, la deuxième de 48, la troisième de 36 et le zīr de 27." A. Shiloah, "l'Epître...", p. 150.

[32] Nous trouvons au lieu des notions "bas" et "haut" les termes: grave, aigu, lourd, léger; et même grand, petit.

[33] Lorsque on tient le *'ūd* dans la position de jeu, la corde la plus grave se trouve placée à l'endroit le plus haut.

[34] C'est donc la voix qui sert de point de référence sur lequel est calquée la hauteur générale de l'instrument. Cette pratique est encore en usage de nos jours. Voir sur cette question importante: A. Auda, *Les gammes musicales*, 1947, p. 15–16.

[35] Correction inspirée du manuscrit de Berlin.

en boyau; la deuxième cause est due au fait qu'à cette hauteur la corde exige une telle tension pour émettre un son aminci qu'un seul fil en boyau fin, ou même deux ne saurait y résister. Si donc la soie est conçue dans la même épaisseur que le boyau elle résistera à la tension nécessaire bien mieux que le boyau.

L'ACCORDATURE PRINCIPALE

Si l'on tend le *bamm* au point que sa note jouée à vide sans l'intervention des doigts équivaut celle que nous (*fol.* 115*a*) avons mentionné et qui se produit en bas du larynx, nous obtenons ainsi l'accordature du *bamm*. Ensuite on tend la deuxième corde et on pose l'auriculaire sur le *bamm* en serrant fort la touche de l'auriculaire sans s'écarter de l'endroit qui lui correspond. Or, quand le doigt dévie vers l'un de ses deux côtés[36], il s'ensuit une altération des notes. Il faut que [l'extrêmité de] l'auriculaire soit posé au début des touches immédiatement après les ligatures[37] alors que le reste [du doigt] sera dans l'espace se situant entre les ligatures de l'auriculaire et de l'annulaire. Il faut bien se garder de poser le doigt au délà ou au déçà de l'endroit indiqué. Or, si on le met lègèrement au délà, il se produira un amuïssement dans les notes, et s'il le pose au deçà au point de la placer au milieu de la touche, il se produira un grincement. Pour celui qui cherche à atteindre le but de façon véritable cette règle relative à la longueur et à la largeur[38] s'impose pour tous les doigts dans leur déplacement sur les cordes et pour toutes les ligatures. Lorsqu'on suspend la deuxième corde et que l'on pose l'auriculaire sur le *bamm* comme nous l'avons expliqué, puisque l'on touche les deux cordes à la fois avec l'index et le pouce de la main droite en un seul et même mouvement, si, alors les deux sons produits forment une même note, la deuxième corde est accordée. Dans le cas contraire, on augmente ou on diminue [la tension] avec la cheville jusqu'à ce que les deux notes soient identiques. Ensuite on suspend [la troisième corde] avec la main droite[39], on pose l'auriculaire sur la deuxième corde et on procède de la même façon que pour le *bamm*: on tend sa cheville jusqu'à ce

36 Le texte n'est pas très explicite à cet endroit. Je suppose que l'auteur veut dire que la corde doit être serrée avec l'extrêmité du doigt pour profiter de sa pleine force, car le moindre relâchement est susceptible d'altérer la note jouée.

37 La touche de l'auriculaire est située immédiatement après la dernière ligature, autrement dit c'est le terme de toutes les ligatures.

38 Je ne vois pas très bien à quoi se rapportent ici les notions de longueur et de largeur.

39 Cette phrase est altérée, la voici dans une traduction littérale "Ensuite on suspend avec la main droite et on pose l'auriculaire". La version du Ms. de Berlin n'est pas non plus d'un grand secours. Pour cette raison je propose à l'exemple des phrases précédentes d'ajouter le nom de la corde après le verbe suspendre et ceci nous donne une lecture plus plausible à l'exclusion des mots: "avec la main droite" dont le sens m'échappe.

que la note en question s'accorde avec [l'auriculaire] de la deuxième corde. Ensuite on procède de la même manière avec le *zīr* et avec la troisième corde et l'on obtient également l'accordature du *zīr*. Une fois les cordes établies (*fol.* 115*b*) suivant l'accordature décrite, il s'ensuit que lorsqu'on pose l'index sur la troisième corde à son endroit approprié (*sol* 2) puisqu'on le joue avec le *bamm* à vide (*sol* 1) ensemble et en un même mouvement, les deux notes seront égales, non pas par leur degré de gravité et d'acuité mais au point de vue de l'homogénéité mélodique (*tanġīm*[40]) et de la consonance (*munāsaba*[41]). Et si l'index est posé sur le *zīr* (*do* 2) [sa note] est jouée en même temps que la deuxième corde à vide (*do* 1) il faut que les deux notes soient égales comme l'étaient celles de [l'index] de la troisième corde avec le *bamm* [à vide] (*sol* 2–*sol* 1); [il doit en être de même pour] l'auriculaire de la troisième corde avec le médius du *bamm* (*sib* 2–*sib* 1); l'annulaire du *zīr* avec l'index de la deuxième corde (*re* 2–*re* 1); l'auriculaire du *zīr* avec le médius de la deuxième corde (*mib* 2–*mib* 1[42]). Voilà quelle est l'accordature principale suivant laquelle les notes seront nécessairement à l'état de consonance et de concordance que nous venons d'exposer. S'il arrive que cette accordature s'écarte de la norme établie, et si l'une des notes se trouve altérée, cela sera dû: soit à une différence dans l'état de minceur et d'épaisseur des cordes par rapport à la norme imposée, ou à d'autres causes comme le déplacement des ligatures de leurs endroits appropriés, ou une altération relative à la forme et à la construction, je veux dire la longueur, la largeur, la profondeur, la forme ainsi que tout ce que nous avons décrit auparavant. Il arrive que les virtuoses de cet instrument inventent de nombreuses accordatures à partir de celle décrite plus haut[43] cherchant ainsi à renforcer la note sur laquelle s'effectuent les césures (*maqāṭiʿ*) des chants (*aṣwāt*) et les *finalis* (*waqafāt*) des morceaux joués (*ḍarb*[44]) par une note qui lui correspond et qui lui sert de soutien. Dans la plupart des cas, c'est

[40] En effet, il ne s'agit plus des notes à l'unisson qui sonnent identiquement mais de la consonance d'octave, considérée comme la consonance la plus parfaite. Le mot *tanġīm* doit signifier "sonner ensemble", former un mélange homogène à l'oreille. Voir Erlanger, *op. cit. supra*, n. 4, t. II, p. 269; H. Potiron, *op. cit. supra* n. 2, p. 48. Il convient de signaler que je tire ce renseignement du contexte car je ne connais pas le mot *tanġīm* dans ce sens.

[41] Le mot *munāsaba*, ou *tanāsub* est utilisé pour indiquer tout rapport consonnant y compris la quinte, la quarte etc., voir H. Potiron, *op. cit.*, p. 48; A. Auda, *op. cit. supra*, 34, p. 59.

[42] Signalons que dans cette démonstration il manque une forme d'octave, celle de l'annulaire de la troisième corde avec l'index du *bamm* (*la* 2–*la* 1). C'est probablement un simple oubli.

[43] Il est fort clair d'après les détails qui suivent qu'il s'agit principalement des changements effectués sur la corde basse en vue de l'adapter au degré, principal ou au *finalis* du mode joué ou chanté. C'est un procédé qui est encore très courant.

[44] A mon avis il est question d'un parallélisme indiquant le *finalis* sous deux formes, l'une concerne la fin d'une phrase chantée, l'autre la fin d'une phrase jouée.

sur le *bamm* que les virtuoses effectuent les variations d'accordature. En effet, ayant établi l'accordature principale comme il convient, ils baissent (*fol.* 116*a*) le *bamm* jusqu'à ce qu'il émette une note égale à celle de la troisième corde à vide (*fa* 2); cette accordature devient alors une autre accordature. Il arrive qu'ils le haussent aussi pour le faire correspondre à l'annulaire de la troisième corde (*la* 2), et c'est là encore une autre accordature. De même ils le haussent au niveau de l'auriculaire (*sib* 2) et ils en obtiennent ainsi une autre. Cependant toutes ces accordatures sont imparfaites étant donné que le *bamm* comporte quatre notes et ils le réduisent de ce fait à une seule note[45]. Quoiqu'il en soit, tout ce qu'ils en ont fait et qu'ils peuvent faire repose toujours sur l'accordature principale, et tout ce qu'ils ont inventé à ce sujet n'a d'autre signification que l'embellissement de leurs notes et rien de plus.

CHAPITRE SUR LES NOTES

Les notes sont au nombre de sept ni plus, ni moins. La première est la note à vide du *bamm* (*sol* 1), la seconde est celle de l'index du *bamm* (*la* 1), la troisième est celle de son médius (*sib* 1), qui est féminine, et celle de son annulaire (*si* 1) qui est masculine[46]. Ces deux touches comptent pour un seul intervalle, c'est celui de l'annulaire. Pourtant cette touche se divise en deux pour la raison que nous avons mentionnée, à savoir l'existence du cinquième et du sixième dans le nombre trente. Ainsi la place correspondante au sixième est destinée au médius et la place du cinquième à l'annulaire[47]. La distance qui les sépare n'est pas telle qu'il se forme un intervalle indépendant[48] lorsque l'une d'elle est suivie de l'autre note, mais au contraire il s'agit d'une partie d'un intervalle[49]. Il s'ensuit que l'on doit les compter comme une seule note (un seul intervalle) dans le dénombrement des notes de toutes les ligatures. Toutefois cette note

45 Autrement dit on l'utilise à la manière de bourdon.

46 Mes recherches pour découvrir la source de cette assertion intéressante n'ont donné aucun résultat valable. Mon hypothèse, je la formule ici sous toutes réserves, est qu'al-Kindī pense aux genres diatonique et chromatique de la musique grecque. Boèce, qui perpétue la tradition grecque, écrit à ce sujet: "Le diatonique est plus naturel; il est sain et viril; l'enharmonique affermit l'âme; le chromatique est effeminé..." (H. Potiron, *op. cit.* p. 39)

47 C'est une façon assez curieuse d'expliquer la raison d'être de ces deux intervalles.

48 Littéralement "note indépendante". Comme le terme *bu'd* (intervalle) n'est guère employé dans ce traité, il est fort probable que dans ce contexte *naġma* signifie intervalle. D'autre part il est possible qu'al-Kindī entend par intervalle indépendant "intervalle incomposé". En effet, suivant la théorie d'Aristoxène l'intervale de ton est "incomposé" dans le genre diatonique (voir pour plus de détails A. Auda, *op. cit.*, p. 64–65); ce même intervalle est "composé" dans le genre chromatique.

49 Suivant la théorie mentionnée dans la note précédente, le demi ton dans le genre diatonique est appelé intervalle de reste ou *limma* et il n'est pas considéré comme une partie d'un intervalle de ton composé.

réunit des états opposés à l'exemple de la différence caractérisant la masculinité et la féminité. Le médius est en effet une note humide, molle, douce et féminine; la note de l'annulaire est sèche, dure, énergique et mâle. Il arrive parfois que les deux notes se succèdent, c'est à dire que l'annulaire vient de suite après le médius, sur une même corde, dans ce cas on considère (*fol.* 116*b*) l'intervalle annulaire-médius comme équivalent à un intervalle entier. En effet on emploie cette succession plutôt dans le chant élégiaque que dans le chant provocant l'émotion (*muṭrib*)[50] et ceci parce que la partie d'une note (le demi ton chromatique) est affligeante et faible, étant donné la faiblesse du demi ton par rapport à l'entier. Son audition provoque la tristesse parce qu'il transporte l'âme de son état [de plénitude] à l'état de faiblesse qui est le sien. En effet, la tristesse et la faiblesse[51] concordent et se ressemblent, et il en est de même de la joie et de la force qui sont leur contraire. Ne vois tu pas que le grand malheur provoque les larmes, l'attendrissement, l'effondrement et ceci n'est que la conséquance de la faiblesse provoquée par la puissance du malheur advenu. La faiblesse de l'âme provient de la tristesse comme aussi la tristesse provient de la faiblesse; de même que la joie émane de la force et la force de la joie. Par conséquent, étant donné que cette partie de l'intervalle se trouve ainsi que nous l'avons décrit plus haut en état d'imperfection, d'avilissement et de faiblesse et comme les sons émis par les cordes transportent l'âme à un état pareil au sien, les musiciens l'ont utilisé dans les chants élégiaques se proposant ainsi de transporter l'âme à un état de faiblesse semblable, d'où se produit un sentiment de tristesse[52]. Parfois les musiciens utilisent aussi une note placée en dehors de toutes les ligatures qu'ils nomment la note "serrée", (*al-maḥṣūra*)[53]. Celle-ci étant au délà de la touche de l'auriculaire, [les virtuoses] tendent vers elle l'auriculaire afin de la saisir. Et encore plus loin, à distance égale à celle de la touche de l'auriculaire, il y a une autre note, mais pour la saisir les virtuoses déplacent l'index jusqu'au niveau de la touche du médius

[50] Le mot *ṭarab* en soi désignait à l'origine une émotion forte de joie ou de peine, mais dans la suite, il fut appliqué plus spécialement à l'émotion musicale et à la musique elle-même; il comprend toute une gamme des catégories affectives (voir pour plus de détails notre appendice II, dans al-Ḥasan, *op. cit.*, p. 213). Al-Kindī considère ce genre comme étant opposé au genre chromatique "qui amollit l'âme" (voir H. Potiron *op. cit.*, p. 37), aux chants élégiaques, ou comme dit Platon: "chants de déploration" qui sont à exclure (*République*, III, 398d, e).

[51] Nous adoptons ici la leçon du Ms. de Berlin et aussi la correction marginale, à savoir: *al-ḥuzn wa l-ḍu'f*, ou, *al ḍa'f*.

[52] Sur cette question des sons imitatifs qui créent des dispositions affectives analogues, voir Aristote, *Politique*, VIII, 5, 1340a.

[53] Littéralement "mise à l'étroit". Serait-ce parce que la place qui lui est destinée est fort réduite? Signalons que le terme *maḥṣūr* est employé dans une période ultérieure comme nom d'un mode.

ou la touche de l'annulaire[54]. Toutefois tout ce qu'ils produisent de cette manière (ne) constitue (pas)[55] une note (*fol.* 117*a*) parfaite et entière englobant deux parties; toutefois, ils conçoivent des mélodies dont la signification nécessite le recours à un demi ton chromatique, ou à une note assourdie et d'autres artifices, pour en tirer un sentiment de tristesse ou pour provoquer l'émotion, ou pour transporter l'âme à un état voulu. Platon dit à ce propos: l'âme est sujette à des changements par la musique, c'est-à-dire les mélodies[56]. Or, si la mélodie est constituée de notes faibles, imparfaites ou féminines elle provoque la tristesse, et si elle est faite de notes fortes, parfaites et masculines elle confère le courage. Il y a d'autres effets encore provoqués par les mélodies où se combinent les notes mixtes; et le nombre [de ces notes][57] est illimité. Pour cette raison les musiciens recourent à ces notes accessoires. En ce qui concerne les notes parfaites, fondamentales[58], mentionnées par les philosophes, considérés comme maîtres de la science musicale, elles sont au nombre de sept. La première est celle du *bamm* à vide, (*sol* 1) la seconde est celle de l'index du *bamm* (*la* 1) la troisième correspond au médius du *bamm* (*sib* 1) ou à son annulaire (*si* 1) la quatrième est l'auriculaire du *bamm* (*do* 1) qui est identique avec celle de la deuxième corde à vide, la cinquième note est celle de l'index de la deuxième corde, (*re* 1) la sixième correspond à son médius (*mib* 1) ou à son annulaire (*mi* 1) la septième correspond à son auriculaire qui à son tour est identique avec la note de la troisième corde à vide (*fa* 1). Ce sont là les sept notes dont nous avons dit plus haut qu'elles sont [les notes fondamentales, principales et parfaites. Quant aux notes de la troisième corde et du *zīr*][59] elles sont aussi au nombre de sept qui sont les équivalentes des sept mentionnées à l'exclusion de toutes autres. Bien plus, elles les remplacent, accomplissent leur fonction et jouent leur rôle. Elles diffèrent cependant les unes des autres par leur degré d'acuité et de gravité, par la légèreté et la lourdeur par la perfection et l'imperfection. Mais au point de vue de l'homogénéité mélodique (*tanġīm*)[60] et de l'affinité mélodique (*tarannum*)[61] il n'existe pas

[54] Le changement des positions n'est admis dans la pratique que sur le *zīr*; c'est encore le cas de nos jours.

[55] D'après le contexte il faut à mon avis adopter la leçon du Ms de Berlin et la correction marginale en enlevant, la négation; mais il se peut qu'al-Kindī voulait dire que chacune de ces notes ne constitue pas un intervalle de ton et dans ce cas les deux lectures sont possibles.

[56] Il s'agit probablement de la théorie de l'influence morale de la musique et du pouvoir qu'elle a d'affecter le caractère moral de l'âme etc; cf. Platon, *Rep.* III, 396 et suiv; *les Lois*, VII, 812b; Aristo, *Politique*, VIII, 5, 1340–1341; H. Potiron, *op. cit.*, p. 35–38.

[57] Il doit s'agir ici des autres "modes" dont il est généralement question dans la musique grecque traitant de l'influence de la musique.

[58] *Al-kibār* (grandes) sous entend ici les notes graves.

[59] Les mots entre crochets sont ajoutés d'après le Ms. de Berlin.

[60] Voir *supra*, note 42.

[61] Dans un contexte analogue al-Kindī a employé plus haut le mot *tanġīm* avec le terme

(*fol.* 117*b*) de différences entre elles. Chacune des sept notes de la deuxième octave, je veux dire les notes de la troisième corde et du *zīr*, est susceptible de remplacer la note équivalente parmi les sept premières, je veux dire [les notes] de la deuxième corde et du *bamm*, ceci est valable pour tout ce qui est joué par le *'ūd* qu'il s'agisse du chant ou de la musique instrumentale[62]. Il en est de même des sept premières qui remplacent les notes analogues parmi les sept dernières.

DESCRIPTION DES SEPT PREMIÈRES NOTES ET DÉMONSTRATION DE CHACUNE DE LEURS RÉPLIQUES PARMI LES SEPT AUTRES

La première note de la série des répliques est celle de la troisième corde à vide (*fa*) qui correspond aussi à l'annulaire de la deuxième corde. Si quelqu'un dit qu'il s'agit d'une même note qui ne diffère pas d'une corde à l'autre, comment donc est-elle d'abord comptée parmi les sept premières et ensuite parmi les sept autres[63] ? Nous disons que ceci, non seulement n'est pas à désapprouver,

munāsaba (consonance). Le terme *tarannum* signifie fredonnement (voir *supra*, note 8); notre traduction ici tend à rendre plus ou moins le sens de la phrase laquelle ne cherche probablement pas autre chose qu'à exposer un parallélisme.

62 Cette assertion peut être comprise de deux façons: a) les deux rôles du *'ūd*, à savoir l'accompagnement du chant et le jeu en solo; b) une généralisation qui signifierait que la règle en question est valable pour toute musique vocale, ou instrumentale.

63 Nous arrivons ici à un point très intéressant sur lequel al-Kindī semble insister puisqu'il va maintenant chercher des analogies avec d'autres domaines, d'autres disciplines, pour expliquer cette assertion exceptionnelle, à savoir: le septième degré de l'échelle heptatonique est aussi le premier degré de la seconde octave. Ce faisant al-Kindī obtient une série de notes à l'octave qui n'est pas absolument parallèle à celle de la première:

sol, la, sib, (si), do, re, mib (mi), fa
fa, sol_2, la_2, sib_2, do_2, re_2, mib_2.

Nous remarquons que le *si* et le *mi* ne figurent pas parmi les répliques. Ne connaissant pas pour le moment de théorie similaire antérieure, ou ultérieure, je suis enclin à admettre que la doctrine d'al-Kindī s'inspire ici de la disposition des cordes du *'ūd* qui fournissent d'une part des tétracordes conjoints:

sol-do
do-fa
fa-sib
sib-mib

et d'autre part, j'oserai dire, des échelles héptatoniques conjointes. En effet, selon l'accordature classique, la note de l'auriculaire de chaque corde est la même que celle produite par la corde suivante sonnée à vide. Donc le même procédé qui donne naissance à la première échelle héptatonique résultants de deux tétracordes conjoints, est appliqué à la deuxième échelle avec les deux cordes (ou deux tétracordes) aiguës. Mettant ainsi en parallèle les deux cordes inférieures avec les deux cordes supérieures, nous assistons au même phénomène caractérisant le parallélisme entre une corde et sa suivante. Il me semble que c'est là la manière la plus simple de répondre à la question posée par al-Kindī. Rajoutons à cela que ce fut le seul

mais au contraire cela découle nécessairement de l'analogie. Cette analogie ne doit pas être prise dans l'un des sens parmi ceux que lui confère la philosophie; cette analogie, en effet, relève de l'arithmétique. Ainsi dix est un nombre qui n'est suivi par aucun autre nombre qui ne soit son double ou son multiple et ceci jusqu'à l'infini. Ce nombre, je veux dire dix, est commun aux deux nombres ensemble, je veux dire celui qui le précède et celui qui vient à sa suite[64]. Par rapport à ce qui le précède, il est le terme du redoublement des unités, et par rapport au nombre qui le suit il en est le commencement[65]. Par exemple, lorsque tu comptes un, ou deux $(1+1)$, ou trois $(1+1+1)$ jusqu'à aboutir à dix, dix sera alors le terme de ce nombre. Puis tu chercheras cent qui est le redoublement de dix, de la même façon qu'un redoublé devient dix. L'on commence donc par dix (*fol.* 118*a*) qui joue le rôle de un, jusqu'à aboutir à dix fois dix qui font cent[66]. Tu vois donc que dix est le terme de la première série des nombres, série où les unités se redoublent, il est d'autre part commencement de la deuxième série celle du redoublement des dizaines. D'une manière analogue, la note à vide de la troisième corde qui correspond à celle de l'annulaire de la deuxième corde est le terme des sept premières notes et commence la série des répliques à l'octave. Et Galien mentionne dans son livre sur les fièvres[67] une raison semblable à propos [des accès] de fièvre cyclique[68]. En effet, il intitule l'accès de fièvre qui se produit un jour, puis se relâche deux jours, fièvre quarte, et l'accès de fièvre qui se produit un jour et se relâche un jour, fièvre tierce. Il s'ensuit que le jour de l'accès de fièvre est nécessairement commun aux deux cycles à la fois, je veux dire le passé et l'avenir; il est donc dernier par rapport au passé et premier par rapport à l'avenir. Dans ce chapitre,

moyen permettant de retrouver une série de répliques à l'octave sans recourir à une cinquième corde, adoptée par les générations suivantes. Ce point mérite certainement des recherches plus poussées.

64 Il faut sous entendre les deux séries de nombres celle des unités et celle des dizaines.

65 Dans *Mafātīḥ al-'ulūm*, *op. cit.*, p. 184, nous lisons la définition suivante: "le nombre est une pluralité composée d'unités". Cela veut dire que l'on considérait le nombre comme une collection d'unités: $1+1=2$; $1+1+1=3$ etc., et de même que un donne naissance aux unités, de même dix donne naissance aux dizaines: $10+10=20$, $10+10+10=30$... Chez Rabbi Avraham ibn Ezra nous trouvons une définition identique à celle d'al-Kindī: "Et le dix est semblable à un, car il est commencement des dizaines et terme des unités" (*Sefer ha-Shem*).

66 Jusqu'ici, à quelques variations prés, la version du Ms. de Berlin et celle de Manisa correspondaient. A cet endroit précis, elles se séparent et deviennent deux textes tout à fait différents, dont l'étendue dans le Ms. de Berlin est de 63 lignes et dans le nôtre de 54 lignes. Les deux versions concordent de nouveau à l'endroit que j'indiquerai.

67 *Kitāb fī adwār al-ḥummiyāt wa-tarakībiha*, voir: Fuat Sezgin, *Geschichte des Arabischen Schriftums*, Band III (Leiden, 1970) p. 114.

68 Il s'agit des accès de fièvre rythmiques (fièvre tierce, fièvre quarte) qui sont produits par le microbe qui provoque le paludisme.

il y a de nombreuses raisons scientifiques dont les preuves analogiques ne relèvent d'aucune partie de la philosophie. Néanmoins ce que nous avons mentionné est suffisant pour celui qui tient à en connaitre la cause. Donc, la première note de la série des sept répliques est la note à vide de la troisième corde (*fa*), nommée "la note unique" (*al-yatīma*) parcequ'elle n'a pas d'égale et elle est commune au deux séries comme nous l'avons expliqué, La deuxième note est celle de l'index de la troisième corde (*sol* 2), et elle est la réplique de la note à vide du *bamm* (*sol* 1). La troisième est l'annulaire de la troisième corde (*la* 2), et elle est la réplique de celle de l'index du *bamm* (*la* 1). La quatrième est la note de l'auriculaire de la troisième corde (*sib* 2) et aussi la note à vide du *zīr*; [elle est la réplique du][69] médius du *bamm* (*sib* 1). La cinquième est la note de l'index du *zīr* (*do* 2), et elle est [la réplique AS] de la note à vide de la deuxième corde (*do* 1). La sixième est l'annulaire du *zīr* (*re* 2) (*fol.* 118*b*) et elle est la réplique de l'index de la deuxième corde (*re* 1). La septième est la note de l'auriculaire du *zīr* (*mib* 2) et elle est la réplique du médius de la deuxième corde (*mib* 1). Si l'on montait le *'ūd* de deux autres cordes au deçà du *zīr* suivant le même procédé d'accordature, on aurait obtenu également une même série des sept notes à l'exclusion de toutes autres notes; leur disposition par rapport à la troisième corde et au *zīr* serait la même que celle de la troisième corde et du *zīr* vis-à-vis de la deuxième corde et du *bamm*; elles seraient susceptibles de les remplacer, de les imiter et de remplir leurs fonctions[70]. Cependant ce qui nous venons de dire est le résultat d'un rapprochement analogique et ne se produit pas en réalité, car s'il en était ainsi les notes seraient réduites à l'amuïssement à cause de l'acuité extrême[71]. Toutefois, il est possible de suspendre une seule corde [supplémentaire] qui émettra une partie des notes mentionnées[72], quitte à déduire par analogie quelle pourra être en réalité la disposition de la deuxième corde [supplémentaire]. Tout ceci peut être comparé avec le larynx. Ne vois tu pas que lorsque tu joue la note à vide du *bamm* puis que tu frédonnes une note identique, que celle-là est la plus grave des notes du larynx[73]? Poursuivant ainsi tu poseras ton index sur cette corde et tu frédonneras une note identique; puis tu poseras le médius en

[69] Au lieu de *wa yusamma* (il se nomme) nous proposons *wa hiya naẓīr* (elle est la réplique de); c'est une correction qui s'impose.

[70] En suivant ce raisonnement le *mib* serait la fondamentale de l'échelle *mib-reb*.

[71] Ceci nous fournit une autre preuve de l'étroite liaison entre l'ambitus de l'instrument et celui de la voix. Cette idée sera développée en détail par la suite.

[72] Cette information est extrêmement importante, car l'on admettait communément que l'introduction de la cinquième corde fut assez tardive. Tout en acceptant la possibilité de munir le *'ūd* de la cinquième corde, il est clair d'après la suite qu'al-Kindī n'approuve pas le procédé.

[73] Nous venons ici à l'analogie entre musique vocale et instrumentale invoquée plus haut en parlant des cordes et de leur épaisseurs. Ici la démonstration est plus détaillée.

frédonnant une note identique et tu continueras à élever les notes des cordes tout en élevant les notes émises par le larynx jusqu'à aboutir à l'auriculaire du *zīr* (*mih* 2) cela parallélement aux notes chantées les plus élevées et les plus aiguës. Si l'on tente de dépasser cette limite et que l'on continue à reproduire la série des sept notes une troisième fois, cela ne sera pas possible parce que la note sera réduite à l'amuïssement à cause de son extrême acuité. Si jamais l'on a besoin d'une note au délà de l'auriculaire du *zīr*, qui est la dernière des sept notes, on revient à la note à vide de la troisième corde (*fa* 1) qui est la première de cette série[74]. Cette dernière tiendra lieu de l'éventuelle note aiguë, (*fol.* 119*a*) située au délà de la série. Ainsi les sept notes forment un cercle qui tourne sur lui même de façon constante[75]; la première succède à la septième, comme aussi la septième vient après la sixième et la sixième après la cinquième. Chacune des sept notes de la série des répliques, je veux dire les notes de la troisième corde et du *zīr* sont en rapport de la moitié 1/2 avec leurs correspondantes parmi les sept premières, je veux dire les notes du *bamm* et de la seconde corde. Nous trouvons un rapport semblable entre le degré d'acuité et de gravité des deux cordes. Nous avons déjà clairement montré que la troisième corde et le *zīr* doivent être en rapport de la moitié avec la deuxième corde et le *bamm*; que la troisième corde doit être en rapport de la moitié avec le *bamm* et que le *zīr* doit être en rapport de la moitié avec la deuxième corde[76]. Il s'ensuit que la note de l'index de la troisième corde (*sol* 2) sera en rapport de moitié avec la note à vide du *bamm*, (*sol* 1) et de même l'annulaire du *zīr*[77] (*re* 2) sera en rapport de moitié avec l'index de la deuxième corde et ainsi de suite pour les autres notes, chacune des notes de la deuxième octave est en rapport de moitié avec les notes de la première. Et cela est dû à la constitution naturelle du larynx[78]. En effet le point d'émission

74 Il s'agit du procédé d'octaviation employée généralement comme un moyen d'ornementation, ou de repos de la voix. Là al-Kindī nous renseigne sur un procédé non moins intéressant: l'octaviation par nécessité lorsqu'on aboutit à "l'extrême acuité". Cette théorie appuie la constatation faite auparavant que les deux octaves peuvent se remplacer mutuellement.

75 Le mouvement circulaire est le mouvement parfait, celui des sphères, contrairement au mouvement en ligne droite qui a un commencement et une fin et n'appartient qu'au monde de la génération et de la corruption.

76 Comme les deux cordes aiguës repètent à l'octave la même série de notes fournies par les deux cordes graves, al-Kindī considère par extension les cordes elles-mêmes qui sont génératrices de ces notes comme étant en rapport de 2/1 lorsqu'elles sont comparées entre elles. C'est pour cette raison qu'al-Kindī va démontrer la justesse de cette constatation en énumérant quelques formes d'octave à titre d'exemple. Toutefois, la difficulté surgit plus loin. Voir *infra*, note 79.

77 J'ai corrigé le mot *muṯanna* par *zīr* parce qu'il s'agit d'une erreur évidente.

78 La théorie de correspondance entre la voix et l'instrument devient ici très nette; c'est bien l'instrument qui est calqué sur la voix et non pas le contraire.

le plus large dans le larynx est celui qui produit la note correspondante à celle du *bamm* à vide (*sol* 1), sa largeur est de l'ordre du double de l'endroit où se produit la note de l'index de la troisième corde (*sol* 2). Pour cette raison cette dernière note est en rapport du double avec la première. Et pareillement le point d'émission de l'index du *bamm* (*la* 1) est de l'ordre du double en quantité et en largeur de celui [produisant la note] de l'annulaire de la troisième corde (*la* 2). Par conséquent une note est en rapport du double avec une autre pour la raison indiquée. Il en est de même du médius du *bamm* avec l'auriculaire de la troisième corde (*mib* 1–*mib* 2) et ainsi de suite pour tous les autres emplacements des notes grandes (graves) par rapport à leurs pareilles parmi les petites (aiguës). Pour cette raison la troisième corde et le *zīr* ont été conçus de manière (*fol.* 119*b*) à ce que leur épaisseur soit la moitié de celle du *bamm* et de la deuxième corde[79], afin que toutes les notes soient égales entre elles qu'elles soient produites par le larynx ou émises par l'instrument. Quant aux sept notes elles comportent elles-mêmes des proportions diverses quand elles sont comparées les unes avec les autres mais l'explication en serait trop longue et le sens difficile à comprendre, bien plus, ne pourra saisir leur sens entièrement que celui qui aura spéculé sur la théorie musicale (*kitāb al-musīqī*)[80]. Néanmoins[81], nous voudrions en mentionner ici un rapport manifeste, c'est celui de chaque note avec celle placée quatrième à partir d'elle[82]. Bien que cette dernière ne forme pas une homophonie[83] avec l'autre, elles ont cependant une ressemblance, un rapport consonant, c'est le rapport de la moitié au tout (*sesquialtere* ?)[84], car la moitié du sept coïncide avec la quatrième note. Et la moitié est la proportion la plus importante d'une chose, car elle est une partie de deux. C'est pourquoi ce rapport est considéré comme le plus manifeste parmi les proportions relatives aux sept notes.

79 Dans la description des cordes, donnée plus haut, il a été dit que le *bamm* et la deuxième corde se composent ensemble de 7 fils de boyeau, alors que la troisième corde et le *zīr* se composent ensemble de 3 fils de soie. Je ne vois donc pas comment les deux cordes aiguës peuvent représenter la moitié de l'épaisseur de deux cordes graves.

80 Voir *supra*, note 3.

81 A cet endroit les textes des deux manuscrits concordent à nouveau, voir *supra*, note 66.

82 Nous verrons par la suite qu'il s'agit sans aucun doute de la consonance de quinte. Or, pris à la lettre, ce passage indique plutôt un intervalle de quarte. Nous avons eu l'occasion plus haut de suggérer la possibilité d'interpréter le terme *naġma* comme l'équivalent d'intervalle (*bu'd*); si ceci est acceptable, nous pourrions envisager quatre intervalles qui font une quinte.

83 L'homophonie est attribuée à la consonance d'octave, voir Erlanger, *op. cit. supra*, n. 4, t. II, p. 269.

84 Il est indéniablement question de la quinte dont le rapport est qualifié comme le tout plus la moitié 3/2. Mais al-Kindī procède autrement et explique "moitié" de façon réaliste: en effet, le début du quatrième intervalle est à mi chemin entre le premier degré et le septième.

Un ancien traité sur le 'ūd

L'ÉNUMÉRATION DE TOUS LES INTERVALLES CONSONANTS [LES FORMES DE QUINTE]

La première quinte est formée par la première des sept notes, celle du *bamm* à vide et sa correspondante l'index de la deuxième corde (*sol* 1–*re* 1) qui est quatrième à partir d'elle. Ensuite vient la quinte formée de l'index du *bamm* et l'annulaire de la deuxième corde (*la* 1–*mi* 1); puis le médius du *bamm* avec l'auriculaire de la deuxième corde (*sib* 1–*fa* 1); puis la note de la deuxième corde frappée à vide et l'index de la troisième corde (*do* 1–*sol* 2); puis l'index de la deuxième corde avec l'annulaire de la troisième corde (*re* 1–*la* 2); puis le médius de la deuxième corde avec l'auriculaire de la troisième corde (*mib* 1–*sib* 2); puis la note à vide de la troisième corde avec l'index du *zīr* (*fa*–*do* 2); puis l'index de la troisième corde avec l'annulaire du *zīr* (*sol* 2–*re* 2); puis le [médius de la troisième corde][85] avec l'auriculaire du *zīr* (*lab* 2–*mib* 2).

LES CAUSES ASTROLOGIQUES (*fol.* 120*a*) AVANCÉES PAR LES PHILOSOPHES COMME ÉTANT LA BASE DE LA CONCEPTION DU 'ŪD

Il y a tout d'abord les sept notes qui correspondent aux sept planètes, je veux dire: Saturne (*zuḥal*), Jupiter (*muštarī*), Mars (*marrīḫ*), Soleil (*šams*), Venus (*zahra*), Mercure (*'uṭārid*), et Lune (*qamar*)[86]. Et de façon particulière, la note à vide du *bamm*, qui est la première des notes et la plus grave, correspond à Saturne qui est la plus élevée des sept planètes et le plus lente en son mouvement. Ensuite l'index du *bamm* qui correspond à Jupiter, étant donné que cette planète se situe plus bas que Saturne, puis le médius du *bamm* correspond à Mars, son annulaire au Soleil, l'index de la deuxième corde à Venus, son médius à Mercure et son annulaire à la Lune[87]. Puis les philosophes conçurent par analogie aux douze signes du zodiaque les douze organes du luth qui sont: les quatres cordes, les quatre ligatures et les quatres chevilles. Ils soutinrent de même que les douze signes sont classés en quatre "tropiques", quatre

[85] Le mot *al-muṯallaṯ* est une erreur. La correction est d'après le Ms. de Berlin.

[86] Il s'agit de la fameuse gamme stellaire que forment les sons émis par la rotation des astres. Cette théorie qui fait partie de la conception générale de l'harmonie des sphères circule chez différents auteurs de l'Antiquité et du Moyen Age; elle a été aussi adoptée par certains auteurs arabes. Pour plus de détails voir: P. Duhem, *le Système du monde*, II, p. 8; P. Tannery, *Histoire de l'astronomie ancienne*, appendice V, p. 323–326; H. Potiron *op. cit.* p. 59–60; A. Shiloah, l'Epître... *op. cit.*, année 1966, pp. 162–164; 179–180; al-Ḥasan *op. cit.* p. 190.

[87] D'après cette liste, la Lune, le plus bas des astres, donne un son aigu, et Saturne, le plus élevé, donne un son grave. Cependant, suivant l'opinion de certains auteurs, la Lune donne le son le plus grave et Saturne le plus aigu. Voir Potiron, p. 59.

"solides" et quatre "bicorporels"[88]. Ils établirent une analogie entre les quatre "tropiques", à savoir: Bélier, Cancer, Balance, Capricorne, et les chevilles dont la propriété est d'être tordues et tournées. Ils comparèrent les quatre "solides" qui sont: Taureau, Lion, Scorpion, Verseau, aux quatre ligatures dont la propriété est de demeurer fixes à leur places. Enfin, ils comparèrent les quatre "bicorporels" qui sont: Gémaux, Vierge, Sagittaire et Poissons, aux quatre cordes, étant donné que les sept notes qui sont produites par elles revêtent deux aspects. En effet chaque note sur chaque corde (*fol.* 120*b*) possède une correspondante dans la série des répliques. Et ils comparèrent les trente degrés de chaque signe aux trente doigts représentant la longueur des cordes. Puis ils comparèrent la conjonction, l'opposition, le trine, la quadrature et le sextile, [les diverses positions][89] qui déterminent les lois [astrologiques] et les décrets [des astres], avec toutes les distances que nous avons mentionnées à propos de la construction de l'instrument[90]. Ils soutiennent aussi que l'instrument représente la moitié d'une chose, comme nous l'avons expliqué auparavant, savoir qu'il est similaire à un corps sphérique allongé que l'on aurait partagé en deux moitiés d'où sont sortis deux *'ūd*, et ils comparèrent cette moitié à la moitié visible de la sphère celeste. En effet, on ne voit guère de la sphère qu'une moitié et ceci dans tous les pays de la terre. A chaque fois qu'apparaît devant les yeux quelque chose de l'autre moitié, une partie équivalente de la première disparaît.

Les physiciens soutiennent aussi que les quatre cordes correspondent aux quatre éléments. Ils comparent le *bamm*, qui est le plus grave, le plus épais et

[88] Il y avait de nombreuses classifications des signes zodiacaux; l'on peut trouver une liste complète dans: A. Bouché-Leclercq, *l'Astrologie Grecque* (Paris, 1899), pp. 149–157. La classification d'al-Kindī, comme aussi celle des Iḫwān, (*Rasā'il*, éd. le Caire, 1928, t. I, p. 77), correspond exactement à celle de Ptolemée; celle-ci est fondée sur la position géométrique des signes par rapport à la division duodécimale du cercle.

"Il partage d'abord les signes en trois espèces, dont chacune contient quatre signes équidistants et de fonction homologue: 1) Les signes "tropiques" ou cardinaux, subdivisés en tropiques proprement dits et équinoxiaux; 2) Les signes dits "solides", ainsi appelés, paraît-il, parce qu'ils fixent le changement de température amené par le signe tropique précédent; 3) Les signes dits "bicorporels", qui, placés entre un signe "solide" antécédent et un signe "tropique" consécutif, participent à la nature de l'un et de l'autre. Chaque saison, représentée par un quadrant de cercle, a ainsi un commencement tropique, un milieu solide et une fin composite, où se fait sentir l'approche de la saison suivante (A. Bouché-Leclercq, pp. 152–153)".

[89] Voir *ibid.*, p. 80 et chapitre VI. Les mêmes positions sont citées par les Iḫwān comme l'une des causes qui président à la génération et la corruption des êtres placés sous la sphère de la Lune (l'Epître, *op. cit.*, p. 164). Cependant, il est question là-bas de huit combinaisons (*ibid.*, note 1). A propos des décrets des astres et leur rapport avec la musique voir: l'Epître, *op. cit.*, année 1964, p. 131.

[90] Nous restons ici dans le domaine de la généralisation, car il n'est pas tout à fait clair à quoi correspond chaque position.

le plus ferme, à la terre; et son analogie parmi les natures partielles (les humeurs)[91] est la bile noire. Ils comparent la deuxième corde, qui est moins grave, moins épaisse et moins ferme que le *bamm* à l'eau, et parmi les humeurs au phlegme. Ils comparent la troisième corde qui est inférieure à la seconde en ce qui concerne les conditions mentionnées, à l'air, et parmi les humeurs au sang. Ils comparent le *zīr*, la corde la plus aiguë, la plus fine et la plus vive, au feu, et parmi les humeurs à la bile jaune[92].

TROISIÈME CHAPITRE QUI TRAITE DE L'EXERCISE DES MAINS [EN VUE DE L'ACQUISITION][93] DE LA TECHNIQUE DE L'INSTRUMENT

Sache que chaque peuple possède relativement à cet instrument un système musical qui lui est propre et qui ne se trouve (*fol.* 121*a*) chez personne en dehors d'eux. Leur différences en cela est de la même nature que leurs différences en toutes choses. Ne vois tu pas que les Arabes, les Rūm (les Byzantins), les Perses, les Ḫazar (peuplade des bords de la mer Caspienne), les Ethiopiens et la totalité des hommes diffèrent les uns des autres par leur nature, leurs intelligence, leurs opinions, leurs désirs et leurs comportements. Tout cela est la conséquence de la variété des pays, des conditions atmosphériques qui leur sont relatives, de leurs eaux et de leurs fruits[94]. Les astrologues soutiennent aussi que la cause de ces différences dépend du levant des étoiles et de l'empire de chaque étoile sur un peuple déterminé à l'exclusion de tout un autre[95]. Aussi, leurs systèmes musicaux relatifs à cet instrument varient suivant les mêmes conditions. En effet, le système des Perses se distingue par le recours à la légéreté et à la rapidité dans leur musique instrumentale, et ceci est le résultat de leur connaissance des modes (*ṭuruq*) répandus chez leurs virtuoses; ces modes jouent chez eux un rôle semblable à celui des rythmes fondamentaux

[91] Il n'existe pas de doute ici que *al-ṭabāi' al-ǧuz'iyya* (natures partielles) désignent les humeurs, mais je n'ai pas pu trouver la source de cette dénomination dans son sens actuel.

[92] Ces correspondances, ainsi que bien d'autres de ce même genre, figurent dans l'Epître sur la musique des Iḫwān; nous les avons présentées sous forme de tableau (*op. cit.*, année 1966, p. 179–180. Voir aussi: H. G. Farmer, *Sa'adyah Gaon on the Influence of Music* (London, 1943), p. 5 *sq.*

[93] Les mots entre crochets paraphrasent *li-ḏālik* (en ce but).

[94] Sous le titre: "l'influence de la musique sur les humeurs" les Iḫwān exposent, à quelques variations près, les faits contenus dans ce passage y compris les noms des peuplades mentionnées (*op. cit.*, année 1964, p. 141–143).

[95] La question des protectorats célestes assignés aux divers peuples est discutée en détails dans un chapitre que Bouché-Leclercq intitule: "Chorographie et Ethnographie Astrologiques" (*l'Astrologie Grecque, op. cit.*, p. 328–347). Voir aussi: Abraham ibn 'Ezra, *Sefer ha'olam*, dans *Yarḥon ožar ḥayyim*, 10 année, 1936, p. 14.

(*uṣūl*)[96]; ces modes sont: *al-šišum, al-imrin? al-isfiras? al-sabdar? al-nawrūzī, al-mahrağānī*[97] ainsi, que d'autres qu'il serait trop long d'en d'expliquer et de décrire. Les Byzantins ont aussi un système qui est relatif aux huit modes (*al-uṣṭuḫūsiya*)[98]; il n'y a rien de tout ce qui est fredonné qu'il s'agisse d'un chant ou d'autre chose qui ne puisse faire partie de l'un d'eux. Il en est de même du système des Arabes lequel se rapporte à l'alternance des modes rythmiques adéquats dans leurs chants, tel que leur huit modes rythmiques, je veux dire: le lourd, le léger, le *hazağ* et les autres[99], car la plupart de ce

96 Il y a ici une certaine confusion entre styles, modes mélodiques, modes rythmiques et même peut-être prosodie et phonétique. Il est significatif que par comparaison aux modes mélodiques persans et byzantins, al-Kindī mentionne les modes rythmiques arabes et non pas les modes mélodiques. A cet effet, al-Kindī suit en quelque sorte le modèle grec en attachant toute la théorie de l'*ethos* aux modes rythmiques. Voir Farmer: *Sa'adyah Gaon, op. cit.* p. 5, 14–28; al-Ḥasan, *op. cit.*, p. 177.

97 Pour le premier, le second et le quatrième modes, j'ai adopté la leçon du Ms. de Berlin parce que les noms y sont dessinés de façon plus nette. Néanmoins, seuls le premier, le cinquième et le sixième modes présentent une lecture plausible; quant aux autres, ils sont sûrement déformés soit par la faute du copiste, soit par une transmission erronée. Malheureusement, je n'ai pas pu trouver dans les différentes listes des anciens modes de l'époque sassanide un appui quelconque pouvant nous permettre de les reconstituer. Quoiqu'il en soit, ces modes ont été célèbres parmi les auteurs arabes. Al-Mas'ūdī, par exemple, parle de sept modes royaux — *al-ṭurūq al-mulūkīyya* — dont Barbier de Meynard a pu déchiffrer seulement quatre, et sur ces quatre deux correspondent à des noms figurant dans notre traité (voir: *Les Prairies d'or*, Paris, 1874, t. VIII, p. 90). Al-Fārābī en parlant de la musique instrumentale cite les *ṭarā'iq* et les *rawāsīn* de Ḫurasan et de Perse, mais sans mentionner les noms d'aucun mode (Erlanger, *op. cit.*, p. 17); al-Ḥasan fait de même (*op. cit.*, p. 193, 197); et ibn Zayla dans son *Kitāb al-kāfī* fournit une liste de noms des *rawāsīn*, ou des *dastānāt al-ḫurasānīyya*, et *al-iṣfahānīyya* (voir l'édition de Zakariyya Yusuf, le Caire 1964, p. 66–67). Enfin Farmer dans son article: "The Old Persian Musical Modes" dans *JRAS*, 1926, p. 92–94, donne une partie des références citées plus haut sans pourtant résoudre le problème de noms des sept modes royaux et sans éclairer la tradition concernant les anciens modes et sa transmission aux Arabes.

98 En citant ce passage Farmer traduit *usṭuḫūsiya* par "Byzantine theorists" (*A History of Arabian Music, op. cit.* p. 151). Comme il s'agit de façon évidente d'un équivalent grec, à "huit modes", je trouve cette interprétation tout à fait mal fondée. Je pense qu'il peut s'agir soit du mot grec στοικεῖου qui signifie entre autres "élément", "principe élémentaire et fondamental" (Lidell-Scott, *Greek-English* Lexicon, New edition, Oxford, 1961, p. 1647), soit d'une déformation possible du terme "octoechos" pui désigne les huit modes byzantins. Sur ce système et ses rapports avec d'autres systèmes semblables voir E. Werner, "The oldest sources of octave and octoechos", *Acta Musicologica*, XX (1948), p. 1–9; *id*, "The origin of the eight modes of music", *Hebrew Union College Annual*, XXI (1948) p. 211–255; *id*, "New studies in the history of early octoechos", *International Society for Musical Research. Report of the fifth congress* (Amsterdam, 1953), p. 428–437.

99 Les huit modes rythmiques sont d'après al-Kindī: le lourd premier (*al-ṯaqīl al-awwal*), le lourd second (*al-ṯaqīl al-ṯānī*), le *māḫūrī*, le léger du lourd (*ḫafīf al-ṯaqīl*), le *ramal*, le léger du *ramal*, le léger du léger (*ḫafīf al-ḫafīf*) et le *hazağ* (voir Farmer, *Sa'adyah Gaon, op. cit.* p. 17–18).

qu'ils chantent en fait partie. Et pareillement les Sugd[100] possèdent un système musical en rapport avec leur langue et leurs mélodies. C'est aussi le cas des Turcs, des Daylamites, des Ḫazar et des toutes les autres langues. Toutefois, tous les systèmes musicaux de tous (*fol.* 121*b*) les peuples émanent des huit modes byzantins que nous avons mentionnés[101]. Il n'y a guère de formule sonore (*masmūʿāt*) qui soit en dehors de ces huit modes, qu'il s'agisse de la voix de l'homme, ou de la voix de tout autre animal comme le hénnissement du cheval, le braiment de l'âne, et le cri du coq. En effet, tout ce qui appartient aux divers cris propres à chaque animal, l'on sait à quel mode il se rattache. Par conséquent, il n'est pas possible qu'il n'en fasse pas partie.

APERÇU SUR L'ATTOUCHEMENT *(ǧass)* DES CORDES[102]

Cet exposé constitue une introduction et une préparation à l'apprentissage et à l'exercise des doigts dans leur déplacement sur les touches. Celui qui s'en sert, arrive à s'en rendre maître et se hâte de l'appliquer avant d'entamer des études systématiques, pourra progresser plus rapidement, imiter le maître plus facilement et atteindre le but de l'étude plus sûrement. D'autre part le maître devant s'entretenir de la matière avec son élève en aura moins de peine et à l'élève incombera une provision moindre[103].

L'élève commencera tout d'abord par toucher le *zīr* et la troisième corde simultanément d'un seul mouvement[104] léger. Il posera ensuite rapidement l'index sur le *zīr*, puis il la touchera simultanément avec la troisième corde à vide. L'attouchement est effectué avec l'index et le pouce de la main droite;

[100] C'est le nom d'un district en Asie centrale et aussi la dénomination du peuple qui y habitait (Voir *EI*, t. IV, p. 473).

[101] Voir les études d'Eric Werner citées à la note 98.

[102] Pour la commodité de la consultation de cet important exercise, nous en proposons une transcription en notation. Autant que je sache, c'est le premier spécimen de "notation" en musique arabe et aussi le premier spécimen connu en deux voix. Toutefois il ne s'agit que d'un exercice et par conséquent il serait inopportun d'en tirer des conclusions généralisées. Nous espérons approfondir l'étude de ce document dans un travail ultérieur.

[103] Le mot مؤونة signifie approvisionnement, vivres et subsistances. Al-Kindī entend-il par là l'honoraire que l'élève paye au maître?

[104] En se basant sur le jeu du *ʿūd*, on divise l'action de percuter les cordes en deux temps: le premier est celui pendant lequel le corps percuteur quitte sa position de repos, et se meut pour produire la percussion; le deuxième temps est celui qui s'écoule depuis le moment où le corps percuteur se détache du percuté jusqu'à celui où il s'apprête à y revenir. Le mot mouvement ici doit correspondre à une percussion légère, ou à un temps dont la durée probable serait de l'ordre d'une croche et par extension, cette même durée serait également applicable à la pause. Pourtant, l'auteur emploie tantôt "mouvement rapide", tantôt "mouvement léger" et tantôt "mouvement" sans aucune autre qualification. Dans l'absence des points d'appui sûrs, je préfère fournir ici l'interprétation rythmique la plus simple.

et alors que son annulaire et son auriculaire demeurent inclinés vers la face du *'ūd*, l'index pincera le *zīr* en se dirigeant vers le haut et le pouce pincera la troisième corde en se dirigeant vers le bas. Le point sur lequel s'effectue l'attouchement se trouve à distance de trois doigts du chevalet. Donc, les deux cordes seront touchées dans la condition décrite, trois mouvements rapides successives (*fol.* 122*a*). Puis il levera l'index de la corde et (le)[105] posera sur la touche de l'auriculaire de la troisième corde et après avoir effectué une pause légère, il touchera la troisième corde et le *zīr* [à vide] réalisant trois mouvements égaux aux trois premiers. Après une pause légère il lèvera l'auriculaire, posera le doigt sur la touche de l'annulaire de cette corde et jouera cette note ensemble avec celle du *zīr* à vide un seul mouvement; puis il remettra l'auriculaire de la troisième rapidement et il effectuera un seul mouvement, et de nouveau l'auriculaire sera levé et l'annulaire sera posé et les deux notes seront jouées un mouvement[106]. Puis à la suite d'une pause l'index sera déplacé au *zīr* et suivi rapidement de l'annulaire qui sera jouée ensemble avec la note à vide de la troisième corde une seule motion[107]; puis il se hâtera à déplacer l'index sur la troisième corde et les deux cordes seront percutées ensemble trois motions. A la suite de quoi, il posera l'auriculaire sur le *zīr* et le médius sur la troisième corde, et après une pause il effectuera trois motions. Il reviendra ensuite après une pause à l'annulaire du *zīr* et l'index de la troisième corde qui seront jouées trois motions. Puis il posera l'auriculaire sur la troisième corde et il la touchera ensemble avec le *zīr* à vide trois motions à la suite d'une pause. Ensuite on pose l'annulaire sur la troisième corde et on la touche avec le *zīr* à vide une motion; puis on revient à l'auriculaire[108] et on effectue une autre motion, puis on revient à l'annulaire[109] et l'on effectue une motion. Ensuite on pose le médius sur la deuxième corde et on le touche avec la note de la troisième corde à vide une motion, après quoi on pose l'auriculaire sur la deuxième corde et on le joue avec la note à vide de la troisième corde une motion. Puis on revient au médius et on effectue une motion, puis l'auriculaire une motion (*fol.* 122*b*), puis on procède à propos du *zīr* et de la troisième corde comme avec les troisième et deuxième cordes, et aussi avec le *bamm*.

105 Il n'est pas possible d'accepter la leçon de notre manuscrit, puisque ce n'est vraiment pas de l'index qu'il s'agit ici, mais de l'auriculaire. Une leçon plausible serait: "il posera le doigt sur la touche de l'auriculaire..."

106 Dans le Ms. de Berlin il y a à cet endroit une phrase supplémentaire: "Puis l'annulaire sera levé rapidement et les deux cordes seront percutées un mouvement". Il me semble qu'au point de vue musicale la leçon de notre manuscrit est plus plausible.

107 Suivant cette description l'index du *zīr* ne constitue pas un mouvement en soi; il y a donc ici deux possibilités: a) celle que nous avons adoptée dans notre transcription, b) de considérer cette note et la suivante comme deux double croches.

108 Ms. de Manisa: "annulaire".

109 Ms. de Manisa: "auriculaire".

En procédant de la sorte, l'index du *zīr* sera jouée avec la note à vide de la deuxième corde trois motions, puis l'annulaire du *zīr* avec l'index de la deuxième corde trois motions; puis l'auriculaire du *zīr* avec le médius de la deuxième corde trois motions; puis l'annulaire du *zīr* avec l'index de la deuxième corde trois motions; puis l'index du *zīr* avec la note à vide de la deuxième corde trois motions; puis l'auriculaire de la troisième corde avec la note du *zīr* à vide trois motions; puis l'annulaire de la troisième corde avec la note du *zīr* à vide une motion; après quoi on revient repidement à l'auriculaire de la troisième corde avec la note du *zīr* à vide, une motion; puis l'annulaire de la troisième avec le *zīr* à vide rapidement une motion; ensuite le médius de la deuxième corde avec la note de la troisième à vide une motion; l'auriculaire de la deuxième avec la note de la troisième à vide une autre; puis on revient au médius de la deuxième et la note de la troisième à vide une motion. Et de nouveau l'on retourne à l'auriculaire de la deuxième corde avec la note de la troisième à vide une motion. Ensuite l'on touche la troisième corde et le *bamm* à vide une motion; puis le *zīr* avec la deuxième corde[110]. L'élève persistera dans l'exécution de cet exercise jusqu'à ce que ses doigts s'en rendent maîtres et réussissent à le jouer facilement. Les notes que nous venons de mentioner sont celles qui s'accordent et forment des consonances. Suivant l'exemple donné, ces notes s'associent, correspondent, se succèdent les unes aux autres dans l'usage essentiel de cet instrument. Les renseignements que nous avons inclus ici sont suffisants pour celui qui aimerait se préparer à absorber facilement les choses enseignées. (*Fol.* 123*a*) il existe plusieurs méthodes d'enseignement, je veux dire: arabe, persane, byzantine et autres et si nous aurons voulu nous efforcer de les décrire et de les expliquer, le discours aurait été trop long et trop obscur, de plus seul l'homme le plus doué d'esprit et le plus vaste d'intelligence serait capable d'assimiler ce sujet et de l'appliquer à partir d'un traité écrit. Ajoutons à cela que ces méthodes, je veux dire les méthodes d'enseignement sont plutôt l'apanage des maîtres de cet art. Par conséquent, apprendre d'eux et s'instruire chez eux, à la fois par l'observation et par l'oreille, permet une compréhension plus efficace, plus rapide et plus facile que le livre.

Fin du traité de Abi Yusuf Al-Kindī que Dieu fasse
Misericorde à lui et à tous les Musulmans.

110 Je propose de corriger le texte et de lire "deuxième corde" avec le *bamm* et "troisième corde" avec le *zīr*, et ceci pour deux raisons: a) avec cette correction nous obtenons deux quartes à la fin du morceau au lieu de deux intervalles de septième, intervalle qui ne figure nulle part dans cet exercice, b) le dernier intervalle sera ainsi identique avec le premier; ceci est bien plus probable musicalement parlant que l'intervalle de septième.

I

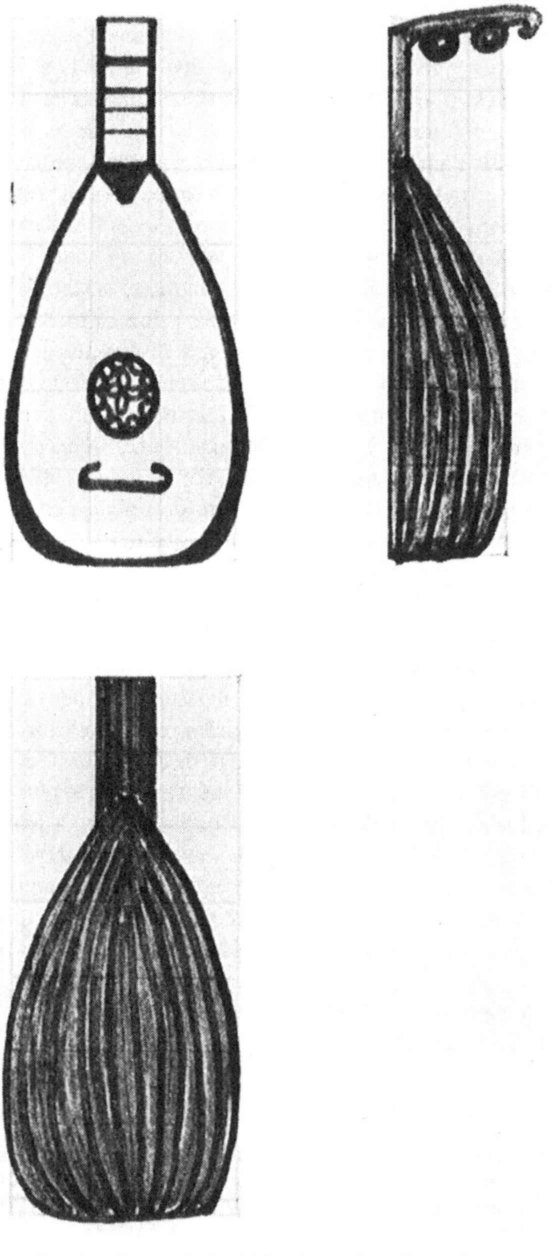

Dessins figurants le *'ūd* suivant les dimensions mentionnées dans le traité (v. pp. 183 ff.)

Transcription de l'exercise sur le *'ūd* décrit dans le dernier paragraphe du traité (v. pp. 203 ff.).

I

بسم الله الرحمن الرحيم وما توفيقي الا بالله

رسالة الكندي في اللحون والنغم

الفها لاحمد بن المعتصم

فهّم الله فهمك وكثّر علمك وسدّد امرك فهمت ما سألت
من رسم قول مختصر في آلة الحكماء ذات الاربعة الاوتار المسماة
عودًا ليستدل به على معرفة تركيبها وتاليف نغمها وجميع
ما يحتاج الى معرفته منها وقد رسمت لك من ذلك حسب
الطاقة على سبيل ما انتهت الحكماء في كتب الموسيقي اعني بالنف
الاجاز وبالله التوفيق اعلم ان الكلام في ذلك ثلثة فنون
الفن الاول منها معرفة مقادير ابعادها في تركيبها اعني
طولها وعرضها وعمقها مع وقوع الاوتار عليها وتركيب الدساتين
على حقيقة ما يجب في مواضعها وكمال صنعتها واما الفن
الثاني فمعرفة الاوتار ونسبة بعضها الى بعض ومقدار
بعضها من بعض ومعرفة كمية النغم وتناسب المتناسبة منها
وائتلافها واختلافها ومعرفة المذكرة منها والمؤنثة وجميع
اسبابها مع علل جميع ذلك ومعرفة التسوية العظمى
والتسويات الباقية المعلومة عند الضراب واما الفن

Manisa 1705, fol. 110b

111 الثالث في معرفة حركات الاصابع على الدساتين والاوتار
وتاليف ذلك لمن لم يرتض في هذه الالة ونعتاد ان تقع اصابع
اليد اليسرى في المواضع الواجبة لكل اصبع من كل دستان
مع موافقة اليمنى في حبسها الاوتار واحكام الحركات
والمقاطع فان المتعلم لهذه الصناعة يحتاج الى ثلثة
اشياء اولها المعرفة بايقاع ما يريد ان يضرب عليه
والثاني اجتناب النغم وتاليفها ونظمها على حقيقة ما يجب
في الضرب بلا زيادة ولا نقصان والثالث استعمال ذلك
عند الوقوف عليه ودرسه ليكون ما يحمله الفكر ويظهره الترنم
قد يكونه العود لكثرة الالف وجودة الرياضة فكانت هنالك
اليد اليمنى بالايقاع اولى واليد اليسرى باظهار النغم و
تفصيلها وتاليفها اولى فاما من كانت ليديه رياضة و
الف للتنقل على النغم فقد بين الباب الثالث الذي ذكرنا
وانما احتاج حينئذ الى معرفة الايقاعات وتاليف النغم
على حسب ما يريد ان يضرب عليه وهذان معنيان ليس
لهما غاية ولا يصيران الى نهاية وذلك ان الايقاعات
لا تحصى ولا يحاط بها كثرة لا العربية منها ولا العجمية في

Manisa 1705, fol. 111a

I

اليمنى

اصل الحنجره وحرك البم بابهام اليد فاذا استوى مع تلك
النغمه فاوقعه على ذلك المد فانهما مرتبته في التسوية وانما
جعلته الحكماء على هذه التشبيل من غلظ الجسم لساوى
هذه النغمه الغليظة في الحنجرة ثم تراقى في النغم في الاوتار كتراقيه
في الحنجرة نغمة بنغمة حتى تصير الى ادقها في الحنجرة وكذلك الى
ادقها في الادوار ولذلك صار المثلث اقل من البم في الغلظ
لان النغم اذا تراقت في الحنجرة دقت واحتاجت من الاوتار
الى نغم دقاق لمجانستها ولهذه العلة ايضا صار المثنى ادق
من المثلث والزير اقل من المثنى فاما لم صار المثنى والزير
ابريسم دون البم والمثلث فان ذلك لعلتين احدهما ان النغم
اذا تراقت حتى تصير من الدقة الى مثل حالها في المثنى والزير
احتاجت الى صفاء طنين الابريسم اذا مد كان اصفى طنينا
من المعاء والعلة الثانية ان الوتر في هذا الموضع يحتاج
من المد الى تقويم نغمته وتدقيقها الى ما لا تقوى عليه طبقة
واحدة من المعاء الدقيق ولا طبقتان فكان الابريسم اذا صير
بقياس ذلك المعاء في الغلظ قوى على ما يحتاج اليه من الشد
دون المعاء التسوية العظمى فاذا مد البم حتى يساوى

Manisa 1705, fol. 114b

115 تلك النغمة التي ذكرناها انها في اول الخنجرة مطلقا ليس
عليه شيء من الاصابع فهي تسوية البم وتشد المثلث وتوضع الخنصر
على البم وتضم الى دستان الخنصر ضما شديدا من غير ان
يحيد عن الموضع الذي كان يقابله وهو مطلق الى احدى جنبتيه
فيجب من ذلك فساد النغم ولتكن الخنصر على اول الدساتين
مما يلي الدساتين وباقيها في الفضاء الذي بين دستان الخنصر
والبنصر ولا يجوز ذلك ولا يتاخر عنه فانها ان جازته شيئا ما
ولدت في النغم خرسا وان تاخرت حتى تقع من الدساتين
ولدت صريرا فهذا الحكم في الطول والعرض لازم لجميع
الاصابع عند نقلها على الاوتار في جميع الدساتين لمن قصد
الامر على حقيقته فاذا اعلق المثلث وكان الخنصر على البم كما بينا
وحركا جميعا باصبع اليمين السبابة والابهام حركة واحدة
مشتركة معا في الوترين جميعا كانت نغمتها واحدة فقد
استوى المثلث والا فزد وانقص في الملوي حتى تتساوى
النغمتان ثم علق باليد اليمنى وضع الخنصر على المثلث كما فعلت
بالبم وشد ملواه حتى يساوي المثلث ثم افعل بالزير كذلك
مع المثنى فانها تسوية الزير ايضا فاذا اوقفت الاوتار على

Manisa 1705, fol. 115a

II

THE *'ŪD* AND THE ORIGIN OF MUSIC

Throughout its long history, the *'ūd* was held in Near Eastern countries to be the king of all musical instruments. Many poets extolled its merits, theorists and philosophers used it as a pivot for their theories and cosmological speculations and some historians and litterateurs thought it was the beginning of music itself. Thus when Ibn Khurdādhbih was asked by the Caliph al-Mu'tamid about the origin of music, he replied: "Prince of believers, there are many opinions concerning the origin of music. The first to have invented the *'ūd* is Lāmak[1]. . .". This statement considering the *'ūd* as the beginning of music which will be discussed in the course of this article, raises another important point: the relationships to the world of the Bible and more especially to the antedeluvial stories of creation. But in opposition to medieval traditions which concentrate on the figure of Jubal, "the father of them that play upon the harp and the organ",[2] the privilege of the invention is here transferred to Jubal's father Lamech. Incidentally early exegetic sources tried to solve the difficulty restricting the invention to the harp and organ and claimed that Jubal "invented all musical instruments to be found in the world and first introduced the art of singing".[3] Some of the Christian sources in the Middle Ages continued along the same line. Peter Comestor in his *Historia Scholastica* writes in this vein: ". . . He was not, indeed, the inventor of instruments, for there were invented long afterwards, but the inventor of music, that is of consonances, so that pastoral labor might be turned into delights."[4] It seems thus that the first elements in our story are framed more or less

1 Al-Mas'ūdī, *Murūdj al-dhahab* (ed. and French trans. by C. Barbier de Meynard & Pavet de Courteille in *Les Prairies D'or*), Paris 1861–77, t. VIII, p. 88.

2 Genesis 4:21.

3 *Hamidrash Hag-gadol 'al ḥamishshah ḥumshey torah* (ed. M. Margoliot), Jerusalem 1947, vol. 1, p. 126.

4 *Patrologiae Cursus Completus. Series Latina* (ed. J.P. Migne), Paris 1844–1855, CXCVIII, col. 1079.

in the same traditional material from which many medieval authors drew. To clarify this last statement and for comparative purposes, it would be interesting to survey the question from the point of view of the Christian medieval writers. Fortunately, such a survey was made by Judith Cohen in her well-documented article, "Jubal in the Middle Ages".[5] At the beginning of her article, J. Cohen remarks that the question of the origin of music was one of three stereotype questions and answers with which medieval treatises on music usually begin. As to the question of the inventor of music she writes: "Two figures have claimed the right of being the first inventors of music: Pythagoras, the first to have defined sound and sound relations in numerical proportions, represents the classical view on the beginnings of musical science. Jubal, the father of them that play upon the harp and the organ . . .".

We can follow in this article the changing image of Jubal through the Middle Ages. He is presented now as the inventor of music, side by side with other pagan figures, now as a member of a complex mythological situation and now as a link between the generations before and after the flood. Finally, in some writings he is merged with his half-brother Tubalcain, to become a biblical Pythagoras. With these few elements in mind let us turn our regard to some Arabic texts related to the questions raised.

The origin of the music in Arabic sources

Beyond certain similarities with the points surveyed briefly, the image offered by Arabic sources is quite complex. To begin with, it is worthwhile mentioning that most of the theoretical treatises, which touch upon the problem of origin, do not refer to any biblical figure. Al-Kindī and the *Ikhwān al-Ṣafā*, for instance, attribute the invention of music to the philosophers. Al-Fārābī, in the introduction to his *Kitāb al-mūsīqī al-kabīr*, develops an interesting rationalistic theory which displays ideas close to certain modern theories on the origin of music. He roughly states that the invention of music emanated from the natural inclination of man, his innate musical talent and his intellectual capacity. He instinctively expresses his sorrow, fear, joy and other feelings by means of specific and characteristic sounds. On the other hand, he has very early observed that music possesses a great affective power capable of provoking different emotions and helping man in the accomplishment of hard

5 Judith Cohen, "Jubal in the Middle Ages", *Yuval — Studies of the Jewish Music Research Center*, 3 (1974), pp. 83–99.

work. These observations led him to the creation of melodies corresponding to his different aims. At first, these melodies were a kind of instinctive and unorganized chanting but through long improvement they attained the degree of perfect art productions.[6]

In this category of writing we often encounter the name of Pythagoras as inventor of music and the first to have defined sound and sound relations in numerical proportions. The well-known story concerning his invention which is reproduced in several medieval treatises, undergoes an interesting metamorphosis in al-Lādhiqī's *Risālat al-fatḥiyya*. Pythagoras, the disciple of King Solomon, sees in his dream, during three successive nights, a man who tells him to go to a certain seashore to obtain an extraordinary science. He goes there three times, but to his surprise nothing happens. On the third day, he hears from a distance the regular hammering of a smith which leads him to the discovery of the fundamental sound relations. He goes back home, sets up a monochord and sings to its accompaniment a hymn exalting the unity of God and exhorts the people of that time to glorify God. The great purity of his soul enabled him to hear the music produced by the rotation of the spheres. And so, concludes al-Lādhiqī, Pythagoras was able to arrive at his discovery thanks to his intelligence and God's inspiration.[7]

Jubal and the sons of Cain, or music and depravity

Music has been studied or described not only in theoretical treatises but also in a large body of historical, geographical, theological, polemic, mystical and other writings. In this last category, we find several pagan figures claiming the right of being the first inventors of music such as Pythagoras, Plato, Euclides, Ptolemeus, and the Indians, but a total primacy is given to biblical figures. Among the several writers who dealt with the question of the origin of music, only one, al-Ṭabarī, mentions Jubal as being the father of music, in the second of two traditions reported in his *Annals*.[8] In the first one, it is said: "Lāmak married two wives, the first is called 'Adā, the second Ṣilā. 'Adā begot Tūlīn (sic) ibn Lāmak who was the father of such as dwell in tents and heap up wealth, and

6 Al-Fārābī, *Kitāb al-mūsīqī al-kabīr*, in R. d'Erlanger, *La Musique arabe*, t. I, Paris 1930, pp. 18–21.

7 Muḥammad Al-Lādhiqī, *Risālat al-fatḥiyya fī l-nūsīqī*, in *La Musique arabe*, t. IV, Paris 1939, p. 272.

8 Al-Ṭabarī, *Ta'rīkh al-rusul wa-'l-mulūk* (ed. M.J. De Goeje), Leiden 1962, *Prima Series*, t. I, pp. 176–178.

Tūwīsh (sic) who was the father of them that play *wandj* and *ṣandj*,[9] and the first inventor of brass and iron." Attention should be paid to the fusion into one of the inventor of music and that of iron and brass, which presents an interesting motif to be discussed later on. This tradition is followed by a remark which has its origin in Jewish exegetic literature: "These descendants (sons of Cain) have disappeared and Adam's posterity has been perpetuated through the descendants of Seth." We encounter almost the same statement in the following Jewish homiletical interpretation quoted in Ginzberg's *Legends of the Jews*: ". . . Thus Seth became, in a genuine sense, the father of the human race, especially the father of the pious, while the depraved and godless are descended of Cain".[10] This last point is more emphasized in the second tradition reported by al-Ṭabarī: The inventor of the instruments of music (*malāhī*) is a descendant of Cain's son called Jubal. He invented at the time of Mahlā'īl son of Qenan the instruments of music such as the *mazāmīr* (reed instruments), *ṭubūl* (drums), *'īdān* (short-necked lutes), *ṭanābīr* (long-necked lutes), and the *ma'āzif* (zithers or lyres). The sons of Cain indulged in amusements and their behaviour was reported to the inhabitants of the mountains the descendants of Seth. Some of these latter went down to the plain attempting to extract from the sons of Cain their depravity but alas they themselves fell into the traps of beautiful women, music and intoxicating liquors.

This same negative link between music and depravity is again put forth in Ṭabarī's version included in Zotenberg's French translation:[11] Question — "Quel fut le premier homme qui fit du vin et qui introduisit les instruments de musique? — Quant à l'usage de faire et de boire du vin, de jouer des instruments et d'attacher des peaux sur les tambours et autres choses semblables voici ce que répondit le prophète: Tous ces usages sont venus des enfants de Cain. Cain avait un grand nombre

9 Obviously these two terms must correspond to the Hebrew *kinnor ve-'uggav*. The *wandj* writes ibn Khurdādhbih belongs to the Persians; it has seven strings and its technique of playing or its plucking (lit. its rhythm — *īqā'*) resembles that of the *ṣandj*; it was used to accompany the singing of the people of Khorāsān and their followers." *Kitāb al-lahw* (ed. Father Ignatious), *al-mashriq* (March–April 1960), p. 137. Mufaḍḍal b. Salama (see infra, note 18) mentions an instrument whose name is *wann* which is probably identical to *wandj* and perhaps to *bīn* in Hindustani, and *vina* in Sanscrit, given to several stringed instruments of India. The *ṣandj* is a harp and it is often called *djank*.

10 L. Ginzberg, *The Legends of the Jews*, Philadelphia 1947, vol. I, p. 121.

11 H. Zotenberg, *Chronique de Tabari, traduite sur la version persane de . . . Bel'ami*, Paris 1867–74, vol. I, p. 65–66.

d'enfants et parmi eux se trouvait un jeune homme dont le nom était Yubal, lequel aimait la gaité; Eblis trompa ce jeune homme et lui enseigna, toutes ces choses . . .".

All the motifs regarding the identification of music with depravity with Satan's evil power and with the descendants of Cain are combined together in very fanciful manner in the Ethiopian work *The Book of Adam and Eve.* According to S.C. Malan, this work was probably written in Arabic in Egypt by some Christian pious of the fifth or the sixth century. The invention of the instruments is here attributed to a certain Genun, possibly the Arabic *Djunūn* (folly or Demon): "But as to this Genun (son of Lamech the blind), Satan came into him in his childhood; and he made sundry trumpets and horns, and string instruments, cymbals and psalteries, and lyres and harps, and flutes; and he played on them at all times and at every hour. And when he played on them, Satan came into them so that from among them were heard beautiful and sweet sounds, that ravished the heart. Then he gathered companies upon companies to play on them; and when they played, it pleased well the children of Cain who inflamed themselves with sin among themselves, and burnt as with fire . . . Satan also taught Genun to bring strong drink out of corn; and this Genun used to bring together companies upon companies in drink houses . . . Then Satan . . . increased Genun's understanding, until he took iron and with it he made weapons of war".[12]

Most of the exposed motifs and namely that of the role played by Satan or *Iblīs* occur in *Qiṣaṣ al-anbiyā'*. Both al-Kisā'ī[13] and Tha'labī[14] report the tradition according to which Iblīs inhabits waste and unclean places like ruins and tombs, his recitation is poetry, his call to prayer (*adhān*) dwells in the *mazāmīr*, his traps are women and his drink is intoxicating liquor etc. Here again is the same association of music, women and wine which occur in some *ḥadīth* and in many polemical writings to prove the unlawfulness of music: The role of *Iblīs*, such as described in another tradition reported by Tha'labī, might as described in another tradition reported by Tha'labī, might also be connected with magic. According to this tradition *Iblīs* came to Yaḥya ibn Zakariyya who asked him: "What are these anklets on your foot? I shake them for man, replied Iblīs, to make him sing or to make somebody else sing for

12 *The Book of Adam and Eve*, also called *The Conflict of Adam and Eve with Satan*, translated from the Ethiopic with notes by S.C. Malan, London 1882, pp. 133–134.

13 Muḥammad ibn 'Abdallah al-Kisā'ī, *Qiṣaṣ al-anbiyā'* (ed. I. Eisenberg), Leiden 1922, p. 48.

14 Al-Tha'labī, *Kitāb qiṣaṣ al-anbiyā'*, Cairo 1929, p. 27.

him".[15] Thus use of metal sounds in exorcism and in putting to flight demons and ghosts has been a common practice from the days of antiquity downwards. This basic theme is developed in detail by Sir George Frazer in the chapter "The Golden Bells" in his *Folklore in the Old Testament.*[16] This phenomenon may explain why in several cultures musical instruments are manufactured by smiths, and why, in some of the versions studied, the hammerer and artificer in every work of brass and iron merges with the father of musical instruments. Nevertheless, in Tha'labī's tradition reported above it is not the evil powers which are driven away by the metal sound but Iblīs himself charms human beings with it. This, I believe, must fit the basic attitude of hostility against all kinds of charms including poetry and music. In the literature of the *awā'il* (the origin of all things) it is usually acknowledged that Iblīs is the inventor of music. Al-Suyūṭī, for instance, writes in his *Kitāb al-wasā'il li-ma'rifat al-awā'il*: "The first who sung is Iblīs, then he played on the *mizmār* (lit. *zammāra*) and afterwards he lamented."[17]

Lamech and the 'ūd

We turn now our attention to an Arabic legend concerning the beginning of music in which the principal hero is the biblical Lamech, the father of Jubal to whom the invention of music is attributed in Genesis 4. In this legend, the origin of music is associated with that of the *'ūd* — an instrument of major importance in Arabic music. More or less at the same period, at least six authors include it in their writings. All of them put forth the motif of the relationships between human body and musical instruments, a motif which prevails in many myths of creation. Among the versions known to us, the most detailed and most speculative is that attributed to Hishām ibn al-Kalbī (d. 819). This version is reported by his contemporary Mufaḍḍal ibn Salama in his *Kitāb al-malāhī.*[18] Interestingly, the story occurs after a discussion trying to prove the permissibility of music and musical instruments refuting the hostile attitude of some religious authorities. Here is the full story: "Hishām b. al-Kalbī mentioned that the first who made the *'ūd* and played on it was a man

15 Ibid., p. 28.

16 J.G. Frazer, *Folklore in the Old Testament*, London 1919, vol. III, p. 446 480.

17 Al-Suyūṭī, *Kitāb al-wasā'il ilā ma'rifat al-awā'il*, Bagdad 1950, p. 147.

18 J. Robson, *Ancient Arabian Musical Instruments as Described by Mufaḍḍal ibn Salama, the Unique Manuscript of the Kitāb al-malāhī* (text in facsimile and translation), Glasgow 1938.

of the sons of Qābīl, some say Qābīn, the son of Ādam, called Lāmak. He had a long life; and as he had no children he married fifty wives and took two hundred concubines. Then two girls, one of whom was called Ṣilā and the other Yamm,[19] were born to him. Afterwards a boy was born to him ten years before he died, and he was extremely pleased. But the boy died when he was five years old, and Lāmak grieved sorely for him. So he took him and hung him on a tree and said: 'His form will not depart from my eyes until he falls in pieces, or I die.' Then his flesh began to fall from his bones till only the thigh remained, with the leg, foot and toes. So he took a piece of wood, split it, made it thin, and began to arrange one piece on another. Then he made a sound chest to represent the thigh, a neck to represent the leg, a peg-box the same size as the foot, and pegs (*malāwī*) like the toes; and to it (the inst.) he attached strings like the sinews. Then he began to play on it and weep and lament, until he became blind; and was the first who sang a lament. What he made was called an *'ūd* because it was made from a piece of wood (*'ūd*). Ṣilā, one of his two daughters, was the first who made stringed instruments and drums.

He said: And as for the *ṭanābīr* (long-necked lutes), the first who made them were Lot's people. When a beardless youth appealed to them they tried to win him by playing to him on the *ṭunbūr*. As for the wood-wind instruments (*mazāmīr*) and all the instruments into which one blows, the children of Israel made them only on the model of the throat of David (Peace be upon him)."[20] About five-hundred years later, al-Adfuwī, in his book *The Benefit in the Ordinances of Listening of Music*[21] reproduces the same version with slight variations. He begins it with this statement: "Ibn Hishām al-Kalbī claims in his book (or theory) on the origin of lutes (*'idān*)[22] that the first who made the lute . . ." and ends: "Others acknowledge that the Indians invented the lute to correspond with the four human temperaments or natures."

An abridged form of the same story, but without any attribution,

19 Gen. 4:19 says Lamech married two wives called 'Adah and Zillah.

20 This passage is quoted from Robson's translation, op. cit., pp. 9–10.

21 Kamāl al-dīn al-Adfuwī, *Kitāb al-imtā' bi-aḥkām al-samā'*, Manuscript Gotha, Orient A 105, fol. 74b.

22 We have no evidence about such a book, nevertheless, the mention of our legend in *al-'Iqd al-farīd* (see infra note 27) is preceded by a quotation from ibn-Kalbī concerning the evolvement of music in past time. Therefore it is possible that a book on music was among the lost writings of ibn al-Kalbī.

occurs in al-Bayhaqī's, *Kitāb al-Maḥāsin*.[23] In this version, the name of Lāmak's daughters who invented the *ma'āzif* and drums is *malāhī* (lit. musical instruments or instruments of diversion). Al-Djāḥiẓ, in his *Kitāb al-tarbī' wa al-tadwīr*,[24] reproduces the main elements of the story in the form of a short question. Ibn Khurdādhbih presents us, in his *Kitāb al-lahw*,[25] with a different genealogy, a similar version to that of al-Kalbī which ends with an interesting remark adding to the anthropomorphic elements of the invented *'ūd* the capacity of speech. He quotes the following verse by al-Ḥamdūnī: "He (the *'ūd*) speaks a language without intimate thoughts. He looks like a thigh annexed to a leg."

Finally, ibn Khurdādhbih acquaints us with another member of Lamech's musical family, that is to say Tubal who is said to have invented the double-headed and frame drums (*ṭubūl* and *dufūf*).

Ibn Khurdādhbih the author changes role and appears as informant in al-Mas'ūdī's *Murūdj al-dhahab*.[26] Indeed, the Caliph al-Mu'tamid interrogates him about the origin of music. Then, after stating the existence of several related theories, he tells the above mentioned story about Lamech and the lute in exactly the same version included in his book.

Ibn 'Abd Rabbih, who presumably refers to the same story, condenses it into one single sentence: "The *'ūd* was invented by Lāmak who used it to lament his son." Then he adds: "Others acknowledge that the inventor of music was Ptolemaeus, the author of the 'Book on Music' which is the book on the eight modes".[27] If we accept this shortened version, and if we neglect some secondary details, all the above versions seem to agree with regard to the principal points; that is to say: (a) the inventor — Lamech; (b) the nature or object of his invention — the *'ūd*; (c) the cause of his invention — the death of his beloved son; (d) the link between the bones of the corpse and the instrument which has been manufactured; (e) the first function or use of the invented instrument — the lamentation. Therefore, we may assume that all authors drew their material from the same source, but it is not sure whether all of them are related to each other. Unfortunately, in our state of knowledge, we cannot indicate the archetype; all we can say for the

23 Al-Bayhaqī, *Kitāb al-maḥāsin wa-'l-masāwī* (ed. Friedrich Schwally), Leipzig 1900–1902, pp. 395–396.

24 Al-Djāḥiẓ, *Kitāb al-tarbī' wa-'l-tadwīr* (ed. Ch. Pellat), Damas 1955, p. 154.

25 Op. cit. in note 9, pp. 135–136.

26 See supra, note 1.

27 Ibn 'Abd Rabbih, *al-'Iqd al-farīd*, ed. Cairo 1949, vol. VI, p. 27.

time being is that the version attributed to Hishām ibn al-Kalbī, reproduced first by Mufaḍḍal ibn Salama and five centuries later on by al-Adfuwī,is the most elaborate and probably the most ancient among the versions examined here.

The story with more or less details is reproduced in later sources, but to avoid needless repetitions I would like to introduce, as a complementary matter, some additional elements concerning the origin of music. In his *Epistle on the Science of Music*,[28] al-Ṣafadī devotes a paragraph to the inventor of music. We read there that according to the ancient books of history Noah is said to have been the one who invented the *'ūd* and who played it. "This *'ūd*, he adds, was destroyed by the Flood and reinvented by David (Peace be upon him). The people of this art (music) are unanimous that the invetor of the *'ūd* is David." Can we consider the reinvention of the *'ūd* by King David, as a link between the antedeluvial and postdeluvial generations, as an attempt to fend off the connotations with Cain's descendants? A definite answer to this question would be a matter of speculation. Within the following source we come back to some elements of the basic version, which by the way shows a continuity in the transmission of the tale down to the nineteenth century. Shihāb al-dīn from Damascus devotes the last chapter of his *Safīnat al-mulk* to some historical considerations including the origin of the *'ūd.* He starts with a tradition based on a fanciful etymology of the name al-Fārābī. This latter is accordingly the inventor of the *'ūd*; he made it after his father's death to correspond with the human temperaments and called him *abī* (my father). But this *'ūd* which had a flat sound — chest, without resonance openings, did not produce any sound. So, al-Fārābī rejected it and after a while he tried it again; this time it did produce sounds. Inquiring into the reason of the change, he discovered that the mouse (*fār*) had opened holes on the face of the *'ūd*, which made the sound production possible. Thus, he exclaimed, this *'ūd* will be no more *abī* but *fār abī.* After having expressed his disagreement with this fanciful etymology, the author introduces the following tradition which apparently seems to be more plausible for him: "It is said that the first who made the *'ūd* is Iblīs. This happened when Cain the son of Adam murdered his brother Abel — he was the first murderer on earth — he then carried him and turned around without being capable of deciding what to do with the corpse. God sent him a raven to show him how to hide the corpse. Then came Iblīs and made an *'ūd* to represent his brother's leg and to help him find consola-

28 Al-Shaykh al-Ṣafadī, *Risāla fī 'ilm al-mūsīqī*, Ms. Berlin, We 1810, fol. 4a.

tion. So he made a sound chest to represent the thigh, a neck to represent the leg, a peg-box to represent the foot. There are other traditions, but in all respects the *'ūd* is the sultan of instruments."[29]

This last interesting variant concludes a thousand year old legend about the *'ūd*, its origin and the origin of music. At this point, one cannot help asking the following questions:

(1) Was Jubal purposely replaced by Lamech, his father? If so, why?

(2) How should one understand the modelling of the first instrument after the corpse?

(3) What can we learn from our material about the general attitude toward music?

As to the first question, we may of course admit the possibility that our sources knew about a tradition attributing to Lamech the primacy of the invention of music, but it seems more plausible to consider the fact that Lamech intoned the first song in the Bible as the main reason which led to the choice of this figure to be the inventor of music. Indeed, according to the *aggadah*, Lamech was blind and had to be guided by his son when he went hunting. There it is said that he killed Cain by mistake and in his despair he smote his hands together, inadvertently killing his son as he clasped them. He then intoned the lament: "Adah and Zillah, hear my voice, ye wives of Lamech, hearken unto my speech: For I have slain a man to my wounding, and a yong man to my hurt", which is considered to be the first song in the Bible. Interestingly, the above quoted version, attributed to Hishām ibn al-Kalbī, ends with the following sentence: "Then he began to play on it (the *'ūd*) and weep and lament, until he became blind; and he was the first who sang a lament." Both the blindness and the primacy of the lament are probably reminiscences of the Jewish Legend. An interesting elaboration of the same legend on Lamech occurs in Tha'labī's *Qiṣaṣ al-anbiyā'* — chapter on Cain and Abel — preceded by a lament said by Adam on the death of Abel. The story of Cain's being slain inadvertently is followed by this odd statement: "the hand of Cain was suspended to his leg and exposed to the sun; it was said to remain in that position until the resurrection." This statement is immediately followed by another, saying that the sons of Cain have invented the different kind of musical instruments and applied themselves completely to wine, adultery, etc.[30] Obviously, certain motifs in this passage correspond to

29 Shihāb al-dīn Muḥammad ibn Ismā'īl, *Safīnat al-mulk* (lithographic ed.), Cairo 1892, pp. 465–466.

30 Al-Tha'labī, op. cit., p. 31.

some details in the earlier tale on the origin of the *'ūd.* Therefore, they may have both drawn their elements from a similar or identical source. On the other hand, the lament was considered by several authors as being the first form elaborated in the music of the pre-Islamic period. Here, it is worthwhile mentioning also the belief in the entire primacy of vocal music in almost all the Near-Eastern musical traditions. All these facts conjoin to strengthen the plausibility of Lamech's choice who must have been considered preferable to Jubal, who, at least according to the scriptural version, invented only instruments.

The second question raises some motifs which have parallels in legends and myths about music of the world that lead to the different relationships between music and the human body. André Schaeffner, in his *Origine des instruments de musique*, writes: "Dans l'emploi d'ossements et particulièrement d'ossements humains ou de toute matière empruntée au corps de l'homme . . . se découvre une nouvelle source de rapports entre la facture des instruments et la magie . . .".[31] The author illustrates this statement by many examples such as the Tibetan drum which is still made of a human skull and skin. The bone in the European folktale of the singing bone was taken from the corpse of a murdered brother and fashioned into a flute. When played it accused the murderer. This reminds us of the story related by Shihāb al-dīn according to which Cain made the *'ūd* from the corpse of his murdered brother. By the way, we find a lute made of bones in an Indian tale in which we read that when one of the Indian Yakshini played on a lute made of bones and recited a charm, ascetics who heard her grew horns and fell into the fire. Under the title "Demonic origin of music", D. Noy quotes a gypsy tale according to which Satan offered a violin to a young girl suffering from a disappointed love in compensation for having sacrificed her father, mother and four brothers and said: "When your beloved one hears you playing on this violin he will offer you infinite love and do his best for you." Through the enterprise of Satan, the murdered father has been transformed into the body of the violin, her mother into the bow, her four brothers into the four strings and her own blond hair into the strings of the bow. So, this young girl became the first violinist on earth.[32]

In keeping with the same beliefs, it is worthwhile mentioning that the dry bones which form the residue of the corpse inspire in some cultures

31 A. Schaeffner, *Origine des instruments de musique*[3], Paris 1968, p. 120.

32 D. Noy, "Motza'o shel Kinnor be-sippurey 'ām", *Tazlil*, 1 (1960), p. 19f. [Hebrew].

the idea of the incorruptibility of the body through its perpetuation into a music instrument. This may also imply the desire of identification of the instrument with the person of the defunct which in itself might be connected to a certain kind of symbolism of rebirth. Therefore, it is possible that Lamech who in his grief hung the corpse of his son to have his form close to his eyes, was able to satisfy this need in making an instrument from his leg. So, the spirit of the defunct could have been identified with the sounds intoned by the instrument modelled after his beloved son and continue to vibrate in them. Similar motifs are to be found in other cultures. The Finish hero, Vainamoinen, made the first Zither, kantele, from the body of a giant pike; the celts made their first legendary harp from whalebones etc. In each case, the symbolically significant creature is "reborn" as an instrument which "sings" as well as appears in a shape reminiscent of the creature modelled. In this respect, attention should be paid to the fact that one is reminded of the anthropomorphic shape expressed in the *'ūd* made by Lamech in the current terminology of the *'ūd* still in practice. Indeed, the terms face, belly, neck, eyes, veins are usually applied to the different parts of the *'ūd*.

As to the third question, referring to the attitude toward music as reflected in the material presented in this article, it is difficult to furnish a definite answer. We have, on the one hand, those traditions attached to the descendants of Cain, in which the association between music and depravity, or between music and Satan, is well emphasized. Taking into consideration the struggle about the permissibility of music from a religious point of view, which breaks out around the same period, it is possible that some of the Arabic sources quoted above do identify with the views mentioned above. But in our case there is rather lack of certainty with regard to the attitude, and this is probably due to the dualistic nature of music. Many of the antagonists who participated in the controversy were aware of the great power of music whose effect can be either beneficial or evil. Al-Hudjwīrī, for instance, says, "Audition (*samā'*) is like the sun, which shines on all things but affects them differently according to their degrees; it burns, or illumines, or dissolves."[33] This dualistic nature of music is universally recognized. In this respect, a Swiss tale relates that a pastor of Valis learned yodeling from two different spirits. The one made the young pastor master in the art of yodelling, the other killed him leaving in his corpse traces of a violin which dissected his chest.

33 Al-Hudjwīrī, *Kashf al-maḥdjūb* (tr. R.A. Nicholson), London 1911, pp. 406–407.

In this short study, I have tried to assemble some scattered traditions concerning the origin of music, focusing particularly on that speculative tale on the genesis of the *'ūd* such as it occurs in several writings. It appears from this attempt to analyse the content of the quotations that the material presented is like a convergence of motifs acknowledging different provenances. The desire to discover how music began and who was its inventor seems to fit in the general trend of that intellectual curiosity aiming at the explanation of the origin of all things and the broiding of the chain of past events. Thus, our sources, which mainly belong to the category of historical, geographic and literary writings, seem to be in harmony with the historiographical tendencies of the same period — the ninth and tenth centuries. Therefore, it is not surprising that the most ancient and the most elaborate version on the origin of the lute is attributed to the historian Hishām b. al-Kalbī. What is included in this version denotes influences from Jewish and Christian exegetic literature and the world's mythology combined in masterly fashion. We hope that this modest contribution will open avenues to future thorough explorations.

III

THE EPISTLE ON MUSIC OF THE IKHWĀN AL-ṢAFĀ

CONTENTS

Because of technical difficulties it was not always possible to give the commonly accepted transliterations of the Arabic words in the text.

INTRODUCTION

The Epistle on Music is the fourth or fifth part of a comprehensive encyclopedia containing fifty-two epistles and a summary, called the *Rasā'il Ikhwān al-Ṣafā'*, which covers all the fields of knowledge and research of its time.

In his *Introduction to Islamic Cosmological Doctrines* (1964), Seyyed Hosein Nasr says: "The identification of the authors, or possibly one author, the place and time of the writing and propagation of their works, the nature of the secret brotherhood the outer manifestation of which comprises the *Rasā'il* — these and many secondary questions have remained without any definitive historical answers. Many early Muslim sources have given the name of the group of scholars from Basra as the authors of the *Rasā'il*."[1] This group was active in the second half of the tenth century.

This English version of the Epistle on Music is closely related to my French and Hebrew translations of the work.[2] When I originally undertook to prepare this text for publication, it very soon became clear to me that this treatise in its range, construction, purpose and richness of thematic material was unique of its kind, both in the Arabic musical literature that preceded and followed it and, perhaps, in the whole of medieval musical literature.

Certainly most of the subjects and ideas in the Epistle are neither new nor exclusive to it. So, for example, a number of subjects appear in a similar version in the geographer and historian Ibn Khurdadhbih (d. 912). His Book *Kitāb al-Lahw wa'l-malāhī*[3] includes material on the characteristics of ritual music, on the power of the influence exercised by music on man and beast, on the uses of music in healing in hospitals, and so on. However, the method of interweaving these ideas and subjects, taken from various sources, and organizing them from an ideological and literary point of view, confers on them in this work of the Ikhwān a particularity difficult to parallel.

1. Seyyed Hosein Nasr, *An Introduction to Islamic Cosmological Doctrines,* Cambridge, Mass., 1964, 25.
2. "L'épitre sur la musique des Ikhwān al-Ṣafā", *Revue des Etudes Islamiques,* 32 (1965), 125–162; 34 (1967), 159–193. The present English version was prepared with the collaboration of Mira Reich.
3. Ibn Khurdadhbih, "Kitāb al-Lahw", ed. Father Ignatius, in *al-Mashrik,* March-April 19600 125–155.

In this Epistle music acts as a focus whose purpose is to explain and illuminate the wonders of creation, the phenomena of nature, and matters lying within the domain of human creation. This means that there are many excursions into various fields and the theories widely held in connection with them, for music serves as an excellent and persuasive means of expounding their significance, their essence, their structure and their interrelationships.

It seems further that this Epistle, like others in the encyclopedia, embodies in its fundamental approach the theory of "Eternal Wisdom", aiming at reconciling the opinions locked in an internal struggle for political and cultural supremacy that was being waged at the period between various groups in the Islamic world. In his *The Technique and Approach of Muslim Scholarship* Franz Rosenthal writes: "The one extreme in this struggle was represented by the advocates of Arab intellectual supremacy. Their theory was based upon the assumption that the revelation which had been received by the Arab prophet was the source of all true knowledge. The other extreme was represented by those who insisted upon the superior character of other civilizations, such as that of the Persians . . . The fourth century [i.e. tenth century A.D.] saw the flourishing of the theory of *Eternal Wisdom* which opened the way for a reconciliation of the two extremes of intellectual nationalism. This theory maintained the essential oneness of all civilizations, as the natural consequence of the oneness of the human intellect."[4]

This function existed in addition to the other, principal, function that the Ikhwān destined for music within the complex of their general attitudes. This was the educational role that in fact is shared by all the epistles. The Ikhwān's aim, according to their own definition, was educational in the full sense of the word, that is, they aspired to bring to realization and completeness the powers that lie latent in man so that he would be able to attain salvation and spiritual freedom. In our Epistle, as in all the others, the Ikhwān repeatedly remind the reader that his life in this world is similar to life in a prison from which he can free himself by religion and wisdom. Therefore, when the Ikhwān deal with the different sciences contained in their work, they do not do so as pure theory or for the sake of intellectual interpretation, or for practical purposes, for their declared aim is to release the bonds of the reader's soul by awakening in him the knowledge of the exalted harmony and the beauty of all created things, and the knowledge that man will progress beyond material experience. From this it emerges that the chief purpose of the long Epistle on music is not to treat the theoretical or practical aspects of music, although these aspects are in fact discussed in many sections of the Epistle. The Ikhwān in fact explicitly

4 F. Rosenthal, *The Technique and Approach of Muslim Scholarship,* Rome, 1947 (Analecta Orientalia, 24), 69–70.

declare their intentions in the first paragraph, as follows: "Our intention in this Epistle is not therefore the teaching of the practice of music *(ghinā')* nor of the instrumental art *(ṣināʿat al-malāhī)*... but our purpose is to make known the science of proportions and the modality of harmony, the knowledge of which presides at mastery in all the arts." This is because the harmonic proportions that are at the basis of music are the most exalted and perfect. Therefore harmony, wherever it is found in nature, cannot be described without being subordinated to the ideal laws of music. Whoever, therefore, understands the basic laws of musical harmony, understands all the secrets of created things.

Therefore the Ikhwān are convinced (following the antique Pythagorean example) that the science of music is the principal wisdom leading to philosophical thought. Musical harmony in its most exalted and perfect form is embodied in the heavenly spheres and the music that they make, and earthly harmony, including that occurring in the music made by man, is only a pale reflection of that same lofty universal harmony. Whoever sets his mind to the task will necessarily acquire the knowledge that in order to enjoy the pleasures of the most celestial and exalted music, he must shake himself free from the defilement of matter, and release himself from the shackles of this world. Only then will he be able to enjoy the world that is entirely a splendid music. Since an ordinary mortal man cannot hear this music before he is cleansed and purified, he will aspire to be redeemed from the prison of this earthly life, and will yearn for those same gladdening pleasures, for eternal happiness and for the harmony that is the most real and truthful. This idea recurs throughout the Epistle, in different variations and forms. It even serves as a leading motif and a means of unification when, in addition to the use of persuasive rhetorical and literary techniques, through it the rest of the subjects treated are transformed in the discussion into one homogeneous whole. The harmony that governs all celestial and earthly phenomena is expounded by means of number. Consequently the Epistle is full of arithmetical speculations that spread into many and varied domains such as calligraphy, language, poetic metre, human corporal structure, the system of the stars and the waves, the art of numerology and so on.

Another central theme that receives development, especially in the first part of the Epistle, is the ethical and therapeutic influence of music on man. Therefore, the musical harmony that explains the order and beauty of nature is also a decisive factor in the spiritual and philosophical equilibrium of man. It refines his desires and arouses his courage, influences him towards balanced behaviour, generosity, clemency and renunciation. In short, it acts for the creation of inner harmony among the contradictory forces of man's soul. In the same way, the correct use of music at an appropriate time has a healing influence on the body. This influence is especially expressed in the change in the composition of the humours through strengthening or weakening them and thus producing an ideal balance between them. This phenomenon is common to all men on this earth, and therefore the basic principles of music, which are universal, are also common to all men.

However, differences exist between the races and nations of the earth. According to the theory of racial differences, which we also find in the same context in al-Kindī, the particularizing and characterizing signs that distinguish nations and races are not the result of inheritance, but are caused by the place the various groups inhabit, and its climate. From this standpoint the conclusion follows that the differences comprise their sense of taste, their sense of smell, their clothes and their music. Therefore, these differences must be accepted as facts and this multiplicity must be lived with as one lives with other natural phenomena. It seems that this theory joins that of the "Eternal Wisdom" mentioned earlier. The development of musical art should therefore be seen as the common contribution of various men of different periods, the divergences should be regarded with tolerance and understanding, and they should be seen as branches of one tree, for its roots are common to all music.

In connection with the subject of the influence of music on man, which is treated immediately after a short presentation of the harmony of nature and before the chapter on the science of sound, which also deals with musical practice, we propose the hypothesis that we have here a similarity with the widespread medieval theory of the three kinds of music: *Mundana, Humana, Instrumentalis*. This division is not clearly expressed, but its principles nevertheless run as a secondary thread throughout the Epistle. The indistinctness of the transitions from one to the other of these concepts of music arises from the Ikhwān's desire to set out the basic aims that we have already discussed. We may also note here that in spite of the Ikhwān's declared intention at the opening of the Epistle not to deal with practical music, many pages are in fact devoted to this topic. Three central themes should be noted: the science of sounds, the science of rhythm, and the science of instruments, especially the various discussions of the *'ūd*. The Ikhwān took special pains with the first of these subjects, for the chapter on the science of sound, in its dimensions, contents and detail is an excellent model and example of everything written up to the period. After defining the manner of sound production in general and the way in which it is captured by the sense of hearing, the Ikhwān go on to a systematic and detailed classification of all the sounds that exist in nature and mankind, in order to arrive finally at the sounds that serve as the basis of musical composition.

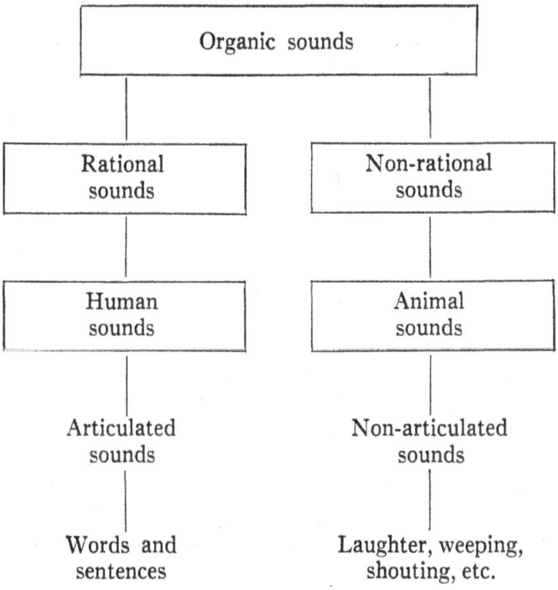

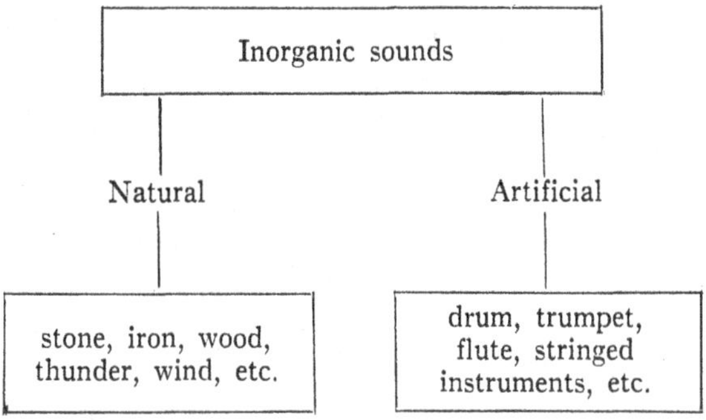

The last two chapters of the Epistle are of especial interest. The first bears the title "Aphorisms of philosophers on music". This chapter, incidentally, is one of the few with a definite title. (Other titles and chapter divisions have been added by the editor.) It begins with the description of a banquet held, apparently, at the palace of a certain king, where brief words of wisdom are pronounced by the sages gathered there, in the form of sayings on music, to the number of twenty-eight. The same title, a similar opening and the same number of aphorisms, appear in three Arab writers prior to the Ikhwān al-Ṣafā. They are Ḥunayn ibn Isḥāḳ (803–873) in his *Ādāb al-falāsifa;*[5] Isḥāk al-Kindī (d. 874) in the epistle *Fī adjzā' khabarīya al-mūsīkā;*[6] and in the essay attributed to the author called Paulus, *'Unṣur al-mūsīkī.*[7] Isolated maxims also appear in other earlier writers, as, for instance al-Mas'ūdī in his book *Murūdj al-dhahab* and others. The problem of the source of these aphorisms, some of which are also cited by writers of other periods, has not yet been solved.[8] As far as our Epistle is concerned, it can be assumed that the Ikhwān drew the idea of including this chapter from al-Kindī and Ḥunayn ibn Isḥāḳ and adapted it to their own purposes. Thus, only four or five out of twenty-eight sayings are common to the Ikhwān as well as to al-Kindī and Ḥunayn. These coincide with the favourite maxims that occur in isolated form in later works. All the others, that is over 90%, are in fact versions of the basic ideas of the Ikhwān in the form of aphorisms. Unlike Ḥunayn, they did not trouble to attribute these to exemplary figures from the past, but contented themselves with the general statement "Another said".

Faithful to their literary and rhetorical method according to which topics suggested in one chapter are developed in the next, in the chapter on the aphorisms the Ikhwān prepare the ground for the last chapter of the Epistle, on the power of music in the mystical experience. This chapter begins with the basic idea that was developed at the beginning of the Epistle, that is, that music produces various effects on the listener, who reacts in different ways according to the structure of his humours. But this time, instead of the physiological aspect, the discussion is of the various "degrees" of the listener. It is clear that what is meant here are the three degrees recognized among Sufi mystics: novices, intermediates, and adepts. The Ikhwān give examples of the enormous power of music in mystic experience, and the Epistle concludes with the sentence "May God aid you, o brother, to understand the meanings of these discreet mystical signs and of these hidden secrets. May God so do that you may read them, you, we and all our brothers, everywhere wherever they may be and in all the countries where they may live."

This conclusion of the Epistle is significant, for it creates the impression of a high point in the work, reached after a journey through many and varied scientific domains, and even after the power of music seems to have been

5. Translated into Hebrew by Judah b. Solomon al-Ḥarizi (1170–1235) under the title *Muserey ha-filosofim,* and well-known in Jewish medieval circles. I. Adler, *Hebrew writings concerning music,* Munich, 1965, 145–155.
6. Published by Zakharia Yusuf, Baghdad, 1962.
7. Not yet published. For description see A. Shiloah, "Les sept traités de musique dans le manuscrit no. 1705 de Manisa", *Israel Oriental Studies,* I (1971), 303–315.
8. Cf. M. Plessner, "Liquṭim lesefer Muserey ha-filosofim" (Excerpts from the Aphorisms of the philosophers), *Tarbitz,* 24 (1954), 60–72 (Hebrew).

discussed from every possible aspect. It may be assumed therefore that the Ikhwān identified themselves with Sufism to a large extent. Hosein Nasr comes to this conclusion: "Not only do the Ikhwān identify themselves spiritually with *taṣawwuf*, whose ultimate end is to awaken the initiate from the 'dream of negligence' through spiritual education and spiritual training, but their account of their own organization corresponds — although on a plane that is more exterior and social — to that of the Sufi brotherhoods. The Ikhwān divide themselves into four categories."[9]

This epistle, which in our opinion is one of the most magnificent achievements in Arabic musical literature, exercised a great influence on succeeding generations, and we find traces of this influence in the Jewish literature on music. In a paper published in *Yuval*[10] I showed that the anonymous Arabic text (Berlin ms. OR 5565), written in Hebrew characters, is to a great extent a compilation from the Epistle. In a lecture given before the Fourth World Congress of Jewish Studies[11] I used a comparative table to demonstrate that Shem-Tov ibn Yosef Falaquera, in the chapter on music of his book *ha-Mevaḳesh,* drew most of his contents from the Ikhwān's Epistle. These works are for the most part a literal translation, with no acknowledgement of the source. Another work, by R. Moshe Ibn Ezra, *Maḳālat al-ḥadīḳa fi ma'na al-madjāz wa'l-ḥaḳīḳā* (a book dealing with metaphorical language and reality), a manuscript of which was acquired in 1975 by the Hebrew University from the Sassoon collection, contains nine maxims on music. A comparison between these sayings and the sources prior to Ibn Ezra led me to the supposition that Ibn Ezra's direct source was the Epistle on Music of the Ikhwān al-Ṣafā'. The name of Ḥunayn ibn Isḥāḳ was in fact known to Ibn Ezra, and is even mentioned in the *al-Ḥadīḳa*, but the parallel with the Ikhwān, particularly in the sayings of an ethical and philosophical content and also the interpretative attitude adopted by Ibn Ezra (especially in the last aphorisms he quotes) reinforce my opinion that his direct source was our Epistle.[12]

These are the definite examples known to us from Jewish writings on music. However, there can be no doubt that others exist in the literature, without even touching on the innumerable instances in the Arabic literature, persisting until the beginning of the twentieth century. We hope that this translation of the Epistle will represent an important source of knowledge of essential views on the science of music in the Middle Ages, whose echoes can be found far beyond the Epistle itself.

9. S.H. Nasr, *Introduction*, 31.
10. A. Shiloah, "Deux textes inédits sur la musique", *Yuval*, I (1963), 221–248.
11. "Shem Tov ibn Yosef Falaquera's sources for the chapter on music in his *ha-Mevaḳesh*", *Proceedings of the Fourth World Congress of Jewish Studies*, vol. 2, 1968, 373–377.
12. An annotated translation of the section on music in Ibn Ezra's *al-Hadīḳa* will be published in *Yuval*, IV (in the press).

III

THE EPISTLE ON MUSIC OF THE IKHWĀN AL-ṢAFĀ'

In the name of God,
the compassionate,
the merciful.

1. *Preface*

Having completed our study of the theoretical spiritual arts, which are the genres of the sciences, and the study of the practical corporeal arts, which are the genres of the arts, and after having also clearly explained the nature of each of them and the number of their respective species as well as the aims sought by means of them, in two of our Epistles, we propose in this Epistle, called "Music", to study the art which is constituted at one and the same time of the corporeal and the spiritual. This is the art of harmony *(ta'līf)* which can be defined in terms of proportions. Our intention in this Epistle is not therefore the teaching of the practice of music *(ghinā')*, nor of the instrumental art *(ṣinā'at al-malāhī)*,[1] although the study of this aspect is indipensable, but our purpose is to make known the science of proportions and the modality of harmony, the knowledge of which presides at mastery in all the arts.

Know, my brother — may God assist you and assist us through a spirit emanating from Himself[2] — that the matter which is the subject of every art that is practised with the hands is composed of natural bodies, and its products are all physical forms, except for the matter which is the subject of the musical art, which is entirely composed of spiritual substances which are the souls of the hearers, their effects also being entirely spiritual manifestations. In effect, melodies which are composed of notes and rhythms *(aṣwāt wanaghamāt)* leave an impression on the soul similar to that made by the artisan's work on the material which is the substratum of his art.

Among melodies, some stimulate the soul in the accomplishment of difficult

1. The word *ghinā'* means literally song, but it has been used by some Arab authors as the equivalent of *mūsīkī*. The Ikhwān use it here in contrast to music understood as harmony, and they are most probably referring to practical music, especially as the word is used in connection with the phrase *ṣinā'at al-malāhī*. *Malāhī* means amusements, entertainments and by extension musical instruments. In view of this supposition it might seem that *ghinā'* here represents song and *malāhī* instrumental music. Nevertheless I am of the opinion that the two terms in fact indicate the "third music" of the medieval authors' classification, since the general conception of the treatise is precisely related to the two other kinds of music. These three kinds are: 1) *musica mundana*, that is, a fundamental harmony that presides over the movements of the heavenly bodies, the mingling of the elements, etc.; 2) *musica humana*, the admirable accord of body and soul; 3) *musica instrumentalis*, produceed by man-made instruments.
2. This formula, which is repeated throughout the treatise, and gives a special flavour to the text, is based on a verse from the Koran (58, 22). All quotations from the Koran are taken from Arthur J. Arberry, *The Koran interpreted*, London and New York, 1955.

toil and laborious crafts, render men alert and resolute in hard and extenuating undertakings which demand the consecration of great effort and material sacrifice. Other melodies bestow courage. It is these that are used during periods of war at the moment of great battles and combats, especially if these melodies are associated with metrical verses that describe wars or vaunt the merits of heroes, such as this line of the poet:

> If I were of the tribe of the Māzin the people of this clan would not have allowed the Banū l-laḳīṭa to take my camels.[3]

Or these lines by al-Basūs:[4]

> By my life! if I were in the dwelling-place of Munḳidh, Sa'd would not have been oppressed while he enjoyed the protection of my people.
> But alas! I live in a strange camp where the running wolf throws himself on my she-camel. O Sa'd, do not indulge in illusions and go! you are sheltering among people who are like dead men towards the client.

It is said that these verses and others like them were at the origin of the declaration of wars between populations and of combats between Arab tribes for many years. Metrical verses also exist that are capable of exciting hatreds, of agitating the tranquil soul and of kindling the fire of anger, such as these words of the poet:

> Remember the heroic death of Ḥusayn and of Zayd and of the martyr near Mihrās.[5]

3. This line is by the pre-Islamic poet Ḳurayṭ b. Anif, and is the beginning of a poem included in the *Ḥamāsa* anthology compiled by the poet Abū Tammām (d. 845). Al-Tibrīzī in his commentary on the *Ḥamāsa* says of this line: "People belonging to the tribe of the Bany Shayban attacked Ḳurayṭ and took thirty camels from him. Ḳurayṭ demanded succour from his tribesmen, but they refused their aid. Then came the Banu Mazin and together with Ḳurayṭ carried out a punitive expedition against the Banu Shayban and took one hundred camels from them which they gave to Ḳurayṭ. In this verse he praises the Banū Māzin and reproaches his own tribe" (Abū Tammām, *al-Ḥamāsa* with commentary by al-Tibrīzī, ed. Bulaq, 1879, I, 5).

4. Al-Basūs is a legendary figure considered responsible for the murder of Kulayb b. Rabi'a and the war that ensued *(ḥarb al-Basūs)* between the tribes of Bakr b. Wa'il and Taghlib b. Wa'il (for details of the legend see EI² II, s.v. al-Basus). Al-Ṭibrīzī in his commentary on the *Ḥamāsa* (II, 199) and also other authors ascribe to al-Basūs four lines addressed to Sa'd, indirectly enjoining al-Djassās to take revenge on the Kulayb; these lines are a fine example of *taḥrīḍ* — "instigation". Note that the Ikhwan only cite three of these lines, in a different order from al-Tibrizi, who begins with "O Sa'd, do not indulge illusions..." and goes on with a line lacking in the Ikhwan followed by the Ikhwān's first and second lines.

5. *Mihras* means a pestle and mortar, or a trough for ablutions. But the two great Arabic lexicons, *Lisān al-'arab* (VI, 248, Beirut, 1956) and *Tāj al-'Arūs* (IV, 272) quote a *hadith* relating how 'Ali brought the water of the *mihras* to Mohammed, wounded in the battle of Uhud. Mihras is here explained either as a trough gouged in the rock or as

These lines and others like them cause hatred to arise between tribes, and agitate their souls, kindle the fire of anger, and incite them to kill cousins, relatives and members of their families so greatly that they exterminate them for their parents' faults or their grandparents' crime without taking pity on any of them. Among melodies and rhythms there are also some that possess the virtue of appeasing the fever of wrath, of dissipating hatred, of leading to reconciliation and of making friendship and love gain the upper hand. It is said on this matter that two men who had wrecked violence on each other and cherished for each other an ancient hatred and a latent rancour, met at a banquet. When they had become intoxicated with drink their rancour awoke, the fire of anger flamed up and each prepared to kill his adversary. The musician, having sensed their intention and being a master of his art, modified the tuning of his strings and played the melody that softens [the heart] and brings appeasement; he let them hear it and pursued his performance until he had warded off their access of anger. Then they rose, embraced, and were reconciled.

Other melodies and rhythms have the power of transporting the soul from one state to another and of transforming its character by making it pass from one extreme to the other. It is recounted, to this effect, that a certain number of musicians were gathered at a feast given by a great sovereign who took care to place them according to their degree of mastery of their respective arts, when a man of wretched appearance, clad in rags, entered. The master of ceremonies raised him up above all the participants, whose faces expressed their evident disapproval. Wishing to display the man's merit and calm his guests' anger, the master asked him to let them hear a sample of his art. He took out some pieces of wood that he had with him, set them out before him and stretched strings over them. Then he set these strings vibrating and performed an air that made all those present burst into laughter because of the pleasure, the joy and the well-being that took possession of their souls. Then he changed his tuning and played another air which made everyone weep for the tenderness of the melody and the sadness which settled in their hearts. Then he changed the tuning, and played another air which plunged everyone into slumber; so doing he rose, went out and was never heard spoken of again.

It appears from what we have just said that music leaves diverse impressions

---

a spring of water at Uhud. The two lexicons illustrate their explanation by the line that the Ikhwān cite. The *Tadj al-'Arus* adds the rest of the poem, which is by Sadīf b. Ismā'il b. Maymūn. This poet does not figure in C. Brockelman, *Geschichte der arabische Literatur,* but he is cited in the *Kitāb al-Aghānī,* IV, 93–97, and in the treatise on music by al-Ḥasan al-Kātib, f. 18b.

in the souls of its hearers, similar to those produced by the work of an artisan in the material that is the substratum of his art.

For this reason, all the peoples of the world have recourse to music and even many animals find pleasure in it. We can find the proof of the effect of music on the soul in the use that people make of it, sometimes in moments of joy and mirth, during marriages, banquets and feasts, sometimes in moments of affliction, at the time of misfortunes, or in sad assemblies *(ma'ātim)*,[6] sometimes in holy places, on the occasions of religious festivals, sometimes in the market-places and in their houses, during journeys and in the populous cities at the time of meals or of weariness, in royal gatherings and in the dwellings of the common people. Music is used by men and women, young and old, learned and ignorant, artisans and merchants and all the strata of human society.

2. *The Invention of the Arts by the Philosophers*

KNOW, MY BROTHER — may God assist you and assist us through a spirit [emanating] from Himself — that all the arts were invented by the Greek philosophers thanks to their science. Then men learned from them and so from each other. The arts have become a patrimony that the philosophers have bequeathed to the learned, the learned to their disciples and masters to their pupils. It follows that the musical art was invented by the Greek philosophers thanks to their science; then people learned it from them and used it like other arts in their actions and occupations in terms of the various aims that they set themselves. Let us consider the use that the legislators of religious (divine) laws have made of the art of music in the sanctuaries and the sacred places at the moment of the solemn reading of the prayers, the sacrifices, invocations, supplications and lamentations, as did the prophet David — may he be blessed — during the reading of the Psalms and as the Christians do in their churches, the Muslims in their mosques, in trying to obtain beautiful rhythmical accents and an agreeable modulation of the voice during the solemn reading; all this is in fact intended towards the softening of the heart, the contrition and humility of the soul, and towards submission to the command-

6. The word *ma'ātim* (sad batherings) occurs twice at the beginning of the Epistle. It seems to refer to the fourth festival of the ancient Greek philosophers, which was "a day of sadness and repentance", as well as to the fourth Muslim festival, the anniversary of Mohammed's death, which is a day of sadness for the faithful (for details see Yves Marquet, "Imamat, résurrection et hiérarchie selon les Ikhwān as-Ṣafa", *REI*, 1962, 49–142). These *ma'ātim* are still held today among the Kizil Bach poets in Turkey. See E. Borrel, "Les poètes Kizil Bach et leur musique", *REI*, 1947, 183.

ments and precepts of God — the most high — towards repentance and the return to God — the most high, may He be praised — by conforming to the traditional laws such as they were prescribed.

Know, my brother — may God assist you and assist us through a spirit [emanating] from Himself — that one of the reasons that brought the philosophers to establish the laws and to apply them was the ascertaining of good and bad auguries that they inferred from the affirmations of the astrological laws determined by the conjunction of the stars as well as the prognostics based on the *"revolutiones annorum mundi" (taḥāwīl al-sinīm)*,[7] that refer to the expense and cheapness of victuals, to scarcity or abundance, drought, famine, epidemics, the dominations of tyrants and other vicissitudes and historical events. When they had ascertained this, they looked for an artifice capable of sparing them from the malevolent events predicted and of increasing their good luck when the predictions announced fortunate events. Now they did not find a stratagem more salutary and profitable than the application of the traditional divine laws, which are: fasting, prayer, sacrifice, together with the invocation of God — most high, may He be praised — by supplication, humility, submission, lamentation and the prayer addressed to Him that he should remove far from them the misfortune predicted and that He should reveal to them the misfortunes and the joys presaged by astrological laws. And they did not doubt that in invoking the grace of God with intent, fervour, softening of the heart, tears, humility, remorse and repentance, God would save them from what they feared, that he would avert from them the misfortune that was striking them, that He would turn back to them, would pardon their sins, answer their prayers and accede to their demands. For prayers, hymns of praise and the cantillation, they used a melody called "the saddening"; the hearing of this softens the heart and makes tears spring from the eyes, inspires the soul with remorse for sins committed in the past and leads to the purifying of intimate thoughts and the reform of the conscience. This then is one of the reasons that presided at the invention of the musical art by the philosophers and its use in temples for sacrifices, invocations and prayers.

They also invented another melody called "the encouraging", which the commanders employed during wars and battles. This melody infuses courage and intrepidity into the soul. They also invented another melody which they

7. This is the second principle of judiciary astrology or *Aḥkām al-nujūm* (science of the edicts of the heavenly bodies), founded on the general principle that all changes that take place in the sublunary world are intimately linked to the particular nature and the movements of the heavenly bodies (EI[1] I, 495). For the general theory of astral determination, see G. Vajda, *Juda ben Nissim ibn Malka,* Paris, 1954, 102–109, where the principal elements of the Ikhwān's theory on the subject are expounded. Cf. also Marquet, "Imamat", 71.

used in the hospitals, at the break of day, and which had the virtue of solacing the pains due to the infirmities and ills suffered by the patient, alleviating their violence and even curing certain sicknesses and infirmities. They also invented another melody which is used during the performing of hard work or laborious crafts, like that sung by porters, masons, sailors and captains to lighten the body's fatigue and the soul's weariness.

They also invented other melodies which are used on occasions of joy, pleasure, mirth, at weddings and at banquets; these are known and in use in our time.

This art is also sometimes used in connection with animals, like the *ḥudā*[8] that the camel-drivers sing during their journeys and in the darkness of the night, to encourage the camels in their march and make them forget their heavy loads. In the same way, shepherds, drovers and horse-guards whistle in approaching the watering-place to inspire their cattle with the desire to absorb water. They also let the beasts hear other melodies when they are in rut and cover the females, other melodies again in milking so that they will give milk abundantly. In the same way the hunters of the gazelle, francolin, partridge and other birds, intone melodies in the darkness of the night to attract them so close that they can seize them with their hands. And in the same way, women sing melodies to their babies that are capable of calming their sobs and plunging them into sleep.

From what we have said it appears that all peoples have recourse to the art of music, that all animals endowed with a sense of hearing take pleasure in it, that rhythm leaves on the spiritual soul impressions like those that all arts leave on corporeal materials.

We say in conclusion that *mūsīḳī* is the *ghinā'*, the mūsīḳār is the musician and the *mūsīḳāt* are the instruments of music. The *ghinā'* is composed of harmonious melodies, melody is composed of well-ordered notes, notes are measured sounds, sound is a shock produced in the air following a collision of bodies against each other, as we have explained in the Epistle on the "perception of the senses and their object". At all events, a discussion of the indispensable elements is here necessary.

8. The *ḥudā'* or *ḥidā'* is one of the first forms of Arabic song. At first purely functional, the *ḥudā'* later ceased to be restricted to camel-drivers and was used as a song of entertainment or art song; the Prophet himself is said to have permitted it (cf. al-Ghazālī, *Iḥyā' 'Ulūm al-dīn,* II, 252, Cairo ed.). Many Arab authors also speak of the *ḥudā'* in illustrating the magical effect of music on animals, cf. *al-'Iḳd al-farid,* III, 230, al-Ibshihi, *Mostatraf,* II, 176, and al-Hujwiri, *Kashf al-maḥjūb,* London, 1911, p. 400–401. As for al-Farabi, he has reserves on the subject: "It is said that song has an effect on animals. This is what one sees in regard to the *huda'*..." (al-Farabi, Erlanger, *La musique arabe,* I, p. 18).

3. *How the Auditive Sense Perceives Sounds*

CONCERNING the manner in which the auditive sense grasps sounds, know, my brother, that sounds are of two species: those of animate beings and those of inanimate beings.[9] Inanimate sounds in turn can be divided into two species: natural and instrumental. Natural sounds are like those made by stone, iron, wood, thunder, wind and all other solid and inanimate bodies. Instrumental sounds are like those emitted by the double-headed drum *(ṭabl)*, the trumpet *(būḳ)*, the wind instruments *(zamr)*, the strings and the like. The sounds made by animate beings can also be divided into two species: rational and irrational. The irrational sounds are those produced by all the animals bereft of speech. As for the rational, these are the sounds emitted by men. These rational sounds are of two species: articulate and non-articulate. The latter are such as laughter, weeping, crying, in brief, every sound that is not attached to a letter. The articulate sounds are those that compose words and speech formed of letters.[10]

All these sounds are none other than a shock produced in the air as a result of the collision of bodies. This can be explained by the fact that the air, by its great subtlety, the lightness of its substance and the rapidity of the movement of its particles, infiltrates into all bodies. Now, when two bodies clash against each other, this air emerges from between them, is precipitated and proceeds to undulate in all directions. Its movement then assumes a circular form[11] which expands in the manner of a glass of water that is blown upon. The wider the circle, the feebler the movement of the sound and its undulation and finally it stops and disappears completely. Now, if a man, or any other animal provided with ears is near the place where the sound was

9 The sounds produced by animate beings are called "voices" by Aristotle and Plato to distinguish them from the sounds of inanimate beings, and it is only by analogy that certain inanimate beings are said to have voices (cf. Aristotle, *De Anima*, II, 8, 420 b, 5; E. Moutsopoulos, *La musique dans l'oeuvre de Platon*, Paris, 1958, 25 and n. 16). Apart from this the extraordinary classification of sounds and the admirable exposition of these various sounds are unique, to my knowledge, in the ancient literature.

10. Here one would have liked to see music mentioned next to words. The Ikhwān later treat musical sounds by the intermediary of the instruments, but these latter belong to the category of inanimate sounds. Where should the voice be classed if not here? In effect, in the Ikhwān's conception, as in that of Jabir, there is a close relationship between language and music, so that one may implicate the other (cf. P. Kraus, *Jabir ibn Hayyan*, vol. II: *Jabir et la science grecque*, Cairo, 1942, 253–255).

11. The circular propagation of sound was not known to the ancients (cf. Moutsopoulos, *La Musique*, 27, n. 2, 34); only Boetius perhaps alludes to it (cf. H. Potiron, *Boèce, théoricien de la musique*, Paris, 1961, 45–46). Farmer rightly emphasizes this theory as well as the remarkable exposition on sound *(Historical facts for the Arabian musical influence*, London, 1930, 293–294).

produced, the air propelled by its own movement penetrates into his ears until it reaches the hearing canals which are situated in the back part of the brain. The air, having penetrated the ear, continues its movement and it is then that the auditive faculty perceives the said movements and the intervening changes.

Know that each sound possesses a modulation, a quality and a spiritual form proper to it alone, which distinguishes it from other sounds. The air, thanks to the nobility of its substance and the subtlety of its element, carries each sound in its proper form and modality, and takes care that the different sounds do not mingle with each other, which would provoke an alteration of their own proper form; thus the air pursues its action until it has made them [the sounds] reach the final end of their purpose, that is, the auditive faculty which, in its turn, transmits them to the imaginative faculty [and afterwards to the rational], whose seat is the front of the brain. "It is He who produced for you hearing, and eyes, and hearts, little thanks you show". (Koran, 23, 80)

After having explained the nature of sounds, how the air carries them and how the auditive faculty perceives them, we shall now consider how the various species of sounds are produced as a result of the collision of bodies. We say that two bodies which knock against each other, gently and softly, cause no sound to be heard, since the air escapes between them in a small quantity. Consequently, no sound is produced. But, on the contrary, a sound is produced when the clash of bodies is effectuated with violence and speed, for then the air, driven back in one blow, propagates itself through its own movement towards the six cardinal points; as a result a sound is produced and it is heard as we have explained in the preceding pages. If the bodies that strike each other are voluminous, their sound is stronger, for these bodies repel a larger quantity of air. If two bodies of the same essence, identical dimensions and analogous forms are struck by the same blow, simultaneously, the two sounds that they produce will be identical, but if one of them is more concave, the sound it produces will be more powerful, since it strikes against a larger layer of air, both within and without.

Smooth bodies emit smooth sounds, for the surfaces common to these bodies and the air are smooth; consequently the air compressed between them is of the same nature: that is, smooth. Rough bodies produce rough sounds, since the surfaces common to them and to the air are rough. Solid and concave bodies, such as flasks, cups, pitchers, when they are struck resound for a long time, for the air in their hollows whirls around and knocks against their walls repeatedly, before coming to rest. The larger bodies of this sort the more powerful their sound, for a great quantity of air strikes them within and without. Thus, long trumpets produce more voluminous sounds, since the air, as it spreads, strikes the walls in its passage over a long distance. It is the same as regards animals endowed with deep lungs, long throats, wide nostrils and broad jaws; their voice is powerful because they breathe in a great quantity of air and expel it vigorously.

In the light of what we have just said, it is clearly seen to be established that the cause of the power of a sound is a function of the volume of the sonorous bodies, the force of the shock they undergo and the plurality of the propagation of the air on the basis of these [factors], in all directions.

We can conclude from this that the most powerful sound is that of thunder. We have studied the cause of its production in the Epistle on "meteorology". At all events, we propose to mention here the indispensable elements. This is the cause of its production: when the two vapours which mount into the atmosphere from the seas and the earth rise up in the air, mingle and the wet vapour envelopes the dry vapour which is the exhalation, and the two vapours, wet and dry, are enveloped and condensed in the chilled air, then the dry vapour rubs against the interior of the wet vapour, is kindled and seeks to escape, it jostles the wet vapour and pierces it in such a way that the wet vapour bursts because of the heat of the dry exhalation, as wet things suddenly enveloped by the heat of a fire burst. From this bursting a shock is produced in the air, which is repelled in all directions and with the escape of the dry exhalation a light called lightning is lit within the cloud. This can be compared with what happens when a lighted lamp is brought into contact with another lamp that is about to go out.[12] Then the lightning is extinguished and it often happens that some of the clouds melt through the effect of the wet (read "dry" — Translator's note) exhalation, which becomes wind which whirls in the cloud and within the mass of fogs and mists, seeking to escape and emitting a sound and a clap similar to those that a man emits from his stomach when, swollen, he is suffering from aerophagy. It may also happen that the cloud is rent, suddenly, and in one blow; then the imprisoned wind escapes, producing a terrifying sound called thunder.

This is then the cause of the sound called thunder and the modality of its production.

As regards the sounds of the winds and the cause of their production, we maintain that the winds are none other than the propagation of the air towards the east, the west, the north, the south, above and below. Now, if the air, in

12. Although the explanation of the cause of thunder follows that of lightning, it seems, according to the indication given above: "a shock is produced by this bursting", that the Ikhwān at this point accept Aristotle's theory, namely, "Lightning only comes after the clash and after thunder. But it seems to precede it because sight is quicker than hearing" (cf. Treatise on meteorology, II, ch. IX, 9). At all events, the continuation of the exposition is ambiguous; but the beginning and end resemble the beginning and end of the corresponding passage by Aristotle.

moving and flowing, strikes mountains, walls, trees and plants and infiltrates into them this contact produces a diversity of sounds, noises and boomings. The nature of these sounds is a function of the dimensions, the forms and the cavities of the bodies struck.

As for the sounds that water produces in its running, its undulations and its contact with bodies, the air, thanks to the subtlety of its essence and the fluidity of its element, envelopes them entirely it follows that the production of these sounds and their different species has the same causes as those mentioned with regard to the winds.

As for the sounds emitted by animals endowed with lungs, the variety of their kinds and the quality of their modulations are a function of the length or shortness of their necks, the breadth of their throats, the constitution of their larynxes, the intensity with which they breathe in the air and the force with which they expel this air through their mouths and their nostrils as well as of other details which it would take too long to enumerate here.

As for the sounds emitted by animals deprived of lungs, such as wasps, locusts and crickets and others of the kind, these animals set the air in motion by means of two wings that vibrate rapidly and lightly, producing varied sounds like those produced as a result of setting the strings of the lute vibrating. The modalities and the variety of kinds of these sounds depend on the fineness or thickness, the length or shortness of their wings, as well as the rapidity with which they move them.

As for dumb animals, such as fish, crayfish, tortoises and similar animals, they are mute and produce no sound, for they are not endowed either with lungs or with wings.

As for the modalities of the sounds emitted by mineral and vegetable elements, such as wood, iron, glass, stone and others of the kind, the variety of their sounds is function of the vigour of their dryness, their solidity, the extent of their dimensions, that is, whether they are large or small, long or short, broad or narrow, and of the nature of their form, that is, whether they are concave or convex, and finally of the force of the shock they undergo and the accidental causes that derive from it, which we shall explain in an appropriate passage.

As for the modalities of instruments chosen to produce musical sounds *(taswit)*, such as the double-headed drum *(ṭabl)*, the trumpet *(būḳ)*, the kettle-drum *(dabādib)*, the frame-drum *(daff)*, the oboe *(surnāy)*, the clarinet *(mizmār)*, the lute *('ūd)* and their like, the modalities of the sounds obtained from them depend on the form of the instruments, the material from which they are made, their dimensions, that is, whether they are large, small, long or short, the volume of the cavity, the narrowness of their opening, the fineness or thickness of their strings, and finally the modalities of execution of those who play them.[13]

We must now consider the features characteristic of this aspect, since one of our aims in this study is the clear exposition of the nature of music, that is, of the harmonious melodies and measured rhythms that are called *ghinā'*. Given that in the light of what we have explained, it has been established that music *(ghinā')* is made up of melodies (harmoniously) composed, that a melody is composed of notes and measured beats and that the notes and measured beats cannot be produced except in a succession of alternate movements and rests, we must first of all study the nature of the movement as well as that of the rest. We say in this case: movement is a displacement from one place to another, during a second interval of time; its opposite is the silence that indicates the stopping at the first place, during the second interval of time. Motion is of two kinds: quick and slow. The quick is that whose movement, determined by its impetus, crosses a great distance in a short time. The slow motion is that whose movement, determined by its impetus, crosses a lesser distance during the same period. Two motions cannot be considered as motion unless they are separated by a period of silence. Silence is the interruption of the movement at its initial point during a certain interval of time which could have given rise to another motion.

Having proceeded to the exposition of what we must elucidate, we say now: from the point of view of their quality sounds are divided into eight kinds.

13. This short definition of motion and silence does not seem to belong directly to the general theory of movement and rest as found, for instance, throughout the eighth book of Aristotle's *Physics*, but is rather an explanation referring to rhythm in particular and by extension to prosody, as will be seen below. To understand the definition given here, it is necessary to keep in mind the technique of the plectrum in playing the *'ūd*, which underlies the rhythmical demonstration. When a string is plucked by the plectrum, a beat and a note are produced simultaneously (hence the confusion between notes and beats throughout this Epistle). The hand has to move in order to pluck the string again, and during the interval between the two beats there is a certain silence, given the special character of the plucked strings, whose sound disappears immediately after it is produced. This then is what motion and silence as here defined correspond to (cf. Ibn Sīnā, *al-Shifā'* Erlanger, *Musique*, II, 171): Further, since the same terms, *ḥaraka* (motion) and *sukūn* (quiescence) are used by the Arab grammarians and prosodists, it was easy to find a relationship between prosody and rhythm. The alternate and ordered succession of motions and rests in both rhythm and prosody provided the Ikhwān with an occasion to go on to the arithmetical speculations which are the foundation of their musical doctrine.

On this subject P. Kraus mentions the interesting affirmation of certain authors according to which the vowels correspond to the soul, while the consonants can be compared to the body; as the soul is the cause of movement in matter, so the vowels render the consonants perceptible to the ear. Note that in Arabic grammar the vowels are called "movements", giving life to the immobile consonants (Kraus, *Jabir*, 210).

Each pair of kinds is correlated by opposites. These couples appear under the following terms: big and small, quick and long, high and low, intense and weak.

As for big and small sounds they appear thus in relation to others; the sounds of various drums can serve as an example. In effect, the sounds of the drums of processions, compared to those of the drums of the *makhānith*,[14] are big; but compared with those of the *kūs*, they are small. In the same way, the sounds of the *kūs* are small in comparison with the sounds of lightning and thunder. The *kūs* is an enormous drum struck in the frontier towns of Khorasan to give the signal for attack; its voice can be heard at a distance of several parasangs. Following this example, we can study the size and smallness of sounds by comparing them to each other.

As for the speed and slowness of sounds compared with each other, the quick sounds are those where the periods of silence separating the beats are shorter than the others. For instance, the sounds of the fuller's hammer or that of the smith are quicker than the sound of the pounding of rice and crushing of plaster by vendors of rice and plasterers, these latter sounds then being long in relation to the first, but quick in relation to the sound of the oars of navigators. It is thus that one considers the speed and slowness of sounds by comparing them with each other.

As for the acuity or gravity of sounds, this can also be explained relatively. In effect, sounds produced by the striking of the first string *(zīr)* are high in relation to the sounds resulting from the striking of the second string *(mathnā)*; the same holds good for the sounds of the second string in relation to those of the third string *(mathlath)* and of these latter in relation to those of the fourth string *(bamm)*. Going in the opposite direction the sound of the fourth string is deep in relation to that of the third string; it is the same with that of the third string in relation to the second and that of the second in relation to the first. On the other hand, the sound of each open string is deeper in relation to a stopped note *(mazmūm)*, whatever the level at which the note is stopped.

According to the same criterion, the acuity and gravity of sounds are examined by carrying out a comparison between them.

As for the weakness or intensity of sounds, they have been explained during the discussion of their principles in the first chapter.

14. The *makhānith* are probably the *mukhannithūn* mentioned by al-Ghazālī when he discusses the interdiction on the use of the drum named *kūba*, which was the drum most favoured by musicians. Therefore the drum in question must correspond to the *kūba*, which, according to al-Ghazali, is of elongated form, slender in the middle and broad at the sides ,al-Ghazali, *Iḥya' 'ulūm al-dīn*, II, 249). According to Farmer *(History of Arabian music to the thirteenth century*, London, 1929, 44–45) the *mukhannithūn* were effeminate musicians.

Sound can be divided, from the point of view of quantity, into two kinds: continuous and discontinuous.[15] The discontinuous are those where the moved periods of the beats are separated by a period of perceptible silence, as, for example, in the case of beats produced by strings, and rhythms beaten out by sticks. Continuous sounds are like those of clarinets, flutes, kettledrums, hydraulic wheels, norias[16] and their like. Continuous sounds are of two categories: high [tessituras] and low [tessituras], those, among flutes and clarinets, which have larger cavities and openings possess a deeper sonority; those whose cavities and openings are narrower, possess a higher sonority. On the other hand, the instrument whose openings are closer to the place where one blows, produces higher sounds, and that whose openings are further removed produces deeper sounds.

4. *Concordant and Discordant Sounds*

KNOW, MY BROTHER — may God assist you and assist us through the spirit [emanating] from Himself — that when strings equal in thickness, in length and in tension are struck at the same time, they produce identical sounds. If they are equal in length but differ in thickness, the thicker string will produce the lower sounds, the finer, the higher. If they are equal in length and thickness, but differently stretched, the sounds of the more tautly stretched string will be higher, and those of the string that is loosened will be lower. Finally, if they are equal in length, thickness and tension, but differently struck, that string which is struck more strongly will emit a higher sound.

Know that the high and low sounds are opposed to each other, but if they are governed by a consonant relationship, they agree, mingle, unite and become a balanced melody which gives pleasure to the auditive sense, joy to the spirit and to the soul well-being. If, on the contrary, they are not governed by a consonant relationship, they will be discordant, incoherent and altogether unable to unite. The ears experience no pleasure in this, but, on the contrary, the soul

15. The notion of continuous and discontinuous sounds is found in the writings of several Greek and medieval theoreticians (cf. Nicomachus, *Manuel d'Harmoniques,* trans. Charles Ruelle, in *Collection des auteurs grecs rélatifs à la musique,* Paris, 1871–1895, 11–12; Potiron, *Boèce,* 46; al-Farabi, Erlanger, *Musique,* II, 77–78). These and other authors distinguish between continuous sounds, that is those of conversation and reading, and the discontinuous, that is those of song, melopeoia, etc. However, the Ikhwān's use of the terms continuous and discontinuous does not correspond to this theory.

16. The inclusion of hydraulic wheels and norias among musical instruments is rather strange. Were these apparatuses used for musical or extra-musical purposes? Were these terms names of instruments? As yet I see no acceptable solution.

will turn away and will feel repulsion and the spirit will undergo a disagreeable sensation.

The high sounds are hot; they heat the mixture of humours of the compact chymes and mitigate them. The low sounds are cold; they moisten the mixture of humours of the hot and dry chymes. The middle sounds, placed between the high and the low, maintain the humours of the temperate chymes in their proper state, so that they do not deviate from their perfect equilibrium. Deafening, terrifying and incoherent sounds, in pouncing on the ears all at once and suddenly, alter the humours, break the equilibrium and cause sudden death. There is an instrument which produces this kind of sound, called *al-urghan*, which the Greeks employed in war to terrify the souls of their enemies. Those who blew into this instrument plugged their ears while they were using it.

Moderate, proportionate and consonant sounds equilibrate the mixtures of the humours, gladden human nature, bring pleasure to the spirit and joy to the soul.

5. *The Influence of Music on the Humours*

KNOW, MY BROTHER — may God assist you and assist us through the spirit [emanating] from Himself — the humours of the body are of several aspects and the natures of animals are of many kinds. To each humour, to each nature, corresponds a rhythm and a melody, whose number can only be counted by God, powerful and great. You will find the proof of the veracity of what we have just said and of the accuracy of what we have described, if you consider that every people of the human race possesses its own melodies and rhythms, which are the delight and joy of its children, while nobody else finds any pleasure or joy in them. This is the case with the music of the Daylamites,the Turks, the Arabs, the Armenians, the Zenj [Ethiopians], the Persians, the Rūms [Byzantines] and other peoples who differ from each other in language, nature, character and customs. Much more, you will find, within one people, clans who take delight in certain melodies and certain rhythms, which bring joy to their souls, but nobody, other than they, would be able to find pleasure in them. Even more, you can find that the same person experiences delight and joy in listening to a melody, at a certain moment, while at another, he is not delighted by it at all; but, on the contrary, this melody may inspire in him repulsion and anguish. You will find that people obey a similar law in all that concerns their nourishment, their drink, their perfume, their clothes and all other pleasures, ornaments and embellishments. All these are a function of the variety of the mixtures of the humours, of the diversity of natures, of the constitution of the body, of places and of periods. We have explained the essential features of all this in the Epistle on characters.

6. *The Principles of Metre and Rhythm*

KNOW, MY BROTHER — may God assist you and assist us through the spirit [emanating] from Himself — that each people of the earth possesses melodies, songs and rhythms different from each other, and so great in number, that only the great God who created, formed and fashioned men different in character, language and colour, is able to count them. At all events, we wish to study the musical principles and melodic rules on which all kinds of music are based. In effect, music consists of melodies, a melody is formed of notes and the notes are composed of beats and of rhythms. Now, all rhythms and all melodies rest on the principle of the alternating succession of motions and silences. This can be compared to lines of poetry which are composed of hemistiches, the hemistiches in their turn are composed of feet which are designated by the paradigms of *mafā'īl,* and finally the *mafā'īl* are formed by the *asbāb,* the *awtād* and the *fāṣila.*[17] Now, all these metrical elements are based on the principle of the combination of moved and quiescent letters, as we have explained in the treatise on prosody *('arūḍ).* The same principle is found in the articulate language formed entirely by words, which are composed of nouns, verbs and particles *(adawāt);* now, all these words are composed of moved and quiescent letters as we have explained in the treatise on language. Whoever wishes to engage in speculation in this science must therefore first of all exercise himself at length on the indispensable elements of grammar and prosody (and of language). We have mentioned in the Epistle on language the necessary knowledge that the student novice should acquire. We must here consider the principle of prosody *('arūḍ),* which is the weighing scale of poetry and its rules, since the rules of music can be compared to those of prosody. We say therefore that the *'arūḍ* is the weighing-scale of poetry intended to indicate to us what belongs to the ideal forms and what belongs to the deviate or slackened forms *(munzaḥif).* There are eight metric elements of scansion in Arabic poetry, which are designated by paradigms: *fa'ūlun, mafā'l* [*mafā'ī-lun*], *mutafā'ilun, mustaf'ilun, fā'ilātun, fā'ilun, maf'ūlātun* [*maf'ūlātu*], *mu-fā'alatun.* The eight feet are composed of three basic metrical elements *(uṣūl),*

17. According to al-Khalīl (d. 791–2), founder of Arabic prosody, there are eight basic feet which compose the usual metres of Arabic poetry. Each of these eight feet is designated by a word based on the root *f'l* which serves as a paradigm, hence the generic name *mafā'īl* used here. The eight feet or parts *(adjzā')* can also be reduced to their metrical elements called *sabab, watad* and *fāṣila,* which will be discussed below.

which are the *sabab*, the *watad* and the *fāṣila*. The *sabab* comprises two letters, one moved and another either quiescent or moved as for example *hal, lam* and other similar words. The *watad* is formed of three letters of which two are moved and one quiescent, as for example *na'am, balā* and *adjal*. The *fāṣila* is composed of four letters of which three are moved and one quiescent, as for example *ghalabat, fa'alat* and other similar words. Thus the principle of these three elements is the combination of moved and quiescent letters. These are the rules of prosody and its principles.

As for the laws of music and rhythms, they are also based on three principles which are the *sabab*, the *watad* and the *fāṣila*. The *sabab* represents a beat followed by a silence, as for example *tan, tan, tan, tan*,[18] constantly repeated. The *watad* is the equivalent of two moved beats followed by a silence, such as *tanan, tanan, tanan, tanan* constantly repeated. The *fāṣila* is formed of three moved beats followed by a silence, as for example: *tananan, tananan, tananan, tananan*. These three elements form the principle and the rules of all the rhythmical and melodic combinations to which they give rise and also of all the modes in all the languages to which these combinations give rise, and finally to all the kinds of music formed by these modes, in all languages.

If we combine these three basic elements in pairs we obtain nine rhythmical formulas each of two elements which appear as follows:

1. One beat plus two, as for example: tan, tanan (o.oo.), thus continually repeated;
2. Two beats plus one, as tanan tan (oo.o.), thus continually repeated;
3. One beat plus three, as tan, tananan (o.ooo.), thus continually repeated;
4. Two beats plus two, as tanan tanan (oo.oo.);
5. Three beats plus three, tananan tananan (ooo.ooo.);
6. Two beats plus three, as tanan tananan (oo.ooo.);
7. Three beats plus two, as tananan, tanan (ooo.oo.);
8. Three beats plus one, as tananan tan (ooo.o.);
9. One beat followed by a silence as long as the beat (o...).

This last is the basic beat, the fundamental measure *(al-'āmūd)*. It is like *tan, tan, tan, tan* thus constantly repeated. These then are the formulas

18. Almost all the Arab theoreticians use the word *tan* and its combinations in explaining rhythms. The syllable *ta* represents a strong, struck beat, and the *n* a quiescent beat or a silence. In the following combinations, *na* perhaps indicates a struck, but softer, beat. In his prosody al-Khalīl used two symbols to represent the moved and quiescent consonants, namely, a circle (o) for a moved consonant, and a stroke (/) for a quiescent consonant. Some theoreticians apply these symbols to the representation of metres, by changing the stroke to a point. We have used this method to illustrate the examples to be cited.

consisting of two elements. As for the formulas with three elements, there are ten of them:

1. One beat plus two plus three (o.oo.ooo.);
2. Two beats plus one plus three (oo.o.ooo.);
3. One plus three plus two (o.ooo.oo.);
4. Three plus one plus two (ooo.o.oo.);
5. Two plus three plus one (oo.ooo.o.);
6. Three plus two plus one (ooo.oo.o.);
7. One plus three plus one (o.ooo.o.);
8. Two plus three plus two (oo.ooo.oo.);
9. Three plus one plus three (ooo.o.ooo.);
10. Three plus two plus three (ooo.oo.ooo.);

These then are the kinds of rhythms which are formed of beats: three simple formulas, nine of two elements, ten of three elements, which makes in all twenty-two formulas. The kinds of rhythms formed on the basis of these formulas in Arab music are eight: the first heavy and its light, the second heavy and its light, the *ramal* and its light, and the *hazadj* and its light. These eight kinds constitute the basic forms from which the various aspects of rhythm derive. These latter are derived from the ideal forms and are related to them. This is comparable to the eight metric feet from which derive all the metres represented in the circles of the prosodic system.[19] It clearly emerges from what we have said that all the mathematical arts rest on four principles which preside at the constitution of all the elements. These four principles can be reduced to a unity; they go back to one common origin (the fundamental unity); it is this that we have explained in the Epistle on arithmetic where we have shown how the numbers can be traced back to *one* which precedes *two*, and in the Epistle on geometry, where we have shown that the point in geometry plays the part of the *one* in arithmetic,[20] and in the Epistle on astronomy where we have shown that the sun by its positions among the heavenly bodies plays the part of the *one* in arithmetic and of the point in geometry. In the Epistle on the proportions we have shown that the relation of equality is the principle and the law of the science of proportions and plays the role of *one* in arithmetic. In the present Epistle we have shown that

19. The ideal forms of sixteen metres from which the usual aspects are derived were arranged by al-Khalil in five circles (cf. G. Weil, EI² I, s.v. *'Arūḍ*).

20. De Bruyne writes: "Les anciens symbolisent les nombres par des points; l'unité par un point, la ligne par deux points, la première surface, c'est à dire le triangle, par trois points et ainsi de suite. Chaque figure géométrique est donc répresentable par un nombre, chaque nombre a une grandeur géométrique (*Etudes d'esthétique médiévale*, Bruges, 1946, I, 15).

motion is comparable to *one,* the *sabab* to two, the *watad* to three and the *fāṣila* to four; all the rhythms and melodies arise from this, in the same way as all the numbers, including the units, the tens, the hundreds and the thousands, are composed of the four, the three, the two and the one. We have also shown in the treatise on logic that substance can be compared to one, that the nine other categories can be compared to the nine first units of the decade and that four of them are superior to the others and preside at their constitution.[21] These four categories are: substance, quantity, quality and relation. In the treatise of matter, we have shown that body is a long, wide and deep substance and that the ensemble of bodies is composed on the basis of the absolute body. In the treatise of principles regarding the origin of being *(mabādi')* we have shown that the Creator — may He be exalted — is to beings what the one is to numbers, that the Intellect can be compared to two, the soul to three, the prime matter to four, that the ensemble of beings is composed of the matter and the form that emanate from the Soul, that the universal Soul emanates from the universal Intellect and that the universal Intellect was created by a decree of the Creator — may He be praised. God created it *ex nihilo* and by his mediation He gave form to all things, potentially and in fact. Our aim, in all these Epistles, is to show people of each art the unicity of the Creator — may He be exalted — in relation to their respective arts, so that they will understood these arts more readily, that their speculations will be clearer and their demonstrations more eloquent. It is thus that we have proceeded in all the Epistles. We will explain, also, how beings are created on the basis of each other by the good will of God — may He be praised — by His benevolent solicitude, the perfections of his science and the subtlety of his art. Blessed be thou then, God, master of the universe, the best of creators, the most merciful of the merciful and the most generous of the generous.

We now return to our subject and we say; two grouped beats produced by strings or the striking of sticks will necessarily be separated by a period of silence, long or short. In the same way, if the beats on the strings and the striking of the sticks follow each other, the silences that separate them also follow each other. The periods of these silences will then necessarily be equal either to the periods of these motions, or else longer. If they are shorter, it has been commonly admitted by people who practise this art, that the time of the motion cannot be slower than the period of silence belonging to the same genre. If the period of silence is of a duration equal to that of the period of

21. These are Aristotle's ten categories, which are enumerated in full by the Ikhwan in their treatise on logic. The first four categories are emphasized in order to stress the symbolism of the number 4 and also because they are considered as the fundamental categories from which the six others arise.

the motions, in such a way that no other motion can be inserted between them, the rhythmic formulas which issue from them will be called the first *'āmūd* (first fundamental element). This is the light rhythm; no lighter exists, since if another motion is intercalated in the intervals separating two of these beats, there would follow an uninterrupted succession of all these beats which would become a continuous modulation. If the duration of the period of silence permits the placing of another motion, the rhythmic formulas which result are called the second *'āmūd* (second fundamental element) and the second light. If the periods of these same silences are of longer duration than in the preceding case, allowing the intercalation of two motions, the formula which results will be called the first heavy. If finally the duration of these periods of silence is still longer, to the extent of allowing the production of three motions, the formula composed of them will be called the second heavy. What we have explained and described is imposed by the laws and rules of analogy.[22]

As for the rhythms practised under the names heavy and light by singers and instrumentalists *(aṣḥāb al-malāhī),* in our time they differ from our definition. We will speak of them again in later chapters.

Know, my brother, that if the duration of the periods of silence separating the beats exceeds the length mentioned, the rhythm will no longer obey the principle, or the law and the measure, I mean, that the auditive faculty endowed with discernment *(dhā'iḳa)* will not be able to seize and distinguish it. The reason for this is that the sounds do not maintain themselves in the air longer than the space of time permitting the auditive sense to capture something of their resonance *(ṭanīn).* Then these sounds disappear from the layer of the air that serves them as support and which carries them to the auditive sense as we have explained in the preceding chapter. In the same way, the resonance of the sounds that have penetrated into the ears does not remain there longer than the time allowing the imaginative faculty to register their trace. Afterwards the resonances disappear from the ears. Thus, if the time of silence separating the beats and the rhythms is prolonged beyond the quantity mentioned previously, the first note as well as its resonance disappears from

22. Using the symbols of circle and point, the four fundamental rhythmical elements appear as follows:
o — light;
o — second light;
o . . — first heavy;
o . . . — second heavy.
All the theoreticians define these four elements in the same way, although they use different names to designate the same facts (cf. al-Farabi, Erlanger, *Musique,* I, 153; Ibn Sina, *ibid.,* II, 175). In order to understand this theory correctly, it should be remembered that it is founded on the plectrum technique (cf. above, n. 13).

the ear before the following note is heard. The rational faculty will therefore be entirely unable to evaluate the duration that separates them, then to distinguish them and to determine the relation that exists between them, for the excellence of the judgement of the auditive faculties consists of knowing the duration of the periods that separate the beats as well as the reciprocal relations that exist between the periods of silence and those of the motions and their value.

This same principle is valid for all the data received by the senses and the respective faculties which grasp them. In effect, the visual faculty cannot evaluate the distance which separates visible objects except when they are brought close enough to it in space. Now, if they are distanced in space as two successive sounds are separated from the ear in time, the visual faculty cannot seize them or evaluate the distance between them except by means of geometrical instruments (surveying), such as the cubit, the *ashl* (= sixty cubits), the *bāb* (= six cubits), the wrist and the fingers, as we have explained in the Epistle on geometry.[23] In the same way, when the periods of motion are separated by pauses that are too long, the auditive faculty, endowed with discernment, cannot grasp them and know the distance separating them except by means of instruments of astronomy, such as binoculars *(tardjahārāt)*, balances *(shayāhīn)*, astrolabes and other similar astronomic apparatuses. If on the contrary the motions are brought nearer to each other, the hearing will be able to grasp them and the faculty of discernment to distinguish them. This is a well-known phenomenon in the domain of prosody.

Given the cause that we have explained relating the periods of silence, it is clearly established that if the periods of silence separating the beats are prolonged beyond the duration previously fixed, the rhythm will no longer depend on its principle and law. Another cause also exists; an isolated beat having reached the auditive sense, its resonance is maintained there from its perception to its extinction during a period not excceding the duration of three other similar beats, each separated by a period of silence equal to one of them. Thus the total duration will be of the order of light periods and no more. These periods appear in the following form: o/o/o/o/. The *alif* (— the stroke) indicates the silence and the *hā'* (— here the o) the motion.

Having concluded our study concerning the measures of the periods of the motions and the silences, the interval that separates them and their relation, we propose to discuss the essential details concerning the instruments of music,

23. In effect, in the treatise on geometry, there is a chapter consecrated to surveying. The five surface measurements used in Iraq, the Ikhwan tell us, are the finger, equal to five barley-stalks pressed together, the *ḳabḍa* (wrist), equal to five fingers, the cubit, equal to eight wrists, the *bāb*, equal to six cubits, and finally the *ashl*, a cord equal in length to 60 cubits (I, 97, Beirut ed.).

their fabrication, their tuning and those among them which are the most accomplished and the most perfect.

7. *On the Making of Instruments and their Tuning*

KNOW, MY BROTHER — may God assist you and assist us through the spirit [emanating] from Himself — that the philosophers have invented several instruments and apparatuses suitable for producing musical sounds and melodies. These instruments are of various forms and of several species, such as: two-headed drum *(ṭabl)*, frame-drum *(daff)*, flute *(nāy)*, cymbal *(ṣunūdj)*, clarinet *(mizmār)*, oboe *(surnāy)*, whistle *(ṣāffāra)*, the *salbāb* (= *sambyké* or *sambuca)*.[24] The *shawshal*,[25] the lute *('ūd)*, the *ṭunbūr*,[26] the harp *(djank)*, the viol *(rabāb)*, the *ma'āzif*,[27] the organ *(urghān)*, the panpipes *(armunikī)* and all the other similar instruments of music. At all events the instrument closest to perfection to have been invented by the philosophers and the best that they have made is that called the *'ūd*. We must explain how the *'ūd* is made, how it is tuned and how it is played, what are the relationships of the notes produced by its strings, the length, the breadth, the thickness, the tension and the frets *(naḳarāt)*[28] of its strings. Concerning all this we shall explain the essential details in the form of introduction and preliminary. This exposition will serve as a preamble for scholars in the philosophical sciences and for those who speculate on the exact sciences. We will show them the subtleties of the science and the secrets of the arts which all prove the wisdom of the divine Artisan who is the Creator — may He be blessed and exalted — He, in fact, who created human artisans and inspired in them the first arts, learning erudition,

24. Farmer reads *salbaq* and sees in the name the equivalent of the Greek word *sambykè*, a kind of small triangular harp, like the psalterium (cf. Farmer, *History*, 155; *ibid.*, "Byzantine musical instruments in the 9th century", *JRAS*, April, 1925). Strabo considers the name of this instrument to be of barbarian origin (Strabo, *Geography*, X, III, 17). The *salbaq* is also mentioned in the *Mafātīḥ al-'ulūm*, 137.

25. Farmer thinks that this is the Turkish *gishak* (a bowed instrument), cf. *History*, p. 210.

26. The *ṭunbūr* is a lute with a long neck. There were two varieties at the period: the *ṭunbūr mizānī* or *baghdadi*, and the *ṭunbūr Khurasānī*. Al-Farabi gives detailed descriptions, cf. al-Farabi, Erlanger, *Musique*, I, 232.

27. "The *mi'zafa* (plural *ma'azif)* is a stringed instrument played by striking used by musicians in Iraq" *(Mafatih al-'ulum*, 137). This may be the present-day *sanṭur*. In *al-'Ikd al-farid*, 232, we read that the prophet David played the *mi'zafa*, and it may therefore have been a lyre or cither *(al-'Ikd al-farīd*, 232).

28. The term *naḳarāt* means beats. The word is often used in the same sense as note *(naghma)*. These notes are produced by the sections delimited on each string, forming the frets.

created human artisans and inspired in them the first arts, learning, science and knowledge. And God is the best creators and the most just of judges.

However, we begin by reporting the discourse of people who practise this art, for it is said, look for aid in every art to those who practise it. We say then that the people of this art maintained that the instrument called *'ūd* should be made of wood, and that its length, breadth and depth should stand in a noble relation to each other, that is to say, that its length should be in the proportion of 3:2 with its breadth; its depth should be equivalent to half its breadth and its neck should equal one quarter of the total length of the instrument. These planks should be very thin and made of light wood; the board should be thin and of wood both solid and light which resounds when it is struck. Then one chooses four strings, each thicker than the one before. Their respective thickness should be in a noble proportion to each other, that is, the thickness of the fourth string *(bamm)* should be in the proportion of 4:3 with the third string *(mathlath);* the thickness of the third string in the proportion of 4:3 with the second string *(mathnā);* the thickness of the second string in the proportion of 4:3 with the first string *(zir)*. The fourth string should be composed of 64 silk threads, the third of 48, the second of 36 and the first of 27. Then these four strings are stretched over the board, and attached below to the bridge and above to the pegs which are above the neck. By doing this the four strings will then be equal in length, but different in thinness and thickness according to the following proportions: SD/MḤ (= 64/48); MḤ/LW (= 48/36); LW/KZ (= 36/27). Then the length of the string is divided into four equal parts and the little finger fret *(khinṣir)*[29] is fixed at three-quarters the length of the string from the point where the neck of the *'ūd* ends (4/3). Then the string is divided into nine equal parts as from its upper end and the index finger fret *(sabāba)* is fixed at a ninth of the length reckoning from the pegs (9/8). The ring finger fret *(binṣir)* should be fixed at a ninth of the length of the string reckoning from the index (major third = 81/64). This latter is then placed above the little finger fret, on the side of the index fret. Then the length of the string from the little finger to the bridge is divided into eight equal parts and another fret is added, I mean the

29. The classical *'ūd* is strung with four or five strings; to obtain the notes different portions of the strings are sounded. The usual frets are established at a fourth of the length of each string. The frets are four in number, like the four fingers used in performance to shorten the strings. The widest interval thus obtained on each string is the fourth, which corresponds to the Arabic melodical system. The usual frets as well as the notes that correspond to them bear the names of the fingers: the *sabāba* (index — interval of the tone 9/8); the *wusṭa* (middle finger — minor third, variable); the *binṣir* (ring finger — major third, 81/64); and the *khinsir* (little finger, a fourth, 4/3). With the *muṭlaḳ* (note of the open string), this gives five sounds for each string.

middle finger fret *(wusṭā)*. To fix this fret one looks for a point on the string separated from the little finger fret by one eighth of the distance between the little finger and the bridge. The middle finger fret will then be in the relation of 9:8 with that of the little finger. Once this relation is established, the middle finger fret which is placed between the index and ring finger frets is definitely positioned. This then is how the *'ūd* is fitted, and these are the relations between the strings and the placings of the frets.

Let us now see how the notes are tuned, how they are fixed and how we know the relations that exist between them. The first string *(zīr)* is placed first, then it is stretched as tautly as possible without snapping. Then the second string *(mathnā)* is placed above the first, it is stretched and stopped at the level of the little finger fret, and plucked at the same time as the first, open, string. If the two notes produced by the two strings are identical to the ear, the two strings are tuned; failing this, the tension of the second string is increased or lessened until the two notes in question are identical. After this, the third string *(mathlath)* is placed, stretched and fastened at the level of the little finger fret, and plucked at the same time as the second, open, string, trying to get the two notes to sound identical; failing this, the tension of the third string is increased or lessened until the two strings are correctly tuned and the two notes in question appear like one note to the hearing. Then the fourth string *(bamm)* is placed, stretched and fastened at the level of the little finger fret and it is plucked together with the third, open, string; if the notes sound identical, as if they were one note, the two are correctly tuned.[30] Once the strings are correctly tuned according to the procedure described above, the note of each open string *(muṭlaḳ)* will be in the proportion of 4:3 with that stopped by the little finger, in depth and heaviness; in the same way the note of each string stopped at the level of the little finger will be equal to the note of the following open string; the note of each open string will be in the proportion of 3:2 with the note at the index finger level of the following string. In the same way, the note of each open string will be in the proportion of the double (octave) to that of the index finger of the third string following it. In the same way, the index finger note of each string will be in the proportion of 9:8 with that of its ring finger, and the note of the middle finger of each string will be in the proportion of 9:8 with that of its little finger. In brief, there are no notes emitted by these frets and these strings that are not in some relation to each other. At all events, some of these proportions are superior and noble, others less so. Among the noble and superior proportions we include:

30. The strings of the *'ūd* are stretched, according to general usage, in such a way that the second produces, if open, a note identical to that rendered by the first string stopped at the level of the little finger fret, and so on. Thus the same succession of intervals is produced on all four strings.

that which is equal, that of 4:3 (fourth), that of 3:2 (fifth), that of 5:4 (natural third) and that of 9:8 (tone). Now if we establish the tuning of these notes according to the noble proportions mentioned and if they are plucked in successive and coordinated movements, they will then produce successive and coordinated notes, notes high and light, or low and heavy. If these notes are mingled and harmonized in formulas such as those that we have expounded in the preceding chapter, and if the low and heavy notes become like bodies to the high and light notes and these latter like the souls of the first, they unite with each other, merge and become melodies and chants; the beats of these strings will then play the role of the *calamus*, the (high?) notes will play the role of letters, the melodies that of words, the chant that of discourse, the air that serves them as support will play the part of paper, and the meaning that is contained in the said notes and melodies will be comparable to the soul placed within the body. Now, when these meanings contained in the notes and the melodies reach the hearing, human nature takes delight in them, the soul finds pleasure and the spirit rejoices, for the said movements and rests which separate the notes then become the measure and quality of time. They thus imitate the continuous and harmonious movements of the celestial beings. In effect, the movements of the heavenly bodies and the spheres are also the measure and quantity of time. If one establishes the measure of (musical) time by the regular, harmonious and proportionate succession of motions and silences, the notes resulting will be comparable to the notes produced by the movements of the spheres and the heavenly bodies and will be in concordance with them. Thus doing, the individual soul, that inhabits the world of generation and corruption, will recall the beatitude of the world of the spheres and the felicity of the souls who are there above. It will know and will acquire the conviction that the souls of the celestial world enjoy the best conditions, the sweetest delights and the most lasting felicity, for the notes produced by the movements of the spheres are purer, their melodies are sweeter; for these celestial bodies are of a better constitution, of a more beautiful form, of a purer substance, their movements are better ordered and their concordance is more harmonious. When the individual soul that inhabits the world of generation and corruption will have acquired a knowledge of the states of the celestial world, will have had faith in the truth of what we have described, it will manifest an ardent desire to mount upwards and to join there the souls of its own kind, delivered from nations that disappeared in earlier times.

If anyone says that the sphere is a fifth nature (quintessence) and that it is not possible that these bodies emit notes and sounds, let this objector know that even if the sphere be a fifth nature, it does not differ from the bodies of this world below in all its qualities. In effect, certain celestial bodies shine like fire, these are the stars; others are transparent like glass, these are the spheres; others are polished like the face of a mirror, that is the body of the moon; others respond to light and darkness like air, these are the spheres of the moon and of Mercury, the proof is that the cone of the shadow of the earth reaches to the sphere of Mercury.[31] All these qualities are proper to natural bodies; the celestial bodies share them. It is thus clearly established that the sphere, even if it were a fifth nature, does not so greatly differ from natural bodies in all its qualities, but only in some, to the exclusion of others. In effect, the celestial bodies are not hot, or cold, or wet, but dry and hard, harder than the jacinth, purer than the air, more transparent than glass, more polished than a mirror. They touch, brush against each other, rub, and resound as iron and copper resound. Their notes are concordant and harmonious, their melodies are well balanced. We have shown their symbolical correspondences in speaking of the notes produced by the strings of the lute and their proportions.

8. The Movements of the Spheres Produce Notes Similar to those of Lutes

KNOW, MY BROTHER — may God assist you and assist us through the spirit [emanating] from Himself — that if the movements of the celestial spheres did not produce either sound or rhythm, their inhabitants would not profit from the auditive sense with which they are endowed. Now, if they were deprived of hearing, they would be "deaf, dumb and blind". This is the case of minerals which are petrified and inanimate. Now, it has been clearly shown by decisive indications and proofs, following the rules of logic, that the inhabitants of the skies and the spheres, who are the angels of God and the chosen of his servants, are hearing, seeing, rational and wise; they sing psalms and chant hymns to God day and night without wearying. Their praises are chants more beautiful than the cantillated reading of the psalms of David in the Temple.[32] Their notes are more agreeable than the eloquent notes that are produced by the strings of the *'ūd* in the court of the Persian kings *(īwān)*.[33]

31. This most probably refers to eclipses. Or perhaps the mention of Mercury may refer to the old legend representing Mercury as the god of night.

32. The great beauty of the prophet David's voice, here invoked for the second time in the Epistle, is a theme found in all the Arab authors discussing the legitimacy of music. Various sources go so far as to attribute to David's seductive voice a magical influence on birds and animals (cf. *al-'Ikd al-farid,* III, 176, 179; Mirkhwand, *Rawḍat al-Ṣafa,* Eng. trans. E. Rehatsek, London, 1891–1894, II, 57). Cf. also al-Hujwīrī, *Kashf al-mahjub,* 404; al-Ibshīhī, *Mostatraf,* II, 176. Further, Cassiodorus says: "Il faut dire que le Psautier tout entier est comme le signe matériel et imparfait, musical et poétique de ce chant spirituel et parfait que les Anges élèvent dans l'éternité" (De Bruyne, *Etudes,* I, 42–43).

33. The *īwān* is a vaulted hall opening on to the exterior through a wide archway, and

If anyone says: they should also then be endowed with the senses of smell, taste and touch, let this objector know that smell, taste and touch were given to animals that eat food and absorb drink so that they will be able to distinguish by their means the useful from the harmful and to safeguard their bodies from the excessive heat and cold that are capable of destroying them. As for the inhabitants of the heavens and the spheres, they are exempt from all these things, they have no need to consume food and drink, but on the contrary, their nourishment is composed of the praises of God, their drink of jubilation and their dessert of reflection *(fikr)*, of deliberation *(rawīyya)*, of science, of intelligence *(shu'ūr)*, of knowledge *(ma'rifa)*, of sensation, pleasure, joy, felicity and repose. It clearly emerges from what we have expounded that the movements of the spheres and heavenly bodies produce rhythms and melodies that are sweet and rejoice the souls of their inhabitants, that these rhythms and melodies remind the souls of non-composite bodies inhabiting the spheres of the beatitude of the world of the spirits which is above the spheres and whose substances are more noble than those of the world of the spheres. This is the world of souls and the dwelling-place whose delight is entirely repose and perfume in the various degrees of paradise as God most high has pronounced in the Koran. The indication of the correctness of what we have said and the proof of the truth of what we have described are founded on the fact that the rhythm produced by the motions of the musician reminds the individual soul, living in the world of generation and corruption, of the felicity of the world of the spheres, in the same way as the rhythms produced by the motions of the spheres and the heavenly bodies remind the souls who are there of the beatitude of the world of the spirits. This is a conclusion deduced from the premises established by the philosophers. These latter, in effect, advance the theory that the beings arising from the secondary creations imitate in their modalities the first beings which are their causes.[34] This is the first premise, the second is their supposition that the individuals of the spheres are the first causes of the individuals of the world of generation and corruption, and that their movements are causes of the movements of beings in the world below.

---

without a façade wall. See al-Mas'ūdī, *Les prairies d'or*, II, 186–188; Yāqūt, *Mu'djam al-buldān*, I, article *Iwan*.

The beauty and excellence of Persian instrumental music, especially that of the *'ud*, was vaunted by several Arab authors. For instance, in the *Kitāb al-Aghānī*, V, 57–58, there is a striking anecdote illustrating the great mastery and virtuosity of the Persian instrumentalists. Cf. al-Fārābī, Erlanger, *Musique*, I, 17; al-Ḥasan al-Kātib, f. 110–111.

34. The first creations of God are Intellect, Universal Soul and Prime Matter. The beings of this lower world are created by the Demiurge, that is, the Universal Soul. In their relation to God they are secondary creations. The Universal Soul contains the ideas, that is, the divine archetypes of each of the individuals of this lower world.

The motions of these latter thus imitate those of the former, whence it must be deduced that the notes of terrestrial music necessarily imitate those of celestial music. One can find an illustration of this in the gestures of children playing. In these gestures children seek to imitate the actions of their father and mother, in the same way as disciples and apprentices seek to imitate in their actions and trades the actions and deportments of their masters and teachers. Most people endowed with intelligence know that the individuals of the spheres, like their ordered movements, came into existence before the animals in the sublunary world, that the movements of the celestial individuals are the cause of the movements of the living creatures in the world below and that the world of souls came into experience before that of the body as we have expounded in the Epistle on the "prime matter" and in the Epistle on the "rational principles".

In admitting that there are well-ordered motions producing harmonious rhythms, we have the proof that ordered and continuous motions in the world of the spheres produce harmonious rhythms, which rejoice the souls of its inhabitants and inspire in them a desire for all that is higher than themselves in the same way as in the nature of children there exists a leaning towards the conduct of their parents, and in the nature of disciples and apprentices a leaning towards the conduct of their masters, in the nature of the common people a leaning towards the conduct of kings and in the nature of sages a leaning towards the manner of being of the angels and a desire to resemble them. This is what has been said concerning the purpose of philosophy, which is to resemble God to the greatest possible extent.

It is reported that the philosopher Pythagoras, thanks to the purity of the substance of his soul and the sagacity of his heart, heard the music produced by the rotation of the spheres and the heavenly bodies. He was thus able to deduce, thanks to the excellence of his nature, the principles of music and the relations of the notes. He was the first to have spoken of this science and to have informed the philosophers of these mysteries. After him came Nicomachus, Ptolemy, Euclid, and other philosophers.

This then was the aim of the philosophers in having recourse to the modes and the rhythms of the strings in temples and places of worship, on the occasion of the sacrifices prescribed by the traditional laws. Let us mention, in particular, the recourse to sad melodies which soften hardened hearts and remind souls plunged in sleep, and negligent and ignorant spirits of the felicity of their spiritual world, their luminous place and their dwelling. These philosophers had the habit of singing, together with the beats produced by the strings, words and metric lines, composed to exhort [the hearer] to the spiritual life, and describing the delights of the world of the spirits, the pleasures and the happiness of its inhabitants.

Thus also the conquering Muslims, at the signal for attack, recited verses from the Koran, which God has revealed for this purpose, to soften the heart and make the soul desire the spiritual world and the delights of paradise, such as this word of the most high God:

> God has bought from the believers their selves and their possessions against the gift of Paradise; they fight in the way of God; they kill and are killed; that is a promise binding upon God in the Torah, and the Gospel, and the Koran; and who fulfils his covenant truer than God? So rejoice in the bargain you have made with Him, that is the mighty triumph.
>
> Koran 9, 112.

and other similar verses. Thus also proceeded the conquering Muslims who at the moment of battle or of exhortation to combat, declaimed poems in Arabic or Persian describing the celestial beauties *(houris)* and the delights of paradise, capable of inspiring the soul with the ardent desire to join the celestial world or to incite it to intrepidity. Such as the verses of the poet:

> My discretion disgusts me, my misfortune despises the praises
> that I have been able to win at advantageous prices,
> and the courage displayed against that which my soul detests
> and the blows dealt over the head of the alert hero.
> I say to it, each time that it rises up and makes itself felt,
> stay in your place and you will be praised or you will be forced to rest!
> So that I may struggle for memorable and virtuous deeds
> and afterwards defend a perfect honour.

Or these lines of the Persian poet:

> It profits us well to confide our hearts and souls to God
> we do not care about the *dirham* and do not fear for the *dīnār*
> We ransom our souls from the unbelievers and
> we abandon this world of corruption through the stab of the dagger of war.

Let us consider the poem that the philosopher metaphysicians set to music and used in the temples and places of worship, with the purpose of softening hardened hearts, of awakening souls become negligent in their heedless slumber, and spirits gone astray in their sleep of ignorance, to make them leave the world of generation and corruption, to save them from submersion in the ocean of matter and to deliver them from the prison of nature. Such poems are expressed in these terms:

> O souls drowned in the ocean of shadowy bodies,
> o spirits buried in the obscurity of three-dimensional bodies,
> heedless of resurrection and deviating from the straight road!
> Do you remember the engagement taken at the moment of the covenant
> When just God said to us:
> "Am I not your Lord?"

[The descendants of the children of Adam] replied:
"Yes! we bear witness [to this!]"
[We did this] out of fear that you would say, on the day of the resurrection,
that we were heedless of this or lest you should say:
Our (corporeal) ancestors gave associates [to Allah] anteriorly.
We are their descendants (corporeal, in the abode of seduction and the narrow space of the tombs).
Remember your spiritual world
Your dwelling place and your place of light!
Ardently desire your fathers, your mothers, and your spiritual brothers who reside in the loftiest places very exalted in the sky, who are exempt from the impurities of the body and divested of natural bodies! Hasten to leave the world of perdition and go to the place of eternal abode before you are sent there at all speed, reluctantly, by force, unprepared, regretting and losing.

Such descriptions and similar discourses were set to music by the philosophers and sung in temples and places of worship. The essential characteristics of the end towards which the philosophers tended, in having recourse to music and in inventing the principles of its melodies and the constitution of its rhythms, thus clearly emerge from our exposition.

9. The Interdiction of Music

AS FOR THE CAUSE of the interdiction of music in certain laws of the Prophets — peace be on them — it arises from the fact that people did not use music for the purpose assigned by the philosophers, but with the aim of entertainment, of play, of incitement to the pleasures of the world here below and of imposing deceit concerning the safety it offers. This interdiction also comprehended poems conceived with the same intentions, such as the lines:

Seize the part of delight and pleasure
for everything, even if it lasts a long time, comes to an end.

Or this line:

Nobody has returned to tell us whether he is in paradise after his death or in hell.

Know that the majority of people, hearing such verses, would think and assume that there is hardly any other pleasure, delight, joy and happiness outside the perceptible things that they see with their own eyes, and that the delights of paradise and the pleasures of its inhabitants (of which the Prophets — peace be on them — were aware) are lies. These people would also think that the felicity of the world of spirits, its superiority and its nobility of which the philosophers were informed, is falsity, lying and devoid of all truth. As a result of which, these people would fall into doubt and stupefaction. Know, my brother — may God assist you and assist us by the spirit [emanating] from Himself — if you do not believe what the Prophets — peace be on them — have told you on the subject of the delights of paradise and the pleasures of its inhabitants; if you do not lend faith to that which the philosophers have made you know of the felicity of the world of the spirits, and if you are contented with that which false conjectures and lying opinions make you imagine, you will be like a man lost, you will have doubts, you yourself will be in error and you will lead others into error.

Know, my brother — may God assist you and assist us through the spirit [emanating] from Himself — that the aim of the Prophets — peace be on them — in conceiving the religious laws, and the aim of the philosophers in conceiving the laws (of philosophy) and of politics is not only the improvement of things here below, but the aim of one and the other is at the same time the state of perfection of religion and of the affairs of this world. As for their supreme purpose, they aspire to deliver the soul from the trials of this world and from the punishments of its inhabitants and to make it attain the happiness of the future life and the delights of those who enjoy it.

We now return to the subject which occupies us and we say: if the meanings of the notes and melodies reach the rational faculties of the soul by the route of hearing, and if the signs of the meanings deposed in the notes and melodies are imprinted on the soul, one can renounce their existence in the air, as one renounces what is written on tablets since the meaning of what is written is contained and retained in the memory. It is the same in the case of the law of the individual soul when it attains perfection, completion and the end of its mission in the body. Then the body that shelters it is destroyed either by natural death, or by an accidental death, or in sacrifice for the cause of the most high God. These souls are extracted from the body, as pearls are extracted from nacre, the foetus from the uterus, grains from their envelopes and fruit from its skin. After which a new existence begins for these souls, like that which begins for the pearl once the nacre has been thrown away and you are in possession of the pearl. It is the same in the case of the law of the fruit and grains which grow and ripen to be picked, harvested, and peeled, and furnish their pulp and inner substance for which a new existence begins. It is the same in the case of the law of the soul, for which, once it is separated from the body, a new existence begins as the word of the most high God pronounces:

> Have you considered the seed you spill? Do you yourselves create it or are We the Creators? We have decreed among you Death; We shall not

> be outstripped; that We may exchange the likes of you, and make you to grow again in a fashion you know not.
>
> Koran, 56, 58–61.

Such is the law of the souls of animals after their immolation, for whom a new existence begins. Do not imagine my brother that the purpose of legislators in legalizing the immolation of animals in the temples on the occasion of sacrifice was only the consumption of their flesh, but, on the contrary, their aim was to deliver these souls from the abyss of the hell of the world of generation and corruption and to permit them to pass from the state of imperfection to that of perfection which belongs to the human form, the most accomplished and the most perfect of forms in the sublunary world. This form constitutes the last gate in the hell of the world of generation and corruption,[35] which we have expounded in the treatise on the science of death. Now, my brother — may God assist you and assist us by the spirit [emanating] from Himself — remember and know that your body is nacre and your soul a precious pearl. Do not neglect to watch over it, for it has an immense value for its Creator and Demiurge. It has already arrived at the last gate in the hell of this world. If you hasten, if you lay in provisions and you make efforts; if you withdraw from the outer side of the gate that opens on to punishment and you enter on the inner side of this gate, which is mercy; if you enter clad in the form of an angel and prostrating yourself, then you will have succeeded and you will have been redeemed.

Know, my brother — may God assist you and assist us through the spirit [emanating] from Himself — that your soul will resemble the form of the angels after its separation from the body, as the word of the most high God has pronounced:

> Say: "Death's angel, who has been charged with you, shall gather you, then to your Lord you shall be returned."
>
> Koran, 32, 11.

Know, my brother — may God assist you and assist us through the spirit [emanating] from Himself — that the angel of death is he who receives the spirit and plays the part of the midwife of the soul, as the midwife of the body receives the newborn.

Know my brother, that the soul of every believer possesses two fathers in the world of spirits, in the same way as his body possesses two parents in the corporeal world, as the Messenger of God said to Ali — may the blessing and

35. "De même qu'il y a une hiérarchie dans le monde et dans ses êtres, il y a une hiérarchie dans le paradis et dans l'enfer, qui recouvrent le monde d'en haut et celui d'en bas; l'axe qui sépare l'un et l'autre étant l'homme, l'homme qui est le plus haut degré de l'enfer et le premier degré des portes du paradis" (Marquet, *Imamat,* 83).

salvation of God be with him — "You and I, O Ali, we are the two fathers of this community. The most high God says: '... the creed of your father Abraham. He named you Moslems (i.e. those who have surrendered)'." (Koran, *22, 77*) This paternity is spiritual and not corporeal.

10. The Four Strings of the Lute and their Parallels

WE RETURN to the subject we are treating and we say: the musician philosophers limited themselves to four strings for the *'ūd,* no more, no less, so that their productions would be comparable to the natural things that are under the lunary sphere and in the image of the science of the Creator, may He be exalted. This we have expounded in the treatise on arithmetic. In effect, the first string is comparable to the element of fire, and its sonority corresponds to the heat and its intensity. The second string is comparable to the element of air and its sonority corresponds to the softness of air and its gentleness. The third string is comparable to the element of water and its freshness. The fourth string is comparable to the element of earth and its sonority corresponds to the heaviness of earth and its density. These diverse qualities are given to bodies in terms of their regional relations and the effects that their notes exercise on the mixtures of the temperaments of those who listen to them. In effect, the sonority of the first string reinforces the humour of yellow bile, augments its vigour and its effect; it possesses a nature opposed to that of the humour of phlegm, and softens it. The sonority of the second string reinforces the humour of the blood, augments its vigour and its effect; it possesses a nature opposed to that of the humour of black bile, it refines it and makes it more tender. The sonority of the third string reinforces the humour of phlegm, augments its force and its effect; it possesses a nature opposed to that of yellow bile, it is suited to break its irascibility. The sonority of the fourth string reinforces the humour of black bile, augments its vigour and its effect, is opposed to the humour of blood and attenuates its boiling.

If the notes produced by these strings merge into one harmony in the melodies that correspond to them and if these melodies are used during the various parts of the day and the night[36] whose nature is opposed to that of the

36. Day and night are divided into four equal parts of six hours, each part corresponding to a string of the *'ūd,* an element, a quality, a season, etc. See the chapter on the tetrads. If an illness is supposed to be due to the fact that one of the humours has become developed to the detriment of the others, the medicine used to cure it should possess a nature opposed to that of the excessive humour. It follows that if one plays music during the part of the day that corresponds to the humour in opposition to the excessive humour, one obtains the desired result. See Léon Gauthier, *Antécédents gréco-arabes de la psychophysique,* Beirut, 1939, 13–14.

illnesses and ailments in force, these melodies would appease the illnesses and ailments in question, would break their violence and alleviate the pains of the sick, for things similar in their natures, once multiplied and united, gain in strength, exercise an evident effect and overcome what is in opposition to them. Similar phenomena are familiar to people in the case of wars and disputes.

We have clearly established, according to what we have said, the characteristic features of the science employed by the musician philosophers in the hospitals, and the application they make of it at moments opposed to the nature of the illnesses, the affections and the ailments [treated]. It is because of this that they restricted the number of strings of the *'ūd* to four, no more, no less.

The motivation conducting the philosophers to establish the thickness of each string in the proportion of 4:3 with that of the string above it, is explained by the fact that they wished to imitate the science of the Creator — great are His praises — and reproduce the signs of His art in the natural productions. In effect, physicists advance the theory that the diameter of each of the spheres of the four elements, that is fire, air, water, earth, is, from the point of view of its quality, in the proportion of 4:3 with the diameter of the sphere below it. By quality I mean the subtlety and thickness relative to the spheres in question. They say then: the diameter of the sphere of ether, I mean the sphere of fire, which is beneath that of the moon, is in the proportion of 4:3 with the diameter of the sphere of frigidity *(zamharīr);* the diameter of the latter, in the proportion of 4:3 with the sphere of air; the diameter of the latter is in the proportion of 4:3 with the diameter of the sphere of water; the diameter of the latter is in the proportion of 4:3 with the diameter of the sphere of earth. This proportion means that the substance of fire, from the point of view of subtlety is in the proportion of 4:3 with that of air; that the substance of air, from the point of view of subtlety, is in the proportion of 4:3 with that of water and that the substance of water, from the point of view of subtlety is in the proportion of 4:3 with that of earth.

As for the reasons explaining why they [the philosophers] stretched the *zīr* (high string) which is comparable to the element of fire and whose sonority is comparable to the heat of fire and its sharpness, below all the strings, and the *bamm* (low string) which is comparable to the element of earth, above all the strings, then the *mathna* (second string) after the *zīr* and the *mathlath* (third string) after the *bamm,* there are also two reasons for this: a) the note of the *zīr* is high and light, it moves upwards, while that of the *bamm* is low and heavy, it moves downwards. Now, this permits them to blend better and to unite. It is the same with the two other, intermediary, strings, the *mathna* and the *mathlath.* b) The relation between the thickness of the *zīr* and that of the *mathna*, [that] between [the thickness] of the *mathna* and the *mathlath*, [that] between [the thickness] of the *mathlath* and the *bamm* is the same as the proportion between the diameter of the sphere of earth and that of the sphere of air, [between] the diameter of the sphere of air and that of the sphere of frigidity *(zamharīr)*, [between] the diameter of this last and that of ether. This then is the reason that explains why they stretched the strings in the order indicated.

If they applied the relation of the eighth to the notes of the strings and preferred it to the exclusion of the fifth, the sixth and the seventh, this is because it derives from the number eight, which is the first cube. Besides, given that the six is the first perfect number,[37] and that the most eminent of forms is that which is composed of six faces, that is, the cube, the cubic form is thus the highest, because of the property of equality which is manifested in it, as we have demonstrated in the Epistle on geometry. In effect, the three dimensions of this form are equal. The cube has six square faces, all equal, eight plane angles, all equal, twelve parallel and equal intersections and twenty-four equal right angles which represent the sum of 3 x 8.[38] We have said that the more the created thing possesses the property of equality, the greater its eminence. Now, after the circular form, there is none endowed with more equality than that of the cube. It is for this reason that it was said in Euclid's last treatise that the form of the earth is probably cubic and that of the celestial sphere probably a dodecahedron defined by twelve [regular] pentagons. We have shown the pre-eminence of the spherical form and of the number twelve in the Epistle on astronomy.

On the subject of the virtue of the number eight, the mathematician philosophers have advanced the theory that a harmonious proportion exists between the diameters of the celestial spheres and those of earth and air. The proof of this is that if we express the diameter of the earth by 8, that of the sphere of air by 9, then the diameter of the sphere of the moon by 12, that of the sphere of Mercury by 13, that of the sphere of Venus by 16, that of the sphere of the sun by 18, that of the sphere of Mars by 21. 5, that of the sphere of Jupiter by 24, that of the sphere of Saturn by 27 4/7 and that of the sphere of the fixed stars by 32; based on these figures, the diameter of the earth and that of the moon will be in the proportion of 3:2; the diameter of the moon and

37. Six represents the sum of the first three numbers (1 + 2 + 3 = 6); it is the third of the series 1 : 3 : 6 : 10 : 15 : 21 : 28 : 36, which represents an arithmetical progression. Six is also the first of the four perfect numbers known to Antiquity and the Middle Ages: 6, 28, 496, 8128 (see Kraus, *Jabir,* 199).

38. We here find the numbers 6 : 8 : [9] 12, whose interrelationships yield harmonic proportion. For this reason Philolaus called the cube "geometric harmony" (see E. Zeller, *La philosophie des Grecs,* trans. E. Boutroux, Paris, 1877, I, 388).

that of the air will be in the proportion of 4:3; the diameter of Venus compared with that of the earth will be in the double proportion of 16:8 (2:1) and with that of the moon in the proportion of 4:3; the diameter of the sun will be in the double proportion of 18:9 with that of the air and with that of the earth in the proportion of 21:4, and with that of the moon in the proportion of 3:2; the diameter of Jupiter will be in the double proportion of 24:12 with that of the moon, with that of the earth in the triple proportion of 3:1 (24:8), and with that of Venus in the proportion of 3:2 (24:16); the diameter of the sphere of fixed stars will be in the proportion of 4:3 (32:24) with that of Jupiter, with that of Venus in the double proportion of 2:1 (32:16), with that of the sun in the proportion of 4:3 (31:18), with that of the moon in the proportion of 2 3/4 (8:3) and with that of the earth in the quadruple proportion of 4:1 (32:8). As for Mercury, Mars and Saturn, they do not have a [harmonic] proportion. That is why these heavenly bodies are called maleficent.

These same philosophers [the mathematicians] also maintain that various proportions exist between the dimensions of the bodies of these heavenly bodies, proportions which are either arithmetical or geometrical or harmonic. These same proportions govern the celestial bodies and the body of the earth. At all events, some of them are noble and superior, while others are inferior. It would take too long to give a detailed commentary on this.

From what we have said, it appears that a) the ensemble of the bodies of the Universe, that is to say, the spheres, the bodies of the stars, the four elements and their concentric constitutions, all these bodies have been established, composed, conceived and created in the respective proportions that we have expounded; b) that everything that comprises the body of the Universe is like the body of one sole animal, of one sole person and of one sole state; and, finally that their director, their Creator, their constructor, their artisan and their Maker *ex nihilo* is One without associates, [Master without his like, Unique without equal]. Thus we have attained one of the aims that we have set ourselves in this Epistle.

These are other facts concerning the eminence of the number 8. If, my brother — may God assist you and assist us through the spirit [emanating] from Himself — you examine created things and the elementary nature of beings submitted to generation and corruption, you will find a multitude of octades, such as the qualities of the elements: the hot-wet, the cold-dry, the cold-wet and the hot-dry, which add up to eight, and they are the principle of natural things and the basis of begettable and corruptible things. In the same way, you will confirm the superiority of the number 8 by referring to the respective position of the planets which gives rise to eight combinations, to the exclusion of all the others: conjunction *(mukārana)*, opposition *(istikbāl)*, trines *(tathlīthāt)*, quadratures *(tarbī'āt)*, and sextiles *(tasdīsāt)*.[39] These positions are also one of the causes that preside at the generation and corruption of the beings placed under the moon's sphere.

In the same way, if you reflect, you will see that the 28 letters of the Arabic alphabet, which are comparable to the 28 mansions of the moon, can be reduced to 8 letters which are articulated in the following way: *alif, lām, fā', yā', mīm, nūn, dāl, wāw* (a, l, f, y, m, n, d, w).[40] And the paradigms *(mafā'īl)* of Arabic poetry are also of the same number, namely eight; these elements form the metrical feet. The kinds of rhythms of their music are also of the number of eight, as we shall explain in another chapter. In the same way it has been said that paradise is composed of eight degrees, that the bearers of the throne are of the number of eight, and that the hells have seven sections *(abwāb)*; we have shown the reality of this in the Epistle on "the last judgement and the resurrection".

39. The Ikhwān only cite five. C.A. Nallino, EI[1], I, s.v. Astrology, also enumerates five combinations. Nevertheless in medieval astrology there are eight combinations, as follows:
 1. The conjunction *(muḳārana)*;
 2. The opposition *(istiḳbāl)* when the two planets are diametrically opposed;
 3. The trine or trigone *(tathlīth)* when the difference is 120°;
 4. The quadrature *(tarbī')* when the longitudinal difference is 90°;
 5. The semi-quadrature, when the difference is 45°;
 6. The sesquiquadrature, when the difference is 135°;
 7. The sextile *(tasdīs)*, when the difference is 60°;
 8. The semi-sextile, when the difference is 30°.

40. There are several difficulties here:
 a) The letters in question are given in a different order in the Bombay edition; they are lacking in B.N. ms. arab. 2308, f. 18, and are different in B.N. ms. arab. 2303, f. 66.
 b) The word *hidjā'* is intended to designate a certain pronunciation. However, these letters offer no plausible combination.
 c) If we admit that one of these lists is valid, it is still hard to see why the Ikhwān chose these particular letters to represent the entire alphabet. Perhaps the choice represents a division of the 28 Arabic consonants into eight mnemonic terms vocalized as follows: *abdjad, hawaz, ḥuṭṭiy, kalaman, sa'fas, ḳarashat, thakhadh, dazagh.* By adopting this solution we solve the problem of the division of 28 letters into 8 articulations, but the letters in fact given do not seem to correspond to these mnemonics.
 A copyist's error? Perhaps. But in order to avoid falling back on this easy solution we propose a tentative hypothesis, which, though admittedly fragile, nevertheless takes into account the use of the above arrangement in practice in certain contexts. Our hypothesis concerns the numerical value which the Arabs, like the Greeks, assigned to each sign according to its place. The 28 characters are thus divided into three successive series of nine: units (1–9), tens (10–90), 100's (100–900), plus "thousand". The Arabic characters, with their numerical values, are found used in various divinatory procedures and in the composition of certain talismans (cf. G.S. Colin, EI, I, 97-98). There is an arithmetical speculation on the alef — 1, yod — 10, qof — 100 in Juda Ben Nissim (see G. Vajda, *Juda Ben Nissim*, 25).

In following the same analogy *(al-ḳiyās)*, if, my brother, you examine these things, and if you reflect on the conditions of beings, you will find numerous dyads, triads, tetrads, pentads, hexads, hebdomads, octads, enneads and decades, and so on to infinity. If we insist on the octad, it is to awaken you from the sleep of heedlessness and the sloth of ignorance, and so that you will know that the partisans of the number seven *(al-musabbi'a)* in their avid study of the hebdomads and in assigning them the supremacy over all the other groupings, advance only a partial theory and a non-universal doctrine.[41] It is the same with the dualism of the dualists, the trinity of the Christians, the tetractys of the physicists,[42] the pentad of the *Khurramīya*,[43] the hexads of the Hindus,[44] and the enneads of the *Kayyalīya*.[45] This is not the doctrine of our noble brothers — may God assist them and assist us through the spirit [emanating] from Himself — whatever the country where they happen to be, their theory is universal,, their speculation general, their science total and their knowledge extends to everything.

Let us now return to the subject that occupies us; We have thus clearly established in the light of what we have said, the characteristic features of the *'ūd*, the number of its strings, the proportions of their respective thicknesses, the number of the frets, how they are tuned, their respective proportions, the

41. In discussing the properties of numbers, P. Kraus quotes this passage of the Ikhwan and considers the *Musabbi'a* to be a Shi'ite sect (Kraus, *Jabir*, 217, n. 1). At all events, the term may refer to all those who believe in the symbolism of seven. Joseph de Somogyi writes on this subject: "The number seven has its special importance in human civilization. As one of the indivisible numbers, it played its part in the ancient Orient, in the Bible, in classical antiquity, and in the Middle Ages alike" ("An Arabic monograph on the number seven", *Islamic Culture*, 32 (1958), 245–249). On the magic character of the number 7, see Edmond Doutté, *Magie et religion en Afrique du Nord*, Algiers, 1909, 162.
42. Discussing the symbolism of numbers in the Pythogorean school, P.M. Schuhl writes: "Parmi les nombres, il en est un qui a une valeur mystique prééminente: c'est la tétractys, la somme des quatre premiers nombres, par laquelle on jure et qu'on assimile bizarrement à l'oracle de Delphes" *(Essai sur la formation de la pensée grecque*, Paris, 1949, 260). In addition to the tetractys, this may be a reference to the theory of the tetrads which is the subject of a later chapter of the Epistle.
43. One should here read *Khurramiya* and not *Khazmiyya* as in the Beirut edition. The *Khurramiya* represent a Manicheist sect, whose belief in the number 5 is attested by H.C. Puech. The Kingdom of the Good consists of 5 "dwellings" or "members" of God (Intelligence, Reason, Thought, Reflection, Will); the Kingdom of Evil consists of 5 superposed "gulfs" or abysses (H.C. Puech, *Le Manichéisme*, Paris, 1949, 75).
44. In B.N. ms. arab. 2303, 2304 and 2308 the enneads *(al-muttasa'āt)* are attributed to both the Hindus and the *Kayyaliya*. This reading is adopted by P. Kraus in citing the passage *(Jabir*, 217, n. 1).
45. The sect bears the name of Ahmad ibn al-Kayyal, ninth century philosopher, of Ismaelian and gnostic tendencies (see al-Shahrastānī, *al-Milal wa-l-niḥal*, II, 17–21, published on the margins of *Kitab al-fasi fil-milal*, by Ibn Ḥazm, Cairo, 1347 A.H.).

number of notes produced by the strings whether free or shortened and stopped, and, finally, the relations of these notes between themselves. In consequence, the most perfect of productions, the most coordinated of constructions and the most beautiful of compositions is that whose disposition and structure are governed by the most eminent proportion. It is because of this that most people find enjoyment in the audition of music and that the majority [of persons gifted with reason] approve its qualities, and make use of them in the gatherings of kings and chiefs.

11. Languagc is an Art

THE ART of language and of discourse also takes its place among well made and coordinated works. In effect the most perfect discourse is that which is the most clear and most eloquent. The most beautiful eloquence is that of a discourse where clarity and abundance are carried to the highest degree; this degree of clarity and abundance finds its best expression in measured and rhymed poetry; the most agreeable of measured poems is that which is not distorted by slackenings of the rhythm. Now, the undistorted poem is that where the "quiescent" and "moved" letters as well as their respective periods are in proportion. This can be illustrated by the metres *ṭawīl*, *madīd* and *basīṭ*. They are, in effect, each composed of eight feet, namely: *fa'ūlun mafā'īlun, fa'ūlun mafā'īlun, fa'ūlun mafā'īlun, fa'ūlun mafā'īlun.* These eight feet are in turn composed of twelve *asbāb* and of eight *awtād;*[46] this makes a total of 48 letters of which twelve are quiescent and 28 moved. On the other hand, the hemistich comprises 24 letters of which 10 are quiescent and 14 moved. Finally, the half of the hemistich, which corresponds to the quarter of the entire line, is composed of twelve letters of which five are quiescent and seven moved. Now, the relation between the moved and quiescent letters of the quarter of the line is the same as that which is found between the moved and quiescent

46. The eight paradigms always found in the sixteen metres in various combinations can be reduced thus to their metric elements:
 1st. *sabab khafīf* — one moved and one quiescent consonant as in the word *kad;*
 2nd. *sabab thaḳīl* — two moved consonants as in the word *laka;*
 3rd. *watad madjmū'* — two moved and one quiescent consonants as in the word *lakad;*
 4th. *watad mafrūḳ* — one moved consonant, one quiescent and a third moved as in the word *waḳta.*

There are also two kinds of *fāṣila* which are not relevant here. Note that the Ikhwān do not make a distinction between the two *asbab* and the two *awtād.* Basing ourselves on these elements, we find 12 *asbāb* and 8 *awtad* in the example cited:

w s w s s
fa'ūlun, mafā-'i-lun (four times)

letters of the half of the line, and that of all the moved and quiescent letters of which the line is composed. You will find that the metres *wāfir* and *kāmil* comply with the same law. In effect, they are each composed of six feet as follows: *mufā'alatun, mufā'alatun, mufā'alatun, mufā'alatun, mufā'alatun, mufā'alatun.* Now, the relation between the quiescent and the moved letters of the third of the line is equal to that found between the quiescent and moved letters of the half of the line and also to that found between all the quiescent and moved letters of the line. It is according to this model and this law that each line which has escaped distortion by slackening is conceived, whether it is cast in two, in four or in six or [in eight] parts. It is the same as regards the intervals separating them. Here are the symbols by means of which *fa'ūlun, mafā'īlun* are represented: oo/o/oo/o/o/. The *hā'* (o) is the sign of the moved letters and the *alif* (/) the sign of the quiescent letters.

This illustration shows in its turn that the most perfect of productions and the most beautiful of constructions is that whose disposition and structure are governed by the best of proportions.

To this category also belongs the art of writing, which is the noblest of the arts, and which is the glory of ministers, secretaries and cultivated men in the councils of kings, despite the multitude and variety of its species and branches. In effect, each people possesses a script which differs from that of the others, like the Arabic writing, the Persian, the Syriac, the Copt, the Hebrew, the Greek, and Hindu and others again which cannot be counted except by God, powerful and great, who created men different from each other by their language, their colour, their character, their nature, their arts, their sciences and their knowledge. This is due to His omniscience, to the efficacity of his creative will *(mashī'a)* and to the perfection of His wisdom, may He be praised and exalted.

We now propose to study, in this context and in this chapter, the fundamental principles of the letters, their arrangement, their dimensions and their most eminent proportions.

We say that all the scripts, whatever the language they represent, whatever the people to whom they belong, whatever the *calamus* used to write and to draw them, whatever the form given to them and however numerous they are, are founded on two basic principles, which are, the straight line which is identified with the diameter of the circle, and the curved line which is identified with the circumference;[47] all the letters are formed and composed as we

47. This idea, according to which the Arabic alphabet (and every other alphabet) can be reduced to geometrical figures is enunciated several times by the Ikhwān. In the *Risāla* XVII, II, 406–407, the two figures are compared to Adam and Eve who are at the origin of mankind; the straight line symbolizes the human form, while the curve symbolizes the animal forms, etc. Kraus thinks this idea is antique in origin and refers to

have explained in the Epistle on geometry, which is conceived in the form of preliminaries to the geometrical science. We propose to illustrate the ideas we are advancing by the intermediary of the letters composing the Arabic alphabet, so that this will be a proof of the correctness of the theory that we have expounded, that is, that the fundamental principles of all letters are the straight line and the curved line, which represent respectively the diameter of the circle and its circumference. The letters of the Arabic alphabet are the following: *alif, bā'* ... And now, look, consider attentively and observe the letters, O my brother, and you will confirm that some are straight lines, such as the *alif, bā', tā', thā'*, others, curves, such as the *dāl, dhāl, rā', zāy,* and others again are composed of both straight and curved lines; this is the case of all the other letters. On this model and in analogous fashion the letters of all the scripts of all the peoples are conceived, as for instance the Hindu script, which is composed of the following letters ... or the Syriac,[48] Hebrew, Greek and Roman. Each of these languages employs a special terminology relating to the figures and the forms of the letters, nevertheless, in their principles they do not deviate from the norm which we have established.

Since it is clearly established in the light of our exposition that the basic principles of all letters and all scripts are the straight line which is the diameter of the circle and the curved line which is the circumference, we now propose to show that the best, the most correct and the most beautiful of scripts is that where the characters are of the dimensions governed by the most noble proportion. Let us first mention the theory of the specialists of this art, I mean the art of calligraphy, so that the argument will be stronger and more authentic, the demonstration more luminous and the ways of reasoning by analogy will be more consistent. The able calligrapher, the geometer, says: whoever wishes his writing to be good and correct, should make it rest on a principle according to which he will construct his characters and a rule according to which he will trace his lines. To this effect, he may take as a model the Arabic script, beginning, first of all, by drawing the *alif* in the size that pleases him, seeing to it that the thickness and length are in proportion, that is, that the thickness be one eighth of the length, and the lower part thinner than the upper. Then

---

Scholia in Dionys. Thr., 183, 31; 186, 12; 193, 1. He adds: "Ne doit-on pas considérer ces fragments comme l'amorce, ou encore les derniers restes d'une 'graphologie pythagoricienne'?" (Kraus, *Jabir*, 245–246).

48. At this point, B.N. ms. arab. 2303 and 2304 and also the Bombay edition give the so-called Syriac alphabet followed by the other alphabets listed. These are a strange mixture of Arabic letters and numbers and some rare forms that vaguely resemble certain characters of the alphabets concerned. We refer the reader to the Bombay edition for an idea of the confusion of the specimens given, probably due to the ignorance of one or several copyists. The Beirut edition does not indicate the omission of this passage.

he will make of the *alif* the diameter of a circle, and he will draw all the other letters in relation to the length of the *alif* and the circumference of which the *alif* is the diameter. He will thus establish each of the letters *bā'*, *tā'* and *thā'* at a length equal to that of the *alif*, like this (drawing). Then, he will trace the upper horizonal line of each of the letters *djīm*, *ḥā'* and *khā'*, giving it a length equal to half that of the *alif*, and assigning to its curve the value of half the circumference of which the *alif* is the diameter, like this (drawing). Then, he will establish each of the letters *dāl* and *dhāl* at a length equal to that of the *alif* when it is curved (drawing). Then he will give each of the letters *rā'* and *zā'* the value of one quarter of the circumference of which the *alif* is the diameter [like this (drawing)]. Then he will establish the denticles of each of the letters *sīn* and *shīn* at a length equal to that of one eighth of the *alif*, and the lower curve of each of them will be equivalent to half the circumference, like this (drawing). Then he will establish each of the letters *ṣād* and *ḍād* as follows: the line prolonged forward will have the length of the *alif*, the line that forms the opening will be of the order of one eighth of the *alif* and the lower curve will equal half the circumference which we have discussed above, like this (drawing). Then, he will establish each of the letters *ṭā'* and *ẓā'* in the following dimensions: the horizontal line at a length equal to that of the *alif*, the line forming the opening will equal one eighth of the *alif* and the vertical line the length of the *alif*, like this (drawing). Then, he will give to each of the letters *'ayn* and *ghayn* the following dimensions: the upper curve like the quarter of the said circumference and the lower curve like its half (drawing). Then he will establish the line of the *fā'* that stretches forward at a length equal to that of the *alif*, its vertical line will equal one eighth of the *alif* and its circle, like those of the *kāf*, the *wāw*, the *mīm* and the *hā'* will be of the order of one third of the *alif* when it is rounded in a circle, like this (drawing). Then he will give to the lower curve of the *ḳāf* the equivalent of half the said circumference. Then he will apply the following dimensions to the *kāf:* the line prolonged forwards will have a length equal to that of the *alif*, the upper line going from right to left will be of the order of one eighth of the *alif*, and the upper line leaning towards the left will equal the quarter of the *alif*, like this (drawing). Then he will establish the horizontal line of the *lām* at a length equal to that of the *alif* and its vertical line at a length equal to half the *alif*, like this (drawing). Then he will apply the curve of the *rā'* and the *zāy* to each of the letters *mīm* and *wāw*, like this (drawing). Then he will apply half the said circumference, of which the *alif* equals the diameter, to the lower curve of the *nūn*, like this (drawing). Finally, he will apply to the *yā'* the measure of the *dāl*, the line prolonged backwards will have a length equal to that of the *alif*, like this (drawing), or like this (drawing), with a lower curve equal to half the circumference, like this (drawing). What we have said on the subject of the proportions of the letters and their reciprocal relationships of length and breadth, is something imposed by the most eminent laws of geometry and the rules of proportion. As for the writings diffused among men and preferred by calligraphers, they diverge from these measures and these proportions. These writings are due exclusively to the nature of the text that these calligraphers are copying, to their personal preferences and tastes and finally to the long practice and habit they have formed of a given script.

Since the nature of their noble proportions, the dimensions of the letters and the quantity of their lengths have now been clearly established in the light of our exposition, we propose to briefly study the manner in which their forms are fixed, their figures are traced and they are combined with one another, according to what is imposed by the method of reasoning and the laws employed in geometrical science.

Know, my brother, that the forms of the characters of the various scripts are of a great variety of aspects and types. As we have said, this variety is due to the nature of the texts copied by the master calligraphers, their preferences for certain scripts, and the conventions established by those whose reasons would take too long to explain. At all events, we are going to give a brief resumé of them in three propositions that will be subjected to the rules of geometry and to the syllogistic arguments of philosophy following the counsel of the master calligrapher, the geometer. He says: The forms of all the letters, whatever people they belong to, whatever language they represent, whatever the *calamus* with which they are traced, must be as curved and slanting as the *alif* in Arabic writing. The thickness of the letters must be as reduced as that of the *alif* and finally, where the combination of two lines is concerned, all the angles must be as sharp and the lines as rounded as possible. This is what the people practising this art have said on the subject of the measures and proportions of the isolated and separated letters. These letters, when they are combined and connected to each other, can vary in aspect for reasons that it would take too long to explain. Nevertheless, the calligrapher is obliged to become aware of these during his apprenticeship to calligraphy.

It is thus established, in the light of our exposition, that the most perfect of productions, the most coordinated of constructions and the most beautiful of compositions is that where the structure and disposition are subjected to the laws of noble proportion. Now, as we have said previously, the most eminent relations are: the double proportion (2:1), that of 3:2 (fifth), that of 4:3 (quarter), that of 5:4[?] and that of 9:8 (tone). These proportions are also found in man's form and in the structure of his residence *(haykal)*. In effect, the Creator — may He be exalted — set the length of man's stature in relation to the breadth of his body, the breadth of his body in relation to the depth of his corporeal cavity, the length of his fore-arms in relation to that of his legs, the length of his arms in relation to that of his thighs, the length of the nape of his neck in relation to that of his vertebral column, the dimension of his head in relation to that of his body, the circumference of his face in relation to the width of his chest, the form of his eyes in relation to the breadth of his forehead, the size of his ears in relation to that of his cheeks, the length of the fingers of his hands in relation to the length of his toes, the length of his intestines in relation to that of his jugular veins, the hollow of his stomach in relation to the dimension of his lungs, the form of his spleen in relation to that of his liver, the breadth of his larynx in relation to the dimension of his lungs, the length and breadth of his members in relation to the dimensions of his bones, the length and curve of his ribs in relation to the space (*ṣundūk* — box, case) of his chest; the length and capacity of his veins in relation to the distance (that the blood has to flow)[49] in the various parts of his body. In basing yourself on this model, if you attentively examine and consider with care every member of the human body, you will find it placed in a certain relation to the ensemble of the body and in another relation to each of the members composing it. None but God — may He be exalted — knows the mysteries of the harmonious constitution of man — God who has created and fashioned it as he wished and in the modality that he wished, as He has pronounced in his word, may He be exalted: "We indeed created Man in the finest stature". (Koran, 95, 4) It is also said: "... thy generous Lord, who created thee and shaped thee and wrought thee in symmetry and composed thee after what form He would". (Koran, 82, 7–8).

12. *Corporeal Proportion is Founded on the Principles of Music*

KNOW, MY BROTHER, that if the fecondating drop of sperm, once fallen into the uterus, is not damaged there, escapes the corruption of the humours, the alteration of the temperament and the maleficent influence of the heavenly bodies determined by the state of the sky at the moment of conception and during the nine months of gestation, once the constitution of the body has reached due term and complete form, as we have explained in one of our Epistles, the newborn sees the light of day, the body healthy and the form

49. The Ikhwān do not yet go into details concerning the measurements of the various parts of the body; they return to this question in the following chapter where they demonstrate the existence of an analogy between the proportions of the human body and musical proportions. The principle of this harmonious construction preoccupied numerous medieval authors, who tried to prove through this supreme proportion that characterizes the harmonious construction of man, that man is the most perfect of works in nature. Cf. De Bruyne, *Etudes*, II, 343–370.

perfect. In this case, his height will be eight spans of his own span (i.e. the adult will be eight times his own height as a baby). Then from the level of his knees to his ankles there will be two spans, from the height of his knees to his hips two spans, from the hips to the tip of the heart two spans, from the heart to the root of the hair two spans. And if one extends his arms to the right and to the left like a bird spreading its wings, one will find that the distance from the extremities of the fingers of the right hand to the extremities of the fingers of the left hand will be eight spans;[50] the half of this distance coincides with the point situated between the two collarbones and the quarters with the elbows. If one extends his arms above his head and the point of a compass is placed on his navel, and then the arm of the compass is moved to the extremity of the fingers of his hands and then again to the extremity of the toes of his feet, one will find a distance equal to 10 spans, that is to say, a quarter more than his stature.[51] In the same way, one will confirm that the length of his face from the tip of his chin to the roots of the hair, above his forehead, is of the order of one span and an eighth, that the distance separating his ears is a span plus a quarter. That the length of his nose is equal to the quarter of his own span, that the length of the orifice of each eye is equal to an eighth of a span, that the length of his forehead is equal to one third of that of his face, that the length of the orifice of his mouth and of each lip is equal to that of his nose, that the length of each foot is of the order of one span and a quarter, that the length of each palm, from the articulation of the wrist to the tip of the middle finger is of the order of one span, that the length of his thumb is equal to that of his little finger, that the tip of the ring finger exceeds that of the little finger by one eighth of a span, that the middle finger is longer than the ring finger by the same portion, and that the index finger [exceeds the little fingers by an identical portion]. One will find equally that the breadth of his chest is one span and a half, that the distance separating his two nipples is a span, that between the navel and the genital organs and beween the tip of the heart and that of the collarbone there is a span and that finally the distance from one end to the other of his shoulders is equal to two spans.[52] Starting

50. The breadth of the extended arms is the same as the height of a man's stature, as in a square made by a set-square. We here recognize the medieval theory of the square man, applied to the body of a newborn baby (De Bruyne, *Etudes,* II, 357–360).

51. This entirely corresponds to the medieval theory of the pentagonal man. De Bruyne writes in citing the words of Saint Hildegarde (thirteenth century): "Si un homme est couché sur le dos, les jambes et les bras étendus et si l'une des branches d'un compas est appuyée sur le nombril, l'autre en décrivant un cercle, touchera les doigts des pieds et des mains . . . Léonard de Vinci a construit un homme idéal d'après ces données" (De Bruyne, *Etudes,* II, 349).

52. All this resembles the proportions given by Vitruvius in his Canon of the proportions of the human body (see De Bruyne, *Etudes,* I, 293–294; V. Mortet, "Recherches criti-

from this model and from this analogical criterion, if the length of his entrails, bowels, blood-vessels, nerves and muscles are attentively examined, they will be found subjected in length, breadth and depth to the same proportions that govern the exterior members. It will also be found, in basing oneself on the same model and the analogical criterion, that the constitution of all animals is harmonious and that the details of the form of each animal species are placed in relation either to the ensemble of the body, or with each other; this proportion being sometimes qualitative, sometimes quantitative, and sometimes the two together.

The harmonious constitution of the body is not perturbed if the drop of sperm has not experienced any damage at the origin and at the moment of conception and if it has escaped the corruption of the humours, the alteration of the temperament and the maleficent influence of the heavenly bodies determined by the state of the sky. It is in basing themselves on the same model and the same analogical criterion that skilful artisans in creating their figurative works, sculptured or painted, seek to achieve that they should be well-proportioned in their constructions, in their compositions and in their symmetries All this is done with the object of imitating the art of the Creator — may His power be exalted — and to assimilate with his wisdom as it is said in the definition of philosophy: "Philosophy consists of resembling God, as much as this is possible to man".

13. The Reality of the Music of the Spheres

KNOW, MY BROTHER, that the attentive consideration of the themes developed in the preceding chapters indicates that the most perfect of productions, the most harmonious of constructions and the most beautiful of compositions is that whose structure and disposition are subject to the laws of proportion. This consideration should serve to prove and to convince every man gifted with reason and reflection that the composition of the spheres, the stars and the dimensions of their bodies, the dimensions of the elements and all the bodies to which these elements give birth are hierarchically conceived and placed in relation to each other according to the laws of noble proportion. It is the same with the distances and the movements of the spheres and of their stars which are also placed in relation to each other according to the laws of eminent proportion. It follows also from this that these coordinated movements produce harmonious melodies, touching, symmetrical and sweet, as we have

---

ques sur Vitruve et son oeuvre, VI: Le canon des proportions du corps humain", *Revue archéologique,* XIII, 1909).

clearly established in speaking of the movements and melodies produced by the strings of lutes. Now if a man, gifted with intelligence, reflects and undertakes an exhaustive examination of this music, he will very clearly confirm and acquire the conviction that it is a work conceived by a wise Artisan, constructed by a zealous Constructor and composed by a benevolent Composer. As a result of this, the false opinions which have taken possession of the hearts of a great number of the hesitating will disappear, their doubts will vanish and the truth will become clear. A man who has acquired this conviction will know and see in a clear fashion that the movements of the said bodies and the melodies produced by these movements bring pleasure and happiness to the inhabitants of the heavens, in the same way as the melodies emitted by the strings of the *'ūd* bring pleasure and happiness to the inhabitants of this world. Then, his soul will be animated by the desire to raise himself to the upper world to hear this celestial music and contemplate these rotations; it will follow the example of the soul of Hermes Trismegistus,[53] who, thanks to his wisdom and after having been purified, rose to heaven and could contemplate [the celestial world]. This Hermes is the prophet Idris — may he be blessed —; it is to him that the words of God the most high allude: "We raised him up to a high place". (Koran, 19, 57) The soul of this man will also follow the example of the soul of Pythagoras the philosopher who heard the music of the spheres after having been cleansed of the defilement of corporeal appetites and raised to the sublime by constant reflection and by the sciences of arithmetic, geometry and music. Apply yourself, therefore, O my brother — may God assist you and assist us through the spirit [emanating] from Himself — to deliver it [your soul] from the ocean of matter, the prison of nature and the subjection of the corporeal appetites. Follow the way of the philosophers and the teaching which they have consigned to their books, for the substance of your soul is similar to theirs. Obey the recommendations that we have expounded in the book of the prophets — may they be blessed — and withdraw your soul from evil manners, from false opinions, from accumulated ignorance and from bad actions. In effect all these faults prevent the soul from raising itself to the upper world after death as the most high God pronounces in his word:

> "Those that cry lies to Our signs and wax proud against them — the gates of heaven shall not be opened to them, nor shall they enter Paradise until the camel passes through the eye of the needle."
>
> Koran, 7, 38)

53. The Ikhwān see in Hermes Trismegistos the prophet Idrīs (cf. the following phrase), and his writings in their eyes constitute a work of revelation. See L. Massignon, "Sur l'Hermétisme arabe", appendix to A.J. Festugière, *La Révélation d'Hermès Trismégiste*, Paris, 1949–54, I, app. VII, 384–400.

Know, my brother — may God assist you and assist us through the spirit [emanating] from Himself — that the substance of your soul is descended from the spheres on the day of conception, as we have explained in one of our Epistles; it is to the sky that it will return after death, which constitutes the separation of the soul and the body. It is the same with your body which comes from the earth and to the earth it will return after death.

Know, my brother — may God assist you and assist us through the spirit [emanating] from Himself — that the duration of the terrestrial life passed by the soul in the body until the moment of separation, which is death, is comparable to that spent by the foetus in its mother's belly from the day of conception to that of birth.

Know, my brother, that death is nothing but the separation of the soul and the body, as birth is nothing but the going out of the foetus from the belly (of its mother). Christ, may he be blessed, said "Who shall not be born twice will not reach the Kingdom of Heaven".[54] And God, may He be exalted, says on the subject of the conditions enjoyed by the inhabitants of paradise: "They shall not taste therein of death [and will not have known] save the first death, and He shall guard them against the chastisement of Hell". (Koran, 44, 56) This first death is the separation of the soul and the body, it is the only death when the conditions previously set are all united and these inhabitants of paradise are the blessed designated in His word: "Praise belongs to God, who guided us into this; had God not guided us, we had scarcely never been guided. Indeed, our Lord's Messengers came with the truth". (Koran, 7, 41) As for the damned, they are those who desire to return to this base world and who seek to hold on again to their bodies; these will taste death a second time, as God the most high says, reproducing their own testimonies: "They [the unbelievers] shall say, 'Our Lord, Thou hast caused us to die two deaths and Thou hast given us twice to live; now we confess our sins. Is there any way to go forth?' " (Koran, 40, 11)

May God preserve you, O my brother, from their fate. May He preserve us from it, as well as all our brothers, whatever country they find themselves in, for He is benevolent to His servants.

14. The Rhythmical Modes

LET US NOW return to the study which we have promised to make of the principles of rhythm *(alḥān)*.

54. "Verily, verily, I say unto thee, except a man be born again, he cannot see the kingdom of God" *(John* III, 3).

We say that the Arabic language and the rhythms of Arabic music rest on eight basic modes *(ḳawānīn)*. These modes constitute genres from which all the other rhythms derive and arise. It is the same with the eight metric feet *(maḳāṭī)* of Arabic poetry from which all the metres are composed, classed in circles, as well as their kinds. Thus, all these derived elements stand in relation to these eight feet and follow their model as explained in works of prosody.

The eight principal modes of Arabic music are the *thaḳīl-awal*, the *khafīf-al-thaḳīl* [*al-awwal*], the *thaḳīl-thānī*, the *khafīf-al-thaḳīl-al-thánī*, the *ramal*, the *khafīf-ramal*, and *khafīf al-khafīf*, and the *hazadj*. These eight modes constitute the genres, all the other rhythms are the species which derive from them and which relate to them.

The *thaḳīl-awwal* (first heavy) is composed of nine beats, one individualized, heavy and quiescent,[55] then five beats one of which is eliminated at the beginning *(maṭwīyya)*.[56] It is as when you say: *maf-'ū-lun maf; mafā'ī-lun maf* or *tan, tan tan tan, tanan, tan tan tan.*[57] This formula is thus constantly repeated until the musician has finished the song he is performing.

The *thaḳīl-thānī* (second heavy) is composed of eleven beats: three consecutive, one quiescent and one heavy; then six beats, one of which is eliminated at the beginning. It is as when you say: *maf-'ū-lun, maf-'ū mafā-'ī-lun, maf-'ū,* or *tan tan tan tan tan, tanan, tan, tan, tan, tan.* This formula is then constantly repeated.

The *khafīf-al-thaḳīl* [*al-awwal*] (first light heavy) is composed of seven beats: two consecutive which are not separated by an interval of time permitting the intercalation of a beat, then one individualised heavy beat, then four beats of which the first is eliminated. It is as when you say: *mafā'īl, mutafā'il,* or *tanan tan, tanan tan.* This formula is taken up and constantly repeated until

55. Like al-Kindī and Sa'adia, the Ikhwān do not state the exact value of the beats. Farmer says that one must refer to other theoreticians and to the context to interpret these rhythmic modes. He also gives a plausible explanation of the terms "consecutive beats", "individualised beat", etc. (Farmer, *Sa'adyah Gaon on the influence of music*, London, 1943, 77–78). Apart from the words "nine beats" the definition up to this point is the same as that of al-Kindī.

56. Among the number of variations that a rhythm can undergo the theoreticians include the *ḥazf* (suppression) and the *ṭayy* (elimination). In the first case an essential beat of the rhythm is suppressed, in the secon a struck beat is eliminated, but the total duration of the rhythm remains the same (see Ibn Sīnā, *al-Shifā'*, Erlanger, *Musique*, II, 180–182).

57. Until the thirteenth century, Arab theoreticians used the onomatopoeias *tan tanan tananan*, mnemonic words of prosody and the symbols of the circle (o) and the point (.) to represent rhythms (see above, n. 18). If we refer only to the paradigms and onomatopoeias cited, we encounter certain difficulties, but, by a comparison with al-Kindī's system, we may reach the following interpretation:
o . . . o . . . o . . . (o) . . . // o . (o .) o . . . o . . . o . . .
al-Kindī — Sa'adia o . . . o. . . o . . . .

the musician has finished the song being performed. Our contemporaries call this mode *mākhūrī;* it reminds one of the cry of some pigeons: *kuku ku kukuku, ku.*

The *khafīf-al-thaḳīl-al-thānī* (light of second heavy) is composed of three consecutive beats which are not separated by the interval of a beat, but after every group of three beats an interval of a beat is intercalated which separates it from the following group. It is as when you say: *fā-'ilun, fā-'ilun,* or *tananan, tananan,* repeating this formula constantly until the musician has finished the song being performed.

As for the *ramal* it is the contrary of the *mākhūrī.* In effect, it is also composed of seven beats, but it begins with an isolated heavy beat, then follow two consecutive beats not separated by the interval of a beat, then four beats forming two groups of two consecutive beats not separated by the interval of a beat; it is as when you say: *fā'ilun, mafā-'ilun.* This formula resembles the cry of the partridge: *ki-kiki kiki kiki.*

The *khafīf-ramal* (light *ramal)* consists of three consecutive moved beats; it is as when you say *mutafā'alatun* or *tananan, tananan.*

The *khafīf al-khafīf* (light of light) is composed of two consecutive beats not separated by the interval of a beat, but between the groups of two beats an interval of a beat is intercalated; it is as when you say *mafā-'ilun, mafā-'ilun,* or *tanan, tanan, tanan, tanan.*

The *hazadj* is composed of a muffled beat *(musakkana)* and of another, lighter beat. These two beats (are not) separated by an interval of silence, but between each group of two beats and that following it, there is an interval of two beats; it is as when you say: *fā'il fā'il.*

These are the eight modes that form, as we have said, the basic principles and the laws of Arabic music and of its melodies. As for non-Arabic music such as for example that of Persia, Byzantium, or Greece, it comprises melodies and rhythms which rest on rules differing from those which we have mentioned. Nevertheless, in spite of the great variety of genres and species which they represent, in their ensemble, they do not deviate from the principles and the fundamental laws that we have expounded in the preceding chapter. If you reflect well, my brother, you will confirm the correctness of our statements and you will recognize the reality of what we have described.

15. The Tetrads (al-murabba'āt)

KNOW, MY BROTHER, that the most high God has established by His necessary science the majority of natural things which are subject to generation on the one hand and corruption on the other, as well as the causes presiding at their existence, in tetrads, of which some are of opposing natures and others of concordant natures. They are conceived with such an artistic perfection and with such high wisdom that none of the creatures of God is able to know them to the end; He, alone, knows their essence, He who has created them *ex nihilo*, has fashioned them, has brought them into existence *(awdjadaha)*, has constituted and composed them "as he wished and after what form he would". (cf. Koran, 82, 8) We propose therefore to study briefly the opposing and concordant tetrads, so that our exposition may serve as an advertisement to those souls who have neglected to ponder this question, so that it will exhort them to reflection and meditation, that it will facilitate the endeavour of souls who aspire to know the causes of these tetrads and seek to determine their science. Among these apparent and evident tetrads we cite the four periods, that is to say, the four annual seasons, namely: spring, summer, autumn and winter. These are the correspondences of spring: the part of the zodiac comprised between the beginning of Aries and the end of Gemini. The eastern elliptical arc from the pivot of the ascendant to that of the culminating point.[58] Of the four parts of the month the first seven days of the month. Of the characteristic aspects *(ittisālāt)*,[59] the quadrature on the left. Of the elements the air and of the natures the hot-wet.

Of the cardinal points, the south; of the winds, the south wind, of the quarters of the day, the first six hours; of the humours, the blood; of the four ages, that of adolescence, of the corporeal faculties *(al-ṭabī'īyya)*, the nutritive or digestive faculty *(al-hāḍima)*. Of the faculties of the soul *(al-ḥayawániyya)*, the imaginative faculty *(al-mutakhayyila)*;[60] of the tonalities of being *(al-af'āl al-ẓāhira)*, joy, happiness and exaltation; of the moral qualities or the innate dispositions *(al-akhlāḳ)*, liberality, generosity and equity. Among the number of sensory things that correspond to all these entities there is also the string called *mathna* (second string) and the melodies it emits. Among the rhythms *(alḥān)*, the *thaḳīl-awwal* and the *thaḳīl-thānī*. Of the categories of discourse and poetry, the panegyric, of the flavours, those that are sweetened; of the colours, the things of temperate hues, like the clove. Of the perfumes those of the violet, the marjoram as well as other similar warm and sweet scents; in brief, all the moderate flavours, odours and colours.

These are the correspondences of the summer: The elliptical arc that

58. The Ikhwān here start from an ideal or privileged position, that is, a day of the vernal equinox.

59. C.A. Nallino translates the term *ittiṣālāt* by "applications" (EI[1] I, s.v. Astrology, p. 495). "Application" means a movement tending towards a characteristic aspect, here the quadrature.

60 Cf. H.A. Wolfson, "The internal senses", *Harvard Theological Heview*, XXVIII (1935), 69–133.

descends from the pivot of the sky (culminating point) to the pivot of the occident; the part of the zodiac comprised between the beginning of Cancer and the end of Virgo. Of the quarters of the month, the second week; of the characteristic aspects that which extends beyond the quadrature on the left and reaches to the opposition; of the elements, fire. Of the natures, the hot-dry; of the cardinal points, the east; of the winds, the east wind; of the quarters of the day, the last six hours of daylight; of the humours, the yellow bile; of the four ages, that of youth; of the corporeal faculties, the appetitive and attractive *(al-djāziba);* of the faculties of the soul, the faculty of cogitation *(al-mufakkira);* of the moral qualities or the innate dispositions, courage and generosity; of the tonalities of being, rapidity of movement, strength and endurance. Among the number of sensory things that correspond to these entities is also the *zīr* (high string) and the melodies it produces; among the rhythms the *mākhūrī;* of the discourses and the poems, those that vaunt the merits of intrepid men and of heroes; of the flavours, the piquant; of the colours, the yellow and red; of the perfumes, musk and jasmine. In brief, every hot and dry flavour, colour and odour.

These are the correspondences of autumn: The elliptical arc descending from the occidental pivot to the pivot of the earth; the part of the zodiac comprised between the beginning of Libra and the end of Sagittarius; of the quarters of the months, the third. That is, the week that follows the middle of the month. Of the characteristic aspects, that which is between the opposition and the quadrature on the right. Of the elements, earth. Of the natures, the cold-dry. Of the cardinal points, the west. Of the winds, the west wind. Of the quarters of the day, the first six hours of the night. Of the humours, the black bile; of the four ages, that of maturity. Of the corporeal faculties, the retentive *(al-māsika).* Of the faculties of the soul, the memory; of the moral qualities or innate dispositions, continence; of exterior tonalities, application and perseverance. Among the number of sensory things that correspond to these entities there is the *mathlath* (third string) and the melodies it produces; of the rhythms, the *thaḳīl-awwal* and its like. Of the discourses, those that vaunt the merits of reason, of serenity, of the sure knowledge of a thing and of solidity of judgement. Of flavours, the acid; of colours, black, grey and the colours near to them; of the perfumes, those of roses and of aloe-wood as well as other cold-dry perfumes.

These are the correspondences of winter: The elliptical arc ascending from the pivot of the earth to the eastern horizon. The part of the zodiac comprised between the beginning of Capricorn and the end of Pisces. Of the quarters of the month, the last. Of the characteristic aspects the quadrature on the left. Of the elements, water. Of the natures, the cold-wet. Of the cardinal points, the north. Of the winds, the north wind. Of the quarters of the day, the last half of the night. Of the humours, phlegm; of the ages, old age; of the corporeal faculties, the faculty of repulsion *(al-dāfi'a)*. Of the faculties of the soul, the faculty of recollection *(al-mudhakkira)*. Of the moral qualities, patience and great tolerance; of the tonalities, accommodation in affairs and excellence in society. Among the number of sensory things that correspond to these entities, is the *bamm* (low string) and its melodies. Of the rhythms, the *hazadj* and the *ramal;* of the discourses and the poems, those that exalt generosity, liberality, equity and excellence of character. Of flavours, those of greasy foods and sweet dishes. Of colours, green. Of perfumes, those of the narcissus, the nenuphar and those resembling them. In brief, every cold-wet colour, flavour or odour. In referring to this model and this analogy, if you reflect, my brother, on the conditions of natural created beings, and if you examine attentively sensory things of all kinds, you will find that they all appear within these tetrads either in agreement with each other, or in opposition, as God — may He be exalted — has enunciated in his word "And of everything created We two kinds", (Koran, 51, 49) and in this other word of great and powerful God: "Glory be to Him, who created all the pairs of what the earth produces, and of themselves, and of what they know not". (Koran, 36, 36).

Know, my brother, that when these concordant things are united among themselves following the laws of the proportions of harmony, they mingle, they double in strength, they exercise an evident effect, they subdue their contraries and they overcome all that is in opposition to them. Thanks to their knowledge of this power of harmonious blending, doctors have been able to extract remedies that cure the sick and the infirmities of the body,[61] such as the antidotes *(tiryāḳāt)*, the cataplasms and syrups which are common usage among doctors and are described in works on medicine. It is the same with the magicians (lit. the people of talismans) who found their theurgical practice on the knowledge of the nature of things, of their properties, their concordance, the nature of their constitution and the relations of their composition. We may take as an illustration of this the figure of nine squares (amulet) intended to make childbirth easier. On this figure the first nine units are inscribed in the course of the ninth month of pregnancy at the ninth hour of labour.[62] The

61. We here return to the idea of harmony in the general sense, the harmony constituting mental and bodily equilibrium. According to this antique conception, health lies in a certain balance of the prime qualities in the humours and of the humours in the organism. Illness is a rupture of the balance of the temperaments due to an abnormal excess of one or other quality. Remedies therefore have the task of re-establishing the disturbed equilibrium.

62. The amulet in question, which consists of a magic square based on a constant of 15, is mentioned and illustrated by the Ikhwan in the treatise on geometry. In addition, Jabir recommends this amulet to pregnant women (Kraus, *Jabir,* 61):

"lord" *(rabb)* of the ascendant will be in the ninth, or else it will be in aspect with a star which is in the ninth counting from it, as well as other similar cases relating to the number nine.

16. The Mutations (al-intikālāt)

KNOW, MY BROTHER — may God assist you and assist us through a spirit [emanating] from Himself — that the Lord — great is his power — has by his necessary science established in the soul a particular sensation capable of grasping every species of created being and a special faculty by which each specie is assimilated by the soul and becomes known to it. These species of beings cannot be grasped by any other means. In the same way, at the moment when He constituted it, He placed in each sensitive faculty endowed with discernment or with knowledge the power of enjoying the perception of the sensorial things which are proper to it, to desire them ardently if they are lacking, to feel weariness when they are present too long and to seek refreshment in other objects of the same kind. These phenomena are well-known among men as regards everything that concerns their nourishment, their drink, their clothes, their perfumes, what they see and what they hear. As a result, the musician is considered as skilful and master of his art, when having realised that his hearers are manifesting weariness at hearing a given rhythm, he performs for them another which may be either in contrast to the first or of the same nature.

Know, my brother, that the passage from one rhythmic mode to another can only be made in two ways; either the musician stops, is silent, tunes the instrument by tightening and loosening the strings. Then he begins to play again, presenting a different rhythm; or he leaves things as they are, in passing from the first mode to another, related and similar. He can for instance go from a heavy mode to its light, or to a related mode. Here is an example: if the musician wishes to pass from the *thaḳīl-ramal* to the *mákhūrī,* he must stop after the first two beats of the *thaḳīl-ramal,* follow them by one beat, make a short pause, and then begin the *mākhūrī*. On the other hand, a skilful musician should be able to accompany the poems that procure joy by the corresponding modes such as the *ramal* and the *hazadj;* panegyrics evoking glory, liberality

---

2	7	6
9	5	1
4	3	8

This magic square is called *budūḥ,* after the Arabic letters corresponding to the corner numbers 2, 4, 6, 8 (see Kraus, *Jabir,* 72–73).

and generosity, by corresponding modes such as the *thakīl-awwal* and the *thaḳīl-thānī*, and panegyrics describing courage, boldness, ardour and high spirits, by modes such as the *mākhūrī*, the *khafīf* and others like them.

A musician who is master of his art should be able to adapt melodies to different times, moments and various circumstances that correspond to them. Therefore, in the case of invitations, of feasts and of banquets, he should begin with modes capable of encouraging good manners, of suscitating nobility of character, liberality and generosity, such as the *thaḳīl-awwal* and others like it. Then he should continue with the performance of modes that provoke joy and emotion, such as the *hazadj* and the *ramal*. For the dance and the *dastband*[63] he will use the *mākhūrī* and others like it. If at the end of the gathering he fears the misdeeds of the intoxicated, instigators of disorder, tumult and quarrel, he should have recourse to solemn melodies which soften the heart and induce sleep.

17. *The Aphorisms of Philosophers on Music*[64]

IT IS TOLD[65] that a group of sages and philosophers were assembled at a banquet held by a certain king. This latter gave the order to record all the words of wisdom that these philosophers would be brought to pronounce. When the musician had sung a moving melody, one of the sages said:

1. Music has an eminent quality that language is incapable of rendering manifest or of expressing by the intermediacy of articulate words; it is for this reason that the soul expresses itself in the form of harmonious melodies. Now, when our human nature hears these melodies, it is inspired with delight, rejoicing and happiness. Listen then to the discourse of the soul and its confidential conversations, repulse nature, do not regard its splendours and do not let yourself be seduced by it.

2. Another said: Take warning, in listening to music, lest the appetites of the animal soul do not urge you towards the splendours of nature. This latter

63. This Persian word means to dance in a circle holding hands.

64. We have already noted a certain parallelism between the ideas of Hunayn ibn Ishaq and those of the Ikhwān. It seems that the Ikhwān based themselves to some extent on the three chapters on music forming part of Ḥunayn's *Kitāb ādāb al-falāsifa;* this is confirmed by this chapter which has the same title as Ḥunayn's three chapters on music, namely *Nawādir al-falāsifa fi'l mūsīḳī* (see also Introduction).

65. According to Ḥunayn, it is Amonius who is speaking. Werner-Sonne, in the notes to their English translation of the chapters on music, suggest that this is Amonius Hermiae (500 B.C.) [E. Werner and I. Sonne, "The philosophy and the theory of music in Judeo-Arabic literature", *HUCA,* XVII (1942–43), 514].

will make you deviate from the ways of salvation and will prevent you from conversing with the superior soul.

3. Another said to the musician: Turn the soul towards its noble actions, which are serenity, indulgence, liberality, courage, equity, generosity and compassion, and, setting nature aside, prevent it from exciting the carnal desires of the soul.

4. Another said: The musician when he is master of his art, inclines souls towards virtue, and removes vice far from them.

5. Another said: A philosopher hearing the sounds of a cither said to his disciple: "Lead us towards this musician, perhaps he will be able to make us enjoy a noble image". Having approached him, they heard a rhythm without measures and a faulty melody. The philosopher then said to his disciple: "The soothsayers maintain that the voice of the raven presages the death of a man; if their saying is true, then the song of this musician announces the death of the raven".

6. Another said: Music, even though it is not a living creature, is endowed with speech and eloquence and teaches concerning the secrets of the soul and the mysteries of the heart. At all events, the ensemble of the discourse that it pronounces is obscure *(a'djamī)* and necessitates the cooperation of an interpreter, for its expressions are simple and are not composed of articulated letters of the alphabet. There are Persian lines of verse that prove the truth of the opinion held by the philosopher in question. Here they are:

> O! before dawn, the plaintive sound of the *zīr* is more agreable to my ears than the *takbīr* (call to prayer).
> Do not be astonished if the plaint of the *zīr* draws the savage beasts of the desert.
> Although not an arrow, from time to time, it pierces the heart, like an arrow.
> Sometimes it weeps, sometimes it moans at the break of day and during the day until the dawn.
> It speaks without tongue. Who can interpret his speech if not lovers?
> Sometimes it restores good sense to the mad, sometimes it enslaves the man of sense.

7. Another said: Even if the melodies and rhythms of the musician are simple and are not composed of letters of the alphabet, the soul is more inclined to them and absorbs them more rapidly because of their reciprocal resemblance. In effect the soul is a simple substance, spiritual and not composite; of the same kind are the notes and beats of the musician. Now, things have an inclination for that which resembles them.

8. Another said: The musician is the interpreter of music and should explain it. Now, if he succeeds in expressing the ideas contained in it, he will make us understand the secrets of the soul and will inform us concerning the mystery of the heart; if he does not do so, the fault is his.

9. Another said: Only noble souls who are purified of the defilements of nature and exempt of animal appetites can understand the ideas expressed by the musician and the subtlety with which he will interpret the secrets of hidden things.

10. Another said: When the Creator — greatly be He praised — had attached the individual souls to their animal bodies, he placed in the construction of these bodies animal desires; he accorded the soul the possibility of enjoying these corporeal pleasures during the days of its youth; then he deprived it of this enjoyment during old age, suscitating in it the will to renouncement, in order to show it the pleasures, the felicity and delight of the spiritual world to which it belongs, and to inspire it with the desire to reach it. In consequence, in listening to the melodies and rhythms of the musician, observe the mystic signs *(ishārāt)* which refer to the worlds of the souls.

11. Another said: When rational souls are exempt from corporeal appetites, when they renounce natural pleasures and set themselves free from material blight, they are exalted in listening to serene melodies, they remember their spiritual world, noble and elevated, and experience the desire to reach it. Now, when nature hears this same melody, it displays itself to the soul in all the splendour of its images and the brilliance of its colours in order to seize it for itself. Take heed then of the deceitfulness of nature in order not to fall into its snares.

12. Another said: Hearing and sight are the best and most noble of the five senses that the Creator — may He be exalted — has conferred on animals. At all events, I hold that sight is superior to hearing, since it is comparable to the day while hearing is comparable to the night.

13. Another intervened and said: No, on the contrary, it is hearing which is superior to sight, since sight goes in search of the objects of its perception and is obliged to place itself at their service, as do slaves, in order to grasp them, while the objects of auditive perception are carried to the hearing and serve it as kings are served.[66]

66. On the superiority of the sense of hearing which will be the subject of the following aphorisms, see al-Hujwiri, *Kashf al-maḥjūb* 353–394. Aristotle also accords supremacy to hearing, saying "Among persons who are deprived from birth of one or other sense, the blind are more intelligent than the deaf-mutes *(Parva naturalia,* 437a).

14. Another said: Sight only perceives sensory things on the plane of straight lines, which the hearing seizes them from the circumference of the circle.

15. Another said: Visual perceptions are to a great extent corporeal, while those of the hearing are all spiritual.

16. Another said: The soul is informed through the intermediary of the hearing of what is far from it in time and space, while through the intermediary of sight it only obtains information on what is immediately present before it.[67]

17. Another said: The hearing discerns with greater acuity than the sight, since thanks to the excellence of its judgment it recognizes measured discourse (poetry), notes well-proportioned among themselves, the difference between what is correct and what is faulty — incoherent rhythm and incomplete melodies. In contrast, sight is mistaken in most of its perceptions, it happens, in effect, that it sees the large, small and the small, large, what is near, far and what is far, near, what is in movement, quiescent and what is quiescent, in movement, what is straight, crooked and what is crooked, straight.

18. Another said: Since the substance of the soul is of the same nature as that of harmonic numbers[68] and corresponds to them, when the beats of the rhythms presented by the musician are measured, when in these rhythms the periods of beats and silences are proportionate, human nature takes delight in them, the spirit rejoices and the soul experiences happiness. All this is because of the resemblance, the relation and the kinship which exist between the soul and musical harmony. It is the same when the soul marvels at the beauty of countenances and the ornament of natural things; for the beauty of natural beings arises from the harmony of their constitutions and the beauty with which their various parts are composed together.

19. Another said: In effect, the regards of beholders are drawn to beautiful faces because this beauty is a trace of the universal Soul and because most objects of vision in this lower world are deprived of beauty because of accidental

68. The harmonic numbers or the numbers of harmony are certainly 6, 8, 9, 12, for the harmonic proportion is found in the relation of these numbers. In addition, the theory of the soul-number is very old, and goes back to the Pythagoreans. It perhaps refers to the analogy between the perfect consonants expressed by the relation 2:1. 3:2, 4:3 and the three parts of the soul. See Plato, *Timaeus*, 36b ff.; Aristotle, *De Anima*, I, 4; al-Ḥasan al-Kātib, *La perfection de l'art musical;* Kraus, *Jabir*, 215, n. 4 and 6.

67. Aristotle writes: "Sight in itself possesses the superiority in all that concerns the necessities of life, but in what concerns the development of the mind, and by accident, it is hearing. By accident, it is hearing that most greatly contributes to the development of the intelligence..." *(Parva naturalia,* 437a). See also O. Strunck,
54; Werner and Sonne, "Philosophy", 264; Moutsopoulos, *La Musique*, 1–22.

imperfections which render them ugly and deformed, either at the origin of their formation, or later. If the youngest creatures are of a more graceful constitution, a more elegant aspect and stature, this is because their constitution has recently been completed by the Artisan. It is for this same reason that the eye is struck by the beauty and brilliance of a new garment before it is damaged by moths, use and decay.

20. Another said: If the individual soul turns its regards towards the beautiful and desires it, it is because there is a kinship between them. In effect, the beautiful in this world is a trace of the universal celestial Soul.

21. Another said: The harmony of the beats emitted by the musician's strings, the proportion that exists between them, the delight procured by their notes, inform the individual soul that the spheres and heavenly bodies produce in their movements notes that are proportionate, harmonious and exquisite.[69]

22. Another said: When the traces of the beauty of sensory things are imprinted on the individual soul, it is rendered similar to the universal Soul, attunes itself to it, aspires to it and seeks to join it. Now, when the soul will have left its corporeal residence, it will mount towards the kingdom of heaven and rejoin the world of intelligible substances *(al-mala' al-a'lā)*. It will have the certitude of its immortality, it will be preserved from perdition and will find the delights of the life of paradise. One of the guests asked: "What is the world of the intelligible substances?" The speaker replied: "These are the inhabitants of the heavens and the inhabitants of the spheres". The objector then said "But they are deprived of hearing and sight". To which the first replied "To suppose that in the world of the spheres and the breadth of the heavens there are no beings capable of seeing the said coordinated motions, of observing these preeminent bodies and of hearing these suave and harmonious melodies, is to claim that the divine wisdom has made a vain and useless thing. Now, one of the premises commonly accepted by philosophers is that nature has produced nothing vain and useless".

23. Another said: If the space of the spheres and the breadth of the heavens are not inhabited by creatures and inhabitants, they are then an arid desert. How is it possible that in his science the Creator — may He be exalted — would have left the space of these spheres — whose substances are so noble — empty, uninhabited and a creatureless desert, while He has not left empty the

69. It being admitted that the material beauty of the microcosm is the symbol of the beauty of the Universe, it follows, according to the Ikhwān, that, on the one hand, terrestrial music should reflect the celestial harmony, and, on the other, that celestial music is more eminent than that produced by man. For the third time in the Epistle, the Ikhwān are about to prove the reality of celestial music.

depths of the salt, bitter and obscure seas, without having created there the species of animals belonging to the various kinds of fish and others? Nor did He leave the atmosphere of the subtle air without having created the winged species which swim there as fish swim in the waters. Nor did He leave the dry land, the muddy brushwood, the solidly fixed mountains without having created there the species of lions and wild beasts. Nor did he leave the bowels of the earth, with the species of roots, plants, grains and fruit, without having created for them the various species of insects and reptiles.

24. Another said: In effect, the various species of animals that people this lower world are the reflections and copies of the images and creatures that inhabit the world of the spheres and all the breadth of the heavens; as the engravings and paintings exhibited on walls and ceilings are the reflections and copies of the forms of animals of flesh and blood. Now, carnal beings are to beings formed of pure substances what painted and ornamental figures are to animals of flesh and blood.

25. Another said: To suppose that in the world of the spheres there are indeed beings, but that they are deprived of hearing, sight, intelligence, comprehension, speech and faculties of discernment, is to consider these beings as "dumb, deaf and blind".

26. Another said: To suppose that they are endowed with hearing and sight and that in the spheres there are no audible sounds nor music to give delight, is to conclude that their hearing and sight are vain and useless. If, on the other hand, one supposes that they are deprived of hearing and sight while they can hear and see, it therefore follows that that they are more noble and more eminent than the beings in this lower world, for the substances of these spiritual beings are purer, more luminous, more polished, more perfect.

27. Another said: In effect, terrestrial music is modelled on celestial music, in the same way as the *asṭurlāb*,[70] the *rabāb* [?],[71] the *binkān* [?] and those that consist of rings, reproduce the image of the world of the spheres.

28. Another said: If the perceptions of superior beings were not more noble and eminent than those of inferior beings and if the soul was incapable of reaching them, the aspiration towards the world of the spirits that gives birth

70. "The astrolabe is [the name] of several astronomical instruments serving various theoretical and practical purposes . . . In Arabic the word *asṭurlab* . . . always means the flat or planispheric astrolabe based on the principle of stereographic projection" (C.A. Nallino, EI² I, s.v. *Asturlab*, 722).

71. The *rabāb* is a bowed musical instrument. We have searched the lexicons in vain for the meaning here attributed to the word. Note that B.N. ms. arab. 2303, 2304 and 2308 do not mention it.

to philosophers, the ardent desire for the delights of paradise that inspires the souls of prophets — may they be blessed — would then be a chimera, a lie and a calumny. May God preserve us from this! If someone imagines and believes, or if an argumentative person maintains that paradise is situated beyond these spheres and beyond the space of the heavens, one will say to him: How then can you ardently seek to reach it, if you do not first rise to the Kingdom and if you do not previously cross the space of the spheres?

It is said: when the breeze of the paradises blows at dawn, their trees quiver, their branches shake, their leaves rustle, their fruits are multiplied, their flowers blossom and their perfumes are diffused. Now, if the inhabitants of the lower world were to see this spectacle with their own eyes, were it only for the space of a single glance, they would never be able to find any pleasure in life here below. This then is the aim to which men should aspire in all their actions, it is this that should be the object of their emulation and it is in seeking to achieve this that they will be happy; it is preferable to all the goods of this world that they would be able to accumulate. And the philosophers call paradise "the world of the spirits".

18. The Various Effects of Music (al-anghām)

Know, my brother — may God assist you and assist us through a spirit [emanating] from Himself — that the effects imprinted by the rhythms and melodies *(naghamāt)* of the musician in the souls of hearers are of different kinds. In the same way, the pleasure that the soul draws from these rhythms and melodies and the manner in which it enjoys them, are variable and divergent. All this depends on the degree that each soul occupies in the domain of gnosticism *(al-ma'ārif)*[72] and of the nature of the good actions that form the permanent object of its love. Each soul, then, listening to the descriptions that correspond to the object of its desires and the melodies that accord with the object of its delight, rejoices, exalts and is delighted in terms of the image which it has made for itself of its beloved, and firmly believes in it. Doing this,

72. *Ma'rifa* (pl. *ma'ārif)* means knowledge, but in the mystical terminology it designates gnosticism. Now, this last chapter is chiefly devoted to certain aspects of the theory of musical audition among mystics, especially the Sufis. This theory is developed in chapter XXV of al-Hujwīrī's *Kashf al-maḥjub*, 393–420. Al-Hujwīrī devotes a special section to "the different grades of the reality of audition" (406–410), a theory to which the Ikhwān here refer. Al-Hujwīrī writes: "Each Sufi has a particular grade in audition and the sensations that this works in him are proportionate to his grade..." After having enumerated the various possible effects al-Hujwīrī says that all the classes mentioned can be included in the three following grades: beginners *(mubtadi')*, experienced *(mutawassiṭ)* and adepts *(kāmil)*.

it may happen to a certain person to be disowned by others when these latter are ignorant of his religious conception and the aim to which it tends. Here are some examples: It is told that an ecstatic sufi *(radjul min ahl al-wadjd)* having heard a reader reciting "O Soul at peace, return unto thy Lord, well-pleased, well-pleasing!" (Koran, 89, 27) begged the reader to repeat this verse several times, then began to say: How many times have I said to it: return, and it did not do so. And after this, he was rapt in ecstasy *(tawādjada)*, gave a great cry, shrieked, and his soul left his body. Another ecstatic sufi, having heard a man reciting "What shall be its recompense [of this theft] if you are liars? They [Joseph's brothers] said, 'This shall be its recompense — in whoever's saddlebag the goblet is found, he shall be its recompense [i.e. will remain here a slave]' ". (Koran, 12, 74–75) He asked the reader to repeat this verse, gave a cry, shrieked, and his soul left (his body). The ecstatics say that the man in question applied the meaning of the words "in whoever's saddlebag the goblet is found, he shall be its recompense" to the beloved who is the recompense of the lover, for it is he who is found in his "baggage". They mean by this that the image of the beloved is imprinted in the soul of the lover and the features of his visage are engraved in his heart and this is his recompense. Do you not see, my brother, how the man in question applied the meaning of the words to his religious concept and to the purpose that he pursued, even though the apparent *(zāhir)* sense of this verse is well known.

Another ecstatic heard the words of one who spoke, singing: "The messenger said: you will visit to-morrow. I say then: do you understand what you are saying?" These words and this melody excited him, then he was rapt in ecstasy and began to repeat the words, changing the *tā'* (of *tazūr* — you will visit) to *nūn*, saying that to-morrow we will visit *(nazūr)* until he fainted from the intensity of his joy, the pleasure and the well-being (that took hold of him). When he had come to himself he was questioned as to the cause of his ecstasy. "I remembered", he replied, "the word of the Apostle — may the blessing of God be on him. In effect, the inhabitants of paradise pay a visit to their Lord once every Friday".[73]

Tradition teaches that the sweetest melody the inhabitants of paradise possess, and the most beautiful chant they hear is the discourse of God — may He be greatly praised. It is thus that the word of the most high God pronounces: "Their cry therein (that shall welcome them 'Glory to Thee, O God', their greeting, 'Peace' and their cry ends, 'Praise belongs to God, the Lord of Being' ". (Koran, 10, 10–11) It is said that Moses — may he be blessed —

73. Al-Sha'rānī, ibn Ḳayyim al-Djawzīyya and others recount the tradition according to which the Chosen visit the Most-High every Friday, at his invitation (see EI² II, s.v. *Djanna*, 449).

when he heard the discourse of his Lord, was possessed with joy, happiness and pleasure to such a point that he could no longer contain himself; he was exalted with emotion, and was in transports hearing this serene melody *(tarannama)* and thereafter considered all rhythms, all melodies and all songs as insignificant.

May God aid you, O brother, to understand the meanings *(ishārāt)* of these discreet mystical signs and of these hidden secrets. May God so do that you may read them, you, we and all our brothers, everywhere wherever they may be and in all the countries where they may live. God is compassionate to his servants.

INTRODUCTORY NOTE

This study was based on the manuscript J.N.U.L. ms. Heb. 8° 570, which I believed to be unique; two pages were missing from this manuscript. Recently Professor Paul Fenton of Lyon, who is preparing an edition of the whole of *Kitāb al-Ḥadīqa*, brought to my attention the existence of a complete manuscript of ibn Ezra's work, in St Petersburg (Firk. 621). Professor Fenton also kindly made a copy of the two missing pages available to me.

The St Petersburg manuscript confirms my assumption (see pp. 211–212) that the music passage constitutes a direct continuation of the matter discussed in the pages preceding the lacuna. In the two pages now available, ibn Ezra concludes his comments on the metaphor of the terms *higgayon*, *hegeh* and *hagig*, which according to him all mean meditation, logic, whispering and resounding music, and introduces music in direct connection with these concepts. Indeed, at the beginning of the lacuna, ibn Ezra states that the movement of the strings in the musical art belongs to the realm of spiritual manifestations and that its substratum is the rational soul, on which music leaves an impression, and not the natural bodies, whose products are all physical forms. After this statement, which constitutes an obvious reminiscence of the definition given by the Ikhwān al-Ṣafā' (*see above*, Study III, 12), ibn Ezra expresses his belief that only advanced and mature students should proceed to the study of the science of music; and that this should happen only after they have studied the other propaedeutic mathematical sciences as well as logic. In this manner, the students will be better prepared to penetrate the depth of this science.

At this point the missing pages come to an end and there is a perfect link with the fourth musical passage discussed in my study.

IV

THE MUSICAL PASSAGE IN IBN EZRA'S BOOK OF THE GARDEN

The poet and philosopher Moses ibn Ezra was born in 1055 in Granada and died after 1135. He refers to music in many of his poems, mainly those describing wine-drinking sessions; he also deals with the theory of music in two of his books: the book on poetic art, *Kitāb al-muḥāḍarah wa-'l-muḏākarah* ("Book of conversations and recollections"); and the *Maqālat al-ḥadīqah fī maᶜnī al-maǧāz wa-'l-ḥaqīqah* ("The book of the garden, on metaphor and reality"). Ibn Ezra also indirectly contributed to the development of practical music through his religious poems and penitential prayer compositions set to music, many of which are included in the Sephardi liturgy for the New Year and the Day of Atonement.

The *Maqālat al-ḥadīqah* in Arabic written in Hebrew characters exists in a unique ms.: Jnul Heb. 8° 570, formerly Ms. Sasson 412. D. Pagis writes about the circumstances leading to the composition of the work: "When the author was living in exile in Castille, he was invited to attend a meeting of scholars held to discuss the question of Hebrew metaphor. The host urged him to compile the biblical metaphors and add his commentary. This occasion led to the composition of a work which is chiefly devoted to the philosophical, theological and philological exegesis of biblical metaphors"[1]. A medieval Hebrew translation entitled *ᶜArûgat hab-bosem* ("A bed of spices") was made by Judah al-Ḥarîzî (1170-1235)[2].

The mus. pass. as published by I. Adler (*HWCM*, n° 310)[3] begins in the middle of a sentence because two pages (one folio between p. 212 and 213) are missing from the text immediately introducing it. This lacuna, which hampers the precise understanding of the first sentence, also prevents us from knowing what preceded the mus. pass. and whether it began

1. D. Pagis, *Secular poetry and poetic theory: Moses ibn Ezra and his contemporaries*, Jerusalem, 1970 (in Hebrew).
2. M. Idel, "Who was the translator of R. Moses ibn Ezra's *ᶜArûgat hab-bosem?*", *Kiryat Sefer*, 51 (1976): 484-487 (in Hebrew); S. Abramson, "A note...", *Kiryat Sefer*, 51 (1976): 712 (in Hebrew).
3. I. Adler, *HWCM*, p. 159-164.

somewhere in the missing pages. Indeed, it is fairly possible that the mus. pass. constitutes a direct continuation of the matter discussed in the ten pages preceding the lacuna, in which the author deals generally with the production of sound and the use of sonorous means in the process of communication between the transmitter and the receiver, whether verbal or musical. Referring to medieval treatises dealing with similar matter, it seems that the extensive passage from p. 203 to 218 constitutes an integral entity. But since a large part of the passage concerns problems of linguistics, the art of speech, etc., I would rather present here a translation of only some relevant excerpts followed by an integral translation of the passage edited by I. Adler with my collaboration which consisted in revising the text prior to its publication. Since then, I have undertaken new investigations which enable me to suggest some corrections in the editing of the text[4].

First mus. pass. (p. 203_{17}—204_{10})

[1] ואמא אלצות פיתסמי קול והו אלצות אלמכבר אלמודי אלי אלסמע מא יריד תאדיתה
אלי אלנאטק מת׳לה. [2] וג׳מיע אלאצואת קרע יחדת׳ פי אלהוא מן תצאדם אלאג׳סאם.
[3] ועלי כל חאל אן אלצות לכל ד׳י ריה̈ מן אלחיואן לאנה יתנפס ואלתנפס היולי אלצדר.
[4] ואמא אלקרע מכון ללאג׳סאם אלג׳אסיה̈ ואלרמאת׳ כאלצכור ואלחיואן אלד׳י לא ריה̈
להם. [5] ואלהוא אלד׳י ידור פי תג׳ויף קצבה̈ אלריה̈ לג׳מיע אלחיואן יכון צותא ויכתלף
ויתפנן בחסב טול אלרקאב וקצרהא פאן יתבע טול אלרקבה̈ חדה̈ אלצות כחאל אלכראכי
ואל[ל]קלאק ואלאוז ובקדר סעה̈ מנאכרהא וחלאקימהא וצפה̈ טבא[א]עהא[5] ושדה̈
אסתנשאקהא וגלט׳הא. [6] ובעדם הד׳ה אלוג׳וה יעדם אלצות נחו אלסמך וגירה. [7] ת׳ם
ינ[צ]יר[6] אלצות כלאמא ואללסאן ואלחנך ואלאסנאן ואלשפתאן וג׳מיעהא עון עלי תביין
מכארג׳ אלחרוף ותקטיעהא ובהד׳ה אלאלאת צאר אלצות כלאמא.

[1] As to the voice *(ṣawt)*—*qôl* in Hebrew—it is the sonorous message carried to the audition from the transmitter to an intelligent receiver similar to him. [2] All sounds are a shock produced in the air by the clash of [solid] bodies. [3] Anyhow, the voice belongs to animals possessing a lung because they breathe and breathing is vital to them. [4] A clash is produced by solid bodies such as rocks, and by insects which are animals without lungs. [5] The air being agitated within the tube of the larynx of all animals produces a voice[7]. This voice varies and takes different forms according to the length and shortness of the neck. So the acuity of the sound is function of the length of the neck as is the case with cranes, storks and geese; it is also a function of the dimension of

4. My suggested corrections, see notes 28-32; see also the article by I. Adler in the Hebrew section of this volume.

5. Ms. has אלקלאקי and טבאעהא

6. Ms. has יסיר.

7. The theory concerning sound production, especially the distinction between sound and voice, is probably borrowed from Aristotle's *De Anima* (II, 8) via one of the Hebrew translations of Ibn Rušd's *Commentaries* and *Compendium* (see Steinschneider, *HU*, p. 146-176).

the nostrils, throat, physical constitution and the force and density of the aspiration and respiration. [6] In the absence of all these conditions there will be no sound as in the case of fish and the like. [7] Thereafter the voice is transformed into speech with the assistance of the tongue, the jaw, the teeth and the lips which determine the places where the sounds are produced and their articulation. Thus, thanks to these organs the voice becomes speech.

The text continues with a discussion of speech and its different parts.

Second mus. pass. (p. 205₁₄—206₆)

[1] ואעלם אן מן אלחיואן כרס ולא צות להא והו אלד׳י לא יתנפס ולא יסתנשק, פכל חיואן יתנפס ויסתנשק לה ריה̈. [2] וקד יוג׳ד מנהא מא יסמע לה זמיר כאלבאעוץ׳ ואלדבאב ואלזנאביר ואן לם תסתנשק. [3] ומנהא מא תחן אלי אלבסאתין ותפרח באלגדואת ואלעשיאת ומנהא מא תחן אלי כראיב ואלי אלמואצ׳ע אלוחשה ותנוח ותבכי אלבכא. [4] ולגאלינוס פי אלמקאלה אלו׳ מן מנאפע אלאעצ׳א קול קאל פיה אן אלסמך לא חאג׳ה בה אלי אלצות לאן מאואה אלמא ובה יעיש למא הו מן טבעה; ולא יחתאג׳ אלי אלתנפס אד׳ לא ריה̈ לה לאן אלריה̈ תשם אלהוא ותאכד׳ אלריח ובאנבסאטהא תרוח אלחרארה̈ אלגריזיה̈ כמא ד׳כרנא. [5] וסאיר אלחיואן אלמתנפס ימות פי אלמא בדכול אלמא פי אלמג׳ארי אלתי הי טריק מא יחתאג׳ אליה אלבדן מת׳ל אלפם ואלאנף ואלאד׳אן; פאן אד׳א מלאה אל[מ]א[8] בטל אלתנפס.

[1] Know thee that certain animals are dumb and voiceless, these are the animals who neither respire nor aspire. Indeed any animal who respires is provided with a lung. [2] Nevertheless, some do produce a loud buzzing like the mosquito, fly and bee, although they do not aspire. [3] Some of these latter yearn for orchards where they exult morning and evening, others yearn for ruins and isolated places where they lament and weep. [4] Galen in his sixth discourse: "on the utility of the corporal members"[9] states that the fish do not need the voice because they dwell and live in water which corresponds to their nature; they do not need to breathe because they are not provided with a lung. Indeed the lung is made to aspire the air and to breathe; and through its dilatation the natural heat is expulsed as we have explained. [5] Any animal that breathes will die in water because of the obstruction by the water of the orifices vital to the body such as the mouth, the nose and the ears; when these are filled with water it is impossible to breathe.

8. Ms. has אלהוא.

9. This work occurs as n° 49 in the annotated list prepared by Ḥunayn b. Isḥāq, in which he included 129 works by Galen that he had translated from Greek or Syriac versions. See G. Bergsträsser, "Ḥunayn b. Isḥāq über die syrischen und arabischen Galen-Übersetzungen", *Abhandlungen für die Kunde des Morgenlandes*, vol. 17, n° 2 (1925); see also: Steinschneider, *Arabische Übersetzungen*, p. 338, n° 34. The original Greek is included in G. Helmreich, *Opera Galeni*, Leipzig, 1907 and 1909.

There follows al-Kindī's refutation of Galen's theory, and a return to the discussion of speech.

Third mus. pass. (p. 210₈—211₁₃)

[1] וקד פסר אלפיומי ז״ל פי כתאבה אלמולף פי אללגה̈[10] אן אללפט׳ה̈ ת׳ם אלנגמה̈ ת׳ם אללחן. [2] ואלאמר באלצ׳ד פאן אלחרוף סאכנה חתי ינטק בהא, ולא ימכן אלנטק באלחרף אלא באחדי אלנגמאת אלסבעה̈ והי אל שבעה מלכים אלתי אצלהא ג׳ והי אלחר[י]ק ואלש[ו]רק[11] ואלפתח. [3] וד׳לך תלקא אלג׳, חרכאת אלטביעיה̈ אלמוג׳ודה̈ פי אלע[א]לם[12] והי אלחרכה̈ מן אלוסט ואלחרכה̈ אלי אלוסט ואלחרכה̈ חול אלוסט. [4] ואמא אלחרכה̈ מן אלוסט חרכה̈ אלנאר אלמרתפעה̈ בטביעתהא נחו אלפלך, והד׳ה הי חרכה̈ אלש[ו]רק פי אלכלאם לאן אלאלה̈ אלפאעלה̈ לא תדפעה אלי אלעלו. [5] ואמא אלחרכה̈ אלתי הי אלי אלוסט פהי חרכה̈ אלחג׳ר ירמי בהא אלי אלהוא פירתפע קסרא בגיר טביעה̈ חתי אד׳א בלג אלגאיה̈ אלתי תנאהת אליהא אלקוה̈ אלדאפעה̈ לה, הוי ספלא בטבעה, והד׳ה הי חרכה̈ אלחר[י]ק [פי אלכלאם][13] לאן אלאלה̈ אלפאעלה̈ לה תדפע אלי אלספל. [6] ואמא אלחרכה̈ אלתי חול אלוסט פהי חרכה̈ אלפלך אלמסתדיר חול אלארץ׳ והד׳ה חרכה̈ אלפתח פי אלכלאם לאן אלאלה̈ אלפאעלה̈ תד׳הב בה אלי אלאסתדארה̈. [7] פהד׳ה אלג׳, חרכאת הי אלאמהאת ואצול ג׳מיע אלחרכאת ואלבאקיה̈ בנאת להא ופרוע מנהא עלא מא בינהא אלעלמא. [8] וזעם בעץ׳ צדור הד׳א אלעלם מן אלנחויין אן הנא חרף ליס במחץ׳ אלחרכה̈ ולא במחץ׳ אלסכון והד׳א גיר מעקול לאן אלחרף אלסאכן חתי תחלה אלחרכה̈. [9] ואסם אלנגמה ענד אלאולין נעימה ואלחסן אלצות בעל נעימה. [10] ופי קאנון אלצלאה̈ ״לאל ברוך נעימה יתנו״[14] נגמה̈. [11] ומנה פסר אבו אברהים בן ב[רו]ן[15] ז״ל פי מואזנתה כנור נעים[16], טנבור[17] נגים, באלגין אל מעג׳מה, אי ד׳ו נגמה̈. [12] וקד יכ[ו]ן[18] מן אלאצואת חכאיה̈ לצות אלמצות ת׳ם ינעכס, ולגה̈ אלערב תסמיה בנת אלג׳בל ולגתנא הֵד הָרים. [13] וקד יכון מת׳לה מא יסתעין בה אצחאב אלצנאעאת אלקויה̈ והו קול לא יחמל מעני אלא אן תצ׳אעפת אלדאל פי הֵד הרים, פקאל ״הידד כדורכים יענה״[19], ותקול אלערב היד היד, אד׳א אסתעאנת בה עלי אלעמל.

[1] In his book on language[20] Al-Fayyūmī explains that first comes the consonantal skeleton *(al-lafẓah)* and then the intonation *(al-nağmah)*. [2]

10. See *infra* note 20.
11. Ms. has אלחרק ואלשרק.
12. Ms. has אלעלם.
13. The text has בטבעה; my correction is based on two other occurrences of the same words in an analogical context.
14. This is part of the *yôẑer* in the morning prayer.
15. Ms. has *ben bḥn* which is evidently an error; the work cited *al-Muwāzanah*, or in its full title: *al-Muwāzanah bayn al-luğah al-ᶜibrānīyyah wa-'l-ᶜarabīyyah* (The book of comparison between Hebrew and Arabic language), is by ibn Bārūn abū Ibrahīm Isaac b. Joseph ibn Benveniste (d. 1128). He was a famous grammarian and philologist to whom Judah hal-Levi and ibn Ezra dedicated poems. The book was edited by Kokovtzer (Petersburg, 1893).
16. Ps. 81, 2.
17. The *ṭunbūr* is a long-necked lute.
18. Ms. has יכין.
19. Jer. 25, 30.
20. See L. Salomon Skoss, "Fragments of unpublished philological works of Sa'adia Gaon", *JQR*, 23 (1932/1933): 329-336. Here ibn Ezra refers to the fifth part of *Kutub al-luğah*, entitled *al-Qawl fī'l-nağam* (Discourse about vowels), which is devoted to the treatment of vocalization. See also L. Salomon Skoss, "A study of inflection in Hebrew from Sa'adia's grammatical work 'Kutub al-luğah'", *JQR*, 33 (1942/43): 171-212.

However, the thing is the contrary, because the letters are quiescent until they are pronounced and because they cannot be pronounced without being associated with one of the seven vowels—the seven kings which derive from three fundamentals: the *ḥîrîq* [i], the *šûrûq* [u] and the *pattaḥ* [a]. [3] These three vowels correspond to the three natural movements found in the world, which are: from the centre, to the centre and around the centre. [4] The movement from the centre corresponds to the movement of fire which raises thanks to its nature in the direction of the sphere. This movement is associated with the *šûrûq* in speech because it is not pushed upwards by the organ of speech. [5] The movement to the centre corresponds to that of a stone thrown in the air. It goes up by intentional impulsion and not naturally, and when it reaches its maximum force, it falls down by its proper nature. This corresponds to the *ḥîrîq* [i], because the organ of speech pushes it downwards. [6] The movement around the centre corresponds to the movement of the sphere which turns around the earth; it is associated with the *pattaḥ* [a] in speech, because the organ of speech causes it to turn round. [7] These are the mothers and the fundamental vowels; the rest of the vowels are their daughters and their branches as has been stated by the learned. [8] Some of the eminent grammarians pretend that there is a letter not entirely vowel nor entirely consonant. This is not logical, because a letter remains quiescent until it is provided with a vowel. [9] The Ancients named the *naǧmah neᶜîmah* (= a pleasant melody), and the one who possesses a beautiful voice: *baᶜal neᶜîmah.* [10] Indeed, in the canonic prayer *"Le-'el barûḵ neᶜîmah yittenû"* (To God blessed [be He] they will sing a pleasant melody) *neᶜîmah* is used as the equivalent of *naǧmah.* [11] Abū Ibrahīm ibn Bārūn, in his book *al-Muwāzanah,* rendered *kinnôr naᶜîm* by *ṭunbūr naǧīm* [with *ǧayn*] that is to say a *ṭunbūr* (long-necked lute) producing a beautiful sound *(naǧmah).* [12] There are also sounds which imitate the voice of their producer and thence they are reflected back. This is called in Arabic *bint al-ǧabal* (echo, daughter of the mountain) and in our language *hed harîm* (mountain's echo). [13] Of similar nature are the repetitive sounds used by workers to encourage themselves while effecting hard work; these consist of nonsense words expect where the *dalet* in *hed harîm* is doubled as in *hêdad kedôreḵîm yaᶜaneh* ["He shall give a shout, as they that tread the grapes...", Jer. 25, 30]. The Arabs say *hid hid* to encourage themselves in the accomplishment of hard labour.

Ibn Ezra goes on to deal with other metaphors of *qôl* and passes to a metaphor of the terms *higgayôn, hegeh* and *hagîg*, which all mean meditation, logic, whispering, and resounding music. The discussion of these terms is introduced by Plato's saying that just as a pot is tested by its resonance, the validity of a man's reasoning is tested through the intonation of his speech. Ibn Ezra goes on to quote biblical verses showing the musical meaning of the term *hegeh*. This passage is unfortunately interrupted at the bottom of p. 212 where the two pages lacuna begins. It seems probable that in this passage the author referred to the influence of the art of music on the human mind and body.

After the lacuna, Ibn Ezra mentions the writings[21] of Ṯabīt b. Qurra, al-Fārābī and others who apparently dealt with the theory expounded in the missing pages, adding that in the Bible we already find references to the negative aspects of the sensual pleasure derived from music. Since the main purpose of music is to exert a moralising effect on the soul, ibn Ezra here reports a sequence of nine sayings by philosophers, upholding the ethical power of music. Although he does not mention his sources it is evident that he has drawn his material from the relevant literature known to us. It seems that the earliest and most complete Arabic source dealing with the *Nawādir*—rare sayings of the philosophers on music—is the text of a certain "Paul", of which a copy is preserved in the Manisa Public Library, ms. 1705[22]. This text contains 55 aphorisms dealing with the moral and therapeutical effects of music, its spiritual meaning as opposed to its intoxicating influence, etc. About half of "Paul's" text agrees almost literally with sayings contained in ch. XVIII-XX of Ḥunayn ibn Isḥāq's work: *'Ādāb al-falāsifah* which was translated into Hebrew by Judah b. Solomon al-Ḥarîzî (1170-1235) under the title *Mûserê ha-fîlôsôfîm* (see Adler, *HWCM*, 280). Sequences of similar sayings are to be found in *Kitāb al-lahw* by ibn Ḫurdaḏbih (820-911)[23]; *Risālah fī ağzā' habarīyah fī 'l-mūsīqī* by al-Kindī (d. after 870 C.E.)[24], the *Risālah* on music by the Ihwān al-ṣafā'[25] (tenth century) and *Muruğ al-ḏahab* by al-Masᶜūdī (d. 956 C.E.)[26].

21. Ibn Ezra here mentions very vaguely "their guides of sciences"; it seems to me that this is an indefinite statement, without reference to a particular work.

22. See F. Rosenthal, "Two Graeco-Arabic works on music", *Proceedings of the American Philosophical Society*, CX/4 (August 1966): 261-268; A. Shiloah, "Les sept traités de musique dans le manuscrit 1705 de Manisa", *Israel Oriental Studies*, I (1971): 303-315.

23. Father Ignatius, "Mukhtār min k. al-lahw", *al-Mashriq* (1960): 130-167.

24. Ed.: Zakariyya Yusuf, *Mu'allafāt al-Kindī* (Baghdad, 1962), p. 91-110 (rather incongrously, the chapter on musical aphorisms from the *rasā'il Iḫwān al-ṣafā'* has been appended to the Kindī treatise in this edition).

25. A. Shiloah, "L'Épître sur la musique de Ikhwān al-ṣafā'" (suite), *Revue des Études Islamiques*, Année 1966 (Paris, 1967): 185-193; *id.*, *Ha-iggeret ᶜal ham-mûsîqah...'* Tel Aviv, 1976 (Hebrew tr.); *id.*, *The epistle on music...* Tel Aviv, 1978 (English tr.).

26. *Les Prairies d'or*, ed. Barbier de Meynard and Pavet de Courteil, Paris, 1861-1877, vol. VII, p. 93.

The following table shows the correspondence of sayings between *al-Ḥadīqah* and other major sources.

Ḥadīqah	Iẖwān	al-Kindī	Ḥunayn	Paul
I (S.3)	XVIII, XXI	0	Ch. XIX$_1$	III
II (S.4)	I	I	Ch. XVIII$_1$	II
III (S.5)	II	0	0	0
IV (S.6)	III	IV	Ch. XVIII$_6$	XII
V (S.7)	0	0	0	0
VI (S.8)	X	0	0	0
VII (S.9)	XI	VI	Ch. XVIII$_8$	0
VIII (S.10)	XXII	0	0	0
IX (S.12-17)	similar statement in the *Risālah*	0	Ch. XX$_1$	XLVIII

In the light of this table we may state that the *al-Ḥadīqah* sequence presents the closest kinship with the *Risālah* of the Iẖwān al-Ṣafā' and even embraces the tendentious ideology which is there put forward. This is perhaps the reason why ibn Ezra did not repeat the introductory statement, common to all four sources, saying that the occasion leading to the composition of the *Nawādir* was a wedding feast given by King Heraclius (the Byzantine Emperor) for his son.

The last saying which deals with the four strings of the *ᶜūd* and their affiliation to the four elements, humours, etc. is preceded and followed by biblical references whose aim is obviously to emphasize the importance of the Bible as a major source for all practical and theoretical achievements. So, he first mentions Yuval "the initiator of this noble art" [see Gen. 4, 21], and afterwards refers to the *šemînît* (= instrument of eight strings) [Ps. 12, 1] to show that the technical improvement of the *ᶜūd* by doubling its strings is also included in the Bible. This leads on to the theory of the Ancients who considered instrumental music as an imitation of vocal music, and to *musica humana,* an expression of what dwells in man's heart and soul. Ibn Ezra thus interprets *"higgayôn be-ḵinnôr"* [Ps. 92, 4] going back to the metaphor of *higgayôn* already discussed. Here he briefly expounds a theory concerning the setting of poetry to melody, using the technique of "empty" and "full" notes which is probably drawn from Judah hal-Levi's *Kûzarî*[27]. Continuing along the same lines, he quotes the great theorist al-Kindī in order to say that "this great science and the secret of its noble inner meaning are anchored in the fundamental laws of the prophet Moses". At this point ibn Ezra provides a survey and interpretation of biblical references to music in choronological order (period of King David and the first Temple, the Babylonian exile and the second Temple), stressing the evidence for the power of music in prophetic inspiration. Some philological aspects related to the names of musical instruments are discussed in the concluding sentences of the musical passage and serve as transition to the author's resumption of his main subject of biblical metaphor.

Fourth mus. pass. (p. 213₁-218₁₄)

The following is a reproduction of the text (without the critical apparatus) from *HWCM*, 310, p. 161-163. For emandations' of this text, see above, note 4.

[1]... אלאמעאן, ויסתחכם פי נפוסהם אלג׳ליל אלד׳י אליה ינט׳ר באטן הד׳א אלעלם,
ובהד׳א אלראי ראי אהל אלבצר מן אלמתאכ׳רין מת׳ל ת׳אבת בן קרה̈ אלחראני ואבו נצר
אלפאראבי וגירהמא פי תואליף ארשאדהם אלי קראה̈ אלעלום. [2] וקבלהם, מא פנד
אלנבי ע״ה קומה פי פצל ״הוי משכימי בבקר״, וג׳על להם אצטבאחהם ואגתבאקהם
אללד׳ה̈ אלחאצלה̈ מן ט׳אהר הד׳ה אלצנעה̈ ואגפאלהם ואג׳באת אללה וואג׳באת
אלעקול, בקולי ״והיה כנור ונבל״ וג׳, וד׳כר נתיג׳ה̈ הד׳א אלפעל ״ואת פעל יוי לא [י]ביטו
ומעשה ידיו לא ראו״. [3] קאל אחד קדמא אלפלאספה̈ אן חרכה̈ [אלאותאר] צלה̈ [...]
מא[28] בין אלטביעה̈ ואלנפס ומא אחסן מא קאל אד׳ קאל אן מן אחסן אן יולף בין חרכה̈
אלנפס וחרכה̈ אלעקל מע חרכה̈ אלטביעה̈ [כ]תאליף[28] חרכה̈ אלאותאר חתי תתחד
אלחרכאת כאן אלעאלם ולד׳אתה לדיה. [4] קאל גירה: אן [ל]לגנא פצ׳ילה̈ [י]תע[ד׳]ר עלי
אלמנטק אשהארהא באללפט׳ ולם [י]קדר עלי אכ׳ראג׳הא באלעבארה̈ פאכ׳רג׳תהא
אלנפס לחנא מוזונא פלמא סמעתה אלטביעה̈ אסתלד׳תה ופרחת בה; פאסמע[ו]א מן
אלנפס חדית׳הא ומנאג׳אתהא ודעוא אלטביעה̈ ואלתאמל אלי פעלהא לילא תג׳רכם. [5]
קאל גירה אחד׳רוא אסתמאע אלמוסיקי אד׳ תחרך אלשהואת אלבהימיה̈ פתמיל בכם עז
סנן אלחק ותג׳רכם עז מנאג׳אה̈ אלנפס. [6] קאל גירה [ל] למוסיק[אר] חרך מן אלנפס
קואהא אלשריפה̈ כאל[ח]לם ואלג׳וד ואלכרם ואלראפה̈ וסכן אלטביעה̈ לילא תתחרך
שהואתהא אלטביעיה̈. [7] קאל אלאסכנדר: מן פהם אלאלסן אסתגני עז סאיר אללד׳את.
[8] ארסטא׳: אן אללה עז וג׳ל למא רבט אלנפוס אלג׳ז[א]יה̈ באלאג׳סאד אלחיואניה̈ רכב
פי ג׳בלתהא אלשהואת אל ג׳סדאניה̈ ומכנהא מן תנאול אללד׳את אלג׳רמאניה̈ פי איאם
אלצבא ת׳ם סלבהא ענהא פי איאם אלשיכ׳וכ׳ה̈ פזהדהא מנהא פמאלת אלי אלמלאד׳
ואלנעים ואלסרור אלד׳י פי עאלמהא אלרוחאני ורגבהא פיהא פאד׳א סמע[ת] נגמאת
אלמוסיקי[29] פתאמל אשאראתה נחו עאלם אלארואח. [9] אפלאטון: אן אלנפס אלנאטקה̈
[אד׳א] אעתצמת עז אדראך אלשהואת אלג׳סמאניה̈ וזהדת פי אלמלאד׳ אלטביעיה̈
ואנחלת ענהא אלאצראף אלהיולאניה̈ וחנת אל[א] אלאלחאן אל[ח]זינה̈ ות[ד׳כר]ת[30]
עאלמהא אלעאלי אלשריף אלרוחאני, פאד׳א סמעת אלטביעה̈ ד׳לך אללחן תערצ׳ת

27. See A. Shiloah, "Melody and meter in the 'Khouzari'", *Tatzlil*, 6 (1966): 5-8 (in Hebrew).

28. My suggestion to correct the reading of the ms. is based oבתאליף. nost identical saying in Paul's text: Ms. has אן חרכה פצלהמא בין אלטביעה ואלנפס and

29. Ms. has סמע נגמאת אלמוסיקיה.

30. Ms. has אלי אלאלחאן אלמזינה ותרכת.

ללנפס בזינה̈ אשכאלהא ורונק אצבאגהא כימא תרדהא פאחד׳רוא מכ׳ר אלטביעה̈ ולא תקעוא פי שבכתהא. [10] וקאל גירה: אד׳א תצורת רסום אלמחסוסאת פי אלנפס אלג׳ז[א]יה̈ כאנת פי מנאסבה̈ ומשאכלה̈ ללנפס אלכליה̈ ומשתאקה̈ לתלחק בהא פאד׳א פארקת אלהיכל אלג׳סדאני ארתקת אלי מלכות אלסמא ולחקת באלמא אלאעלי יעני אלסמא וסכאן אלאפלאך. [11] פמא אגרב תרכיב הד׳ה אלאלאת אלהנדסיה̈ לתעדיל אלאכ׳לאק אלנפסאניה̈ ותקריב בועד הד׳ה אלמעאני בהד׳א אלטב אלרוחאני, ומא אעג׳ב כון הד׳א אלעלם פי צדר אלכ׳ליקה̈ פי אלק[ו]ר[ו]ן אלאול אלד׳י טאלת פיה אלאעמאר חתי נתג׳ אהלהא הד׳ה אלעלום אלשריפה̈ אלשאן כ׳ק עז יובל מנשיהא "אבי כל תפש כנור ועוגב". [12] פאטבעת הד׳ה אלצנעה̈ אלפאצ׳לה̈ עלי אלטבאיע אלארבעה̈ וולפת עלי אכ׳תלאפהא. [13] פג׳על אלזיר אולהא לטיפא כאלמרה̈ אלצפרא, פאלזיר יפני אלחס ויאכלה בתהייג׳ה ללחרארה̈ ואליבס אלתי יכתסבהא מן טבע אלנאר. [14] ואלותר אלב׳ יסמי אלמת׳ני לאג׳ל אנה צ׳עף מן אלזיר מהייג׳ ללפרח מחרך ללטרב באלרטובה̈ ואלחרארה̈ אלד׳י אודעה טבע אלהוא. [15] ואלותר אלג׳ יסמי אלמת׳לת׳ הו ללבלגם והו את׳קל מן אלמת׳ני לאן וזנה צ׳עפי אלזיר מהיג׳ ללחזן מבכי ללעיון לאן טבע אלמא אודעה ד׳לך לברודתה ורטובתה. [16] ואלותר אלד׳ הו אלבם ויסמי איצ׳א באלאבח והו [ל]למרה̈[31] אלסודא והו אגלט׳הא ואת׳קלהא והו ג׳ אצ׳עאף אלזיר מהיג׳ ללכרב ואלפזע לאן אלסודא אודעתה ד׳לך במא אכתסבתה מן טביעה̈ אלארץ׳; פצארת הד׳ה אלד׳ כאלבנאת ללאכ׳לאט אלד׳ אלתי הי בנאת אלענאצר אלד׳. [17] וקד ת׳ני אלמתאכ׳רון מן אלמוסיקיין הד׳ה אלאותאר וג׳על לכל טביעה̈ ותרין ועסי אנה אמר קדים, פקד פסר פי "למנצח על השמינית" אנהא ד׳את ח׳ אותאר כמא פסר "נבל עשור" אנהא ת׳קב עשר פי זק אלזמר. [18] ופי חכאיה̈ אלאלחאן פי הד׳ה אלאלאת ואכ׳ראג׳ מא פי אלצ׳מיר מנהא יקול "עלי עשור ועלי נבל עלי הגיון בכנור", עלי מא שרחת פי "הגיון". [19] פאלמלאוי ד׳, ואלדסת[אנ]את ד׳ עלי אלאותאר אלד׳ פאלסבאבה̈ ללבם, ואלוסטי ללמת׳לת׳, ואלבנצר [ללמת׳ני ואלכ׳נצר] ללזיר. [20] פאד׳א בדא בבית מן אלשער רבמא תמת לגה̈ אללחן באנקצ׳א אלבית ורבמא אנקצ׳י אלבית ולם ינקצ׳י אללחן ובקית מנהן זיאדה̈ ורבמא וקע אלצות באנקצ׳[א] אללחן קבל תמאם אלבית. [21] ולד׳לך יבדא בחרכה̈ אלותר קבל אלנשיד בקול׳ פי כתאבנא "קדמו שרים אחר נוגנים", יריד אלשער בעד אלגנא ו"שרים" הנא עוץ׳ "שירים" מת׳ל "כהתם הפושעים", יריד "הפשעים" ולפט׳ "אחר" סקט מנה ואו אלנסק מת׳ל "אחר נאחז בסבך". [22] ת׳ם רתבת אלנגם ואלאלחאן וג׳על להא חדוד ואסבאב תאכ׳ד׳הא אלאעדאד. [23] וד׳כר יעקב בן אסחק אלכנדי אן אלנגם תנתהי אלי עדד כת׳יר דכ׳רה, ולא שך אן הד׳א אלעלם אלעט׳ים וסר באטנה אלכרים כאן מן אצול שריעה̈ מוסי אלנבי ע״ה. [24] ולהד׳א מא כ׳ץ בה סבטה אלמקדס וסמאה "עבודת הלוים" כק׳ "לעבוד עבדת עבודה ועבדת משא" ועלי מא קאל אהל אלנקל והם אלצאדקון ופי מן בלג מנהם אלי כ׳מסין סנה̈ קאל "ישוב מצבא העבודה [...] ושרת את אחיו", יעני מן כונה משורר בל שוער. [25] ואד׳א אסתקר אלקום פי אלשאם כאן יצרף ען אלגנא אן אבח צותה כאן קבל אלכ׳מסין או בעדהא. [26] וכאן הד׳א אלשיר יזיד [ב]זיארה̈[32] אלחליל וזיאדה̈ אלחליל כזיאדה̈ אלקרבן פי אלמואסם מן אלסבות ואלאעיאד ורווס אלשהור. [27] עלי הד׳א אלוצ׳ע כאנת אלחאל מדה̈ אלבית אלאול חסב רתבה אלמרתבה̈ פי איאם דוד ע״ה בעד אג׳מאע אלמלה̈ עלי תמלכה פי "משמרות כהנים" ו"משוררי לוים" ו"שוערי הבית" כמא אוחי אללה בה אלי אלנבי אלמרסל אליה בד׳לך כק׳ פי אכ׳ר אלקצה̈ "הכל בכתב מיד יוי עלי השכיל כל מלאכות התבנית". [28] ת׳ם קאל פי אלמשוררים "ויבדל דוד ושרי הצבא לעבודה לבני אסף [ו]הימן וידותון הנבאים בכנורות בנבלים ובמצלתים ויהי מספרם אנשי מלאכה לעבודתם". [29] ת׳ם כ׳צץ אסף בקו׳ "על ידי אסף הנביא על ידי המלך", וקאל פי ידותון "על ידי אביהם ידותון בכנור" וג׳, וען בני הימן קאל "כל אלה בנים להימן חוזה המלך בדברי ה׳ אי״ם להרים ראש". [30] ולא שך אן האולי אלאנביא כאן

31. Ms. has אלמרה.
32. Ms. has כזיאדה.

וחיהם ממא אכנז אללה פי גראיזהם מן הד׳א אלעלם אלשריף פנטקו[א] בה קולא וצרפו[א] פיה פעלא, ובדוד ע״ה עט׳ם שאן הד׳ה אלצנעה̈ וזאד שרפהא כק׳ ענד אלקיאם ואלתהג׳ד למנאג׳אה̈ רבה ״עורה כבודי עורה הנבל וכנור״ וג׳. [31] ואלישע ע״ה ענד מא תעד׳רת עליה בעץ׳ מואד אלנבוה̈ קאל ״קחו לי מנגן״ ליחרך נפסה אלעקליה̈ אלי עאלם אלחק לתאתי בה מן ענצרה. [32] והד׳ה אלאלאת אללואת[י] כיף פיהא הד׳ה אלאותאר אלמחרכה̈ ללנפוס אלפאצ׳לה̈ הי אלתי רת׳א אלקום פי אלג׳לוה̈ פקאלו[א] ״על נהרות בבל״ וג׳ ״על ערבים בתוכה״ וג׳ ותמאם אלקול. [33] ובעד אלאקאלה̈ ובניאן אלבית אלב׳ תרתבת אלחאל עלי מא כאנת עליה קבל כקול׳ פי ספר עזרא ״וראשי הלוים חשביה שרביה וישוע בן קדמיאל ואחיהם לנגדם להלל להודות במצות דוד איש האי׳ם משמר לעמת משמר״. [34] ומנהם מן תצרף פי גיר הד׳ה אלצנעה̈ כקו׳ ״וסביבות בית האי׳ם ילינו כי עליהם משמרת והם על המפתח לבקר לבקר״, ״ומהם על כלי העבודה ומהם ממונים על הכלים ועל כלי הקדש ועל הסולת והיין והשמן והלבונה והבשמים״. [35] וליס ג׳מיע אלאת אלאגאני ממא תחרך אלנפס אלנאטקה̈ אלא אלמג׳ופאת וד׳ואת אלאותאר וגירהא מן צנף אלמלאהי כאנת לאוקאת אלמחאפל כקול׳ ענד נקל אלארון מן קרית יערים ״ודוד וכל בית ישרא׳ משחקים לפני יוי בכל עוז בשירים ובכנרות ובנבלים ובתופים ובמצלתים ובחצוצרות״. [36] וקד צרפת הד׳ה אלאסמא תצריף אלאפעאל פקיל מן חצוצרות מחצרים, ומן חליל מחללים, ומנה ״על מחלת לענות״, ומן תוף ״מתופפות על לבבהן״. [37] ורבמא כאן ״כשיר עגבים״ מקתטע מן עוגב, ואסם אלעוד פי לגה̈ אלערב כנאר, וקיל הו אלטנבור. [38] וזעם בעץ׳ אלאולין אן ״שדה ושדות״ אלמד׳כורה̈ פי ספר קהלת אנהא כאנת אלאת עג׳יבה̈ ללגנא אנקטעת באנקטאע אלדולה̈.

Fourth mus. pass. (p. 213₁-218₁₄)

[1] ... This view is held by modern scholars like Ṯabīt b. Qurra, from Ḥarrān, al-Fārābī and others in their respective guides to sciences[33]. [2] But long before them one finds the reprobation of the prophet, peace be upon him, to his people in the verse: "Woe unto them that rise up early in the morning" [Is. 5, 11] and his reprimand for giving themselves up morning and evening to pleasure deriving from the superficial aspect of this art, and for transgressing the Divine and reasonable laws saying: "And the *kinnôr* [lyre?] and the *nevel* [harp?]...". etc. [Is. 5, 12]. He also mentions the consequences of their behaviour saying: "But they regard not the work of the Lord neither consider the operation of His Hands" [Is. 5, 12]. [3] One of the ancient philosophers says: "The movement [of the strings constitutes][34] the linking of nature with the soul". The best of what he said is: "It is better to harmonize between the movement of the intellect and that of the soul with the movement of nature through the harmony deriving from the movement of the strings; when these movements are linked together [the happiness] of the world and its pleasures will be felt by him [the man]."[35] [4] Another said: "Music is a virtue which cannot be put in evidence by speech, nor can the verb express it; that is why the soul shows it in form of measured melodies; when nature hears these melodies,

33. See *supra* note 21.

34. Addition based on the identical saying, n° 3, in Paul.

35. This saying involves the basic conceptions of the *Musica Humana* as realized through the *Musica Instrumentalis*; reference to conceptions related to *musica mundana* is to be found mainly in sentence 10.

it feels joy and pleasure. [Therefore,] listen to the confidential conversations of the soul and beware of nature and the contemplation of its deeds lest it cheat you." [5] Another says: "Beware of listening to music when it stirs animal appetites, because this makes you deviate from the right way and removes you from the confidential conversations of the soul." [6] Another says to the musician: "Stir up the noble forces of the soul such as patience, generosity, liberality and clemency, and appease nature, refraining its appetites from taking effect". [7] Alexander says: "Whoever understands languages would not need the other pleasures." [8] Aristotle says: "When God, High and Mighty, attached the individual souls to animals' bodies, He included in their constitution corporal appetites, allowing them to have corporal pleasures in their youth from which He later deprived them in their old days; [as a result] they then reject those pleasures to turn toward the pleasures, delight and beatitude of their spiritual world and to yearn for it. Therefore, when you hear the melodies of the musician, observe his mystical signs which are related to the spiritual world." [9] Plato [says]: "If the rational soul denudes itself from corporal pleasure, rejects the natural delights, removing from itself the material rust, it becomes enthusiastic each time it hears solemn and serious melodies, remembering its spiritual world, which is sublime and most dignified, and yearning to reach it. For this, when nature hears those melodies it stands before the soul with all its magnificent appearances and the brilliancy of its colours to defeat it. Therefore, beware of the temptations of nature lest you fall in its net." [10] Another says: "If the impressions of the perceptible things are printed in the individual soul, the latter becomes concordant with and similar to the universal soul, and will aspire to join it. Indeed, when the soul separates from the corporal edifice, it will rise to the kingdom of heaven to join the upper water, that is to say the sky, and the inhabitants of the spheres." [11] How wonderful are these geometrical tools which help in tempering the manner of the soul, and the understanding of those remote meanings made possible thanks to this medicine of the soul. How marvellous is it that this science came into being with the beginning of creation, in the first centuries when human life was long and people invented these sciences of noble purposes, as it is said about its inventor Yuval: "He was the father of all such as handle *kinnôr* [lyre?] and *ᶜûgav* [pipe?]" [Gen. 4, 21]. [12] This eminent art was made to correspond to the four temperaments and to harmonize their differences. [13] Indeed, the first string *al-zīr*[36], is subtle like the yellow bile; it is said to annihilate the sense and burn it by its extreme effervescence and dryness which come from its affiliation

36. Ibn Ezra refers here to the classical *ᶜūd* which has four strings called respectively from the higher to the lower: *zîr*, *maṯnā*, *maṯlaṯ* and *bamm*; they were tuned in fourths. The theory of affiliation between the four strings of the *ᶜūd* and cosmological things as well as other correspondences is discussed in all the above mentioned sources and particularly by the *Iẖwān al-ṣafā'* who served as ibn Ezra's model.

to the element of fire. [14] The second string is called *al-maṯnā* because it is double the size of the *zīr*; it stirs gladness, provokes deep emotions by its moisture and heat deriving from its link to the element of air. [15] The third string is called the *maṯlaṯ*; it is lower than the *maṯnā* and corresponds to phlegm; it stirs sadness and causes the eyes to weep as a result of its link to the element of water which confers coolness and moisture. [16] The fourth string is the *bamm*, also called *al-abaḥḥ* [the hoarse]; it [corresponds to] the black bile and is the thickest and heaviest [string], three times the size of the *zīr*. It stirs affliction and fear because the black bile, which corresponds to the element of earth, has conferred those qualities on it. Thus, the four [strings] are like the daughters of the humours which are in turn the daughters of the four elements. [17] The musicians of later generations undertook the doubling of these strings, assigning two strings for each element. However, this achievement may go back to an earlier time. The commentator of *lam-menaẓẓeaḥ ᶜal haš-šemînît* [Ps. 12, 1] considers *šemînît* as an eight stringed instrument as he interprets *nevel ᶜasôr*—a pipe pierced by ten holes *(zamr)*[37]. [18] On the production of melodies by these instruments and the interpretation of what is inherent in them we read: *ᶜalê ᶜasôr wa-ᶜalê navel, ᶜalê higgayôn be-ḵinnôr* [Ps. 92, 4], which would mean: "To the music of the *ᶜasôr* and to the speech *(higgayôn)* of the lyre"; the term *higgayôn* should be understood as I have explained it[38]. [19] [In conclusion the *ᶜūd* has] four pegs *(malāwī)*, four frets *(dastānāt)* corresponding to the strings: the *sabābah* [index] to the *bamm*; the *wusṭā* [middle finger] to the *maṯlaṯ*; the *binṣir* [ring finger] to the *maṯnā* and the *ḫinṣir* [small finger] to the *zīr*[39]. [20] When a line of a poem is set to music, the respective ends of the melody and the text may coincide; it happens also that the text ends before the melody is exhausted, or the voice is interrupted by the end of the melody, before the poetical line is entirely finished[40]. [21] For this reason one should introduce the song by playing on the strings[41] as it is said in our Holy Book: "The singers went before, the players on instruments followed after" [Ps. 68, 25]; this implies that the poem *(al-šiᶜr)* comes after instrumental playing *(=ğinā')*[42]. The word *šarîm* [singers] is here instead of *šîrîm* [songs] as in: "...When the transgressors *(hap-pôšeᶜîm)* are come to the full [Daniel, 8, 23] *hap-pôšeᶜîm* has to be understood as *hap-pešaᶜîm* [the

37. *Zamr, zammārah, zummārah* or *mizmār* designate a double clarinet.

38. The continuation of fragment three translated above, contains a long discussion on the different uses of this term.

39. This comparison is quite strange.

40. See *supra* note 27.

41. This obviously refers to the preludes and interludes played by the accompanying instruments.

42. The term *ğinā'* signifies singing and vocal music; this must be an error or a bad rendering of *nôgenîm* (instrumentalists).

transgressions]; and in the word *aḥar* [after] the vowel *o* has been ommitted; its case is like: *aḥar ne'eḥaz bas-sevaḵ* ["Behind him a ram caught in the thicket", Gen. 22, 13]. [22] [In] later [periods] the notes and the melodies were codified, fixed and defined according to the theory on numbers[43]. [23] Yaᶜqūb b. Isḥāq al-Kindī mentions that the notes are of great number and goes on to enumerate them. Doubtless, this great science and its noble inherent meaning are anchored in the fundamental laws of Moses the prophet, peace be upon him. [24] This explains the nature of the particular function assigned to the sanctified tribe, a function called by him: Levites' service, as it is said: "... To do the service of the ministry and the service of the burden" [Numbers 4, 47], and also what has been reliably said by the traditionalists in this respect. As to the Levites who attained the age of fifty it is said: "They shall cease waiting upon the service thereof... but shall minister with their brethren..." [Numbers 8, 25-26]. That means that they will withdraw from their duty as singer *(mešôrer)*, but not from their charge as keeper of the tent *(šôᶜer)*. [25] In the case of a lasting indisposition, the Levite was dismissed from accomplishing his singing duties because of the loss of his voice, whether before the age of fifty or after. [26] This song was enriched by the augmentation of the flute and the augmentation of the flute is comparable to the augmentation of sacrifice on the occasion of holidays, the Sabbath and the first day of the month. [27] The regulations established by David, peace be on him, after he became king as a result of the unanimous decision of the people of Israel, lasted for the whole period of the first Temple. These regulations consisted of the fixing of the watches of priests, Levites, singers and keepers of the Lord's house. This is in concordance with what the Lord revealed to the prophet sent to him for this matter as is reported at the end of the account: "All this... in writing by his hand upon me, even all the works of this pattern" [1 Chron. 28, 19]. [28] And he adds concerning the singers: "... David and the captains of the host separated to the service of the sons of Asaph, and of Heman, and of Jeduthun, who should prophesy with *kinnôrôt* [lyres?], with *nevalîm* [harps?] and with *meẕiltayim* [cymbals?] and the number of the workmen according to their service was..." [1 Chron. 25, 1]. [29] And of the duties of Asaph he said: "Under the hands of Asaph, which prophesied according to the order of the king" [1 Chron. 25, 2]. And of Jeduthun he said: "... Under the hands of their father Jeduthun, who prophesied with a *kinnôr* [lyre?] ..." [1 Chron. 25, 3]. And of the sons of Heman he said: "All these were the sons of Heman the king's seer, in the words of God, to lift up the horn" [1 Chron. 25, 5]. [30] Undoubtedly the revelation of these prophets is due to what God concealed in their

43. This refers to the Pythagorean doctrine which defines harmony in its broadest meaning by the theory of numbers.

nature of this noble science; consequently, they expressed it in word and demonstrated it in practice. With David, peace be on him, the science of music reached high esteem and obtained increasing respect, as he said when he rose nightly to pray invoking his Lord: "Awake up, my glory; awake *nevel* [harp?] and *kinnôr* [lyre?]..." [Ps. 57, 9]. [31] And Elisha, peace be on him, in encountering difficulties in prophesying said: "But now bring me a minstrel" [2 Kings 3, 15] to stir his rational soul toward the true world in order to benefit from its essence. [32] Those instruments which were provided by strings said to stir the eminent souls are the instruments to which the lament of the people in the diaspora refers: "By the rivers of Babylon... we hanged our *kinnôrôt* [lyres?] upon the willows in the midst thereof" [Ps. 137, 1-2]. [33] Upon the relief of the fall and the establishment of the second Temple theorder and regulations of the first Temple were followed and respected as it is said in the book of Ezra: "And the chief of the Levites: Hashabiah, Sherebiah, and Jeshua the son of Kadmiel, with their brethren over against them, to praise and to give thanks, according to the commandment of David the man of God, ward over against ward" [Neh. 12, 24]. [34] Some of them practised another art as it is stated: "And they lodged round about the house of God, because the charge was upon them, and the opening thereof every morning pertained to them" [1 Chron. 9, 27]. "Some of them also were appointed to oversee the vessels, and all the instruments of the sanctuary, and the fine flour, and the wine, and the oil, and the frankincense, and the spices" [1 Chron. 9, 29]. [35] Not all the musical instruments are made to stir the rational soul; only those which are concave and stringed do so[44], all the other types of instruments of diversion *(malāhī)* are used on occasions of festivities as it is said concerning the removing of the holy tabernacle to Kirjath-jearim: "And David and all Israel played before God with all their might, and with singing, and with *kinôrôt*, and with *nevalîm* and with timbrels, and with cymbals, and with trumpets" [1 Chron. 13,8]. [36]All these names canbe conjugated like verbs, from *ḥaẕôẕerôt* one says *meḥaẕẕerîm*[blow the trumpet] and from *ḥalîl, meḥallelîm* [play the flute] from which also derives *ᶜal maḥalat le ᶜannôt* [Ps. 88, 1] and from *tôf, metofefôt ᶜal livvehen* ["tabering upon their breasts", Nahum 2, 8]. [37] It is possible also that *ke-šîr ᶜagavîm* [Ezekiel 33, 32] derives from *ᶜûgav* [pipe?]. And the name of the *ᶜūd* in Arabic is *kinnār* and some say it is the *ṭunbūr*. [38] Some ancients pretend that the *šiddah* and *šiddôt* mentioned in Ecclesiastes[45] were extraordinary or wonderful musical instruments which ceased to exist with the end of the state [destruction of the second Temple].

44. This statement, conferring on string instruments the power of arousing ethical virtues, and implying that other instruments belong to the category of *malāhī* (instruments of diversion), may relate to Averroes' adaptation of Plato, *Republic*, III, 388-400 (see I. Adler, *HWCM*, 190).

45. Ecc. 2, 8. A similar interpretation of *šiddah* and *šiddôt* is to be found in *Kitāb al-zuhd* by ibn Ghiyyat (see I. Adler, *HWCM*, 340).

V

Ibn Hindū, le médecin et la musique

I

A la base de cette petite contribution nous plaçons la traduction annotée du huitième chapitre du *Kitāb miftāḥ at-ṭibb* de Abu-l-Farağ ʿAlī b. al-Ḥusayn b. Hindū, intitulé "l'énumération de ce que le médecin doit connaître des sciences pour être parfait dans son métier".[1]

1. *L'auteur* (mort en 410/1019 ou dix ans plus tard) a été secrétaire de chancellerie, littérateur, poète, médecin et versé dans les sciences des Grecs. Né à Rayy, il a reçu toute son instruction à Nīshāpūr. De nombreux exemples de sa poésie figurent dans Yāqūt, *Udabā*ʾ XIII, 136–146 (éd. Le Caire, 1936) et dans Ibn abī Uṣaybiʿa, *ʿUyūn* (ed. Beirut, 1965), p. 429–435. Son livre *Kitāb al-Kalim ar-rūḥānīya fī-ḥikam al-yūnānīyya* a été édité au Caire en 1900 par Muṣṭafa al-Qabbānī. L'auteur fait figure d'un penseur rationnel et adopte dans cet ouvrage une attitude assez peu nuancée à l'égard des antagonistes de la médecine. Il a eu comme maître Abu l-Ḫayr al-Ḥassan ibn Suwār ibn al-Ḫammār (mort après 1017), philosophe, médecin et traducteur distingué du syriaque. Ibn Hindū le cite à plusieurs reprises dans son *Miftāḥ aṭ-ṭibb*. On y trouve par exemple l'histoire de l'un des adversaires de la médecine qui était venu le consulter au sujet d'un violent mal de tête qui le tourmentait. Ibn al-Ḫammār lui a conseillé tout bonnement d'ouvrir le livre dans lequel il avait attaqué la médecine, de le poser sous sa tête et d'attendre que Dieu le guérisse. Cette histoire est citée au nom d'ibn Hindū dans *ʿUyūn al-anbā*ʾ (éd. Beirut, 1965, p. 428–429). Mais le renseignement le plus important concernant Ibn al-Ḫammār figure dans le 9ème chapitre de notre traité où Ibn Hindū rapporte que son maître lui fit connaître les *Summaria Alexandrinorum* dans sa propre traduction. Ce passage important a été publié par Albert Dietrich dans *Medicinalia Arabica* p. 200–201. Signalons enfin que la concep-

[1] Le traité figure dans: Ms Köprülü I, 981, fol 1–76, copié par Abū Bakr ibn Ibrāhīm al-Ḍabbaḥ, s.d. Le huitième chapitre occupe les feuilles 26b–29a. Dans l'*incipit* l'auteur mentionne son épître: *al-risāla al-mušawwiqa fi l-madḫal ilā ʿilm al-falsafa.* Ce traité existe dans un autre manuscrit: Ms Bursa Haraççi 1120, fol. 47a–88a. Pour une description de ce dernier voir: Albert Dietrich, *Medicinalia Arabica*, Göttingen 1966 [Abh. Akad. d. Wiss. in Göttingen Philol.-Hist. Kl., III, no. 66], p. 198–202.

tion de base de l'auteur telle qu'elle se dégage dans ce traité a servi comme l'un des constituants de l'article de F. Rosenthal: "The Defense of Medicine in the Medieval Muslim World[2]."

2. *L'ouvrage se divise en dix chapitres*:

1) Exhortation à l'étude des arts en général et la médecine en particulier
2) L'attestation de l'art médical
3) La définition de la médecine
4) La dignité de la médecine
5) Les divisions de la médecine
6) Les écoles médicales
7) L'origine de la médecine [Les chemins par lesquels apparut l'art médical]
8) L'énumération de ce que le médecin doit connaître des sciences pour être parfait dans son métier
9) L'éducation de l'étudiant en médecine et la mention des livres médicaux selon leurs degrés
10) Glossaire et définitions

3. *Le huitième chapitre*: L'énumération des sciences contenues dans ce chapitre reproduit la soi-disante classification d'Aristote[3]. L'auteur ouvre le chapitre par une réfutation de l'opinion de Galien selon laquelle le médecin doit être philosophe et à cet effet il fait appel à l'autorité de son maître Ibn al-Ḫammār. Nous pensons qu'il peut s'agir du traité de Galien: "Au sujet de l'obligation pour le médecin excellent d'être philosophe", traduit par Ḥunayn Ibn Isḥāq[4]. Afin de justifier son point de vue, l'auteur donne d'abord une définition de la philosophie et de ses parties. Elle se divise, dit-it, en deux parties dont voici le schéma:

I. Théorique	II. Pratique
Physique	gouvernement de l'âme = morale
Mathématiques	gouvernement de la maison = économie
Métaphysique	gouvernement de l'état = politique

La logique est excluse de ce schéma mais elle clôt le chapitre après le développement des différentes parties de la philosophie; c'est parce que la logique est considérée comme l'instrument de toutes les autres sciences.

[2] Franz Rosenthal, "The Defense of Medicine in the Medieval Muslim World", *Bull. Hist. Med.* XLIII, (1969) p. 519–532.

[3] Voir à ce sujet l'article de H. A. Wolfson, "The Classification of Sciences in Mediaeval Jewish Philosophy", *Hebrew Union College Annual*, Jubilee volume (1925), p. 263–315.

[4] Ce traité qui figure dans le Ms. Aya Sofia 3725 fol 80a–84a, a fait l'objet d'une publication de Peter Bachmann parue en 1965: *Galens Abhandlung darüber, dass der vorzugliche Arzt Philosoph sein muss* [Nachrichten der Akad. der Wiss. in Göttingen, I, Philol.-Hist .Kl. Nr 1].

Dans le développement, l'auteur analyse l'objet de chaque science en signalant ce qui est utile ou inutile au médecin. En dehors de la logique qui est selon Ibn Hindū indispensable dans la pratique médicale, il n'y a que l'astrologie et la morale qui sont recommandées fortement.

La musique reçoit une recommendation mitigée et l'auteur adopte à son égard une attitude assez réservée. Il ne va pas jusqu'à nier complètement la musico-thérapie mais il dit qu'elle fut l'apanage des Anciens (c'est-à-dire les pythagoriciens), et il ajoute qu'en réalité nous ne sommes pas capable aujourd'hui d'assimiler les aspects cachés de la musique qui servirent aux Anciens dans leur thérapeutie. Il admet pourtant sans trop d'insistance que la musique a le pouvoir d'exercer certaines actions affectives. Pas un mot sur son pouvoir de créer un équilibre moral, une harmonie dans son sens large qui le rallie à la philosophie. Il ne prend même pas la peine de donner des exemples stéréotypiques, répétées par presque tous les auteurs médiévaux. En somme il réduit le musicien au rang d'un serviteur auxiliaire au même titre que le pharmacien, le saigneur et le poseur de ventouses. Il faut dire que cette attitude correspond parfaitement à sa conception de base à l'égard de la médecine. La médecine est selon lui un art et une science dont la connaissance est systématique et bien ordonnée. Elle a ses lois et ses principes, elle est basée sur l'expérience, l'observation et le raisonnement analogique. Tout ce qui n'est pas prouvé être utile pour la pratique médicale ne doit pas faire partie des connaissances requises au médecin. Si nous ajoutons à cela la réfutation de l'opinion de Galien, nous pouvons conclure que l'auteur n'appartenait pas à l'école des dogmatistes. Par ailleurs, nous trouvons chez le fondateur de la doctrine méthodiste en médecine Soranus (2ème siècle de notre ère) une attitude fort semblable concernant l'usage de la musique dans la thérapie. Tout en mentionnant certaines pratiques de la musico-thérapie, notamment celle de l'écartement des douleurs sciatiques en soufflant dans l'aulos sur les parties affectées[5], il écarte tout court la notion selon laquelle la musique puisse être effective pour venir à bout d'une quelconque maladie sévère. Dans le même ordre d'idée il rejette l'usage de la musico-thérapie qu'en fit Asclepiades dans les cas d'insanité. Lui aussi comme Ibn Hindū attribue ce genre de traitement aux Anciens et à Pythagore; il va même jusqu'à qualifier la présence, de son temps, des survivances magiques et des incantations[6].

[5] Cette histoire circule sous différentes formes chez nombreux auteurs médiévaux; nous en traiterons en plus de détails dans le prochain paragraphe.

[6] Les renseignements apportés ici ainsi qu'une description des doctrines des dogmatistes, des empiristes et des méthodistes sont inclus dans: I. E. Drabkin, "Soranus and his System of Medicine", *Bull. Hist. Med.*, XXV (1951), p. 503–518.

D'autre part Ibn Hindū lui-même consacre son sixième chapitre aux trois écoles précitées et le nom de Soranus y figure parmi les méthodistes (chap. VI fol. 16–17). Dans ce chapitre il n'y a rien qui indique clairement une préférence pour l'une ou l'autre école.

V

A ce stade il convient de clarifier de façon succincte les différents rapports entre médecine et musique.

4. *Aperçu général sur les différents rapports entre médecine et musique*:

> "Thus without music no discipline can be perfect, for there is nothing without it. For the very universe, it is said, is held together by a certain harmony of sounds, and the heavens themselves are made to revolve by the modulation of harmony"...[7]

Cette citation de l'*Etymologiarum* d'Isidore de Séville qui par la suite met en relief les différentes actions de la musique, ressemble à bien d'autres que l'on peut trouver dans la littérature de l'Antiquité, du Moyen-âge et même dans celle des époques plus rapprochées de nous. Elle reflète une croyance déjà raffinée en les grandes possibilités de la musique. En réalité, de tout temps et partout, l'homme sensible à la musique a reconnu à celle-ci un pouvoir plus ou moins extraordinaire qui se traduit dans tout une gamme d'effets allant du charme magique jusqu'à l'élévation spirituelle, et de l'excitation à la dépression. Toutes les formes du domaine sonore font partie de ces pratiques depuis les incantations des formules magiques, à travers la danse extatique et jusqu'à la musique d'art utilisé de nos jours par la psychiatrie moderne. Le pouvoir extraordinaire de la musique concerne non seulement l'âme et le corps de l'homme — objets communs à la médecine — mais aussi il est étendu sur les animaux et les choses. Il en résulte que les réactions émotionnelles que la musique provoque sont aussi nombreuses que les sujets réagissants. A cet effet, il convient de citer Richard de la Prade qui signale que la musique est le seul art auquel les animaux, les faibles d'esprit et les idiots sont sensibles, parce qu'il contient un élément entièrement physique, une espèce d'electricité qui affecte les nerfs indépendamment de toute action sur l'intelligence[8].

Des philosophes, des musiciens et des médecins ont à travers les âges tenté d'élucider le secret du pouvoir de la musique en mettant l'accent tantôt sur son action moralisante, ou sa vertu équilibrante, tantôt sur sa valeur purificatrice, au sens de *katharsis* et tantôt sur son effet guérisseur et thérapeutique. Le plus souvent tous les aspects sont groupés ensemble et illustrés plus ou moins par les mêmes anecdotes. Le premier de ces aspects est celui qui concerne la gamme des réactions émotionnelles: joie, tristesse, inquiétude, quiétude etc.... Une fois admis qu'un tel mode ou telle mélodie spécifique est de nature à

[7] Voir Oliver Strunk, *Source Readings in Music History*, ed. W. W. Norton (N.Y., 1950), p. 94.

[8] Voir: L. Gilman and F. Paperte, "Music as a Psychotherapeutic agent", dans *Music and Your Emotions*, E. A. Gutheil and others (ed.), Liveright Publishing Corporation, N.Y. (1952), p. 30.

provoquer une émotion donnée, il fallait expliquer la raison de ce phénomène. Certains auteurs en suivant Aristote avançaient que les mélodies contiennent en elle mêmes des caractères spécifiques d'où, par conséquent, leur vertu d'éveiller ces mêmes caractères dans l'âme de l'auditeur. Ainsi donc la musique de nature éthique peut être utilisée dans l'éducation pour la formation de l'homme intègre.[9]

5. *Influences sur les états violents*: Par le même ordre d'idées nous aboutissons au recours à la musique pour détendre les âmes violentes et pour rendre aux déprimés leur tension psychique. Ce sont là des mélodies d'actions comme dit Aristote et leur effet est celui d'un traitement médical ou une purge[10]. Dans la nomenclature des divers modes mélodiques les Iḫwān aṣ-Ṣafā' mentionnent celles qui ont la vertu d'apaiser la fièvre de la colère et dissiper les haines. Ils poursuivent par l'histoire de deux adversaires grisés par la boisson qui au moment où ils allaient se tuer se sont reconciliés grâce à un air qui apaise la colère joué par le musicien en présence[11]. C'est une variante de l'anecdote où l'on rapporte que Pythagore ramena à la raison un jeune homme ivre, qu'un air "phrygien" avait excité, en faisant jouer devant lui un air grave, de caractère "spondiaque". Ce jeune homme, trouvant fermée la porte de son rival, voulait mettre le feu à la maison, malgré les conseils pressants des ses amis. Mais Pythagore comprit que la cause de cette colère était l'air "phrygien", et le calma avec un autre air. Cette version est contée par Boèce[12]. Chez l'auteur arabe al-Ḥasan al-Kātib nous trouvons une combinaison de cette version et d'une autre histoire d'un amoureux qui s'apprêta à mettre le feu dans la maison de sa bien aimée après avoir entendu un air "phrygien" et qui abandonna son projet grâce à un chant "spondiaque" joué par l'aulète[13]. Cette dernière version amène un nouveau thème intéressant, celui de l'amour considéré comme une démence, ou une maladie, et devant être traitée par une musique adéquate. Mais il y a aussi un autre détail intéressant dans ces anecdotes — le rôle joué par la musique phrygienne et l'instrument *aulos*[14].

9 Voir Aristote, *Politique* VIII, 5, 1340; nouvelle traduction avec introduction, notes et index par J. Tricot (éd. J. Vrin, Paris, 1962), t. II, p. 570–574.

10 *Ibid.*, p. 581–587; voir aussi P. M. Schuhl, "La Musicothérapie dans l'Antiquité grecque", *Annales Médico-Psychologique*, CXXI (1963), p. 493–494; E. Werner et I. Sonne, "The Philosophy and Theory of Music in Judeo-Arabic Literature", *Hebrew Union College Annual*, XVI (1941), p. 273–274.

11 Voir A. Shiloah "L'Epître sur la musique des Ikhwān al-Ṣafā'," *Revue des Etudes Islamiques* (1964), p. 129.

12 Strunk, *op. cit.*, p. 82.

13 A. Shiloah, *Al-Ḥasan ibn ʿAlī al-Kātib, La perfection de l'art musical*, traduction annotée avec introduction et index (P. Geuthner, Paris, 1971), p. 45.

14 Selon Aristote le phrygien rend les auditeurs enthousiastes (*op. cit.*, p. 574); tout transport

Plusieurs de ceux qui ont parlé des rapports entre médecine et musique racontent l'histoire de Theophrastus qu'un homme souffrant de la sciatique pourra toujours se libérer de son attaque, si quelqu'un joue de l'aulos l'harmonie "phrygienne" sur l'endroit affecté[15]. Il semble donc que la phrygie et sa musique ait joué un rôle important dans la musico-thérapie. Dans un ancien commentaire en arabe de l'*oath* d'Hippocrate il est dit à propos de l'origine de la médecine: "Others (again) say that the people of Mysia and Phrygia invented it, for those people were the first to invent flute (music)"[16]. Ici nous aboutissons à des rapports plus serrés entre médecine et musique. Sur l'efficacité de la musique dans les soins de troubles organiques nous apportons deux exemples intéressants:

En parlant des philosophes les Iḫwān écrivent: "Ils inventèrent aussi une autre mélodie qu'ils employaient dans les hôpitaux, au point du jour, et qui avait la vertu de soulager les douleurs dues aux infirmitées et les maux dont souffrait le malade, de briser leur violence et de guérir même plusieurs maladies et infirmités"[17].

Nous restons toujours dans l'enceinte des hôpitaux avec le deuxième exemple de al-Huǧwīrī:

> It is well known that in the hospitals of Rum they have invented a wonderful thing which they call *angalyun*... this *angalyun* resembles a stringed musical instrument. The sick are brought to it two days in the week and are forced to listen, while it is being played on, for a length of time proportionate to the malady from which they suffer; then they are taken away. If it is desired to kill anyone, he is kept there for a longer period, until he dies... Physicians and others may listen continually to the *angalyun* without being affected in any way, because it is consonant with their temperaments[18].

6. *La mélothérapie*: Nombreuses sont dans la littérature les histoires des aliénés et des agités que l'on apaisait par la musique. La croyance au démon perturbateur était liée à celle de la mélothérapie dans les cas de mélancolie, folie, frénésie et épilepsie. Démocrite enfermé comme fou par ses concitoyens est dit d'avoir parlé de ce remède (la musique) au médecin Hippocrate qui lui

dionysiaque et toute agitation trouvent leur expression dans l'aulos, et ces émotions reçoivent l'accompagnement mélodique qui leur convient dans le mode phrygien (*op. cit.*, p. 586).

15 Voir Strunk *op. cit.*, p. 48; E. Ashworth Underwood, "Apollo and Terpsichore: Music and the Healing Art," *Bull. Hist. Med.*, XXI (1947), p. 652.

16 Franz Rosenthal, "An Ancient Commentary on the Hippocratic Oath," *Bull. Hist. Med.*, XXX (1956), p. 57.

17 Shiloah, "L'Epître, etc.", p. 132.

18 Al-Huǧwīrī, *Kašf al-maḥǧūb*, tr. R. A. Nicholson (Luzac & Co., London, 1911), p. 407.

rendait visite pour le soigner[19]. Le célèbre médecin Asclepiades est crédité d'avoir ramené un frénétique à son état normal au moyen de la musique et l'histoire biblique bien connue de David dissipant la mélancolie du roi Saul au son de la lyre a été reprise et répétée par plusieurs auteurs médiévaux. Voici à titre d'exemple la version de Cassiodore:

> "Yet what shall we say of David, who freed Saul from the unclean spirit by the discipline of most whole-some melody, and by a new method, through the sense of hearing, restored the king to the health which the Physicians had been unable to bestow by the virtues of herbs"[20].

Une allusion au pouvoir de la musique de ce genre se trouve dans les vers persans cités par les Iḫwān:

> "O! avant l'aube, le son plaintif du *zīr* (corde aiguë du luth) est plus agréable à mes oreilles que le *takbīr* (appel à la prière)...
>
> "Ne t'étonne pas si la plainte de son *zīr* attire les animaux sauvages du désert...
>
> "Tantôt il rend son bon sens au fou, tantôt il enchaîne l'homme de sens".[21]

Dans tout ces exemples la musique joue un rôle de calmant. Il existe un autre genre de traitement lié à une musique agitée et à la danse curative. En Europe, pendant plusieurs siècles, on eut recours à la danse pour soigner l'étrange maladie, le *tarantism*, qui est paraît-il le résultat de la piqûre de la tarentule qui provoque chez la personne piquée un état de dépression et de mélancolie. Seule la danse au son des instruments pendant environ 12 heures par jour 3 jours durant peut rémédier aux effets de la terrible morsure. Plusieurs auteurs et presque tout les médecins du XVIIIe ont décrit la maladie, sa musique et sa danse. Parmi eux nous citons Hafenreffer d'Ulm et Wolferdus Senguerdius (17ème siècle). Ashworth Underwood rapporte entre autres un témoignage de Visseti qui encore au début de notre siècle a vu une telle danse dans une ville dalmatienne[22]. La danse curative est répandue dans le monde entier. Curt Sachs, dans son livre *World History of the Dance* rapporte que dans les cultures chamanistiques c'est le chaman qui est, homme-médecine, le danseur ou le meneur de la dance; il remplit cette fonction parce qu'il a une prédisposition naturelle et souvent parapsychique qui le qualifie à rencontrer les esprits qui menacent le bien-être de l'homme, de lutter avec eux jusqu'à ce qu'ils se rendent et abandonnent leur victime. La danse médicale est son medium

19 Strunk, *op. cit.*, p. 83, 92; Armand Machabey, *La musique et la médecine*, (Richard Massé, Paris, 1952), p. 14–16.

20 Strunk, *op. cit.*, p. 92, 94; Machabey *op. cit.*, p. 17–18.

21 A. Shiloah, "L'Epître des Ikhwān al-Ṣafā" (suite), *Revue des Etudes Islamiques* (1966), p. 186–187.

22 A. Underwood, *op. cit.*, p. 655.

d'expression le plus direct. Le malade reste encerclé au centre jusqu'au moment où le danseur dans un état extatique vient à bout des esprits. Il arrive aussi que le malade lui-même danse pour obtenir sa guérison[23].

Il y a trois ans, lors d'une expédition chez les bédouins du Sinai un joueur de *sumsumiyya* (une espèce de lyre répandue en Egypte et au Sinai) m'a informé que l'air qu'il venait de jouer est un air de *zār*, à la suite de quoi j'ai appris que la pratique de cette cérémonie d'exorcisme était en vigueur non seulement dans les villes et les villages de l'Egypte mais aussi dans le désert. Il y a un *Šayḫ* du *zār* ou une *codia*. Leur clientèle se compose en particulier de femmes possédées, hantées et angoisées. Au départ elles sont diagnostiquées afin de déterminer la nature du démon. Pour chaque démon il existe un traitement particulier, une musique particulière. Après un sacrifice, la possédée est convoquée à la cérémonie du *zār*. Dans une énorme pièce il y a une table chargée d'objets destinés à tenter le diable, trois ensembles de musiciens avec des tambours, flûtes, cymbales et *sumsumiyya*, et des danseurs aux cheveux très longs. Un ensemble entame un air, si l'une des possédées le trouve convenable à son état elle met la robe correspondante à son démon. L'un des musiciens se détache, s'approche d'elle et la fait danser. Ensuite, se joignent à elles les danseurs professionnels. Le rythme devient de plus en plus frénétique. "Si nous n'étions pas familiarisés avec cette sorte de musique, écrit Jean Grenier, nous aurions dit que c'était une tintamarre ou une bacchanale".[24] Et la possédée continue à danser jusqu'à ce qu'elle commence à trembler et tombe par terre. A ce moment le *šayḫ* l'ensence et la calme. Ainsi le démon est parti.

Cette espèce de mélothérapie de caractère magique coexiste à l'heure actuelle avec les recherches scientifiques sérieuses et les observations qui se font un peu partout dans le monde depuis environ un siècle. Dans un livre de bibliographie musicale en rapport avec les sciences avoisinantes publié en 1962 la part de la médecine-musique atteint plus de 350 publications;[25] et depuis se sont ajoutés bien d'autres, sans parler d'un journal trimestriel qui se publie régulièrement depuis 1952: *The Journal of Music Therapy*. On admet généralement que les débuts des recherches contemporaines mettent en valeur l'influence de la musique et notamment du côté psychiatrique et physiologique. Il y a aussi une branche spéciale qui étudie les répercussions de la maladie sur l'activité musicale. En 1880 l'allemand Dogiel publia les résultats de ses expériences concernant l'effet de la musique sur le cours du sang. La même

[23] Curt Sachs, *World History of the Dance*, (W. W. Norton, N.Y. 1937), p. 63–64.

[24] Jean Grenier, *Lettres d'Egypte* 1950 *suivies d'un été au Liban*, (Gallimard, Paris, 1962), p. 77.

[25] Mecklenburg Carl Gregor Herzog zu, *Bibliographie Einiger Grenzgebiete der Musikwissenschaft*, Bibliotheca Bibliographica Aureliana VI, (Baden-Baden, 1962).

année Lilley recommanda la musique pour certains types de malades mentaux. En 1894 Tarchanoff avec Bougouslavsky et Wartanoff emploient un mosso-ergograph pour examiner l'effet de la musique sur le système neuro-musculaire de l'homme. Hayes Newington, le pionnier du recours à la musique dans les hôpitaux des malades mentaux publie en 1897 un long article sur les aspects mentaux de la musique. En 1890 l'on voit créer à Londres par Frederick Kill Harford la "Gilda of St. Cecilia" dont la mission était d'observer les effets de la musique sur les malades et particulièrement sur les fous, en vue d'en instituer des thérapeutiques. C'est surtout depuis la fin de la deuxième guerre mondiale qu'on voit les recherches dans le domaine qui nous occupe se multiplier et s'étendre sur plusieurs pays. Le *Journal of Music Therapy* et nombreuses autres revues médicales ou psychiatriques publient régulièrement les fruits des expérimentations qui se font dans ce domaine.

7. *Le pouls et la musique*: Il existe un autre point de contact entre musique et médecine auquel nous n'avons pas touché jusqu'à présent: le pouls et son action.

C'est parce que la mise en rapport de l'action du pouls avec la musique par certains auteurs glisse toujours vers la doctrine de l'harmonie dans son sens le plus général. En effet, le pouls dans son fonctionnement normal est dit harmonieux parce qu'il reflète un état d'équilibre du corps et de ses composants. Conformément à l'idée que l'harmonie musicale est le principe de l'ordre universel, l'on peut conclure que la musique domine le Grand Tout. Or l'homme est, suivant cette doctrine, l'univers en réduction. Il convient de signaler que tout repose sur le Nombre; le rapport numérique, avancent tous les pythagoriciens, préside à la structure de toutes les choses visibles et invisibles. Or, les rapports les plus harmonieux sont les plus simples, à savoir: 1/2, 2/3, 3/4 qui expriment respectivement les trois consonances les plus parfaites: octave, quinte et quarte. Ces notions purement musicales ont été par la suite appliquées à toutes les choses visibles et invisibles. Si nous ajoutons à cela un autre élément important de la musique, la rythmique, nous saisissons toute la portée des rapports entre action du pouls et la musique. A cet effet nous citons un théoricien de la musique, Remi d'Auxerre, qui dit après avoir défini le rythme musical;

> Or ce rythme se perçoit de trois manières: par la vue, par l'ouïe, par le tact. L'oeil discerne le rythme dans les gestes et les mouvements de la danse, l'oreille l'entend dans le son des instruments, ou de la voix humaine, le tact le sent dans les phénomènes physiologiques. Laissons le rythme biologique et tactile aux médecins qui en tirent certaines conclusions pratiques[26].

[26] Voir Edgar de Bruyne, *Etudes d'esthétique médiévale* (Bruges, 1946), t. I, livre 2, p. 321.

Et en effet, de nombreux médecins depuis Hérophile d'Alexandrie (IIIe siècle après J.-C.) et jusqu'au XVIIe siècle s'ingénient à appliquer les théories musicales à l'explication des fonctionnements du pouls. Avicenne, le célèbre contemporain d'Ibn Hindū, consacre un paragraphe dans son *qānūn* à la nature musicale du pouls où il discute les relations entre les trois consonances et l'action du pouls. Avicenne clarifie bien que l'on ne peut retrouver par le tact les trois rapports de consonances mais qu'il s'agit d'une analogie avec l'harmonie musicale[27]. Si nous faisons un saut de six à sept siècles nous retrouvons le célèbre Samuel Hafenreffer (1587–1660) qui expose une *Doctrine du pouls dans l'harmonie musicale* et François Nicolas Marquet (1687–1759) avec son livre: *Nouvelle méthode facile et curieuse pour connaître le pouls par les notes de la musique*. L'auteur y decrit 12 différents types de pouls en utilisant la notation musicale pour les représenter[28].

Dans ce court préambule à la traduction annotée du huitième chapitre de *Miftāḥ aṭ-ṭibb* nous nous proposions d'indiquer l'envergure des rapports multiples entre la musique et la médecine dans le passé et à notre époque. Nous avons tenu à clore ce bref aperçu par l'idée, chère aux auteurs d'autrefois, de l'harmonie universelle qui joint le mot d'Isidore: "il n'y a pas de discipline qui puisse être parfaite sans la musique"[29].

II

MIFTĀḤ AṬ-ṬIBB
Huitième Chapitre — Traduction Annotée

(*fol.* 26*b*) L'énumération de ce que le médecin doit connaître des sciences pour être parfait dans son métier.

Galien en voulant rendre la médecine importante fit du médecin un philosophe[30]. J'ai discuté de cela avec mon maître Abū l-Ḫayr[31] et nous avons trouvé de l'injustice dans son propos. En effet le médecin est celui qui contribue au maintien de la santé des corps humains alors que le philosophe est celui qui embrasse la réalité des choses existantes et qui fait des bonnes actions.

[27] Avicenne, *Kitāb al-Qānūn fi l-ṭibb*, (Bulaq, le Caire, 1878), p. 125–126.

[28] Voir A. Underwood, *op. cit.*, p. 662–665; Werner Kümmel, "Puls und Musik (16–18 Jahrhundert)", *Medizinhistorisches Journal* (Hildesheim, 1968), Band 3, Heft 4, 275–283.

[29] Strunk, *op. cit.*, p. 94.

[30] Voir *supra*, n. 4.

[31] Voir *supra*, introduction, par. 1.

C'est de lui que Platon dit qu'il s'assimile à Dieu, autant que cela est possible à l'homme[32]. Il serait donc préférable pour lui de faire du philosophe médecin plutôt que du médecin philosophe; car la philosophie est une science universelle englobant la médecine — c'est elle qu'on appelle [la Mère][33] des arts ainsi que l'on dit le prince des princes et le juge des juges, car[34] la médecine est théorique et pratique. L'aspect théorique est traité par le philosophe étant donné qu'il spécule sur la réalité de toutes les choses qui existent; l'aspect pratique est étudié par lui, étant donné que ces recherches portent sur toutes les bonnes actions. J'aimerai clarifier davantage ce propos. Sache que la philosophie se compose de deux parties: la théorie et la pratique. La théorie est celle qui comprend la science de la physique, à savoir la science de la nature des sphères et leurs étoiles, les quatre éléments et tout ce qui en est constitué, (*fol.* 27*a*) les sciences mathématiques, à savoir l'arithmétique, la géométrie, l'astronomie, la musique, et la métaphysique. La pratique est celle qui englobe les trois gouvernements: celui de l'âme qui est la science des moeurs, celui de la maison et celui de l'état selon lequel sont administrés la prophétie,[35] l'*imāmat* et la royauté.

Quant à la science physique, il n'est pas nécessaire au médecin en tant que médecin d'embrasser toutes ses parties, mais il lui suffit d'en connaître ce qui a trait à la santé du corps humain et aux maladies relatives aux éléments, tempéraments, humeurs, muscles, les facultés de l'âme, les effets résultant de ces facultés, aux causes de la santé et de la maladie et aux indices de la santé et de la maladie. Toutefois, le médecin n'est pas tenu à pénétrer dans toutes les investigations de cette partie, il lui suffit d'investiguer sur ce qui concerne en particulier le médecin et ce qui est susceptible de nous dispenser [des soucis][36] concernant la santé ou la maladie. Ainsi par exemple, le philosophe scrute les éléments suivant des choses [des points de vues] que la médecine n'emprunte pas et dont le médecin n'a pas besoin. En effet le philosophe examine si les quatre éléments se composent de la matière et de la forme, s'ils sont composés d'atomes, s'ils sont créés *ex nihilo* ou bien d'une matière préexistente et éternelle; si la chaleur est la forme du feu, ou bien une chose dépendante de sa forme[37]. De même, il cherche par exemple la cause expliquant pourquoi les éléments sont au nombre de quatre, la raison de leur hiérarchie

32 C'est une formule antique qui s'inspira de Platon, *Théétète*, 176b; voir aussi: Paul Krauss, *Jābir ibn Ḥayyān*, vol. II (le Caire, 1942), p. 59; Franz Rosenthal, *op. cit.*, *supra*, n. 16, p. 67.

33 Il faudrait ajouter ici le mot *ṣināʿat*.

34 Lire اذ

35 Lire النبوّة

36 Nous avons adopté ici la leçon ويغني عنّا

37 Cela veut dire: une qualité qui n'est pas essentielle.

et la place de chacun d'eux (*fol.* 27*b*) dans cette hiérarchie. Quant au médecin, il lui suffira de savoir que les éléments existent, qu'ils sont au nombre de quatre, que le corps de l'homme en est composé et qu'il se maintient par leur équilibre[38].

Quant aux choses de la nature relatives aux principes de la physique, à la nature des sphères en rapport avec les états des choses composées[39] des éléments, elles ne doivent pas préoccuper le médecin, et dans l'exercise de son métier il n'aura pas besoin de spéculer sur ces choses comme la matière, la forme, la quantité déterminée (ou la valeur intrinsèque), le temps, le lieu, l'état du monde dans son éternité ou sa venue à l'existence, l'essence de l'âme et son état après la séparation.

Quant aux sciences mathématiques, le médecin en a besoin de la manière que je vais mentionner. Il a besoin d'une bonne partie de l'astrologie/astronomie. En effet, Galien rapporte au nom d'Hippocrate que le profit que l'on tire de l'astrologie/astronomie dans l'exercise de l'art de la médecine est loin d'être mince.[40] Ce propos qu'il tint est juste. En effet, la crise d'une maladie n'est vérifiable que par l'entremise de l'astrologie, car les crises des maladies aiguës dépendent de la lune et de ses positions par rapport au soleil et aux autres étoiles errantes, alors que les crises des maladies chroniques dépendent du soleil et des autres étoiles errantes à l'exclusion de la lune[41]. Il en est de même des changements saisonniers, de leur variations atmosphériques et de la place des pays par rapport à la sphère céleste[42]. Tout cela ne peut être atteint par

38 S. Pines dans son article: "What was original in Arabic Science?" (dans: *Scientific Change*, éd. A. C. Crombie, London, 1963, p. 181–205) a inclu (p. 182–183) du livre *al-mu'tabar* de Abū l-Barakāt al-Bagdādī le passage suivant: "Abu l-Barakāt al-Bagdādī..., considers that, though medicine derives for the greater part from experiments and inferences based on the principles of physics, and though knowledge of, and training in, the natural sciences increases the physician's capacity for medical reasoning, a physician as such need not be versed in such subjects as the problem of the eternity or temporal creation of the world, the finite and the infinite, time and space. Some knowledge of the (four) elements, a little information about forces and their effects, about the less subtle points of the science of generation and corruption and of qualities change, and about the properties of animals and of plants is relevant to medecine. A physician knows these things by means of senses and by experience, as he knows anatomy and the faculties of medicines."

39 Lire الكائنات

40 Dans le traité de Galien mentionné à la note 4, nous trouvons la dernière phrase de notre texte suivie de l'explication que la géométrie est indispensable pour la connaissance de l'astronomie; cette explication est paraphrasée par notre auteur (Bachmann, *op. cit.*, p. 7). En outre cette même référence apparaît chez d'autres auteurs arabes: voir Manfred Ullmann, *Die Medizin im Islam* (E. J. Brill, Leiden/Köln, 1970), p. 254–255.

41 M. Laignel-Lavastine & Abbas Naficy "Les influences cosmiques sur l'évolution des maladies" *Bull. soc. franc. hist. méd.* XXVIII (1934), p. 178–181.

42 Parmi les oeuvres d'Hippocrate citées par Sarton il y a celle-ci "Air waters and places

le médecin que lorsqu'une partie importante de l'astrologie est devenue son lot. Et dans l'apprentissage de l'astrologie, il ne pourra pas se passer de la géométrie. Cependant, il lui suffit de se contenter de la quantité qui nous paraît suffisante à ses besoins. Il pourra donc, en matière d'astrologie, parvenir à son but sans pourtant disposer[43] totalement (*fol. 28a*) de la science géométrique, laquelle est difficile à circonscrire tant elle est multiple, étendue, variée et large.

En ce qui concerne l'arithmétique, le médecin n'en a pas besoin. Et par Dieu! si quelqu'un dit: les crises des maladies se manifestent dans les nombres impairs sont plus fortes que celles dans les nombres pairs[44] et par conséquant le médecin doit connaître la manière d'être de l'impair et du pair et la cause de cette irrégularité, nous disons: si en l'occurrence le médecin ne peut pas se passer de l'arithmétique, la connaissance de cette portion sera assez et en quantité suffisante pour lui, sans aucune autre multiplication ou approfondissement.

En ce qui concerne la science musicale, elle entre dans l'art de la médecine d'une certaine façon. Theon[45] d'Alexandrie avait rapporté au nom d'Hippocrate que les anciens philosophes guérissaient[46] les malades avec des mélodies[47] et en jouant de l'instrument nommé *lurā* (lyre)[48] et en soufflant dans un instrument à vent (*zamr*)[49]. Cependant je dirai que la médecine ayant appliqué cette méthode a cessé et disparu, étant donné qu'Hippocrate malgré son eminence ne la connaissait pas lui-même, mais seulement il s'en remettait aux Anciens qui l'eurent précédés[50]. Si nous devions donc nous occuper[51] à tirer

showing the importance of meteorology, climatology and astronomy from the medical point of vue", G. Sarton, *Introduction to the History of Science*, Vol. I, p. 98.

43 Le mot n'est pas clair; nous lisons تنظيمه

44 Il s'agit probablement des jours ou des dates de la maladie.

45 Lire, ثاون il s'agit de Theon d'Alexandrie, mort à la 2e moitié du 4e siècle, célèbre astronome et mathématicien. Il a écrit un commentaire sur "Almagest". Voir: C. A. Nallino, *'Ilm al-falak* (Rome, 1911), p. 67–68.

46 Lire لا يشفون

47 Il s'agit vraisemblablement des pythagoriciens. Voir P. M. Schuhl (*supra*, n. 10); A. Machabey, *op. cit.* (*supra*, n. 19).

48 La lyre semble avoir été l'instrument de prédilection en Grèce. Toutefois elle ne jouait pas un rôle important dans la musicothérapie. En dehors de la puissance charmante de la lyre d'Orphée, il existe une anecdote, reppetée par quelques auteurs au moyen âge, suivant laquelle Empedocle aurait calmé un excité aux sons de la lyre: voir A. Shiloah, *al-Ḥasan…* (*supra*, n. 13) p. 45. La *sumsumiyya* (sorte de lyre) accompagne de nos jours la cérémonie du *zār*. Voir *supra* notre introduction.

49 *Zamr* est l'action de souffler dans un instrument à vent. L'auteur pense peut-être à l'aulos et à son utilisation dans la musicothérapie; voir, *supra*, n. 14, 15. A cette catégorie appartient aussi l'histoire sur l'*angalyūn* contée par al-Huğwīrī, voir *supra*, n. 18.

50 Hippocrate est cité ici comme référence parce qu'il est le père de la médecine véritable contrairement à l'espèce de médecine pratiquée par les Anciens.

51 Lire اشتغلنا

au clair son essence et à le mettre en application, il nous faudrait des siècles et des générations pour aboutir aux résultats nécessaires. Il faut en l'occurrence que nos paroles soient conformes à la médecine hippocratienne telle qu'elle existe chez nous[52]. Par conséquent, nous pouvons admettre que même si les subtilités de la science musicale et ses parties cachées grâce auxquelles les philosophes guérissaient les malades nous échappent et nous sont inaccessibles, ses évidences et ses aspects manifestes ne nous échappent pas. Nous savons en effet de façon générale qu'il y a ici une espèce de mélodie,[53] de sonnerie (*nafr*),[54] d'air d'un instrument à vent (*zamr*),[55] de rythme (*īqāʿ*)[56] qui provoque la tristesse, une autre (*fol.* 28*b*) qui provoque la joie, une autre qui apaise et qui calme, une autre qui suscite le trouble et l'inquiétude, une qui fait veiller et une autre qui endort.[57] En outre, souvent nous ordonnons en soignant les bilieux, l'emploi des modes musicaux (*ṭarāʾiq*)[58] correspondant à leur état et pouvant leur faire du bien. Cela n'implique pas pour autant que le médecin lui-même s'occupe[59] de la sonnerie [de trompette], du jeu d'instrument à vent, et de la danse;[60] bien plus la médecine s'appuie sur bien d'autres services comme celui du pharmacien, du chirurgien saigneur (*faṣṣād*) et du poseur de ventouses (*ḥaǧǧām*); elle a recours en effet à leur assistance et dépend d'eux dans tous les soins précités. Il en est de même du musicien auquel on demandera assistance pour les besoins se rattachant à ce domaine. La plupart des arts

52 L'on peut comprendre ce passage de deux façons: a) il nous est bien difficile aujourd'hui de pratiquer cette espèce de médecine d'autrefois, et par voie d'exagération l'auteur ajoute: il nous faudrait des siècles pour arriver à l'appliquer convenablement. b) Il serait trop long de commenter les détails de cette espèce de musique.

53 *Laḥn* signifie ici une mélodie vocale ou chant. Le mot *ṭarīqa* est un terme technique signifiant mode; ce sens pourrait s'appliquer à notre texte car il est question des différentes mélodies ayant des effets particuliers. Cependant comme l'auteur avance des généralités nous avons opté pour un mot plus vague.

54 *Nafr* est lié à *nafīr* (trompette).

55 Etant donné qu'il ne s'agit pas de la technique de jeu mais plutôt du produit de ce jeu, nous avons traduit air d'un instrument à vent. Voir *supra*, n. 49.

56 *Īqāʿ* signifie rythme ou mode rythmique. Ce terme est remplacé plus bas par *raqṣ* et *zafn* (danse); nous devons donc sous entendre ici: les rythmes accompagnant la danse.

57 Lire تنوّم. Les quelques généralités avancées ici constituent un domaine commun à la majorité des théoriciens. Voir à titre d'exemple *l'Epître des Iḫwān*, *op. cit.* p. 129–133; al-Fārābī, *Kitāb al-musīqī al-kabīr* trad. fr. par R. d'Erlanger, *la Musique Arabe*, t. I (P. Geuthner, Paris, 1930), p. 13–16.

58 Voir *supra*, n. 53.

59 Nous comprenons ici que le médecin non seulement ne doit pas pratiquer la musique lui-même mais aussi il n'est pas tenu à la connaître de façon approfondie. De plus la musique pratique est placée par l'auteur au même rang que les autres services auxiliaires de la médecine y compris la chirurgie qui n'était pas considérée comme partie intégrante de la médecine.

60 Il y a ici deux mots: *zafn* et *raqṣ* qui désignent danse.

sont basés sur le même principe. En effet, le cavalier n'est pas tenu à manufacturer la selle et la bride mais il emploie en cela le secours du sellier. Et le scribe ne doit pas fabriquer l'encre et le papier, et l'orfèvre n'a pas besoin de construire les maillets et les soufflets. Sans cette assistance, la vie d'un seul homme serait trop courte pour suffire à l'achèvement d'un art et au progrès dans une science ou dans un métier.

Quant à la science théologique, il est évident que le médecin en tant que médecin ne doit pas s'adonner à sa recherche, ni scruter ses réalités. Voilà donc quel est le cas du médecin vis-à-vis de la partie théorique de la philosophie. En ce qui concerne la partie pratique il est tout à fait évident que le médecin n'a pas besoin[61] des sciences des gouvernements,[62] mais il lui suffit une mince quantité de la morale. En effet, les Anciens ont bien clarifié que le médecin doit avoir l'âme pure et être exempt des mauvais caractères afin que les vérités de cette science s'impriment en lui et qu'il soit capable de les mettre en application dans la limite du vrai. Et la pureté de l'âme ne peut être acquise que par la science de moeurs. Voilà donc quelle est la quantité de l'ensemble des parties de la philosophie nécessaire au soutien (*fol. 29a*) de la science médicale.

En ce qui concerne la logique qui est l'instrument de la philosophie[63] et la science de l'art du syllogisme et de la démonstration aproditique, sa connaissance par le médecin, le fait d'y pénétrer[64] et, bien plus, d'embrasser cette science et de la saisir toute entière constitue la plus obligatoire des préceptes pour lui. En effet, la médecine véritable est le syllogisme ainsi que nous l'avons exposé et élucidé. Rien de la partie théorique, ou de la partie pratique n'est vérifiable que par le recours à l'art de la logique. Cela ressort de façon évidente de sa propre définition. En effet, les philosophes sont unanimes en avançant que la logique est celle qui discrimine la vérité du mensonge dans les paroles, le vrai du faux dans les choses et la mauvaise de la bonne manière d'agir dans les actions. Voilà tout ce que le médecin doit accomplir pour mériter le nom de médecin et afin que son traitement ne soit pas tel un radotage[65]. Par conséquent, si le malade recouvre la santé en résultat de ses soins, cela serait dû à son habileté et son expérience, et dans l'autre cas cela incombera

[61] Lire لا يحتاج

[62] Ces sont : la morale individuelle, la morale domestique ou familiale et la morale publique.

[63] Ayant terminé l'exposé sur les deux parties de la philosophie, l'auteur clôt le chapitre par la logique, considérée comme instrument de la philosophie. Cela correspond parfaitement à la soi-disante classification d'Aristote. Voir *supra*, n. 3.

[64] غرارته *sic*. S'agit-il de غرازته ?

[65] Le mot خرافة signifie 'radotage'. Est-ce la répétition des choses apprises aveuglement et sans reflexion, sans contrôle de la raison ? Probablement oui.

à d'autre facteurs et non pas à lui[66]. En ce qui concerne les autres (les médecins qui ne remplissent pas ces conditions), leur cas est semblable à celui des vieilles dames qui soignent les malades; en effet, si ces derniers périssent cela sera le résultat de leur mauvais traitement et si parfois un individu sort indemne cela sera accidentel et non pas le résultat de leur art.

[66] Voir F. Rosenthal, "The Defense of Medicine"... (*supra*, n. 2) p. 527–529.

الدينية ونقل العلمية الى الروم حتى عبر بها التراجمة لحكم بابها
واستفادوا الفوايد منها الباب الثامن في تعديد
ما يجب على الطبيب معرفته من العلوم ليكون كاملا
في صناعته ان جالينوس لتفخيمه امر الطب جعل الطبيب
فيلسوفا وقد باحثت استاذي ابا الخير في ذلك فراينا
في قوله هذا حيفا وذلك ان الطبيب هو الذي يفيد ابدان
الناس الصحة والفيلسوف هو المحيط بحقايق الموجودات
الفاعل للخيرات وهو الذي قال فيه افلاطن انه المتشبه
بالباري بقدر الطاقة البشرية فلان يجعل الفيلسوف
طبيبا اولى من ان يجعل الطبيب فيلسوفا لان الفلسفة عامة
محتوية على الطب وهي التي تسمى الصناعات كما يقال امير
الامرا وقاضي القضاة اذا كان الطب نظريا وعمليا والنظري
يبحث عنه الفيلسوف من حيث هو باحث عن حقايق
جميع الموجودات والعملي يبحث عنه من حيث هو باحث
عن جميع الخيرات وسنزيد قولي بيانا اعلم ان الفلسفة جزآن
نظري وعملي والنظري هو المشتمل على علم الطبيعيات وهو علم
طبايع الافلاك وكواكبها والعناصر الاربعة والنباتات ...

Ms. Köprülü, I, 981, *fol. 26 b*

وعلى علم الرياضات وهو علم العدد والهندسة والتنجيم
والموسيقى وعلى علم الالهيات والعمل هو المشتمل على السياسات
الثلاث وهو سياسة النفس التي هي علم الاخلاق وسياسة
المنزل وسياسة المدينة التي تنتظم السنة والامامة
والملك بدا اما الطبيعيات فليس يحتاج الطبيب بما هو طبيب
الى الاحاطة بجميعها بل يكفيه ان يعلم بعض اجزائها وهو ما
يتصل بصحة بدن الانسان ومرضه من العناصر والامزجة
والاخلاط والاعضاء والقوى والافعال الصادرة عن
القوى واسباب الصحة والمرض ودلائل الصحة والمرض
وليس يجب عليه ان يقف على جميع مباحث هذا الجزء بل على
مباحثه التي تخص الطبيب وتعنى عنا في امر الصحة والمرض مثال
ذلك ان الفيلسوف قد يبحث عن امر العناصر من اشياء لا يطور بها
الطب ولا يضطر اليها الطبيب مثل ان يبحث هل تركيب العناصر
الاربعة من الهيولى والصورة او من اجزاء لا تتجزى وهل العناصر
كائنة بعد ان لم تكن ام هي قديمة لم تزل وهل الحرارة صورة النار
ام هي شي تابع لصورتها ومثل ان يبحث عن السبب في ان لم
صارت العناصر اربعة وعن السبب في مراتبها ومكان كل واحد

fol. 27a

منها فاما الطبيب فيكفيه ان يعلم انها موجودة وانها بالجملة
اربعة وان بدن الانسان مركب منها وفيما بعد ذلك فاما
سائر الامور الطبيعية من مبادي الطبيعيات وطبيعة الافلاك
في احوال الكاينات من العناصر فلا اشتغال للطبيب بها ولا
حاجة لصناعته الى البحث عنها كالهيولى والصورة والقدم
والزمان والمكان وحال العالم في القدم او الحدوث وجوهر النفس
وحالها بعد الفراق فاما العلم الرياضي فيحتاج الطبيب منه الى
ما اقول يحتاج الى طرف صالح من علم التنجيم فقد حكى جالينوس
عن بقراط انه قال ان منفعة علم النجوم في صناعة الطب ليست
يسيرة وحقا قال ذلك فان امر البحران لا يحقق الا من صناعة
التنجيم لان بحارين الامراض الحادة متعلقة بالقمر وباشكاله من
الشمس ومن باقي الكواكب السيارة وبحارين الامراض المزمنة متعلقة
بالشمس وباقي الكواكب السيارة التي هي غير القمر وكذلك علم الازمنة
في تبدلها واختلافها من الاهوية في امزجتها والبلدان في وضعها
من الفلك لا يحصل للطبيب الا بعد وفور الحظ من صناعة التنجيم
ولا بد له في تعلم التنجيم من الهندسة الا انه يكفيه منها القدر الذي به
يقف على حاجته ويتوصل من علم النجوم الى غرضه و[illegible]

fol. 27b

العلم الهندسي الذي لا يكاد يحصر كثرة وانبساطا وتنوعا
واتساعا فاما العدد فلا حاجة بالطبيب اليه اللهم الا ان
يقول قايل التجارب الكاينة في الافراد اقوى من الكاينة في
الازواج فواجب على الطبيب ان يعرف حال الفرد والزوج والسبب
في هذا التفاوت وان كان لابد للطبيب من العدد فله في معرفة
هذا العدد كفاية وبلاغ دون الاستكثار والاستغراق فاما
علم الموسيقى فهو داخل في صناعة الطب بوجه من الوجوه
فقد حكى ياون الاسكندراني عن بقراط ان الفلاسفة المتقد مين
كانوا يشفون المرضى بالالحان وبضرب الالة التي تسمى الاوار
وبالزمر غير اني اقول ان الطب الذي كان على هذا الوجه قد باد
واضمحل اذ كان بقراط مع جلالة قدره لم يعرفه وانما احاله
على القدما قبله فان اشتغالنا باستخراجه حصل بعد الاعمار
والادوار فينبغي اذا ان يكون كلامنا بحسب الطب البقراطي الموجود
عندنا فنقول ان دقايق علم الموسيقى وغوامضه التي بها
قدر اولئك الفلاسفة على شفا الامراض وان كانت قد فاتتنا
وتعذرت علينا فلم يفتنا جلايله وظواهره فانا نعلم بالجملة التي
[illegible] طريقة من اللحن والنقر والزمر والايقاع بحسب الشجي والحزن

fol. 28a

العزم واخرى تسكن وتفتر واخرى تقلق وتزعج واخرى تعهز
واخرى تنوم وكثيرا ما نامر في معالجات اصحاب السودا باستعمال
الطرايق التي تخصهم وتجمع فيهم وليس يوجب ذلك ان يكون
الطبيب هو المتعاطي للنقر والزمر والزفن والرقص بل للطب
خدم كثيرة كالصيدلاني والفصاد والحجام فهو يستعين بهم ويكل
هذه الاعمال اليهم فكذلك بالموسيقار فيما يحتاج اليه من ذلك الباب
وعلى هذا اكثر الصناعات فان الفارس لا يلزمه صنعة السروج واللجام
بل يستعين فيها بالسراج والكاتب لا يلزمه اتخاذ الدواة والقرطاس
والصايغ لا يلزمه اتخاذ المطارق والمنافخ ولولا الاستعانة لضاق
نطاق عمر الشخص الواحد عن استكمال صناعة والتبريز في علم او
مهنة فاما العلم الالهي فمن الظاهر ان الطبيب من حيث هو طبيب
لا يلزمه البحث عنه والوقوف على حقايقه فهذه هي حال الطبيب
في الجزو النظري من الفلسفة فاما الجزو العملي فمن البين ان الطبيب
لا يحتاج الى علم السياسات بل يكفيه اليسير من علم الاخلاق لان
القدما قد بينوا ان الطبيب يجب ان يكون طاهر النفس من ردي الاخلاق
الفاسدة ليتطبع فيه حقايق هذا العلم ويستعمله في تحري الصواب
وطهارة النفس لا تحصل الا بعلم الاخلاق فهذا هو القدر الذي يلزمه

fol. 28b

قوام الصناعة الطبية من جملة اجزا الفلسفة فاما المنطق الذي
هو آلة للفلسفة وهو علم صناعة القياس والبرهان فمعرفة
الطبيب له وعزارته فيه قبل احاطته واستغراقه لجميعه من
اوجب الفرايض عليه لان الطب الحقيقي هو القياس كما قدمناه وبيناه
فلا يتحقق شي من جزو النظري ولا جزوه العملي الا باستعمال الصناعة
المنطقية ويظهر هذا كل الظهور من حدها فان الفلاسفة قد
اجمعوا على ان صناعة المنطق هي التي تميز الصدق من الكذب
في الاقوال والحق من الباطل في الامور والخطا من الصواب في الاعمال
فهذا اجمع ما يجب على الطبيب تحصيله حتى يستحق ان يسمى
طبيبا ولا يكون معالجته جزافا فان برى المريض على يده فموجب
حذقه ومهارته وان كانت الاخرى فمن جهة امور اخر لا من جهته
فاما الباقون فحالهم حال العجايز اللواتي يعالجن المرضى فان هلكوا
فبسوء تدبيرهن وان سلم الواحد في الندرة فبحسن الاتفاق
لا بصنعتهن الباب التاسع في كيفية تدرج المتعلم
للطب وذكر مراتب الكتب فيه ان الترتيبات المستعملة في
العلوم ثلثة احدها ان يقدم ما هو مقدم في الطبع ويوخر ما هو
موخر مثل ان يقدم علم العناصر على علم الامزجة ويقدم علم

fol. 29a

VI

Musical Modes and the Medical Dimension: The Arabic Sources (c.900-c.1600)

Abstract

The keen belief in the overwhelming power of music follows the development of ideas connecting music with medical effects and properties. Subsequently, cosmological speculation is linked to the concrete application of modes (both rhythmical and melodical) in healing treatment. The latter practical aspect led naturally to the principal question: should the musician possess medical qualifications, or, inversely, the physician be versed in the science of music? By reference to evidence drawn in the sources, the author assumes that musico-therapy belongs more to the musician who acts in this respect as an auxiliary to the physician, although he concedes that physicians may also be musicians.

Introduction

From the ninth to the sixteenth centuries, many Arabic sources provide details about the doctrine of music therapy. This doctrine incorporated aspects of the theories of medicine and music. Medical theory was indebted chiefly to Aristotle's doctrine of mixture (Hall 1969). According to this doctrine, physicians established four humours of the human body—blood, yellow bile, black bile and phlegm—by analogy to the four cosmic elements (earth, air, fire, water). They also envisaged four qualities of matter—heat, dryness, moisture and cold—consisting of two pairs of opposites. They then ascribed all material existence to the various mixtures of the four elements and qualities. Accordingly, the doctrine of mixture could account for climate or temperature (caused by a mixture of the four

First published in 1991 by Currency Press Pty Ltd, Paddington, Australia.

basic qualities) as well as for the different temperaments of people—sanguinic, choleric, melancholic and phlegmatic (caused by a mixture of the four humours that make up the body and the four qualities that make up the climate).

Medieval Arabic musical theory is like a convergence of interlocked ideas and trends. Its blossoming coincided with the highest development of Muslim civilization which reached its zenith at the ninth and tenth centuries. The study of music was then part of the sum of encyclopedic knowledge that every learned man had to acquire. This period saw also the advent of a new type of writing on music which came into being as a result of contacts with the Greek treatises which were being translated into Arabic. This new type represents two major orientations: one focussed mainly on mathematical and acoustical speculations dealing with the elements of music, the science of melody and rhythm; the other treated the conception of harmony as order, linking music with cosmology. In this latter orientation, the study of music was considered as a key to understanding the principles presiding over the universe.

The harmony of all celestial and earthly phenomena was expounded chiefly by means of number. Hence, arithmetical speculations (arithmology) were used to explain the governing principles in the universe as well as in the construction of musical instruments and the compositions of melodies and rhythms. Of all old Arabic sources the tenth-century 'Epistle of Music' of the Brethren of Purity brought numerical symbolism to its most developed form. In their speculations on the properties of numbers, the number four—and by extention the quaternities or fourfold structures—received the highest symbolical consideration. In the 'Epistle of Music' the focal point was the classical '*ūd* or short-necked lute, a favourite musical instrument used also for purpose of didactical demonstration in all theoretical writings. The '*ūd* was indeed strung with four strings, stretched in such a way to sound a fourth apart of each other. Since the predominance of the number four was said to be 'comparable to the natural things' and 'in the image of the science of the Creator', it was supposed that the four strings were comparable to such quaternities as the four elements, qualities, humours, temperaments, seasons, weeks of the month and phases of the moon.

In this paper I draw on a select number of Arabic writings that contain information about the relations between medicine and the musical modes.[1] In order to ascertain the roles of the physician and the musician, I describe three different viewpoints—philosophical, medical and musical. First, I summarize the philosophical viewpoint as contained in the writings of the ninth-century philosopher, al-Kindī, and the tenth-century philosophical sect, Brethren of Purity (Ikhwān al-Ṣafā). Second, I survey the physician's viewpoint as found in the writings of ibn Hindū (d. 1019), ibn Sīna (d. 1037) and al-Anṭākī (d. 1599). Third, I use two anonymous sources as representative of the musical point of view. On the basis of these sources, I draw some conclusions about the respective roles of physician and musician in music therapy.

1. Music Therapy as a Component of Universal Harmony: The Philosopher's Point of View

The first manifestation of ideas linking music, or specific melody types, with medical properties and effects goes back to the earliest Arabic sources that have come down to us and which date from the ninth century. At that period the association of the medical dimension with music was integrated into cosmology, in which speculative music was a model of the order of all things, as well as a science of the harmonic relationships of the universe; and practical music was viewed as a power capable of exerting marvelous effects on the human body and soul.

This approach is particularly evident in the musical writings of the ninth-century philosopher, al-Kindī, who wrote several treatises in which he set forth his ideas regarding the marvelous effect of music. In his lesser-known treatise consisting of three discourses, *Book of Sounding Stringed Instruments, of one to ten strings* (Shiloah 1979: 254-5), he attributes the effect of music to musical instruments; and he also advances one or two ideas that may help us in our attempt to understand the various links between musical modes and medicine.

In the first discourse of his treatise, al-Kindī says:

> The instruments help in creating harmony between the soul and the universe. Each people has instruments that reflect their nature and each instrument is said to express the specific beliefs and characteristics of the group to which it belongs. Therefore the skilled musician should make acquaintance in advance with all possible cases, so that he is able to adapt his music to any given situation, like the physician who diagnoses his patients before prescribing suitable treatment.

In the third discourse, al-Kindī characterizes the *'ūd* as the instrument of the philosophers par excellence. This instrument, according to al-Kindī, is used for arithmological and cosmological speculations, because it demonstrates the affiliations of its four strings with the elliptic arcs, Zodiac, position of the stars, seasons, days, ages, elements, words, humours, colours, faculties of the soul and temperaments.

From this brief summary it follows that the musician should develop diagnostic skills parallel to those of the physician in order, like him, to prescribe the suitable treatment. Does this imply that the musician should therefore have some knowledge of medicine or, inversely, the physician some knowledge of music? As far as al-Kindī is concerned, this remains a matter of speculation, although a hint as to what the nature of the musical treatment should be is included in the correspondences of the *'ūd's* four strings. In theory, the *'ūd*, represents a symbolic network of cosmic correspondences; in practice, it is a tranquilizing, introverting and elevating (sublimatory) instrument, like the Greek lyre and the Biblical *kinnor* in the story of David and Saul (I. Samuel 16, 23).[2] In contrast to the drums and wind instruments used in ecstatic ceremonies, the '*ūd* and the lyre do not require energetic physical participation and are intended to be listened to and their music absorbed during the process of therapy.

We come somewhat closer to a more concrete association of musical modes and healing procedures in the writings of the tenth-century Brethren of Purity, who formed a society for the pursuit of holiness, purity and truth. In the 'Epistle on Music', which forms part of an encyclopedia in fifty-two tracts (Shiloah 1979: 230-1), music is used as a model to explain the wonders of creation, the phenomena of nature and matters lying within the domain of human creation. The ethical and therapeutic influence of music on man is developed as a central theme: music is regarded as a decisive factor in spiritual and philosophical equilibrium, since it acts toward creating inner harmony among the contradictory forces in man's soul. In the same way the correct use of music under appropriate circumstances has a healing influence on the body: it evokes a change in the condition of the humours, thereby producing an ideal balance among them.

Just as the humours were supposed to be common to all people, so, too, the basic principles of music were believed to be common to all people. Yet, the philosophers also recognized differences between races and nations of the earth. According to the theory of racial differences, as treated by al-Kindī and by the Brethren of Purity, the particular characteristics that distinguish nations and races do not result from inheritance but from geographical location and climate. Hence, people differed in their senses of taste and smell, their clothes and their music. As these differences were natural, they were to be accepted and lived with in the same way one lives with varieties of other natural phenomena (*see* Shiloah 1978: 25-6). According to the philosophers, the development of musical art should be seen as the joint contribution of various men of different periods, and the divergences should be regarded with tolerance and understanding. These divergences should be looked upon as branches of one tree, the roots of which are common to all music.

Dealing with the matter on a general and universal level, the Brethren say that typical melodies, that is, melody types or modes (*alḥān*[3]), which were invented by the Greek philosophers, correspond to different feelings and various circumstances: they refine man's desires; they arouse his courage; they may also influence him to generosity, clemency and renunciation. The Brethren state that the Greek philosophers 'also invented another melody which they used in the hospitals, at the break of day, and which had the virtue of assuaging pain due to the infirmities and ills suffered by the patient, alleviating their violence and even curing certain sicknesses and infirmities' (Shiloah 1978: 16-7 n.6). Since the term *laḥn* (melody) is used in this context as the equivalent of mode (melody types), we can safely assume that there is a concrete association between modes and healing procedures. More particularly, the Brethren maintain that, in order to be effective, the influence of mode must rest on the knowledge of racial, environmental and individual differences, which are functions of the variegated mixtures of the humours and the diversity of temperaments.

2. Medicine and Music: The Physician's Point of View

Thus far, we have become acquainted with the philosopher's viewpoint regarding the relations between music, modes and medicine. Let us now consider the physician's view of the same question.

2.1. Ibn Hindū: Old and Modern Medicine

Ibn Hindū (d. 1019), one of the earliest Arab authorities in medicine, wrote an important and sizable medical encyclopedia in ten chapters, called *miftāḥ al-ṭibb* (*The Key to Medicine*), of which the eighth chapter is entitled 'The enumeration of those aspects of the sciences the physician must know in order to be perfect in his profession'.[4] The sciences referred to in this chapter, by order of their appearance, are philosophy, physics, astrology, arithmetic, music, theology and logic. In treating the science of music, ibn Hindū begins with a report, purportedly by Hippocrates, regarding the method practised by the ancient philosophers—that is to say, the Pythagoreans—of healing patients with melodies and by playing the *luwār* (lyre) and *zamr* (probably aulos).[5] This type of medicine, he adds, has ceased and disappeared. He also maintains that, although Hippocrates was the true father of medicine, he did not actually practise musico-therapy but only referred to the practice of ancients who preceded him. Hence, ibn Hindū supposes that he and his contemporaries rely only on Hippocratic medicine.

Despite this supposition ibn Hindū argues that, although the subtleties and esoterics of the ancient healing musical science are no longer entirely comprehensible, there is evidence of their existence and effectiveness. For example, physicians know that certain kinds of melody, rhythm and instrumental music are meant to arouse sorrow or joy, to tranquilize or excite passions and so on. Moreover, in treating cholerics, physicians 'often prescribe recourse to musical modes' (*ṭarā'iq*—a designation used for the modes practised between 226 and 651, the Sassanide era[6]) which correspond to the condition of patients and, so, contribute to healing. Nevertheless, this does not imply that the physician himself is expected to blow a trumpet or reed-pipe or get up and dance; rather, he should use the services of an expert musician, just as he uses the services of other experts, assistants and practitioners. The same holds true for other sciences.

Ibn Hindū's approach to ancient medicine mirrors the rationalistic attitude in the science of medicine that already prevailed in a much earlier period.[7] But it also stems from his need to defend medicine against the attacks of two kinds of opponents. On the one hand, there were theologians who accused physicians of trying to contravene the omniscience and omnipotence of God. On the other hand, there were the 'faddists', who, according to Rosenthal, 'were hardly intentional opponents of medicine. Rather they were people unable to dissociate themselves from old-fashioned beliefs in the efficacy of certain practices which made medicine superfluous and, by implication, deprived it of its *raison d'être*' (1969: 525-6).

In his long argument against the allegations of the faddists, ibn Hindū uses the comparison of medicine with other arts:

> Disciplines such as astrology and music are not rejected out of hand, and they are more obscure than medicine and deal with more difficult subjects. Astronomy attempts to understand the remote and majestic celestial bodies. Music affects not only man's body but also his soul. According to the musician's skill and intention, music can produce laughter or tears, joy or sadness, and disarm enemies. If the human intellect can encompass the heavens and manage something as mysterious as the human soul, it certainly should possess the courage and ability to discover and cultivate a science such as medicine (Shiloah 1979: 60-2).

This passage emphasizes the professional and intellectual aspect of music therapy as against the incantative and magical character of old practices. By placing first the effects of music on man's body, we have further confirmation of ibn Hindū's statement that physicians 'often prescribe recourse to musical modes'.

2.2. Ibn Sīna: The Pulse and The Musical Proportions

Ibn Hindū's even more famous contemporary, ibn Sīna, Latinized as Avicenna (d. 1037), was a philosopher and physician. The Latin translation of his *kitāb al-qānūn fi'l ṭibb*, the Canon on Medicine, was known and respected in Europe and was still being edited and re-edited in the seventeenth century (*see* Shiloah 1979: 60-2). Ibn Sīna refuted and rejected as nonsense all the theories linking music with astrology and cosmology; but in his *Canon* we find a special relationship between music and medicine that recurs in Arabic and European writings even as late as the nineteenth century. This relationship combines rhythm, consonances and pulse as chief indicators of good health or illness.

Ibn Sīna writes:

> I cannot say which are the three consonances: octave, 5th and 4th, just by feeling, but this may be easily obtained by one to whom the paths of rhythm and musical proportion are clear and who is also versed in the science of music and able, therefore, to compare that which exists to

what is known. Such a man, if he examines the question of the pulse in depth, will be able to understand these proportions by feeling.

Ibn Sīna continues to discuss the comparison between music and pulse in greater detail and tries to define in musical terms the phenomenon of regular and irregular pulse. Beyond this, however, it is clear from all of ibn Sīna's writings that he is not interested merely in the practical aspects of these comparisons but sees in music an outstanding example of the order which must also exist in the human body.[8]

2.3. al-Anṭākī: The Healing Effect of Rhythmical Modes

The third viewpoint of a physician is presented by a sixteenth-century writer, Dāhūd al-Anṭākī (*lit.*, from Antioch), a blind doctor who by his own testimony travelled in the territories of Asia Minor in search of Greek sources on medicine (*see* Shiloah 1979: 60-2). In his medical encyclopedia, *al-Tadhkira (Memorial for Wise Men)*, al-Anṭākī not only included many of the ideas encountered in the previous examples but also drew extensively from the important tract on music that appeared in the encyclopedia of the Brethren of Purity. Yet, his treatise includes some new facets on music therapy, for he introduces the notion of specific modes associated with their particular medical properties.

Al-Anṭākī's treatise has the odd title, *al-mūsqīrī*, probably derived from *mūsīqār* (musician), a term used by the Brethren of Purity in their 'Epistle on Music'. Following the Brethren, al-Anṭākī defines music as a manual craft whose object is the exploration of sounds comprising specific melodies. He ascribes the invention of the science of music to the Arab philosopher, al-Fārābī (d. 950), but claims that al-Fārābī omitted certain ideas of a Greek scholar (probably Pythagoras) which al-Anṭākī found suitable for his own purposes.[9] According to al-Anṭākī, the Greek scholar arranged melodies (*alḥān*[10]) in accordance with the illnesses and the condition of patients' bodies, applying them to astral musical proportions, rhythms and sounds. Previously, people had made music at random, inspired by bird song and other natural sounds such as wind, water and air passing through different bodies. But the Greek scholar used a definition of musical proportions which corresponded to astral movements as well as to sounds heard in nature. He then created the lute and provided its strings with measures designed to fit the proportions of the astral movements.

Before reaching the major point of his presentation, al-Anṭākī enumerates the variety of modes and melodies in accordance with their characteristics and their proper correspondences. For example, modes arousing courage in battle fit those whose horoscope is Mars; modes stirring love, good manners and artistic creativity correspond to those whose horoscope is Venus. Therefore, concludes al-Anṭākī, the musician whose aim is to entertain his audience, to deal with a particular sickness, to stop a quarrel or to dissipate worries should be able to choose and administer the right melody for each case. If he fails in this task, it might be due to the instrument or the melody or the rhythm chosen; it might be due to a wrong horoscope or to pre-occupation on the part of the listener. In the last case, the musician should start by inducing his listener to concentrate better, after which he can proceed to modify the song and the type of instrument.

Al-Anṭākī goes on to explain the principles of rhythm and their relation and similarity to the action of the pulse. According to his account, the various degrees of rhythmic celerity correspond to pulse beats. Moreover, there is no doubt, he adds, that, when rhythms and melodies penetrate the ear, they provoke a change of heartbeat which in turn necessarily causes a change in pulse-rate and astral movements. He adds that, since the rhythms and instruments vary in accordance with times and places, the musician should comply with the circumstances—for example, by using instruments like the *ḳānūn* in wintertime, since its multiple copper strings endow it with high, hot and dry sounds opposed to the cold surrounding atmosphere and, so, contribute to the creation of a harmonious balance.[11]

The importance the author attaches to rhythm is well-emphasized in the last part of the section on music. In his system rhythm, heartbeat and pulse-rate proceed according to the same principles and embody the same patterns. Their action is characterized by movement, acuity and quality. After a short presentation of the ten categories of rhythms considered under their rhythmical patterns (a theory developed in more detail by ibn Sīna), comes a long paragraph on the '*ūd* and its multiple cosmological associations. This paragraph, which is almost entirely taken from the Brethren's 'Epistle of Music', summarizes the totality of configurations confined in the system of association between music and other components. This is followed by an exposition of the eight rhythmical modes, also borrowed from the Brethren.

For our purposes, the concluding part of al-Anṭākī's chapter on music is the most significant, since the author introduces medical applications for the eight rhythmical modes, providing them with appellations suggesting their major effect.[12] The first mode is called *misalli*, derived from *misalla*—a sacking needle. This needle, which has a slender point at one end and is thick in the middle, indicates the concentration of humours in the chest, ribs and heart, the secretions of the glands and the place of bellyache; *misalli*, therefore, has the property of eliminating impurities from the elements. The second mode, 'inclined', is the opposite of the first in its form and effect. The third mode is 'undulated', since its parts vary gradually; it resembles the waves and indicates excessive moistness and hydropsie as well as most of the phlegmatic diseases. The fourth mode is *namlī* (ant-like), so-called because of its subtlety and weakness of its movements. It corresponds to the fourth stage of high fever and indicates death in the fifth. It might be assimilated with *dūdī* (worm-like), the mode that follows if the patient recovers his strength by absorbing a potion prepared in response to the symptoms shown by *dūdī*.

3. Musical Modes and Medical Treatment

From about the fifteenth century, the theory of music therapy found a prominent place in the literature on music. At this period both medical and musical writings provided detailed tables of correspondences in which the melodic modes under their specific names replace the rhythmical modes of al-Anṭākī and other authors. I propose to illustrate the linking of the melodic modes with medical treatment by describing a fragment in which the modes are listed with their medical properties and by quoting an excerpt from a longer treatise. Both works are by anonymous authors who certainly lived after the sixteenth century (*see* Anonymous 64 and Anonymous 66 in Shiloah 1979: 421-3).

The fragment offers a list of eight modes according to the classification accepted in the fifteenth century. This classification consists of four principal modes, eight derived secondary modes, six *awāzāt* and a variable number of branches (Shiloah 1981). The four principals and seven out of eight secondary modes occur in the fragment. The list undoubtedly continues in the same manner; but, alas, it has not come down to us. According to the fragment, *rast* is good for hemiplegy (paralysis of half the body); *'irāq* helps to cure acute conditions of the humours such as brain diseases, vertigo, pleurisy and suffocation; *iṣfāhān* stimulates the intelligence, increases the capacity for study and heals cold and dry illnesses; *zīrafkand* is prescribed for headache, suffocation and blood illnesses; *rahāwī* is used for colitis, rheumatism, backache; and so on.

The other text also mentions specific *maqāmāt* (modes) with their medical properties, but they are treated generally in the spirit of what we have encountered previously. The anonymous author first gives a lengthy explanation of the principles of the diverse correspondences and then enumerates the modes with their appropriate associations. The following passages are representative of the nature of this text:

> Know thee that the modes (*anghām*[13]) are parallel to four qualities: hot, cold, dry and humid; corresponding to the humours: choler, black bile, blood and phlegm as well as day and night time. Therefore, the musician ought to know all this in order to perform the mode that is appropriate to a given circumstance. Thus, he will intone hot modes for a hot humoured person in his normal state and cold modes in a state of sickness. He will do the same with the other humours: a corresponding mode for a normal state, a mode of an opposite quality in case of sickness. He will do the same in playing the modes pertaining to the male Zodiacal signs for men and those belonging to female Zodiacal signs for women. Nocturnal modes should be heard at night and diurnals at daytime. He should see that a diurnal mode corresponds to the Zodiacal sign of the given day and even to each hour of it, since each hour has its own sign . . . . If the musician wishes to achieve perfect equilibrium and harmony, he should moderate each thing by its opposite when it is in a

> state of excess and reinforce it with its analogue when it is in a normal state . . . .

The author goes on to describe how to deal with different cases by applying what he calls simple and compound modes.[14] The units that compose a compound mode, he says, can be opposites or concordants; those that are opposite can be so in all attributes or only in some of them. Thus, one of the compound modes can be hot and dry and the other, cold and humid; as, for instance, in the combination of the *maqāmāt rast* and *'uššāq* from which the *maqām sīkā* is derived. The latter ensures a balanced mixture of the hot and the cold qualities; in the same way the combination of *rast*, masculine, with *'uššāq*, feminine, gives birth in the *sīkā* to a harmonious blend of masculine and feminine elements. Consequently, the *sīkā* is harmonious from all aspects. That is why it is the most pleasurable of all the well-balanced modes. The author pursues the analysis of other modes in the same way, indicating their affective or medical properties.

Conclusion

The approach characterizing the anonymous treatise, as well as some others like it, represents the culmination of music therapy in Arabic musical sources. Thereafter, no further development took place. Although al-Anṭākī and the two anonymous writers elaborate in detail the musical and medical dimension, it is noteworthy that al-Anṭākī, despite being an authoritative physician, refers to the musician rather than to the doctor as the appropriate agent for fulfilling healing tasks. At the same time, his discussion implies a medical proficiency that becomes more evident in the two anonymous texts. Thus, we are confronted with two questions: (1) was it because al-Anṭākī and other physicians who wrote on music were proficient musicians themselves? or (2) should we admit that contemporary musicians were versed in medicine to an extent enabling them to fulfill the healing tasks incumbent to them? It is not easy to answer these questions with certainty, yet it seems that the prevailing opinion comes close to that of ibn Hindū, who wrote that music therapy belongs more to the realm of the musician, whose art should be regarded as an auxiliary to medicine. This conclusion does not exclude the possibility that physicians well-versed in the art of music would have played a double role of physician and musician. Indeed, that prolific writer, ibn Ṭulūn (d. 1546), asserted: 'every physician ought to know some music, and the musician some medicine and astrology' (Shiloah 1979: 224).

Notes

1 This article is based on Arabic sources, of which many are still in manuscript. A detailed description of the cited manuscripts is included in Shiloah (1979).

2 The Biblical *kinnor* is a type of lyre. A specimen occurs on a coin of the second Temple period.

3 *Laḥn*, singular of *alḥān* or, occasionally, *luḥūn*, signifies melody. Yet, like many other technical terms in ancient Arabic sources, it embodies other meanings. We deduce from the context that *laḥn* here is used as the equivalent of mode with its Greek connotations. The term 'mode' is designated, as we shall see, by other Arabic denominations.

4 A French annotated translation of this chapter, with commentary on the relationships between music and medicine, is included in Shiloah (1972: 447-62).

5 The first name is clearly related to the Greek lyra. The second, *zamr*, is an Arabic term that probably stands here for *mizmār* or *zummāra*, words which designate usually a reed-pipe instrument.

6 The word, *ṭarīqā*, singular of *ṭarā'iq*, means 'way, manner, rule of life'; it is thus very close to the signification of the term 'mode'.

7 For example, the rationalist, Soranus, who practised medicine in Rome in the first decades of the second century, tells us that some physicians charmed away the pains of sciatica by using a piper who played over the affected parts. This mode of treatment, he adds, was among the many innovations and discoveries attributed in antiquity to Pythagoras. But in modern time, according to Soranus, some consider it a survival of magic and incantation, whereas others look upon it as an instance of musico-therapy completely divorced from magic and incantation (*see* Drabkin 1951).

8 Similar ideas may be found, for example, in *De musica* by the monk and music theorist, Remi d'Auxerre (d. 908). After defining musical rhythm, he writes:

> This rhythm is perceived in three manners: by sight, by audition and by touch (palpation). The eye discerns the rhythm in gestures and movements of the dance, the ear hears it in the sound of instruments or the human voice, the touch feels it in the physiological phenomena. Let us leave the biological and tactile rhythm to the physicians who draw from it certain practical conclusions (quoted in Bruyne 1946: tom. I, libre 2, 321).

9 This legendary ascription appears frequently in literary sources up to the nineteenth century. However, the tribute paid here to al-Fārābī is followed by criticism concerning his hostile attitude against the opinions linking music with cosmological, astrological and medical considerations. Al-Fārābī's views, therefore, were in conflict with the supposedly Pythagorean doctrine alluded to in this passage.

10 Here again, *alḥān* is used as the equivalent of the Greek modes (*see supra*, note 3).

11 The *ḳānūn* is a trapezoidal zither provided with twenty-six triple strings, traditionally made of gut. The strings are plucked with two plectra. In al-

Anṭākī's account, an interesting detail is the indication that, in wintertime, the strings should be made of copper.

12 This is the number of rhythmic modes (*iqāʿāt*) usually dealt with in the musical sources of the Golden Age era (*i.e.*, eighth to ninth centuries). In later periods, including the author's time, the number and denominations of the rhythmic modes were significantly different.

13 *See supra*, note 3.

14 For a detailed description of this classification, *see* Shiloah (1981).

Glossary

alḥān: see *lahn*
anghām: see *naghm*
awāzāt (*pl.* of *awāz*): generic name for secondary modes
dūdī (*lit.* worm-like): name of a rhythmic mode
iqāʿāt: (*pl.* of *iqā*): rhythmic modes
ʿirāq: name of a melodic mode
iṣfahān: name of a melodic mode
ḳānūn: a trapezoidal zither
kinnor: Biblical name for lyre
laḥn (*pl. alḥan* or *luḥūn*) melody, tune, melodic and rhythmic mode
luḥūn: see *lahn*
luwār: Greek lyre
maqām (*pl. maqāmāt*): generic name for mode
maqāmāt: see *maqām*
misalla: a sacking needle
misallī (derives from *misalla*): name of a rhythmic mode
mizmār: a reed-pipe instrument
mūsiqār: musician
al-mūsqīrī: unusual name for the science of music
naghm or *nagham* (*pl. anghām*) mode, sound, melody
namlī (*lit.* ant-like) name of a rhythmic mode
rahāwī: name of a melodic mode
rast: name of a melodic mode
sīkā: name of a melodic mode
tarīqā, *ṭarāʾiq*: generic name for old Persian modes
ʿūd: short-necked lute
ʿuššāq: name of a melodic mode
zamr: a reed-pipe instrument
zīrafkand: name of a melodic mode
zummāra: a reed-pipe instrument

References

BRUYNE, E. de

1946 *Études d'esthétique mediévale*, 3 tom., Bruges

DRABKIN, I. E.

1951 'Soranus and his System of Medicine', *Bulletin of the History of Medicine*, 25: 503-18

HALL, T. S.

1969 *Ideas of Life and Matter: Studies in the History of General Physiology 600 B.C.-1900 A.D.*, 2 vols., Chicago and London

ROSENTHAL, F.

1969 'The Defense of Medicine in the Medieval Muslim World', *Bulletin of the History of Medicine*, 43: 525-8

SHILOAH, A.

1972 'Ibn Hindū le médécin et la musique', *Israel Oriental Studies*, 2: 447-62

1978 *The Epistle of Music of the Ikhwān al-Ṣafā*, Tel-Aviv

1979 *The Theory of Music in Arabic Writings (c. 900-1900): Descriptive Catalogue of Manuscripts of Europe and the USA*, RISM B, Munich

1981 'The Arabic Concept of Mode', *Journal of the American Musicological Society*, 34: 34-9

VII

DEUX TEXTES ARABES INÉDITS SUR LA MUSIQUE

I. INTRODUCTION

Nous présentons ici une édition critique et une traduction annotée de deux textes manuscrits relatifs à la science musicale: (1) Texte anonyme, ms. Berlin, Or. 8350 fol. 28b–30b; (2) Texte attribué à Ibn al-Akfānī (m. 1348): (*a*) ms. Vienne, Or. N.F. 4, fol. 43a–44b; (*b*) ms. Leyde, Or. 958, fol. 239a–240a.[1]

Les deux textes en langue arabe ne forment pas des traités complets et indépendants mais sont des chapitres d'ouvrages qui traitent de différentes matières. Le contenu de nos deux textes ne comporte rien de juif en soi, mais nous savons qu'ils furent étudiés et transmis par des Juifs: l'anonyme du ms. de Berlin est en caractères hébraïques; quant à l'autre texte, attribué à l'auteur musulman Ibn al-Akfānī, il fut presque entièrement copié dans un fragment de la Genizah du Caire écrit en caractères hébraïques.[2] L'identification de la source de ce fragment de la Genizah a été faite par le regretté Dr. H. G. Farmer, qui a donné une description détaillée du texte de Ibn al-Akfānī.[3] A la suite de la découverte de la source arabe du fragment de la Genizah par Farmer, nous avons cru bon de publier le texte de Ibn al-Akfānī avec sa traduction.

Il est bien difficile de trouver un dénominateur commun à nos deux textes si ce n'est qu'ils sont tous deux des fragments consacrés à la science musicale. Leurs différences sont bien plus nombreuses et portent notamment sur les conceptions de base, la nature et l'originalité des faits exposés.

Le texte du ms. de Berlin se rattache essentiellement à la conception néo-pythagoricienne, qui met en évidence, d'une part, la théorie de l'influence de la musique sur l'âme, le rapport entre musique céleste et musique terrestre, astrologie et musique, et, d'autre part, la science des proportions qui a pour but de montrer comment le nombre, la proportion et le rapport numérique s'appliquent à tous les phénomènes et offrent une merveilleuse illustration de l'harmonie dans son sens le plus large. Ce sont là des idées fondamentales

[1] Voir plus loin, la description de ces mss.

[2] Ms. British Museum, Or. 5565, c, publié et traduit par R. Gottheil, dans *JQR*, 23 (1932/33): 163–180.

[3] Farmer, *Gen. Fragm.*

exposées par les "Frères Sincères"[4] dans les épîtres sur la musique[5] et sur les proportions, que l'on retrouve littéralement dans le ms. de Berlin. Nous y reviendrons au paragraphe suivant.

Quant au texte attribué à Ibn al-Akfānī, il est de nature et de qualité différentes. Ses sources principales sont les trois grands théoriciens: Al-Farābī, Avicenne et Ṣafi ad-Dīn. A l'exemple des deux premiers théoriciens, nous trouvons, dans l'une des deux versions de ce texte, une réfutation de la théorie de la musique céleste et des préoccupations astrologo-musicales. Chez l'anonyme de Berlin l'étude de la musique s'identifie en quelque sorte à une théorie générale du cosmos fondée sur des notions mathématiques. Par conséquent, la pratique musicale n'est nullement envisagée. Au contraire, le texte de Ibn al-Akfānī traite de la théorie musicale proprement dite, fondée sur la réalité de la technique des musiciens. C'est ainsi que nous pouvons y trouver, par exemple, des détails techniques sur les modes et leurs noms. Il ne s'agit certes pas là d'une quelconque contribution à la pratique musicale; d'ailleurs, dans l'une des deux versions nous lisons: "Les ouvrages de théorie musicale n'apportent de profit que sur le plan théorique". Mais abstraction faite de la conception médiévale qui a créé un abîme artificiel entre la théorie et la pratique, ce genre de texte nous est extrêmement utile parce qu'il reflète certains éléments pratiques et parce que nous ne possédons aucun document noté de cette musique qui relève entièrement de la tradition orale.

II. LE HUITIÈME CHAPITRE DU KITĀB AL MUSĪQĪ DANS LE MANUSCRIT DE BERLIN

1. *Description du manuscrit*

Le manuscrit de Berlin, Or. 8° 350, comprend 168 ff. d'une écriture en caractères hébraïques espagnols de différentes mains. Lieu et date d'une grande partie de la copie: Séville, 1446. Le manuscrit se compose de fragments divers précédés d'un index.[6]

Notre texte occupe dans le manuscrit les ff. 28b à 30b. Ces ff. comportent quelques taches et sont déchirés dans les marges. Le fol. 29 a été relié à l'envers et il faut rétablir l'enchaînement normal du texte de la manière suivante: 28b, 29b, 29a, 30a et 30b.

Incipit (fol. 28b): אלקול אלת̇אמן מן כתאב אלמוסיקי מא הו לאיק באלאנסאן חפטה...

(Le huitième chapitre du livre de la musique [traite] de ce qu'il convient à l'homme de savoir...)

[4] Confrérie de Baṣra (Iraq), deuxième moitié du Xe siècle.

[5] Voir A. Shiloah, "L'épître sur la musique des Ikhwān aṣ-Ṣafā'" (traduction annotée), dans *REI*, 32 (1964/65): 125–162 (dorénavant = L'*épître*...).

[6] Voir la description dans Steinschneider, *Cat. Berlin*, II, no. 248 (p. 99).

Explicit (fol. 30b): פיתחצ̈ל לה צורה̈ אלנבץ̇ עלי אלכמאלי[7] ואללה הו אלעאלם ורב̈ אלעאלמין.

(Il obtint ainsi une description parfaite du pouls. Et Dieu est le Savant et le Maître de l'Univers.)

La partie inférieure de cette page a été utilisée pour des essais de plume. En renversant la page nous y ḷisons les trois citations suivantes:

אומר אני מעשי למלך לשוני עט סופר מהיר [תהלים, מה׳ 2]; השותפין שרצו לעשות [בבא בתרא, פרק א׳ משנה א׳]; ת״ר התקדשי לי במנה נתן אביה לאביך [בבלי, קדושין ח, ע״ב: התקדשי לי במנה תנם לאבא ולאביך].

Dans un article consacré à notre texte, M. Steinschneider[8] laisse entendre que le seul sujet traité dans le chapitre en question, est la science des proportions. Il a ainsi passé sous silence les deux premières pages dont le sujet est tout à fait différent. Cette constatation fut probablement à l'origine de son hypothèse concernant l'identité de l'auteur, qui, selon lui, serait Ibn Abī'l Ṣalt, auteur du Compendium conservé, en partie, dans le ms. Heb. 1037 de la Bibliothèque nationale de Paris et dont notre texte ferait partie. Toutefois, il avoue lui-même que son hypothèse se heurte à des difficultés sérieuses.

L'analyse de notre texte nous montre clairement qu'il est presque tout entier une compilation de deux épîtres des Frères Sincères; l'épître sur la musique et l'épître sur les proportions[9]:

(*a*) Une ligne et demi d'introduction.

	ms. de Berlin		*épître sur la musique (éd. du Caire)*
(*b*)	fol. 28b,	lignes 2–8	I, p. 132, lignes 6–13
		lignes 8–12	I, p. 135, lignes 7–18 (adaptation libre)
		lignes 12–24	I, p. 136, lignes 1–18 (avec des omissions)
	deuxième partie de la ligne 24 jusqu'au fol. 29b,	ligne 5	I, p. 133, lignes 15–20
	fol. 29b,	lignes 6–8	I, p. 136, lignes 18–21

(*c*) Une courte phrase de transition.

(*d*) La majeure partie de ce chapitre (fol. 29b, ligne 9 – fol. 30b, ligne 6),

7 M. Steinschneider, *op. cit.*, a lu ici אלכיאל bien que la lecture de ce mot ne pose aucune difficulté.

8 Voir M. Steinschneider, dans *ZDMG*, 47 (1893): 369.

9 Pour le besoin de la comparaison nous avons utilisé l'édition du Caire: *Rasā'il Ihwān aṣ-Ṣafā'*, 1939.

est une compilation de l'épître sur les proportions. L'auteur suit fidèlement l'exposé des Frères Sincères, mais il ne donne qu'une partie des définitions et des démonstrations.

(*e*) Les neuf dernières lignes du texte constituent un paragraphe sur les systèmes et les intervalles de quarte, quinte et octave. Ce paragraphe, qui est fort mal rédigé, se termine par une allusion à la théorie d'Avicenne relative au pouls. Il semble que tout ce paragraphe, diffus et peu clair, se réfère au grand chapitre sur le pouls dans le *Qānūm* d'Avicenne.[10]

Il ressort de cette analyse qu'à part la phrase initiale et une autre phrase de transition (fol. 29b), le reste n'est que compilé. Nous avons ainsi résolu le problème des sources, mais pas celui de l'auteur, qui demeure pour nous une énigme. Une autre difficulté est celle de l'indication contenue dans la première phrase, à savoir qu'il s'agit d'un huitième chapitre du livre de la musique.

Dans une note de ma traduction de l'épître sur la musique des Frères Sincères,[11] j'ai signalé une difficulté concernant le classement de cette épître, car celle-ci commence par la phrase: "Après avoir achevé l'étude des arts théoriques spirituels, qui sont les genres des sciences, et l'étude des arts pratiques corporels... nous nous proposons dans la présente épître intitulée 'La Musique', d'étudier l'art qui est constitué à la fois par du corporel et du spirituel". Or, les deux épîtres mentionnées sont classées respectivement 7e et 8e. Si nous déplaçons l'épître sur la musique de son emplacement actuel (4e ou 5e selon les éditions) en la classant après les arts théoriques et pratiques, elle occupera alors la 8e place.

Etant donné que le texte du ms. de Berlin rejoint, aprés la phrase d'introduction, l'exposé des Frères Sincères, presque à l'endroit où s'arrête la citation susmentionnée, il est tentant de supposer qu'il s'agit là du huitième livre ou épître: "La Musique". Ce n'est évidemment qu'une hypothèse qui serait susceptible de nous éclairer sur certains points.

2. *Le texte arabe*[11*]

אלקול אלת̇אמן מן כתאב אלמוסיקי [יעלם] מא הו לאיק באלאנסאן חפט̇ה לאנ̈ה מן מלאד̇
אלנפס. קאל גרצ̇נא פי הד̇א אלכתאב מערפה̈ אלנסב וכיפיה̈ אלתאליף אללתאן[12]
במערפתהמא[13] יכון אלחד̇ק פי אלצנאיע כל̈הא. ואעלם באן̈ כל̈ צנאעה̈ תעמל באליד פאן̈
אלהיולי אלמוצ̇וע פיהא אנ̈מא הי אגסאם[14] טביעי̈ה̈ ומוצ̇ועאתהא כל̈הא אשכאל גסמאני̈ה̈

10 Avicenne, *Kitāb al-Qānūn fi aṭ-ṭibb* (Le Caire, 1877–1878), pp. 125–126.

11 Voir A. Shiloah, *L'épître*..., p. 126, n. 1.

11* Nous donnons ici un texte corrigé, en indiquant les lectures originales dans les notes.

12 Les trois dernières lettres de ce mot sont corrigées dans le ms. de façon peu claire.

13 במערפתהא. 14 אקסאם.

אלא אלצנאעה אלמוסיקיה פאן אלהיולי אלמוצׄוע פיהא כלהא גׄואהר רוחאניה והי נפוס אלמסתמעין ותאתׄיראתהא[15] כלהא רוחאניה איצׄא. ודׄלך אן אלאלחאן אלמוסיקאריה אצואת ונגמאת ולהא פי אלנפוס תאתׄיראת כתאתׄיראת צנאעה אלצנאע פי אלהיוליאת אלמוצׄועה פי צנאעתהם.

ואלגרצׄ אלדׄי מן אגׄלה אסתכרגׄוא אלעלם[16] אלמוסיקי הו אנהם למא עלמוא אן עלם אלנגׄום יסתדל מנה עלא מא סיכון מן אלחואדתׄ ועלמוא ענה אן כאן שרא אן ימכן אן ידאפעוה באלצלאה ואלדעא ואלרגבה ואלתובה ללה עז וגל, ואן כאן כׄירא תופרוא[17] מנה חטׄהם. פעלמוא[18] אן בדׄלך כאן אללה תבארך ותעאלי יגׄיבהם ויתוב עליהם. [וכאנוא] יסתעמלון[19] ענד אלדעא ואלתסביח אלחאנא מן אלמוסיקי תסמי אלמחזן והי אלתי תרקק[20] אלקולוב אדׄא סמעת, ותבכי אלעיון, ותכסב אלנפוס אלנדאמה עלא סאלף אלדׄנוב. פלהדׄא כאנוא יסתעמלונהא פי אלהיאכל וענד אלקראבין ואלדעא ואלצלואה וכאנוא קד אסתעמלוא איצׄא לחנא אכׄר יסתעמלונה פי אלמארסתאנאת[21] וקת אלאסחאר ליכפף אלאם אלאסקאם מן אלמרצׄא וישפי כתׄיר מן אלאמראצׄ. ואסתכרגׄוא איצׄא לחנא אכׄר יסתעמל ענד אלמצאיב (ויסלי) [ו]אלאחזאן ואלהמום [ואלמא]תׄם[22] [ו]יעזי אלנפוס ויכפף אלמצאיב ויסלי ויסכׄן אלחזן ואסתכרגׄוא איצׄא לחנא אכׄר יסתעמל ענד אלפרח ואללדׄה ואלסרור [פי אלאעראס ואלולאים. וקד תסתעמל הדׄה אלצנאעה ללחיואנאת] איצׄא [מתׄל] מא יסתעמלון אלגׄמאלין [מן אלחדא] פי[23] אלאספאר לינשטו אלגׄמאל ללסיר ותכׄף עליהא תׄקל אלאחמאל, ואסתעמלוא איצׄא צׄיאדוא אלגזלאן ואלטיור אלחאנא פי טׄלם אלליל תוקעהא[24] פיהא חתׄי תוכׄד באליד. ותסתעמל אלנסא ללאטפאל אלחאנא תסכׄן אלבכא ותגׄלב אלנום. פקד תבין אן צנאעה אלמוסיקי יסתעמלהא כל אלאמם.

ומנהא מא יסכׄן[25] אלגׄצׄב ויכסב[26] אלאלפה ואלמודה. *(fol. 29b)*[27] פמן דׄלך מא[28] חכי אן[פ]י בעצׄ[29] מגׄאלס אלשראב אגׄתמע[30] רגׄלאן מתכׄאצמאן[31] מן קדים [אלזמאן]. פלמא דאר אלשראב בינהמא ואכׄד מנהמא, תׄאר אלחקד, ואלתהבת ניראן אלגׄצׄב, והם כל ואחד מנהמא יקתל צאחבה. פלמא אחס אלמוסיקאר בדׄלך מנהמא וכאן מאהר בצנאעתה, גׄיר נגמאת אלאותאר,

15 ותאתׄירתהא.
16 אלעלמא; on peut également lire אסתכרג׳ אלעולמא.
17 תופרו.
18 פעלמו.
19 אסתעמלון.
20 תדקק.
21 אלמראסתאנאת.
22 Corrigé d'après l'épître des Frères Sincères.
23 Idem.
24 תובקה.
25 תסכן.
26 תכסב.
27 Erreur de reliure, voir, ci-dessus, description du ms.
28 אן חכי.
29 בעד.
30 Le mot פיהא qui figure ici dans le texte est superflu.
31 רגלין מתכאצמין.

וצ̇רב אללחן אלמלין אלמסכן, ואסמעהמא[32] ודאום[33] חת̇י סכ̇ן סורה̈ אלגצ̇ב מנהמא, וקאמא פתעאנקא[34] ותצאפחא.

פאקול אן̇ אלמוסיקי הו אלגנא, ואלמוסיקאר הו אלמגני̇ [ואלמוסיקאת הי אלאת אלגנא][35], ואלגנא הו אלחאן מותלפה̈, ואללחן הו נגמאת [מתואתרה̈], ואלנגמאת הי אצואת מת̇זנה̈, ואלצות [הו] קרע יחדת̇ פי אלהוא מן תצאדם אלאג̇סאם בעצ̇הא בבעצ̇.

ולמא פי עלם אלנסב מן עלם אלמוסיקי מן אלפאידה̈, ראית אן את̇בתהא הנא. אלנסבה̈ הי קדר אחד אלמקדארין ענד אלאכר. [ו] כל עדדין [אד̇א] אצ̇יף אחדהמא אלא אלאכר פלא יכלוא מן אן̇ יכונא מתסאוין או מכתלפין. פאן כאנא מתסאויין יקאל אלי אצ̇אפה̈ אחדהמא אלי אלאכר נסבה̈ אלתסאוי. פאן כאנא מכתלפין פלא בד̇ מן אן יכון אחדהמא אכת̇ר ואלאכר אקל̇ מנה. פאן אצ̇יף אלאקל̇ אלא אלאכת̇ר, קיל לה אלאכתלאף אלאצגר, ויעב̇ר ענה ב[אחד] תסעה̈ [אל] אלפאט̇, והי אלנצף, ואלת̇לת̇, ואלרבע, ואלכמס, ואלסדס, ואלסבע, [ואלת̇מן], ואלתסע ואלעשר. ואמ̇א אן אצ̇יף אלעדד אלאכת̇ר אלי אלאקל̇, פיקאל לה אלאכתלאף אלאעט̇ם. והד̇ה[36] אלנסבה̈ תתנו̇ע[37] [ב]כמסה̈ אנואע ויעב̇ר ענהא בכמסה̈ אלפאט̇. אול̇הא נסבה̈ אלצ̇עף, ואלת̇אני נסבה̈ אלמת̇ל ואלזאיד גזא. ואלת̇אלת̇ נסבה̈ אלמת̇ל ואלזאיד אג̇זא, ואלראבע נסבה̈ אלצ̇עף ואלזאיד גזא, ואלכאמס נסבה̈ אלצ̇עף ואלזאיד אג̇זא. ולא ימכן [אן] יצ̇אף עדד אכת̇ר אלי עדד אקל̇ פיכון כארג̇א מן הד̇ה[38] אלנסב אלכמסה̈. תפסיר ד̇לך: [אמ̇א] נסבה̈ אלצ̇עף פהו מת̇ל אצ̇אפה̈ אלאת̇נין אלי אלואחד. פאן אלאת̇נין צ̇עף אלואחד, ואלת̇לאת̇ה̈ ת̇לאת̇ה̈ אצ̇עאפה, *(fol. 29a)*, ועלא הד̇א אלקיאם סאיר אלאעדאד באלגא מא בלג אד̇א אצ̇יף אלא אלואחד יקאל להא נסבה̈ פי אלאצ̇עאף והד̇ה[39] צורתהא:

١ ٢ ٣ ٤ ٥ ٦ ٨ ٨ ٩ ١٠[40]

ואמ̇א נסבה̈ אלמת̇ל ואלזאיד גזא [פהו] כ[אל]ת̇לאת̇ה̈ אלי [אל]את̇נין ו[אל]ארבעה̈ אלי [אל]ת̇לאת̇ה̈, ואלכמסה̈ אלי אלארבעה̈, ואלסת̇ה̈ אלי אלכמסה̈. פהד̇ה אלנסבה̈ הי אלמת̇ל וג̇ז[א] מנה, והד̇ה צורתהא:

٣	٤	٥	٦	٧	٨	٩[41]
ب	ج	د	ه	و	ز	ح

ואמ̇א נסבה̈ אלמת̇ל ואלזאיד אג̇זא, [הו] אן תבתדי באלת̇לאת̇ה̈[42] ותצ̇יף אליהא אלכמסה̈, ואלסבעה̈ אלי אלארבעה̈, ואלתסעה̈ אלי אלכמסה̈, ואלאחדי עשר אלי אלסת̇ה̈, ואלת̇לאת̇ה̈[43] עשר אלי אלסבעה̈, והד̇ה צורתהא:

32 ואסמעהומא. 33 ודום. 34 וקמא פתענקא.

35 Les mots entre crochets sont ajoutés d'après les Frères Sincères.

36 הד̇א. 37 תנתוע.

38 הד̇א.

39 והד̇א.

40 Les chiffres donnés ici sont en lettres *ġubār*. Sur la signification, les formes et l'emploi de ces lettres, voir Ibn Ḫaldūn, *Muqaddimah*, traduction anglaise par F. Rosenthal (New York, 1958), III, p. 197.

41 Il-y-a ici un mélange de chiffres en lettres *ġubār* et de lettres *abǧad* (voir sur ce terme *Encyclopédie de l'Islam*, nouvelle édition).

42 Les trois premières lettres sont gribouillées.

43 ואלת̇לת̇.

ه	ز	ط	يا	يج[44]
٣	٤	٥	٦	٧

ואמ̃א נסבה̈ אלצ̇עף ואלזאיד ג̇זא פהי כאלכמסה̈ אלי אלאת̇נין, ואלסבעה̈ אלי אלת̇לאת̇ה, ואלתסעה̈ אלי אלארבעה̈, והד̇ה צורתהא:

ه	ز	ط
٢	٣	٤

ואמ̃א נסבה̈ אלצ̇עף ואלזאיד אג̇זא, פהו מת̇ל אן תצ̇יף אלת̇מאניה̈ אלי אלת̇לאת̇ה̈, ואלאחדי עשר אלי אלארבעה̈, ואלארבעה̈ עשר אלי אלכמסה̈, ואלסבעה̈ עשר אלי אלסת̃ה̈, והד̇ה צורתהא:

ح	يا	يد	يز
٣	٤	٥	٦

פקד תבי̃ן אנ̃ באלעדדין [אל]מכתלפין אד̇א אצ̇יף אלאכת̇ר אלי אלאק̃ל פלא יכלוא[45] מן הד̇ה[46] אלכמסה̈ אלנסב אללתי ד̇כרנאהא: נסבה̈ אלצ̇עף, ואלמת̇ל וג̇זא, ואלמת̇ל ואג̇זא, ואלצ̇עף וג̇זא, ואלצ̇עף ואג̇זא. ואלנסבה̈ תקאל עלי ת̇לאת̇ה אנואע: אמ̃א באלכמ̃יה̃, אמ̃א באלכיפ̃יה̃, ואמ̃א בהמא ג̇מיעא. פאללתי באלכמ̃יה̃ יקאל להא נסבה̈ עדדיה̃, ואללתי באלכיפ̃יה̃ יקאל להא נסבה̈ הנדסיה̃, ואללתי בהמא ג̇מיעא יקאל להא[47] נסבה̈ תאליפ̃יה̃ [ו]מוסיקיה̃. (*fol. 30a*) אלנסבה̈ אלעדדיה̃ [פהי] תפאות מא בין עדדין מכתלפין באלתסאוי, מת̇אל ד̇לך: ואחד ואת̇נאן[48] [ו]ת̇לאת̇ה, [ו]ארבעה̈, [ו]כמסה̈. פאנ̃ תפאות מא בין כ̃ל עדדין מן הד̇ה אלאעדאד ואחד ואחד. וכד̇לך את̇נאן,[49] [ו]ארבעה̈, [ו]סת̃ה̈, [ו]ת̇מאניה̈, [ו]עשרה̈, פאנ̃ אלתפאות בין כ̃ל עדדין [מן הד̇ה אלאעדאד] את̇נין, את̇נין. וכד̇לך [ואחד], [ו]ת̇לאת̇ה, [ו]כמסה̈, [ו]סבעה̈, [ו]תסעה̈, פאנ̃ אלתפאות בין כל עדדין [מנהא] את̇נין, את̇נין.

[אל]נסבה̈ [אל]הנדסיה̃ פהי קדר אחד אלעדדין אלמכתלפין ענד אלעדד אלאכר, מת̇אל ד̇לך: ארבעה̈, [ו]סת̃ה̈, [ו]תסעה̈. פאנ̃ נסבה̈ אלארבעה̈ אלי אלסת̃ה̈ כנסבה̈ אלסת̃ה̈ אלי אלתסעה̈. וד̇לך אנ̃ אלארבעה̈ ת̇לת̇ אלסת̃ה̈ ואלסת̃ה̈ ת̇לת̇ אלתסעה̈. וכד̇לך באלעכס, פאנ̃ נסבה̈ אלתסעה̈ אלי אלסת̃ה̈ כנסבה̈ אלסת̃ה̈ אלי אלארבעה̈. וד̇לך אן אלתסעה̈ מת̇ל אלסת̃ה̈ ומת̇ל נצפהא ואלסת̃ה̈ מת̇ל אלארבעה̈ ומת̇ל נצפהא. וכד̇לך אלת̇מאניה̈, ו[אל]את̇ני עשר, [ואלת̇מאניה̈ עשר, ואלסבעה̈ ואלעשרון, פאנ̃הא כלהא פי נסבה̈ הנדסיה̃].[50] אלנסבה̈ אלתאליפ̃יה̃ הי מרכ̃בה̈ מן אלהנדסיה̃ ואלעדדיה̃. מת̇אל ד̇לך: ת̇לאת̇ה̈ [ו]ארבעה̈ [ו]סת̃ה̈.

44

٣	٤	٥	٦	٧
و	ز	ط	يا	يج

45 יכלו.
46 הד̇א.
47 להמא.
48 ואת̇נין.
49 את̇נין.
50 Ajouté d'après les Frères Sincères.

פאלסתה תסמי אלחד אלאעטם ואלתלאתה אלחד אלאצגר ואלארבעה אלחד אלאוסט, וואחד ואתנאן[51] המא אלתפאצל בין אלחדוד. ודלך אן פצל מא בין אלסתה ואלארבעה אתנאן, ופצל מא בין אלתלאתה ואלארבעה ואחד. פנסבה אלאתנין אללדי[52] הו אלתפאצל [בין אלסתה ואלארבעה אלי אלואחד אללדי הו אלתפאצל][53] בין אלארבעה ואלתלאתה, כנסבה אלחד אלאעטם, אלדי הו אלסתה, אלי אלחד אלאצגר, אלדי הו אלתלאתה. וכדלך באלעכס, פנסבה אלתלאתה אלדי הו אלחד אלאצגר, אלי אלסתה, אללדי הו אלחד אלאעטם, כנסבה אלואחד אלי אלאתנין, אללדי הו[54] תפאות מא בין אלארבעה ואלסתה. ומן וגה (*fol.30b*) אכר, נסבה אלואחד אלי אלאתנין כנסבה אלאתנין אלי אלארבעה וכנסבה אלתלאתה אלי אלסתה. ועכס דלך נסבה אלסתה אלי אלתלאתה כנסבה אלארבעה אלי אלאתנין, ונסבה אלאתנין אלי אלואחד. ומן וגה אכר, נסבה אלסתה אלי אלארבעה כנסבה אלתלאתה אלי אלאתנין. ועכס דלך נסבה אלאתנין אלי אלתלאתה כנסבה אלארבעה אלי אלסתה. פאן הדה אלנסב[ה] מאלפה מן אלעדדיה ואלהנדסיה ומרכבה מנהמא[55].

ומן הדה אלנסבה אסתכראג תאליף אלאלחאן. פאלדי באלארבעה הי ארבעה אצואת והו[56] אלזאיד תלת, ואללדי באלכמסה אלזאיד נצף והי כמסה אצואת, ואללדי באלכל והו אלצעף[57] והי תמאניה אצואת. ואעני[58] הנא בקולי אצואת [אן] יבדא[59] אלצות כאנה מנכפץ וירפע רפאעתה אלי מקדאר זיאדה אלתלת, והו [ארב]עה [בו][60]אחד ממא אבתדי בה אללדי הו אלזאיד תלת, או כמסה בואחד [והו] אלזאיד נצף, או תמאניה בואחד והו אלצעף [*voir n. 57*] וקד דכר ן' סינא פי אלנבץ הדה[61] אלנסב לחאגה[62] כאנת פי דלך ללנבץ. פאן לם תתבין לה מן כלאמה (פליחצל.....)[63] פיתחצל לה צורה אלנבץ עלי אלכמאל.[64]

אללה הו אלעאלם ורב אלעאלמין.

51 ואתנין.

52 אלתי.

53 Ajouté d'après les Frères Sincères.

54 הוא.

55 מנהא.

56 והי.

57 אלזאיד צעפא, par erreur.

58 ונעני.

59 יבדי.

60 Les lettres entre crochets sont effacées.

61 הדא.

62 לחגאתה. Ce mot est d'une lecture incertaine. Notre proposition semble plausible mais elle est donnée sous toutes réserves.

63 Il y a ici un mot manifestement gratté par le scribe. Il semble que le scribe se soit trompé ou qu'il ait éprouvé une quelconque difficulté. De toute manière le mot פליחצל semble devoir être éliminé.

64 Voir ci-dessus, n. 7.

3. *Traduction annotée*

Les passages entre crochets suivis d'un astérisque, sont ajoutés d'après l'épître des *Ihwān as-Safā*

Le huitième chapitre du livre de la musique [traite] de ce qu'il convient à l'homme de savoir car [cette connaissance] appartient au plaisir de l'âme. Il dit: Notre but dans ce traité [n'est donc pas l'enseignement de la pratique musicale (*ġinā*), ni de l'art instrumental, (*ṣināʿat al-malāhī*)[65] bien que l'étude de cet aspect soit indispensable, mais notre but*[66] est de faire connaître la science des proportions et la modalité de l'harmonie musicale, dont la connaissance préside à la maîtrise dans tous les Arts. Sache que la matière, qui est le sujet de chaque art, qui se pratique avec les mains, se compose de corps naturels et ses produits sont des figures corporelles, sauf pour la matière qui est le sujet de l'art musical, faite toute entière de substances spirituelles, qui sont les âmes des auditeurs, et ses effets également sont des manifestations entièrement spirituelles. En effet, les mélodies, qui se composent de notes et de rythmes, (*aṣwāt wanaġamāt*)[67] laissent dans l'âme une impression semblable à celle que laisse l'oeuvre de l'artisan dans la matière, qui est le substrat de son art.

Ce qui a poussé les philosophes à inventer la musique, est qu'ils ont constaté que l'on peut tirer des pronostics des lois astrologiques. Ils savaient alors, lorsque les événements prédits étaient maléfiques, qu'il est possible de les éloigner par la prière, [les sacrifices],* l'invocation à Dieu, l'humble supplication et le retour à Dieu puissant et haut par la pénitence. [D'autre part], lorsque les prédictions annonçaient des événements heureux, ils savaient accroître leur chance. Ils savaient donc qu'en faisant cela, Dieu, loué soit-il, repondrait à leurs prières et reviendrait à eux.[68] [Ils] employaient pour les invocations et les hymnes de louange, une mélodie qui se nomme "l'attristante"; c'est celle dont l'audition adoucit les coeurs, fait jaillir les larmes des yeux et inspire aux âmes le regret des péchés passés. C'est pour cette raison, qu'ils se mirent à l'employer dans les temples, pour les sacrifices, les invocations et les prières.[69]

65 Sur les termes *ġinā*' et *ṣināʿat al-malāhī*, voir A. Shiloah, *L'épître...*, p. 127, notes 3–4.

66 Les mots entre crochets (ajoutés d'après l'épître citée des *Ihwān*) n'ont pas été inclus dans notre édition du texte arabe.

67 Voir pour l'explication de ces deux termes, A. Shiloah, *L'épître...*, p. 128, n. 7.

68 Ce passage est une adaptation libre et imprécise du paragraphe sur l'Astrologie judiciaire (*Aḥkām al-nuǧūm*) dans l'épître sur la musique des *Ihwān* (A. Shiloah, *L'épître...*, pp. 131–132 et n. 20). Cette science est fondée sur le principe général que tous les changements qui surviennent dans le monde sublunaire sont intimement liés à la nature particulière et aux mouvements des corps célestes.

69 L'auteur ne mentionne pas ici la mélodie employée pendant les guerres et les combats.

Les philosophes avaient aussi inventé une autre mélodie, qu'ils employaient dans les hôpitaux, au point du jour, et qui avait la vertu de soulager les douleurs dues aux infirmités dont souffrent les malades, et de guérir plusieurs maladies.[70] Ils inventèrent aussi une autre mélodie, que l'on emploie en cas de malheur, de deuil, de chagrin et dans les réunions tristes (*ma'ātim*).[71] Celle-ci a la vertu d'apporter de la consolation aux âmes, d'atténuer [la douleur causée par]* les infortunes, d'alléger [la nostalgie]* et de calmer le deuil.[72]

Ils inventèrent aussi une autre mélodie, que l'on emploie dans les occasions de joie, de plaisir et d'allégresse [aux noces et aux banquets... Il arrive aussi que l'on emploie cet art pour les animaux comme le *ḥudā'*][73] que chantent les chameliers pendant les déplacements, afin de stimuler les chameaux dans leur marche et leur faire oublier la lourdeur des fardeaux. De même, les chasseurs de gazelles [du francolin, de la perdrix]* et d'autres oiseaux entonnent des mélodies dans les ténèbres de la nuit, pour attirer les oiseaux, au point qu'ils pourraient les attraper à la main.[74] De même, les femmes chantent aux bébés des mélodies susceptibles de calmer leurs pleurs et de les plonger dans le sommeil.[75]

Il ressort [de ce que nous venons de dire]*, que tous les peuples ont recours à l'art musical...[76]

Parmi les mélodies, il en existe certaines, qui ont la vertu d'apaiser [la fièvre de]* la colère et de faire gagner l'amitié et l'amour.

On raconte à ce sujet que deux hommes, qui se haïssaient et se faisaient violence depuis longtemps, s'étaient retrouvés dans un banquet. Une fois grisés par la boisson, leur rancune s'éveilla, leur colère s'enflamma, et chacun d'eux se prépara à tuer son adversaire. Le musicien s'étant rendu compte de leur projet et étant maître dans son art, modifia les notes des cordes et joua la mélodie qui attendrit [les coeurs]* et qui apaise; il la leur fit entendre et poursuivit son exécution jusqu'à ce qu'il eût écarté d'eux l'accès de colère. Alors, ils se levèrent, s'embrassèrent et se reconcilièrent.[77]

70 Sur le pouvoir thérapeutique des mélodies voir A. Shiloah, *L'épître...*, p. 132, n. 22.

71 Les *Ma'ātim* (réunions tristes) sont mentionnées plus d'une fois chez les *Iḫwān* (voir *ibid.*, p. 130 et n. 17).

72 Manquent ici les chants de travail.

73 Pour l'explication de ce terme, voir A. Shiloah, *L'épître...*, p. 133, n. 25.

74 *Ibid.*, n. 28.

75 *Ibid.*, n. 29.

76 L'auteur arrête la citation des *Iḫwān* au milieu de la phrase, qui continue ainsi: "que tous les animaux dotés de sens auditif y prennent plaisir, que le rythme laisse dans les âmes spirituelles des impressions semblables à celles que laisse la totalité des arts dans les matières corporelles" (*ibid.*, p. 133).

77 Voir A. Shiloah, *L'épître...*, p. 129, n. 14.

Nous disons en conclusion que la *mūsīqī* est le *ġinā'*, le *mūsīqār* est le *muġannī* (musicien) [et les *musīqāt* sont les instruments de musique].[78] Le *ġinā'* se compose de mélodies harmonieuses, la mélodie (*laḥn*) se compose de notes (*naġamāt*) [successives], les notes sont des sons (*aṣwāt*) mesurés, le son est un choc qui se produit dans l'air à la suite d'une collision des corps les uns contre les autres.[79]

Etant donné, qu'en traitant de la musique l'étude de la science des proportions est profitable, j'ai jugé bon d'en faire ici un exposé. La porportion[80] est définie par le rapport de ses deux termes. Or, chacun des deux nombres comparés entre eux sont nécessairement égaux ou inégaux.[81] S'ils sont égaux, leur rapport sera dit: "rapport d'égalité"; s'ils sont inégaux, l'un d'eux sera nécessairement plus grand et l'autre plus petit. Si l'on compare le plus petit au plus grand, leur rapport sera dit: "l'inégalité la plus petite" (*al-iḫtilāf al-aṣġar*). Ce rapport sera exprimé par l'une des neuf dénominations suivantes: le demi, le tiers, le quart, le cinquième, le sixième, le septième, le huitième, le neuvième et le dixième. Si l'on compare un grand nombre à un autre plus petit, leur rapport sera dit: "l'inégalité la plus grande" (*al-iḫtilāf al-aʿẓam*). Ce rapport se subdivise en cinq espèces qui sont exprimées par cinq dénominations: Rapport du double ou multiple, rapport du même et de la partie ou sesquipartiel, rapport du même et plusieurs parties ou épimères, rapport du double et une partie ou multisuperpartiels, rapport du double et plusieurs parties ou polyépimères. La comparaison d'un nombre plus grand à un nombre plus petit ne saurait être incluse que dans l'un des cinq rapports susmentionnés. Voici maintenant l'explication de ces rapports:

Le rapport double est par exemple celui de deux à un. En effet, le deux contient deux fois le un, le trois le contient trois fois et ainsi de suite tous les autres nombres jusqu'à l'infini. Quand ils sont comparés à un ils sont dits rapports doubles. Voici leurs formes: 1[/1], 2[/1], 3[/1], 4[/1], 5[/1], 6[/1], 7[/1], 8[/1], 9[/1].[82]

78 Cette partie de la définition est ajoutée d'après les *Iḫwān* (*op. cit.*, p. 133).

79 Ici se termine la compilation de l'épître sur la musique. Après une phrase de transition l'auteur puise son texte dans la 6e épître "sur les proportions".

80 L'exposé qui va suivre est une compilation de la sixième épître des Frères Sincères (cf. éd. du Caire, I, pp. 181 sqq.). L'auteur abrège souvent les démonstrations, d'où le manque de précision et de clarté dans la quasi totalité de l'exposé.

81 Les mathématiciens grecs, et, à leur suite, les mathématiciens arabes, classaient les rapports en trois catégories: supérieurs, inférieurs et égaux [à l'unité]. Sur la théorie ancienne des rapports voir le résumé dans *Erlanger*, II, pp. 263–265.

82 Les auteurs arabes distinguent entre le rapport du double (lorsque le plus grand terme contient deux fois le plus petit) et le rapport de plusieurs fois le même (quand le plus grand terme contient deux ou plusieurs fois le plus petit). Ici il s'agit de ce dernier rapport malgré la dénomination "rapport du double".

Le rapport du tout et de la partie est comme celui de trois à deux, de quatre à trois, de cinq à quatre, de six à cinq. Ce rapport contient donc le terme et une partie de celui-ci. Voici leurs formes: 3/2, 4/3, 5/4, 6/5, 7/6, 8/7, 9/8.[83]

Le rapport du tout et de plusieurs parties consiste à commencer par le trois en le comparant au cinq, puis le sept au quatre, le neuf au cinq, le onze au six, et le treize au sept. Voici leurs formes: 5/3, 7/4, 9/5, 11/6, 13/7.

Le rapport du double et d'une partie est comme celui de cinq à deux, de sept à trois, de neuf à quatre [et de onze à cinq]. Voici leurs formes: 5/2, 7/3, 9/4, [11/5].

Le rapport du double et de plusieurs parties c'est comme lorsque tu compares huit à trois, onze à quatre, quatorze à cinq, et dix-sept à six. Voici leurs formes: 8/3, 11/4, 14/5, 17/6.[84]

Ainsi il a été démontré que, lorsque on prend deux nombres inégaux et qu'on compare le plus grand au plus petit, leur rapport sera nécessairement l'un des cinq rapports étudiés, à savoir: rapport du double, rapport du tout et de la partie, rapport du tout et de plusieurs parties, rapport du double et d'une partie et rapport du double et de plusieurs parties.

La proportion est de trois sortes: une quantitative, une autre qualitative et une troisième englobant les deux premières. La proportion quantitative se nomme arithmétique, la qualitative est dite géométrique et celle qui les réunit se nomme harmonique musicale.

La proportion arithmétique est celle où le moyen terme surpasse un extrême et est surpassé par l'autre d'un même nombre. Comme dans 1, 2, 3, 4, 5 etc.[85] En effet, la moyenne de deux nombres est à la distance un, de chacun d'eux. Il en est de même de la porportion: 2, 4, 6, 8, 10 etc. La moyenne de deux nombres est à la distance de deux unités de chacun d'eux. De même pour la proportion [1], 3, 5, 7, 9, [11], où la moyenne de deux nombres est à la distance de deux unités de chacun d'eux.

La proportion géométrique est celle où la quantité de l'un des deux nombres différents est comparée à l'autre nombre comme la proportion 4, 6, 9. Celle-ci est une proportion géométrique. Car le rapport de quatre à six est égal à celui de six à neuf. En effet, quatre est [séparé de six par] le tiers de six, et six est [séparé de neuf par] le tiers de neuf. En sens inverse, le rapport de neuf à six est égal à celui de six à quatre. En effet, neuf égal six et sa moitié, le six

[83] Voir n. 81.

[84] Les trois derniers rapports ne sont pas expliqués et l'auteur se contente de quelques exemples contraires à son modèle. Pour plus de détails voir *Erlanger* (n. 81).

[85] Il s'agit de la moyenne qui est le moyen terme d'une proportion de trois nombres. Des diverses suites proposées ici, on peut choisir la suite des trois nombres qu'on veut. Le moyen terme de cette médiété a la propriété d'être la demi-somme des extrêmes.

à son tour est égal à quatre plus sa moitié. Ainsi sont les nombres 8, 12, [18, 27 qui forment une proportion géométrique].

La proportion harmonique est constituée de proportions géométriques et arithmétiques. Comme celle de 3, 4, 6. Or, le six se nomme le grand terme, le trois le petit terme, le quatre le moyen terme. Un et deux constituent l'excès entre [le moyen terme] et les deux termes extrêmes. En effet, entre six et quatre il y a deux et entre trois et quatre il y a un. Par conséquent, le rapport de deux, lequel est l'excès [de six sur quatre, à un, lequel est l'excès] de quatre sur trois, est comme le rapport de plus grand terme, c.à.d. six, au plus petit terme, c.à.d. trois. Il en est de même inversement: trois, qui est le petit terme est au six, qui est le plus grand terme, dans le même rapport de un à deux, lequel est la différence entre quatre et six. Autrement dit, le rapport de un à deux est comme celui de deux à quatre et celui de trois à six. Et inversement, le rapport de six à trois est comme celui de quatre à deux et de celui de deux à un. D'autre part, six et quatre sont dans le même rapport que trois et deux et inversement deux et trois sont dans le même rapport que quatre et six.[86] Cette proportion est composée des proportions arithmétiques et géométriques et est constituée par elles. C'est cette proportion qui donne naissance aux mélodies [aux systèmes? aux intervalles?].[87] Ainsi, celui de quatre [l'intervalle ou le système de quarte] comprend quatre sons, c'est aussi [le rapport] du [tout] plus un tiers (4/3). L'intervalle de cinq dont [le rapport] est celui du [tout] plus la moitié (3/2), comprend cinq sons. L'intervalle du tout [l'octave] dont [le rapport] est celui du double, comprend huit sons. J'admets en disant ici "sons" que le son commence à un niveau supposé bas pour s'élever ensuite jusqu'à un niveau équivalent au rapport de 4/3. Cette élévation correspond à quatre [sons] à partir du son ayant servi de point de départ: rapport du [tout] plus un tiers [4/3]. [L'élévation] pourra correspondre à cinq sons à partir du son initial et c'est le rapport du [tout] plus la moitié [3/2], ou bien à huit sons à partir de l'initial rapport du double.[88]

86 Outre l'aspect mathématique, cette proportion, invoquée par plusieurs théoriciens de la musique, nous fournit les rapports des trois intervalles consonants: l'octave, la quinte et la quarte. En effet dans 3, 4, 6, les deux extrêmes 2/1 (6/3)= rapport de l'octave; le plus grand terme avec le moyen 3/2 (6/4) = rapport de la quinte; le moyen terme avec le petit terme 4/3= rapport de la quarte.

87 L'auteur emploie le terme *alḥān* (= mélodies), mais, dans l'illustration qui va suivre, il est certainement question des rapports, des intervalles et peut-être même des systèmes. A ce propos nous signalons que les auteurs arabes identifient les intervalles avec leurs rapports.

88 Ce paragraphe, qui n'est pas compilé des épîtres des Frères Sincères, est rédigé dans un langage ambigu, de sorte qu'il est difficile de trancher s'il s'agit seulement des trois intervalles de quarte, quinte et octave ou bien aussi des systèmes de quarte, quinte et octave. Nous avons noté dans l'introduction que l'auteur s'était inspiré ici d'Avicenne parce qu'il cite immédiatement à la suite sa théorie sur le pouls, dans laquelle figure la mention des trois

Avicenne mentionne ces rapports en parlant du pouls, parce que ce rapprochement lui était nécessaire pour expliquer les caractéristiques du pouls. Si, à cet effet, Avicenne n'a pas abouti à des conclusions évidentes dans ses propos, il a pu tout de même obtenir une image parfaite du pouls.[89]

Et Dieu est le Savant et le Maître de l'Univers.

III. LE CHAPITRE SUR LA MUSIQUE DE ŠAMS AD-DĪN IBN AL-AKFĀNĪ

Ce chapitre qui traite de la science musicale constitue la 57e section de l'encyclopédie des sciences *ad-durr an-naẓīm, fī aḥwāl al-ʿulūm wa-ât-taʿlīm* attribuée à Ibn al-Akfānī.[90] Il en existe deux manuscrits: Vienne, Or. N.F. 4 et Leyde, Or. 958. A cela il faut ajouter le fragment de la Genizah (British Museum, ms. Or. 5565, e.), difficilement lisible, qui fut édité et traduit par R. Gottheil.[91] Ce fragment reproduit en grande partie le texte de Vienne.

R. Gottheil s'est heurté à des difficultés insolubles en déchiffrant le chapitre sur la musique de la Genizah: (*a*) le fragment est incomplet; il manque environ 14 lignes par rapport au texte de Vienne; (*b*) il est très abimé et altéré. Certes, l'effort de R. Gottheil est méritoire, mais à la lumière du texte parallèle que nous éditons, nous sommes en mesure de corriger des erreurs que R. Gottheil ne pouvait éviter dans son travail. Compte tenu de la parenté évidente entre le ms. de Vienne et le fragment de la Genizah, nous nous contenterons de signaler les variantes dans les notes de notre édition.

Quant à nos deux manuscrits, ils diffèrent l'un de l'autre sur un certain nombre de points essentiels. C'est pourquoi nous avons cru bon de les éditer en entier avec leur traduction respective.

1. *Description des manuscrits*

Manuscrit de Vienne Or. N.F. 4. On trouvera la description détaillée de ce ms., comportant l'encyclopédie *ad-durr an-naẓīm...* dans le catalogue de

consonnances et de leurs rapports respectifs. Mais précisons que notre auteur ajoute quelques détails qui ne figurent pas chez Avicenne.

[89] Ce dernier passage est fort obscur. Nous nous sommes donc reportés à la source citée dans l'espoir d'y trouver une solution. En effet, Avicenne fait ce rapprochement entre les consonnances et les divers états du pouls dans un chapitre consacré à la nature musicale du pouls (voir ci-dessus, note 10). Cependant nous n'avions pas trouvé d'explication plausible à ce passage. Signalons que le chapitre en question d'Avicenne a été commenté par l'auteur juif Isaïe ben Isaac (ms. Munich 277); cf. M. Steinschneider, dans *Bêṭ ôṣar has-sifrûṭ*, 1 (1887): XXIX–XXXII; voir aussi E. Werner et I. Sonne, "The Philosophy and Theory of Music in Judaeo-Arabic Literature", dans *HUCA*, 16 (1941): 273–274, n. 68.

[90] C. Brockelmann a suggéré que le *Durr an-naẓīm* n'est qu'une révision de l'autre encyclopédie d'Ibn al-Akfānī *Iršād al-qāṣid*, faite par un compilateur. H. G. Farmer (*Gen. Fragm.* pp. 27, 30–32) est du même avis et il apporte des arguments à l'appui de cette théorie.

[91] *JQR*, 23 (1932–33): 163–180.

G. Flügel (Vienne, 1865), I, pp. 8–10. Notre texte occupe dans le manuscrit les ff. 43a à 44b.
Incipit (fol. 43a, ligne 16): *Al-qawl fī 'ilm al-mūsīqī wa-huwa 'ilm yuta'arraf minhu ḥāl an-nağam...* (De la science musicale. C'est une science qui nous apprend les caractéristiques des notes...)
Explicit (fol. 44b, lignes 1–2): *Wa-li-abi al-wafā' al-Buzǧānī maqālah fi-âl-iqā' 'alā ra'ī al-qudamā' ayḏan, Fa-hāḏa itmām al-qawl fi -âl-'ulūm an-naẓarīyya-al-aṣlīyya- wa-âl-far'īyya-.* (Abu al-wafā' al-Būzǧānī a écrit un traité du rythme fondé également sur la théorie des Anciens. Ici se termine l'exposé relatif aux sciences théoriques fondamentales et secondaires.)
Manuscrit de Leyden, Or. 958. On trouvera la description détaillée de ce ms. comportant l'encyclopédie *ad-durr an-naẓīm...* dans le catalogue de M. J. De Goeje (Leyde, 1873), V, pp. 136–138. Notre texte occupe dans le manuscrit les ff. 239b à 240b.
Incipit (fol. 239b, ligne 6). *Al-qawl fī 'ilm al-mūsīqī wa-huwa 'ilm yu'lam minhu an-nagām wa-âl-īqā' wa-aḥwāluha.* (De la science musicale. C'est une science qui nous apprend les notes, le rythme et leurs caractéristiques.)
Explicit (fol. 240b, lignes 4–6): *fainna al-aflāk lā iṣṭikāk baynahā walā qar' wa-lā ṣawt lahā. Wa-âl-yakūn hāḏā āḫir al-qawl fi-âl-'ulūm al-riyaḍīyya- wa-huwa tamām al-kalām 'alā al-'ulūm al-naẓarīyya-.* (Les sphères ne s'entre-choquent pas, elles ne produisent aucun bruit et aucun son. Ici nous terminons la section relative aux sciences mathématiques et nous achevons l'exposé sur les sciences spéculatives.)

2. *Remarques sur les différences fondamentales entre les deux manuscrits*

(*a*) Toute la première partie jusqu'à l'énumération des modes est beaucoup plus détaillée dans le ms. de Vienne.

(*b*) Le paragraphe du début, concernant l'appartenance de la musique aux sciences mathématiques, figure seulement dans le ms. de Leyde.

(*c*) Le passage relatif à l'effet de la musique sur l'âme est au début dans le ms. de Vienne et dans celui de Leyde vers la fin.

(*d*) Après mention des traités de base se termine le texte du ms. de Vienne. Le ms. de Leyde apporte des propos sur la théorie et la pratique de la musique et une réfutation de la musique des sphères.

(*e*) La différence la plus importante est celle qui concerne la théorie relative aux tons, aux modes mélodiques et aux modes rythmiques: les listes de modes des deux manuscrits ne concordent pas. Il semble qu'elles se réfèrent à deux systèmes différents, qui, par conséquent, ne peuvent être l'oeuvre d'un même auteur.

Après avoir analysé le texte du manuscrit de Vienne, H. G. Farmer dresse une table comparative des modes mélodiques et rythmiques mentionnés dans *Iršād al qāṣid* de Ibn al-Akfānī et dans *ad-durr an-naẓīm* généralement attribué à ce même auteur. Compte tenu de ces différences de nomenclature Farmer arrive à la conclusion que ces deux encyclopédies ne peuvent être du même auteur.[92] Curieusement, la liste des modes dans le ms. de Leyde (qui comporte le texte de *ad-durr an-naẓīm*) est tout à fait identique à celle que l'on trouve dans *Iršād al-qāṣid.* Cette constatation, qui semble contredire les conclusions de Farmer, mérite d'être étudiée plus à fond.

3. *Le texte du manuscrit de Vienne* (*ff. 43a — 44a*)

القول في علم الموسيقى وهو علم يتعرّف منه حال النغم في اتّفاقها واختلافها وحال الابعاد والاجناس والجموع والانتقالات وحال الايقاع وكيفية تأليف اللحون والتوصّل الى ايجاد الآلات الموسيقارية. ومنفعته بسط الأرواح وتقويتها وتعديلها و[ا]نمائها وتحريكها[93] عن مبداها حركة لطيفة توجب لذّة محسوسة وربما تحرّكها[94] الى (*fol. 43b*) مبداها ولذلك تستعمل [94*] تارة في الافراح وتارة فى المآتم. ويستعان به في الترتيل والترنّم. ومنفعته بالنسبة الى الطب جليلة.

واجزاؤه الاصلية خمسة: الاول القول فى المبادىء[95] التى يحتاج اليها فى استخراج ما في هذا العلم وسبيلها وبأي طريق تستنبط. الثاني معرفة النغم [و]كم هي [و]كم[96] أصنافها وكيفية تأليف اللحون منها. والنغمة صوت[97] لابث زمانا[98] ما يجري[99] من الألحان مجرى الحروف من الألفاظ. ومنها حادّة ومنها ثقيلة واللذيذة منحصرة[100] بين طرفي الحدّة والثقل. والطبقة قدر النغمة فى الحدّة والثقل وتعرف الملائم بالتذاذه في الاكثر. واختلف القدما[ء] فى عدد[101] الطبقات الملائمة والاكثر على انها خمسة عشر طبقة. ولشهرة العود نسبت الى أوتاره ودساتينها[102] فيعدّون لكل وتر خمس طبقات. مطلقه ووسطاه وسبابته وخنصره وبنصره. فيكون [عددها] عشرين يسقط منها خمس وهي: خنصر المثنى لمساواته مطلق الزير (الدقيق من أوتار العود)[103] [وخنصر المثلث

92 Farmer, *Gen. Fragm.*, pp. 30–32.

93 وحركتها.

94 حركها.

94* Il y a ici peut-être un changement de sujet qui serait *al-musīqī* (fem.) au lieu de *'ilm al-musīqī* (masc.). C'est aussi le sujet de la phrase suivante.

95 Dans Al-Farābī, *Iḥṣā' al-'ulūm* nous lisons: وكيف الوجه فى استعمال تلك المبادي.

96 Ajouté d'après Al-Farābī, *op. cit.*

97 Par ce mot commence le fragment de la Genizah, ms. du British Museum, Or. 5565c fol. 1a.

98 Les deux derniers mots, note interlinéaire.

99 (Genizah) يجرى بجرى.

100 (Genizah) مختصرة.

101 Le deuxième *dāl*, note interlinéaire.

102 ودستاناتها.

103 Addition interlinéaire d'une autre main.

لمساواته مطلق المثنى [104] وخنصر البم (الوتر الغليظ) [105] لمساواته مطلق المثلث وبنصر البم لانه لا يناسب نغمة اخرى موافقة وبنصر المثلث لمساواته النغمة التي من أسفل دستان الزير] [106]. وبعضهم رأى أن بعضها ينقص لعدم نظير يتألف معه فرأى ان يزيد فى العود وتر آخر لاجلها وبعضهم استغنى عنه بنغمة تخرج من أسفل خنصر الزير بحيث يساوي بنصر [107] [ال]وتر [ال]خامس. وهذا اولا، واما المتأخّرون فان الفرس منهم ألّفوا لهم أدوار الطبقات اللذيذة فى الاكثر وعبّروا [108] عنها بالبرداوات وهي عندهم اثنتا عشرة [109] برداة. الرست والعراق والاصبهان والزيرفكند والزنكلة وابو سليك والرهوى والمايا والبزرك والحسيني والعشاق والنوى ولكل برداة من هذه (*fol. 44a*) طبقة [110] تقابلها يعبّرون عنها بالتازي فيقولون رست وتازي رست وبين هذه الاثنتى [111] عشرة برداوات ستّ أوازات [112] وهي السلمك والحجازي والشاهناز [113] والنوروز والكردانية [114] والكوشت [115]. ومنهم من يسقط الحجازي ويثبت بدله روي عراق أو الزركشي. الجزء الثالث الايقاعات التي هي أوزان النغم فى الزمان وأصنافها. والايقاعات عند القدماء ثمانية. الهزج وخفيفه والرمل [و]خفيفه والثقيل الثاني وخفيفه ويسمى الماخوري [والثقيل الاول وخفيفه]. [116] والمتأخّرون يوقّعون على ثلاثة أضرب ضرب يعرف بضرب الاصل وضرب يعرف بالمخمّس وضرب يعرف بالتّركي. [117] وبعضهم يجعل لها رابعا يعرف بالفاختى [118] وهو بالحقيقة من الفروع [119]. الجزء الرابع تأليف الالحان [الموضوعة] [120] فى الأقاويل الشعرية بحسب غرض غرض [من أغراض الالحان]. [120*] الجزء الخامس ايجاد الآلات الموسيقارية

104 (Genizah) Il y a trois mots de trop : الزير وخنصر المثلث.

105 Addition d'une autre main.

106 Le passage entre crochets, suivant la note 103, est une note marginale. Dans le fragment de la Genizah cette note figure dans le texte même. Il se peut donc, que le copiste s'étant aperçu de l'omission, ait ajouté en marge ce qu'il aurait pu oublier par distraction.

107 La correction marginale *sababah* n'est pas bonne.

108 وعبروه.

109 اثنى عشر.

110 De *ṭabaqah* jusqu'à *Yuṣqiṭ* (c'est à dire 3 lignes du ms. de Vienne) manque dans le texte de la Genizah.

111 الاثنى.

112 أوزات.

113 الشاهنا.

114 الكردانيات.

115 الكوشة.

116 Ces deux dernières modes sont ajoutés d'après la Genizah.

117 بالزكي. Nous avons adopté ici la lecture du ms. de Leyde.

118 بالفاختة.

119 (Genizah) من الضروب الفروع.

120 Ajouté d'après Al-Farābī, *Iḥṣā' al'ulūm*.

120* Idem.

ووضعها وتقديرها كالعيدان والمزامير وغيرها. واعلم ان الحاجة الى الآلات الموسيقارية، لضرورة ومنفعة. اما الضرورة فان الاصوات الانسانية مشغولة بأمور اضطرارية من النفس وغيره فيتخللها فترات تخلّ باللذة التي من شأنها توالي ما يرد على السمع فاستعانوا بالآلات. واما المنفعة فما وجد فى بعض الآلات مما ليس في الطبيعة فلم يحسن الاخلال به. واشهر الكتب المصنفة فى علم الموسيقي[121] كتاب ابي نصر الفارابي. وانفعها واضبطها الموضوع[122] فى جملة كتب[123] الشفاء. ولصفى الدين عبد المؤمن البغدادي[124] مختصر لطيف لا بأس به. ولثابت ابن قرّة الصابي مقالة فى الانغام على رأي القدماء ولابي الوفا البوزجاني مقالة فى الايقاع على رأي القدماء ايضاً. فهذا اتمام القول فى العلوم النظريـة.

4. *Le texte du manuscrit de Leyde* (*ff. 239b — 240a*)

القول فى علم الموسيقى وهو علم يعلم منه النغم والايقاع واحوالها وكيفية تأليف اللحون واتخاذ الآلات الموسيقارية.

وهذا العلم من فروع الرياضي ايضـا إذ نظره فى الكم المنفصل وكهذا الحساب والزيجات. وموضوعه الصوت من جهة تأثيره فى النفس باعتبار نظامه فى طبقته وزمانه.

وأجزاؤه خمسة : الاول فى المبادئ وكيفية استنباطها. الثاني فى النغم وأحوالها[125]. والنغمة صوت لابث زمانا ما يجري من الالحان مجرى الحروف من الالفاظ. وبسائطها سبع عشرة نغمة وأدوارها أربعة وثمانون دورا اختار الفرس منها اثنى عشر دورا لقّبوها البرداوات واسماؤها : عشـاق. نوى. بوسليك. راست. عراق. اصفهان. كجلك. بزرك. زنكولة. رهاوي. حسيني. حجازي واتبعوها بستة أدوار لقّبوها الأوازات[126] وهي شهناز.ماية. سلمك. نوروز. كردانية. كوشت. والعرب كانت تنسب النغمات الى شدود العود لشهرته. الجزء الثالث فى الايقاع وهو اعتبار زمان الصوت. وادوار الايقاعات عند العرب ستة : الثقيل الأول. والثاني. والماخوري والرمل. وخفيفه. والهزج. والفرس تقتصر على اربعة أضرب. ضرب يعرف بضرب الأصل وهو قريب من الثقيل الأول وضرب (*fol. 244a*) يعرف بالمخمّس وهو قريب من الماخوري. وضرب يعرف بالتّركي. وضرب يعرف بالفاختي وهو من الفروع. الجزء الرابع فى كيفية تأليف الالحان وبيان الملائم منها. الجزء الخامس فى اتخاذ الآلات الموسيقارية وتقديرها. وانما وضعوا هذه

121 الموسيقا.
122 (Genizah) אלמוסיקי אלמוצ׳וע.
123 (Genizah) כתאב.
124 (Genizah) Al-Bagdādi manque.
125 وأحواله.
126 أوزات.

الآلات لضرورة ومنفعة. اما الضرورة فاشتغال الاصوات الانسانية بالتنفس ونحوه. فتتخللها فترات تخلّ باللذة. وأما المنفعة فما وجد فى بعض الآلات مما ليس فى الطبيعة فلم يحسن الاخلال به. وكتاب أبي نصر الفارابي أشهر كتب هذا الفن وكتاب الموسيقى الذي من جملة كتب الشفا جامع لمعاني كتاب أبي نصر مع زيادات كثيرة بالفاظ وجيزة. ولصفي الدين عبد المؤمن مختصر لطيف. ولثابت بن قرّة الصابي مختصر فى فنّ النغم. ولابي الوفا البوزجاني مختصر فى الايقاع.

والكتب المصنّفة فى هذا العلم انما تفيد أمورا علمية فقط وذلك لان صاحب الموسيقي العملي انما يتصوّر الانغام وايقاعاتها واحوالها على انها مسموعة من الآلات التي اعتاد سماعها منها. اما الطبيعية كالحلوق الانسانية واما الصناعية كالآلات الموسيقارية. والنظري انما يأخذها على انها مسموعة على العموم من أيّ وجه كان وأي آلة اتّفقت لا على انها فى مادة ولا آلة معينة. وهذا امر معقول لا يفيد مزاولة عمل.

ومنفعته بسط الأرواح وتعديلها وتقويتها وقبضها أيضا لأنه يحرّكها اما عن[127] مبدئها[128] فيحدث السرور واللذة ويظهر الكرم والشجاعة ونحوها وأما الى[129] منتهاها فيحدث الفكر فى العواقب والاهتمام ونحوها. ولذلك يستعمل فى الافراح والحروب وعلاج المرضى تارة ويستعمل فى المآتم وبيوت العبادات أخرى.

أما ما يقال ان سبب انفعال النفس عن الالحان تذكّرها عالمها الاول للمناسبات التي بين هذه الالحان وبين حركات [الكواكب أو الافلاك]. فيشبه ان يكون هذا القول[130] رمزا أو من هذيانات المنّجمين والصابئة المعتقدين ان الكواكب اجسام ناطقة ولها أحساس وعقول وقدرة. وهذا باطل بل كفر بما يؤول[131] اليه. فان الافلاك لا اصطكاك بينها ولا قرع ولا صوت لها. وليكن هذا آخر القول في العلوم الرياضية وهو اتمام[132] الكلام على العلوم النظرية.

127 عند ؟ note marginale.

128 مبدأتها .

129 عن ؟ note marginale.

130 Le scribe a répété ici أن يكون .

131 Le mot est d'une lecture incertaine; on peut cependant distinguer les deux dernières lettres.

132 تمام .

5. *Traduction annotée des deux textes:*

Manuscrit Vienne (Ibn al-Akfānī)
Or. N.F. 4
(ff. 43a–44a)

De la Science Musicale. C'est une science qui nous apprend les caractéristiques des notes (*nağam*),[133] compte tenu de la consonance (*ittifāq*) et de la dissonance (*iḫtilāf*), les intervalles, (*ab'ād*), les genres (*ağnās*) les systèmes (*ğumū'*), les métaboles (*intiqālāt*) et les rythmes (*iqā'*). [Elle nous enseigne] comment les mélodies sont composées et par quels moyens on aboutit à l'invention des instruments de musique. Cette science est utile, en ce sens qu'elle apporte de la joie aux âmes, leur confère plus de force, y crée un équilibre harmonieux, les anime et les agite en les écartant de leur état premier (*mabda'*) par un mouvement léger qui fait naître un plaisir sensible; il arrive aussi [fol. 43b] qu'elle les meut vers leur état premier. C'est pourquoi, on a recours à la musique, tantôt aux moments de joie et tantôt dans des réunions tristes (*ma'ātim*).[135] En outre, on en tire parti dans la

Manuscrit Leyde (Ibn al-Akfānī)
Or. 995
(ff. 239b–240a)

De la science musicale. C'est une science qui nous apprend les notes (*nağam*), le rythme (*iqā'*) et leurs caractéristiques.

[Elle nous enseigne] comment les mélodies sont composées et comment les instruments de musique sont choisis. Cette discipline constitue aussi une branche des sciences mathématiques, étant donné qu'elle spécule sur la quantité discontinue[133*]. Il en est de même de l'arithmétique et des tables astronomiques. Son objet est [l'étude] du son du point de vue de son influence sur l'âme, compte tenu de sa place dans un système, [ton ? échelle ?] (*ṭabaqah*)[134] et de sa durée.

133 Il existe trois pluriels du terme *nağmah*: *nağam*, *nağamāt* et *anğām*. Ce dernier figure à la fin du texte de Vienne dans le sens de modes mélodiques. Outre ces deux sens le terme *nağmah* peut également signifier une percussion. Dans le manuscrit de Leyde le terme semble être employé dans le sens de "ton" (voir plus loin, n. 137).

133* Aristote dans le sixième chapitre des *Catégories* distingue entre deux espèces de quantité: la quantité continue et la quantité discontinue; à cette dernière appartiennent le nombre et le discours (voir *The Works of Aristotle*, translated into English under the editorship of W. D. Ross, I [Oxford, 1928], VI, 4b 20).

134 *Ṭabaqah* (litt. rang) signifie: régistre, tessiture et la "hauteur [relative] de la note [fondamentale d'une echelle]" (voir la définition donnée plus loin dans le texte de Vienne). Ce terme désigne aussi une quarte, c.à.d. l'ambitus de chacune des quatre ou cinq cordes du luth (voir notes 139 et 142).

135 Voir n. 71.

cantillation (*tartīl*)[136] et dans le fredonnement (*tarannum*).[137] Son utilité au point de vue médical est immense.

Cette science se divise en cinq parties principales.[138]

La première traite des principes nécessaires à la compréhension de tous les éléments de cette science, de leurs méthodes et de leurs applications.

La seconde partie traite des notes (*naḡam*), de leur nombre et de leurs espèces ainsi que de la méthode selon laquelle elles sont employées dans la composition des mélodies. La note est un son (*ṣawt*) qui se prolonge pendant un certain temps; son rôle dans la mélodie est semblable à celui des lettres dans le discours. Les notes sont aiguës ou graves; toutefois, celles comprises entre les deux extrêmes dans l'aigu et dans le grave sont les plus plaisantes. La *ṭabaqah* désigne la hauteur [relative] de la note [fondamentale d'une échelle]; elle indique [aussi], grâce au plaisir qu'elle suscite dans la majorité des cas, [la succession]

Cette science se divise en cinq parties:

La première traite des principes et de la méthode de leur application.

La seconde partie traite des notes et de leurs caractéristiques. La note est un son (*ṣawt*) qui se prolonge pendant un certain temps; son rôle dans la mélodie est semblable à celui des lettres dans le discours.

136 *Tartīl* est généralement employé pour désigner un chant qui se déroule sur un rythme libre. Dans un contexte poétique il signifie: émettre les syllabes de façon claire en donnant à chacune d'elles sa mesure et sa valeur. Dans le domaine du chant religieux, on emploie ce mot, encore de nos jours, pour la cantillation.

137 A propos de *tarannum* le grand grammairien Sibawayhi (m. 796) écrit: "La poésie fut conçue pour le *ginā'* (chant) et le *tarannum* (modulation ou prolongation de la voix dans la récitation). Al-Farābī (m. 950) mentionne les *tarannumāt* comme un stade primaire de l'évolution musicale (cf. *Erlanger*, II, p. 67). Il s'agit de fredonnements, de vocalises ou de formules mélodiques improvisées. Les deux termes *tartīl* et *tarannum* pourraient représenter, dans ce contexte, deux aspects de l'intervention de l'élément musical dans le chant.

138 Cette division de la science musicale en cinq parties est empruntée à Al-Farābī, *Kitāb iḥṣā' al 'ulūm* (voir H. G. Farmer, *Al-Farabi's Arabic Latin Writings on Music*, London, 1960). Toutefois notre auteur se détache de son modèle et ne se contente pas des définitions succinctes d'Al-Farābī.

harmonieuse des notes.[139] Les anciens n'étaient pas d'accord sur le nombre des *ṭabaqāt* harmonieuses; la majorité d'entre eux en admettaient quinze.[140] Grâce à la grande notoriété du luth (*'ūd*), on a attribué ces *ṭabaqāt* aux cordes et aux touches de cet instrument.[142] En l'occurrence ils obtiennent de chaque corde cinq *ṭabaqāt* qui correspondent successivement à la note de la corde à vide (*muṭlaq*) et à celle de son médius, (*wusṭā*) son index (*sabābah*), son auriculaire (*ḫinṣir*) et son annulaire (*binṣir*) [Les quatre cordes du luth] en fournissent ainsi 20 dont on doit soustraire cinq: la note de l'auriculaire de la deuxième corde (*maṭnā*)[143]

[...][141] ses "positions" fondamentales sont au nombre de dix-sept *naḡmah* (= tons) et ses cycles sont au nombre de 84.

139 Voir ci-dessus, n. 134; voir aussi le chapitre sur les *ṭabaqāt*, *Erlanger*, III, pp. 408–410.

140 Les deux manuscrits avancent deux nombres différents pour les *ṭabaqāt*: 15 dans celui de Vienne et 17 dans celui de Leyde. Le voisinage de 17 "tons" (*ṭabaqāt*) et de 84 cycles (modes) dans le ms. de Leyde nous aide à en découvrir la source: il s'agit de la théorie de Ṣafi ad-Dīn (voir *Erlanger*, III, pp. 137, 312, 337–343, 381, 408–410). Quant au nombre 15 du manuscrit de Vienne, il serait celui qu'avance Al-Farābī dans sa théorie (voir *Erlanger*, I, pp. 132–135). Il se peut donc que les deux manuscrits se réfèrent à deux théories différentes.

141 Il y a ici certainement une lacune, mais le sens est clair car il s'agit des 17 *ṭabaqāt* (tons) et des 84 cycles (modes) dont parle Ṣafi ad-Dīn (voir n. 140).

142 Le luth auquel on se réfère dans les spéculations théoriques est pourvu de quatre ou cinq cordes, dont on fait sonner des sections différentes pour obtenir les différentes notes. C'est sur le quart de la longueur de chacune des quatre ou cinq cordes qu'on établit les ligatures ordinaires, qui, comme les doigts appliqués à raccourcir les cordes, sont au nombre de quatre. Le plus grand intervalle obtenu ainsi sur chaque corde est la quarte. Les ligatures ordinaires, ainsi que les notes qui leur correspondent portent les noms des doigts, à savoir la *sabābah* (index), la *wusṭā* (médium), le *binṣir* (annulaire), le *ḫinṣir* (auriculaire). Avec le *muṭlaq* (la corde libre) cela faisait cinq sons sur chaque corde. D'après l'usage commun les cordes du luth sont tendues de manière à ce que la deuxième corde lorsqu'elle est jouée à vide produise une note identique à celle rendue par la première corde, arrêtée au niveau de la touche de l'auriculaire; de même la troisième corde libre produit une note identique à celle de l'auriculaire de la seconde corde, etc. Il s'en suit, qu'on obtient en tout dix-sept notes pour quatre cordes (c'est le chiffre donné par le ms. de Leyde). Le manuscrit de Vienne donne un chiffre différent.

143 Les noms des cordes, en commençant par l'aigu, sont *zīr*, *maṭna*, *maṭlaṭ*, *bamm*. Les deux extrêmes portent des noms persans, les autres des noms arabes. La cinquième corde s'appelle *al-ḥādd*.

qui est égale à celle que produit la première corde (*zīr*) à vide (la corde la plus fine du luth);[144] [celle de l'auriculaire de la troisième corde (*maṯlaṯ*) qui est identique à la note à vide de la deuxième corde; celle de l'auriculaire de la quatrième corde (*bamm*) [la corde épaisse][144*] qui est identique à la note à vide de la troisième corde; celle de l'annulaire de la quatrième corde qui ne s'accorde avec aucune autre note susceptible de former avec elle un ensemble homogène; celle de l'annulaire de la troisième corde qui est identique à celle produite à un niveau au-dessous [= à l'aigu] des touches [fixes] de la première].[145] Certains théoriciens avaient constaté que, parmi les notes [du luth], il en existait quelques-unes à l'état d'imperfection parce qu'elles n'avaient pas de notes correspondantes, susceptibles de créer avec elles un mélange homogène. Il leur semblait bon pour cette raison d'ajouter au luth une cinquième corde.[146] D'autres, ont renoncé à cette corde et se sont contentés d'une note [supplémentaire] produite au dessous [= à l'aigu] de l'auriculaire de la première corde, car celle-ci est égale à la note pro-

144 Le passage entre parenthèses est une glose d'une autre main; la suite, entre crochets, constitue une longue note marginale.

144* Glose d'une autre main.

145 Les indications concernant les deux dernières notes ne sont pas très claires. Il semble que l'auteur ait voulu dire que toutes les notes émises par la quatrième et la troisième corde ont une réplique à l'octave sur les autres deux cordes sauf les deux notes mentionnées. Il faut se rappeler que l'indication du "haut" et du "bas" se réfère à la tenue du luth dans la main du joueur; ainsi le "bas" correspond aux notes aigues et vice versa.

146 La cinquième corde a été ajoutée (à l'aigu de la première corde) pour obtenir le "système complet" (deux octaves).

duite au niveau de l'annulaire[147] de la cinquième corde. Jusqu'ici [nous avons exposé] la théorie des Anciens.[148] Les Modernes et surtout les Perses ont composé à partir des *ṭabaqāt* les plus agréables à l'audition, des cycles (*adwār*) auxquels ils ont donné le nom commun de *bardawāt*. Celles-ci sont chez eux au nombre de douze: *Rast*, *'Irāq*, *Isbahān*, *Zirafkand*, *Zankula*, *Abusalik*, *Rahawī*, *Māya*, *Buzurk*, *Ḥusayni*, *'Uššāq*, et *Nawā*.[149] Pour chacune de ces douze *bardawāt* il existe une *ṭabaqah* relative nommée *tāzī*. Ainsi, [par exemple] la relative de *Rast* sera dite *tāzi Rast*.[150] En plus des douze *bardawāt*, il y a six *awāzāt* (= modes secondaires). Ce sont: *Salmak*, *Ḥiğāzī*, *Šahna*[*z*], *Nurūz*, *Kardāniyah*, *Kuwašt*. Certains auteurs omettent le *ḥiğāzī* et le remplacent par le *Rāwi-'irāq* ou par le *zirakšī*.

...Des 84 cycles, les Perses en ont choisi douze auxquels ils ont donné le nom commun de *bardawāt*. Leurs noms sont: *'Uššāq Nawa*, *Busalik*, *Rast*, *'Irāq*, *Iṣfahān*, *Kuğk*, *Buzurk*, *Zankula*, *Rahāwi*, *Ḥusayni*, *Ḥiğāzī*. A ces *bardawāt*, ils ont ajouté six cycles [secondaires] qu'ils ont intitulés *awāzāt*. Ce sont: *Šahnāz*, *Māya*, *Salmak*, *Nurūz*, *Kardāniyah*, *Kuwašt*. Les Arabes avaient l'habitude d'attribuer les modes (*nağamāt*) aux differentes tensions (*šudūd*)[151] du luth parce que cet instrument était très répandu.

[147] La lecture "de l'index" (correction interlinéaire) n'est pas à retenir.

[148] Dans le ms. de Leyde il n'est pas question de la théorie des Anciens. Cela, ainsi que d'autres différences que nous verrons par la suite, vient à l'appui de notre hypothèse que les deux manuscrits se réfèrent à des théories différentes.

[149] On trouvera une description détaillée des douze modes principaux (appelé ici *bardawāt*) et des six modes secondaires (awāzāt), décrits plus bas, dans Ṣafi ad-Dīn, trad. *Erlanger*, III, pp. 376–396. Sur les noms des modes, voir *ibid.*, pp. 601–603. La comparaison des nomenclatures dans les deux manuscrits montre qu'il y a deux différences dans les *bardawāt* (Vienne: *zirafkand, māya*; Leyde: *Kuğk, hiğāzī*), une différence dans les *awāzāt* (Vienne: *Ḥiğāzī*; Leyde: *Māya*) et enfin une différence dans l'ordre d'énumération. A une différence près, *Kuğk* au lieu de *zirafkand*, la nomenclature des *bardawāt* et des *awāzāt* donnée par le ms. de Leyde correspond à celle de Ṣafi ad-Dīn. Signalons que *Kuğk* (ou *Kutšuk*) est apparenté à *zirafkand* (Ṣafi ad-Dīn, *op. cit.*, p. 283). Enfin, cette même nomenclature correspond à celle qui figure dans l'autre encyclopédie d'Ibn al-Akfānī: *Iršād al-qāṣid*. Farmer, *Gen. Fragm.*, p. 31, oppose cette nomenclature face à celle du ms. de Vienne pour prouver que notre texte n'est pas d'Ibn al-Akfānī.

[150] Cette dernière définition ne figure pas dans le traité de Ṣafi ad-Dīn. Il en est de même du *ḥiğāzī* et de ses variations incluses au nombre des *awāzāt*.

[151] *Šadd* (plur. de *šudūd*), qui signifie tension, est l'un des termes employés pour désigner un mode (voir *Erlanger*, III, p. 376).

La troisième partie traite des rythmes, (*iqāʿāt*) qui sont les mesures des notes[152] dans le temps, ainsi que de leurs espèces. Les modes rythmiques chez les Arabes sont au nombre de huit: *Hazağ, Léger-hazağ, Ramal, Léger-ramal, Lourd-second, Léger-lourd-second* nommé *Māḫūrī* [*lourd-premier* et *léger lourd-premier*].[153] Les Modernes font usage de trois sortes de rythmes (*Aḍrub*): *Ḍarb al aṣl, Muḫammas* et *Turkī.* Certains d'entre eux en ajoutent un quatrième connu sous le nom de *Fāḫitī.* Celui-ci n'est en réalité qu'un mode dérivé.

La quatrième partie traite de la composition des mélodies associées aux poèmes, compte tenu de la nature de chacun des buts proposés [dans les mélodies].[154]

La cinquième partie traite de l'invention des instruments de musique, de leur construction et de l'évaluation de leurs possibilités (*taqdīr*). Comme par exemple des luths (*ʿidān*), des instruments à vent (*mazāmīr*) et d'autres.[155]

La troisième partie traite du rythme qui est l'étude de la durée du son.

Les cycles rythmiques chez les Arabes sont au nombre de six: *Lourd-premier, Lourd-second, Māḫūrī, Ramal, Léger-ramal* et *Hazağ.* Les Perses se contentent de quatre rythmes (*Aḍrub*): *Ḍarb al aṣl* qui est proche du *Lourd-premier* (fol. 240a), *Ḍarb al muḫammas* qui est proche du *Māḫūrī, Ḍarb al-Turkī* et *Ḍarb al Fāḫitī*; ce dernier appartient aux modes dérivés.

La quatrième partie traite des procédés de la composition des mélodies et met en relief celles d'entre elles qui sont harmonieuses.

La cinquième partie traite du choix des instruments de musique et évalue leurs possibilités.

152 C'est exactement la définition qu'en donne Al-Farābī, mais chez lui le rythme constitue la 4e partie. Voir *Iḥṣā' al-ʿulūm,* (cité ci-dessus, n. 138), p. 13.

153 Voici quelques remarques concernant les différences dans la nomenclature des modes rythmiques dans les deux manuscrits: (*a*) Dans l'énumération des principaux modes du manuscrit de Vienne il en manque deux; nous les avons rajoutés, d'après les théories courantes; (*b*) La nomenclature du manuscrit de Leyde correspond à celle de Ṣafi ad-Dīn. Celle du manuscrit de Vienne ressemble à celle d'Al-Farābī, à l'exception du *Léger-hazağ* et de légères différences dans l'ordre des modes énumérés; (*c*) Des quatre rythmes en usage chez les Perses, seul le *Ḍarb at-Turkī* n'est pas mentionné chez Ṣafi ad-Dīn. En outre, les rapprochements du *Ḍarb al-Aṣl* au *Lourd-premier* et celui du *Muḫammas* au *Māḫūrī* (ms. de Leyde) figurent dans le traité de Ṣafi ad-Dīn.

154 C'est la cinquième partie dans la division d'Al-Farābī; le ms. de Vienne est plus proche que le ms. de Leyde de la définition d'Al-Farābī (*Iḥṣā' al-ʿulūm, éd. cit.,* p. 13).

155 C'est la troisième partie chez Al-Farābī.

Sache, que le recours aux instruments de musique est à la fois indispensable et profitable. Le besoin impérieux des instruments s'explique ainsi: les voix humaines sont préoccupées par des problèmes inévitables telle la respiration et par d'autres [problèmes] semblables; il en résulte des interruptions inopinées qui diminuent le plaisir que suscite l'audition continue. Pour cette raison, on a fait appel aux instruments. En outre, le profit provient de ce que certains instruments possèdent des qualités qui ne sont pas dans la nature. Il serait donc fâcheux de les négliger.[156]

Le plus célèbre des ouvrages consacrés à la théorie de la musique est celui d'Abū Naṣr al-Farābī;[157] le plus utile et le plus précis parmi eux est celui qui est inclus au nombre des sections du *Šifā'*.[158] Ṣafi ad-Dīn 'Abd al-Mu'min a écrit un compendium plaisant et sans défauts.[159] Ṭābit ibn Qurrah le Sabite est l'auteur d'un traité des modes (*anǧām*) basé sur la théorie des Anciens.[160] Abū al-wafā' al-Buzǧānī a écrit un traité du rythme, fondé également sur la théorie des Anciens.[160*]

En effet, [les hommes] ont inventé ces instruments par nécessité et profit. Ils sont nécessaires, parce que les voix humaines sont préoccupées par la respiration et par d'autres problèmes; il s'ensuit des interruptions inopinées [dans l'exécution] qui diminuent le plaisir [de l'audition]. Ils sont profitables parce que certains instruments possèdent des qualités qui ne sont pas dans la nature. Il serait donc fâcheux de les négliger.

L'ouvrage d'Abū Naṣr al-Farābī est le plus célèbre traité de cet art. Le traité de musique inclus au nombre des sections du *Šifā'*, englobe toutes les idées développées dans le traité d'Abū Naṣr, ainsi que des suppléments considérables exprimés dans un langage concis. Ṣafi ad-Dīn a écrit un compendium plaisant. Ṭabit ibn Qurrah le Sabite est l'auteur d'un compendium de l'art musical (*fann al-naǧam*). Abū al-wafā' al Buzǧānī est l'auteur d'un compendium de l'art rythmique.

156 Sur le rôle et l'utilité des instruments de musique et de la musique instrumentale, voir al-Farābī, trad. *Erlanger*, I, pp. 17–21.

157 Il s'agit du traité monumental *Kitāb al-musīqī al-kabīr* (trad. *Erlanger*, tome I en entier et II, pp. 1–101).

158 L'auteur célèbre de ce traité est Avicenne (m. 1037). Le traité sur la musique, dont il est question, constitue le douzième chapitre de la section des sciences mathématiques du *Kitāb aš-Šifā* (trad. *Erlanger*, II, pp. 105–245).

159 Nous connaissons de lui deux traités: *Kitāb al-adwār* et *Ar-risālah aš-Šarafīyyah* (trad. *Erlanger*, III).

160 H. G. Farmer (*Gen. Fragm.*, p. 30, n. 4) pense qu'il pourrait s'agir du *Kitāb fī 'ilm al-mūsīqī.*

160* Farmer, *Gen. Fragm.*, p. 30.

Ici se termine l'exposé relatif aux sciences théoriques fondamentales et secondaires.

[Fin du texte de Vienne.]

Les ouvrages de théorie musicale n'apportent de profit que sur le plan théorique. En effet, celui qui pratique la musique ne peut concevoir les notes, les rythmes et leurs différentes caractéristiques, que lorsqu'ils sont produits par des instruments qu'il a pris l'habitude d'entendre. Ces instruments sont, soit naturels comme le larynx des hommes, soit artificiels comme les instruments de musique. Le théoricien, de son côté, saisit la musique telle qu'elle est produite en général, quel que soit le procédé ou l'instrument employés à cet effet; elle n'est liée dans ce cas, ni à une quelconque matière, ni à un instrument défini. C'est une spéculation rationnelle sans utilité sur le plan pratique.[161] Elle est profitable en ce sens qu'elle apporte de la joie aux âmes, y crée un équilibre harmonieux, leur confère plus de force et aussi, les pousse au recueillement ou à l'abstinence (*qabḍ*). En effet, la musique écarte tantôt les âmes de leur état premier, de sorte qu'elle provoque joie et plaisir et fait apparaître la générosité, le courage et ainsi de suite; tantôt elle les meut vers leur état le plus élevé et provoque ainsi la réflexion sur les fins dernières et pousse à l'effort [dans l'accomplissement des devoirs religieux]. C'est pourquoi, la musique est employée aussi bien dans les joies,

[161] Ce paragraphe est une adaptation libre de la distinction par Al-Farābī entre musique pratique et musique théorique. Cette distinction précède la division de la science musicale en cinq parties dans son *Iḥṣā' al-'ulūm*, *ed. cit.*, pp. 10–11.

dans les guerres et dans les soins administrés aux malades, que dans les réunions tristes (*ma'ātim*) et dans les maisons de culte.[162]

Certains allèguent que la passion créée dans l'âme par la musique est provoquée par les pensées de l'âme sur son monde originel; (fol. 240b) et ceci serait dû aux rapports qui existent entre les mélodies de la musique terrestre et [celles] des mouvements [des sphères].[163] Il semble que ces propos soient allégoriques, ou bien ils relèvent des divagations des astrologues et des Sabéens.[164] Ces derniers croient en effet que les astres sont des corps doués de la parole, des sens, de l'intelligence et du pouvoir. Ceci est un mensonge d'autant plus que les conséquences de cette théorie sont impies. Les sphères ne s'entrechoquent pas, elles ne produisent aucun bruit et aucun son.[165]

Ici, nous terminons la section relative aux sciences mathématiques et nous achevons l'exposé sur les sciences spéculatives.

[162] Ce paragraphe est semblable, dans son ensemble, à celui qui figure au début du texte du ms. de Vienne, immédiatement après l'énumération des éléments de la science musicale.

[163] On retrouve cette idée dans l'Epître sur la musique des Frères Sincères; voir A. Shiloah, *L'épître...*, pp. 154 sqq.

[164] Sur les Sabéens, secte d'adorateurs des astres, voir Maïmonide, *Guide des égarés*, III, 29, éd. S. Munk (Paris, 1866), pp. 217–243 de la traduction.; voir aussi la traduction anglaise de S. Pines (Chicago, 1963), pp. 514–520.

[165] Contre cette théorie de la musique des sphères se sont élevés notamment Al-Farābī (trad. *Erlanger*, I, p. 29) et Avicenne (*ibid.*, II, p. 106).

VIII

Un "Problème Musical" inconnu de Thābit ibn Qurra

I. Introduction

Thābit b. Qurra (m. 900), célèbre mathématicien, astronome, l'un des meilleurs traducteurs du grec et du syriaque en arabe, médecin et philosophe, fut l'un des plus grands promoteurs du mouvement scientifique du neuvième siècle. Il appartenait à l'importante communauté païenne des sabéens qui avaient leur centre à Harran, sa ville natale. Presque tous ses biographes arabes rapportent qu'il fut amené à quitter sa ville natale à la suite d'un conflit, dû à ses idées philosophiques, avec ses coreligionnaires. Il se rendit alors à Kafar Tuta où il rencontra le savant Muḥammad b. Mūsa b. Shākir, l'un des frères Banū Mūsa, auteurs entre autres d'un important traité sur l'orgue mécanique hydraulique.[1] Celui-ci amène Thābit b. Qurra à Bagdad où il est nommé par la suite astronome à la cour de al-Muʿtaḍid. Ici, il occupe un rang très élevé grâce à son talent et ses contributions à la fois comme traducteur et comme auteur de dizaines d'écrits sur les différentes branches des sciences. A Bagdad aussi, il se lie d'amitié avec abū-l-Ḥasan ʿAlī b. Yaḥya al-Munaǧǧim, astronome, littérateur, musicien et auteur d'au moins deux traités sur la musique.[2] Au nombre des écrits sur la musique de Thābit figure une réponse à un problème musical posé par b. Yaḥya al-Munaǧǧim. D'autre part, ce dernier compose une élégie sur la mort de Thābit dont huit vers figurent chez Ibn al-Qifṭī.[3]

Thābit b. Qurra, à l'instar de tout homme cultivé, apprit avec succès les sciences des anciens au nombre desquelles figurait naturellement la musique. Il avait certainement connu des traités de la musique grecque et syriaque, il en a peut-être traduit certains, mais malheureusement rien de concret ne peut être apporté comme preuve à cette constatation, car de tous ses ouvrages sur la musique le seul actuellement connu est celui que nous présentons dans ce travail. Néanmoins, ses antecédents, sa culture, ses activités et les quelques informations bibliographiques que nous possédons nous permettent d'avancer que Thābit b. Qurra joua un rôle déterminant sur le plan de la transition de la science musicale entre le monde grec et syriaque d'un côté et le monde musulman de l'autre. Il suffit de mentionner ici un détail révélateur contenu dans la liste des écrits de Thābit b.

Qurra, apportée par Ibn al-Qifṭī. A la fin de l'énumération des ouvrages en arabe sur la musique nous lisons qu'il a écrit un livre en syriaque, qui n'a pas été traduit en arabe et qui comprend un traité de musique d'environ 500 feuilles.[4] Et il ajoute que ses écrits sur la musique (livres et épîtres) sont nombreux.[5] Si nous y ajoutons l'épître (de nature incertaine) sur l'agencement de la cantillation (? qirā`a) dans la prière, également en syriaque, nous saisissons tout ce que nous aurions pu apprendre sur ce point de rencontre entre cultures, si nous étions en possession de tous ces documents. Ceci dit, le "problème musical" que nous nous proposons d'éditer, de traduire et de commenter ici ne figure pas au nombre des traités mentionnés chez Ibn abī Uṣaybi`ah, Ibn al-Qifṭī et les autres biographes, il pourrait correspondre à l'un d'eux comme il pourrait avoir été inconnu des auteurs sus-mentionnés.

Description du manuscrit: Mas`ala fi-l-musīqī (Problème musical) fait partie de l'important manuscrit de la Bibliothèque de Manisa no. 1705. Ce manuscrit comporte 10 ouvrages dont 7 traités de musique d'une grande valeur. En mai 1958, le Professeur Ahmet Ates d'Istanbul publia dans le cadre d'un aperçu sur les manuscrits des bibliothèques d'Anatolie un premier article consacré à l'importante collection de la Bibliothèque Publique de Manisa, collection comprenant 5074 mss.[6] En 1966 l'éminent orientaliste Franz Rosenthal publia une étude sur deux des sept traités inclus dans ce manuscript: "Etudes sur les modes, *luḥūn*, la confection des instruments à cordes et les places des articulations des sons" d'Euclide et "Les éléments de la musique et les différends des philosophes concernant sa composition et son essence" de Paul.[7]

Vu l'importance de ces traités pour l'histoire de la musique et de la civilisation musulmane et étant donné quelques sérieuses difformités dans certains traités, nous avons jugé nécessaire de rédiger une description raisonnée offrant la solution pour l'ordre des nombreuses feuilles déplacées.[8]

Mas`ala fi-l-musīqī de Thābit ibn Qurra est le sixième dans l'ordre des traités musicaux. Il occupe les feuilles 131_b à 134_a Il y a 17 lignes à la page. Le traité commence par une *Basmala* ("Au Nom de Dieu Clément Miséricordieux"), suivie du titre et du nom de l'auteur, ensuite vient la question principale portant sur l'accomagnement du chant sur le luth à l'octave.

Incipit: *Mā bāluna naǧid huḏḏāq l-muġanniyīn Kaṯiran mā yuḫalifūna fī ṣayḥat al-ġinā'*

Explicit::*wa huwa shay'yaṭūl waṣfuh· wa allah a`lam bi l-ṣawāb.*

Colophon: *Tammat mas'alat al-musīqī li-Thābit ibn Qurra Katabahu*[9] *ibn al-Ḫadim?*[10] *al Qūnī Kulluhu fi l-tārīḫ?*[11] *al madkūr ʿaḫarah wa-akṯar al Kitāb kān bi Ḫaṭṭ muqarmaṭ ġayr ṣaḥīḥ al-Kitāba wa aṣlaḥna baʿḍuh wa li Allāh al-ṭāqa.*[12]

(Le problème musical de Thabit b. Qurra est achevé. Il a été entièrement copié par Ibn al-Ḫadim al-Qūnī à la date mentionnée à la fin.[13] La plupart du traité a été écrit en écriture serrée et incorrecte. Nous l'avons corrigé en partie Et à Dieu la puissance.)

Source probable de ce problème. Le problème traité concerne tout particulièrement l'accompagnement du chant à l'octave. On croirait selon la question posée au début qu'il convient mieux d'accompagner le chant à l'union des contraires. Or, l'harmonie la plus parfaite naît de l'union d'une note donnée et de son octave. Ces deux idées centrales se trouvent exprimées de façon assez rapprochée dans *Problemata* du pseudo-Aristote.[14] L'auteur qui était versé dans les sciences grecques et se distinguait comme traducteur du grec en arabe, pouvait avoir connu les dits problèmes directement ou d'une source secondaire. Toutefois, Thābit ibn Qurra transpose les idées reçues, leur donne une élaboration personelle et les encadre dans l'esthétique de la musique de la civilisation musulmane.

Propos sur deux termes techniques fréquemment employés dans ce traité. Le *ṣayḥa* ou *ṣiyāḥ* et son opposée le *isǧāḥ*, *siǧāḥ* ou *saǧāḥ* sont les termes clés de ce court traité, il serait donc bon de s'y attarder quelque peu. Ces deux termes apparaissent souvent dans les écrits sur la musique tantôt sous la première forme, tantôt sous la seconde.

Al-Ḫwarizmī, presque contemporain de notre auteur, rejette la forme *isǧāḥ* employée dans notre traité, pour retenir la seule forme de *siǧāḥ* et il préfère *ṣiyāḥ* à *ṣayḥa*.[15]

J'emploie dorénavent sans aucun ordre préférentiel *ṣayḥa* et *isǧāḥ*, c'est-à-dire les formes utilisées par notre auteur.

La *ṣayḥa* de la racine *ṣyḥ* signifie littéralement "cri". Elle a aussi été appliquée pour le cri de plusieurs animaux.[16] Cette dernière signification qui englobe le chant de certains oiseaux peut servir de transition au sens musical du terme. De façon générale la *ṣayḥa* signifie chant ou jeu instrumental à l'octave aiguë, en supposant un ambitus général de deux octaves (le système parfait); il en est de même pour le *isǧāḥ* qui serait chant ou jeu instrumental à l'octave basse. De façon plus particulière la *ṣayḥa* désigne la réponse à l'octave d'un son grave donné qui est à la base de l'intervalle d'octave et qui porte le nom *siǧāḥ*. C'est exactement la définition qu'en donne al-Ḫwarizmī: "Et ainsi chaque deux notes formant un intervalle d'octave: la grave s'appelle *siğāḥ* et l'aiguë *ṣiyāḥ*; l'une peut remplacer l'autre à cause de leur concordance". Al-Ḫwarizmī ajoute que le *ṣiyāḥ* est aussi le double.[17] Comme il s'agit de ce sens dans notre traité nous avons préféré les explications susmentionnées.

Je me permets de signaler ici une grave erreur de lecture commise par Farmer.[18] En décrivant le *ʿŪd* et ses parties al-Ḫwarizmī écrit: "le *ḥazq* est la tension de la corde et son opposé est le *irḫāʾ* (la détension) qui est le *ḥaṭṭ* (l'abaissement) de la hauteur de la corde. La note à vide du *bamm* (sol 2) comparée à celle de l'index de la deuxième corde (sol 3) selon l'accordage habituel constitue son *siğāh* etc." Or, Farmer arrête la première phrase après le mot "opposé", ajoute inutilement entre crochets "the loosening" (action de lâcher) sens compris dans le terme *irḫāʾ* et finalement lie de façon bizarre ce dernier terme avec *ḥaṭṭ* à la seconde phrase.

Il est bien clair que le *isğāḥ*, *siğāḥ* ou *sağāḥ* désigne le son grave d'un intervalle d'octave. Parmi les différents emplois du *siğāḥ* et *isğāḥ* nous avons trouvé dans le lexique arabe *Muḥīṭ al muḥīṭ* "être placé en face de...", "être bien proportionné et dans un sens purement musical", "chanter d'une manière douce et plaintive"[20]. Or chanter en douceur peut parfois être assimilé à chanter bas et par extension dans les graves, ce qui nous conduit à l'un des sens mis en valeur dans ce traité.

Sommaire du contenu du traité: Il s'agit d'une question qui relève de la pratique et de l'esthétique musicale. Le *ṣiyāḥ* ou le procédé d'octavier pendant une interprétation donnée est considéré généralement comme un moyen d'embellissement et de repos. L'instrument accompagnateur, le luth, est normalement tenu à doubler la voix à l'unisson mais il arrive, surtout dans le passage d'une octave à une autre que le luth joue à l'octave. Est-ce que cela est une faute de goût, est-ce une transgression des règles? Bien au contraire, répond l'auteur, le rôle de l'instrument, dit-il, est d'imiter la voix. Or, l'imitation peut-être soit identique soit semblable. La deuxième possibilité brise l'uniformité et par cela augmente la beauté de la chose imitée. A l'appui de cette thèse l'auteur fait appel à la peinture en disant que pour composer un beau tableau il ne suffit pas d'utiliser une couleur unique. L'harmonie en effet née de la réunion des couleurs opposées. Toutefois, on ne peut pas prendre à tout hasard des couleurs et les combiner ensemble pour créer une harmonie; il faut en choisir celles qui s'accordent et de même le musicien doit recourir aux notes qui s'accordent. L'auteur liste par la suite toutes les consonances d'octave que l'on peut obtenir sur le luth.

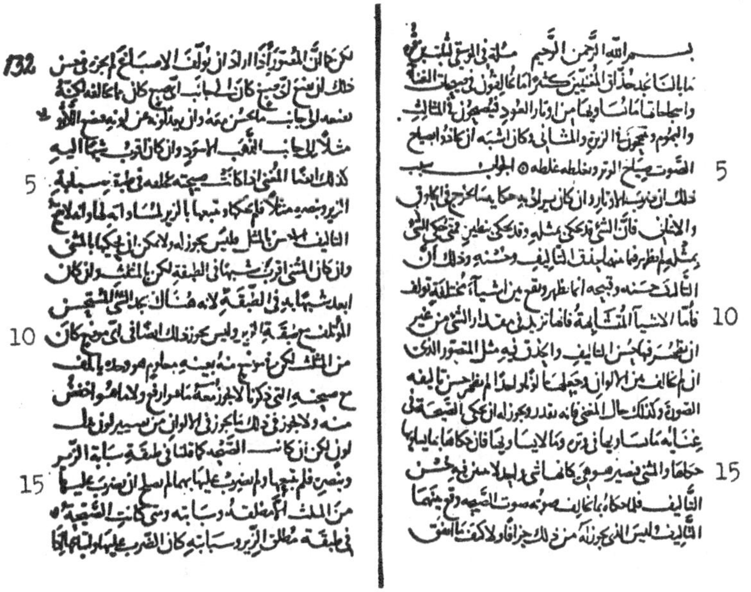

Ms Manisa no. 1705, fol. 131b-132a

fol. 131b. ligne 2: Sur l'emploi de la forme muġannī et son pluriel muganniyūn, voir J. Blau, A Grammar of Christian Arabic, Louvain 1966, § 101.1- 102.2. ligne 4: Lire wa-yusǧiḥūn. ligne 5: Lire wa-biġilẓih. ligne 11: Lire al-muṣawwir. ligne 12: Dans Ḥakāhu il ya un changement de sujet; celui-ci peut-être šay′ (chose).

fol. 132a. ligne 3: A propos du mot ya`du ou ya`id nous proposons l'une de deux lectures suivantes: yab`ud ou ya`dul. ligne 4: Le mot après kāna est vocalisé franchement aqrabu. Cette vocalisation sous entend "une couleur plus proche". ligne 5: lire bi ḥalqihi. ligne 13: On peut lire taṣwīr au lieu de taṣyīr.

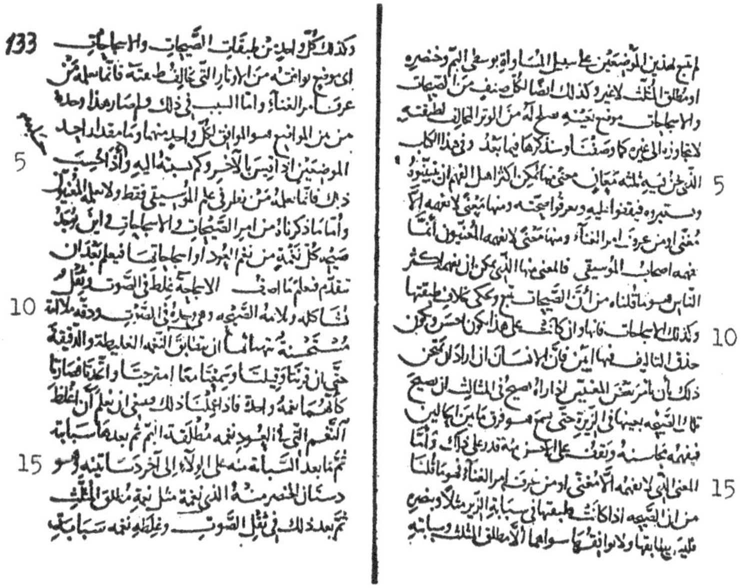

Ms Manisa no. 1705, fol. 132b-133a

fol. 133a. ligne 5: Il faut retrancher le wāw conjonctif devant iḏā. ligne 10: Lire ḥiddā; le wāw qui précède ce mot est de trop. ligne 12: Le mot qīlatā n'a aucun sens ici; il doit très vraisemblablement s'agir de la troisième forme passive du verbe qabala. D'autre part lire sumi`atā. ligne 14: Lire muṭlaq. ligne 16: Lire al-laḏī naġmatuhu.

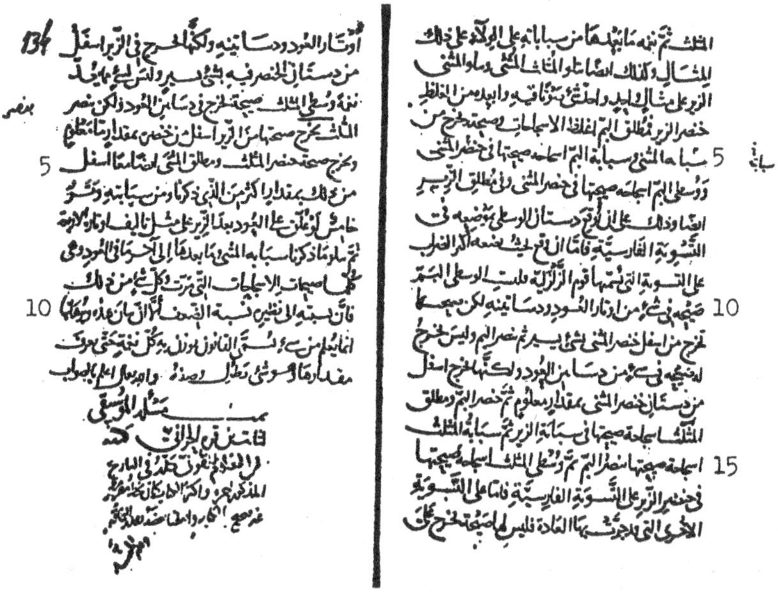

Ms Manisa no. 1705, fol. 133b-134a

<u>fol. 133b</u>. ligne 1: Lire min sabābatihi. ligne 5: La correction marginale n'a aucune raison d'être; lire fī binṣir au lieu de fī ḫinṣir. ligne 9: Lire fa-laysa li-wusṭa (voir par ex. ligne 17). ligne 15: Lire binṣir al-zīr.

<u>fol. 134a</u>. ligne 3: Lire naǵmat binṣir. ligne 6: Lire wa-min sabābat watar.

II. *Traduction annotée*

Comment se fait-il que nous trouvions les plus habiles musiciens chantant fréquemment les *ṣayḥa* (réponse à l'octave) et les *isǧāḥ* (le son grave d'un intervalle d'octave)[21] sur les notes différentes de celles qui leur correspondent sur les cordes du *ʿūd?*[22] Ce faisant, ils sautent aux aiguës sur les troisièmes et quatrièmes cordes[23] et reviennent aux graves sur les premières et secondes cordes[24] alors que, (semble-t-il) ils feraient mieux d'appliquer l'acuité (*ṣiyāḥ*)[25] de la voix et sa gravité sur l'acuité et la gravité de la corde.

Réponse: La raison est que même si l'on admet que le but de la frappe[26] des cordes est l'imitation de ce qui est produit par les gosiers et les chants, il est bien entendu que la chose peut être imitée soit par son pareil, soit par son correspondant. Or, quand la chose est imitée par son pareil, leur combinaison ne fait apparaître ni l'habilité de la composition, ni sa beauté. En effet, la beauté et la laideur de la composition ne se distinguent et n'ont lieu que lorsque deux choses opposées sont assemblées.[27] En outre, les choses semblables augmentent la qualité de la chose sans pourtant mettre en évidence la beauté de la composition et l'art qui y est déployé. C'est à l'exemple du peintre qui n'ayant pas varié les couleurs et qui les réduisant à une teinte unique ne fait pas apparaitre la beauté de la composition dans son tableau.[28] C'est aussi le cas du chanteur; celui-ci peut et il lui est même permis d'imiter la *ṣayḥa* dans son chant soit par une note identique sur la corde adéquate, soit par une note non identique. S'il se propose à l'imiter par son égale, il l'imitera sur la deuxième corde;[29] les deux notes seront alors l'une comme l'autre, comme une même chose, et la beauté de l'harmonie ne se distinguera pas. Mais quand dans son imitation il joue une note différente de celle de la *ṣayḥa*, l'harmonie régnera entre les deux notes. Cependant, le chanteur ne peut pas faire usage de ce procédé par conjecture et de façon hasardeuse mais il doit en cela suivre l'exemple du peintre.[30] En effet, ce dernier voulant créer une composition polychrome ne peut pas, en cherchant à la rendre belle, combiner n'importe quelle couleur avec n'importe quelle autre qui ne lui correspondraient pas, mais il composera deux couleurs qui s'accordent même si elles s'écartent l'une de l'autre;[31] il combinera par exemple le *lapis-lazuli* avec l'or noir même s'il y a une autre couleur plus rapprochée.[32] Et le chanteur agit pareillement. Si la note de la *ṣayḥa* produit par son gosier appartient par exemple à la *ṭabaqa* (litt. rang, couche, série)[33] de l'index et de l'auriculaire de la première corde (do 3 re 3), il ne l'imitera pas et il ne l'accompagnera pas par une autre produite sur la même corde parce que les deux notes seront identiques et parce que l'harmonie parfaite ne se réalise pas entre pareilles. De même il ne lui est ni permis, ni possible, d'imiter la *ṣayḥa* par une note placée au niveau de la deuxième corde, quoique celle-ci présente une plus grande similitude au point de vue de la *ṭabaqa*. Il doit la chercher sur la troisième corde même si cette note appartient à une *ṭabaqa* plus éloignée. C'est en effet là qu'il trouve la chose la plus plaisante qui s'harmonise le mieux avec son équivalence sur la *ṭabaqa* de la première corde. Il n'est pas possible d'obtenir cet accord avec la *ṣayḥa* sur n'importe quelle position de la troisième corde; ce n'est faisable qu'à l'endroit même qu'a été communément admis. Seule la note produite sur ce point (ni plus haut, ni plus bas) s'harmonise avec la dite *ṣayḥa*. Ceci dit, on ne permet pas dans ce cas ce qu'on permet quand il s'agit des couleurs à savoir la substitution d'une couleur par une autre; mais si la *ṣayḥa* se situe, comme nous l'avons dit, dans la *ṭabaqa* de l'index de la première corde et de son annulaire (do 3 re 3), le chanteur doit s'abstenir de jouer les mêmes notes dans l'accompagnement. Seule la note à vide et celle de l'index de la troisième corde (do 2 re 2) leur conviennent dans son accompagnement. Quand la *ṣayḥa* est dans la *ṭabaqa* de la note à vide de la première corde et de son index (si_b 3 do 3), les notes de l'accompagnement, si elles ne sont pas produites aux mêmes endroits à l'unisson, seront nécessairement celles du médius de la quatrième corde (si_b 2) et de son annulaire (do 2) ou bien la note à vide de la troisième corde (do 2). Ainsi, chaque espèce de *ṣayḥa* et des *isǧāḥ* a une position définie à laquelle correspond une note produite sur une corde dont la *ṭabaqa* est opposée; cette position ne peut pas être remplacée, ainsi que nous l'avons exposé plus haut et que nous le décrirons par la suite.

Le problème que nous étudions dans ce traité a trois significations. La première est à la portée des gens doués d'intelligence. Ceux-là pourront s'en faire une idée claire, la sonder, puis en tirer l'information nécessaire et reconnaître sa justesse. La seconde signification n'est comprise que par le chanteur ou celui qui est versé dans l'affaire du chant. La troisième signification échappe à la compréhension des chanteurs et n'est saisie que par les théoriciens de la musique (*aṣḥāb al-mūsīqī*). La signification qui est à la portée de la plupart des gens a trait à ce que nous avons mentionné plus haut, à savoir que les *ṣayḥa* sont accordées et imitées par des notes appartenant à une *ṭabaqa* opposée, qu'il en est de même des *isǧāḥ*, et que par conséquent quand elles s'accordent de la sorte leur effet est meilleur et l'art de la composition se distingue davantage. Or, si un homme désire mettre ceci à l'épreuve, il sera en mesure de le faire en donnant l'ordre à un quelconque chanteur ayant exécuté la *ṣayḥa* sur les troisièmes cordes de répéter cette même *ṣayḥa* sur les premières cordes[35] afin qu'il puisse entendre la différence entre les deux cas, s'en faire une idée et distinguer lequel des deux est meilleur. Quant à la signification que seuls les chanteurs et les experts de chant comprennent, elle se réfère à ce que nous avons dit plus haut, à savoir que si la *ṭabaqa* de la *ṣayḥa* correspond aux notes de l'index et de l'auriculaire de la première corde (do 3 re 3), il n'y aura guère d'autres notes qui s'accordent et s'harmonisent avec elles que celles de la note à vide et de l'index de la troisième corde (do 2 re 3). Il en est de même pour chaque *ṭabaqa* des *ṣayḥa* et des *isǧāḥ* des positions déterminées sur les cordes opposées où se produisent les notes correspondantes. Tout cela est familier à ceux qui sont versés dans la pratique du chant.[36] Quant à la cause présidant à cela et la raison expliquant pourquoi à chaque position donnée correspond une position déterminée à l'exclusion d'une autre, la mesure de l'une quand elle est comparée avec l'autre, leur rapport et le calcul les concernant, ceux-ci relèvent du savoir de celui qui étudie la science musicale exclusivement. Les chanteurs ne les connaissent pas.

En ce qui concerne la question étudiée des *ṣayḥa* et des *isǧāḥ* et l'emplacement de la *ṣayḥa* et du *isǧāḥ* de chacune des notes du `*ud*, cela deviendra clair quand tu auras avancé et pris connaissance de la suite de mon exposé. L'*isğāḥa*[37] est une gravité dans le son et une lourdeur qui lui ressemble et lui convient. La *ṣayḥa* est caractérisée par une acuité dans le son et une subtilité qui s'adapte à lui et qui est plaisante.[38] Le but est d'accorder la note grave avec l'aiguë de sorte que lorsqu'elles sont jointes l'une à l'autre, mises l'une face à l'autre,et entonnées ensemble, elles s'amalgament et s'unissent pour devenir comme une seule note. Ce faisant, nous devons maintenant savoir que la note la plus grave du `*ud* est la note à vide de la quatrième corde (*bamm*) (sol_2) elle est suivie par son index (la_2) et ainsi de suite jusqu'à la dernière touche qui est celle de l'auriculaire (do_2) dont la note est identique avec celle de la troisième corde à vide. Après cela vient dans l'ordre de la lourdeur et de la gravité du son, la note de l'index de la troisième corde (re_2) puis celles qui suivent son index dans l'ordre selon le même exemple. Et après la troisième corde vient également la seconde qui est suivie de la première toujours selon le même exemple. Le son le plus aigu sur le `*ud* et le plus éloigné de la gravité se produit au niveau de la touche de l'auriculaire de la première corde ($mi_b$ 3). Par conséquent, la note à vide de la quatrième corde ($sol_2$) constitue le *isğāḥ* le plus grave sur le `*ud;* sa *ṣayḥa* (sa réponse à l'octave) sera produite au niveau de l'index de la seconde corde (sol_3). Quand le *isğāḥ* est sur l'index de la quatrième corde (la_2) sa *ṣayḥa* sera produite sur l'annulaire de la deuxième corde (la_3). Quand le *isğāḥ* est sur le médius de la quatrième corde (si_b 2) sa *ṣayḥa* sera soit la note de l'auriculaire de la seconde corde, soit la note à vide de la première corde, à condition que ce médius soit placé à l'endroit fixé selon le système persan d'accorder le `*ud*.[39] Si ce médius se trouve au point où la majorité des instrumentistes le fixent en suivant la manière d'accorder que certains appellent *zalzaliyyah* (celle de Zalzal),[40] alors la *ṣayḥa* de ce médius ne pourra être produite sur aucune touche des différentes cordes; mais elle sera obtenue en touchant la deuxième corde à un niveau légèrement plus bas que l'auriculaire. Vient ensuite l'annulaire de la première corde (si_2) dont la *ṣayḥa* ne pourra être obtenue sur aucune touche du `*ud*, mais elle est produite plus bas de l'auriculaire de la deuxième corde à une distance connue. Quand le *isğāḥ* correspond à l'auriculaire de la quatrième corde (do_2) ou la note à vide de la troisième, sa *ṣayḥa* sera obtenue sur l'index de la première corde. Le *isğāḥ* sur l'index de la troisième corde (re_2) aura comme *ṣayḥa* la note de l'annulaire de la première corde (re_3). Ensuite, le *isğāḥ* sur le médius de la troisième corde (mi_b 2) aura sa *ṣayḥa* au niveau de l'auriculaire de la première quand il s'agit du médius persan. S'il est question de l'autre manière de fixer le médius (celle dite de Zalzal) qui est plus courante, alors on ne pourra pas produire sa *ṣayḥa* sur les touches ordinaires du `*ūd*, mais on la cherchera à un endroit placé sur la première corde légèrement plus bas que la touche de l'auriculaire. Il n'y a guère note se produisant sur les touches du `*ūd* qui puisse compter comme la *ṣayḥa* de l'annulaire de la troisième corde (mi_2), mais on l'obtient en touchant la première corde, légèrement plus bas que l'auriculaire à une certaine distance connue. La *ṣayḥa* de l'auriculaire de la troisième (fa_2), ou la note à vide de la seconde, sera produite (sur la première corde) encore plus bas à une distance plus grande que celle que nous avons mentionnée, ou bien au niveau de l'index d'une cinquième corde, à supposer que l'on tend une telle corde sur le *`ūd* après la première selon les mêmes principes des autres quatre cordes.[41] Puis, viennent après les notes susmentionnées celles de l'index de la seconde corde (sol3) et toutes les suivantes jusqu'à la dernière note du *`ūd*. Toutes ces notes jouent le rôle des *ṣayḥa* aux *isğaḥ* mentionnées auparavant. Chacune de ces notes sera en rapport du double avec son pareil. Toutefois pour obtenir la preuve de la démonstration de tout cela il faudra recourir à une chose qui s'appelle le Canon avec laquelle on évalue chaque note pour en connaître la mesure.[42] Mais c'est une chose qui serait trop long à décrire; et Dieu Haut connait mieux le vrai.

---

[1] Le texte arabe de ce traité *al-`Ālah al-latī tuzammiru bi-nafsiha* a été publié par X.M. Collangettes dans *al-Mashriq, t. XI*, Beirut, pp. 444-458. Il a été traduit en anglais par H.G. Farmer et inclus dans son ouvrage *The Organ of the Ancients*, London, 1931, pp.87-118.

[2] Voir H.G. Farmer, *The Sources of Arabian Music*, 2ème éd., Leiden, 1965, p. 24-25.

[3] Ibn al-Qifṭī, *Ta'riḫ al-Ḥukamā*, éd. S. Lippert, Leipzig 1903, pp. 115-122.

[4] *Ibid.*, p. 120.

[5] Farmer dans son livre *Sources*, op. cit., p.22, no. 128, puise son information sur *Kitāb fī l-musīqī* de deux sources différentes: de Ḥağğī Ḫalīfa, *Kashf al-Ẓunūn*, éd. G. Fluegel, London 1850, t.V, p. 161, et de l'ouvrage susmentionné d'ibn al-Qifṭī. Farmer omet tout d'abord un renseignement extrêmement important que le livre dans la liste d'Ibn al-Qifṭī est en syriaque, puis il s'ingénie inutilement à interpréter l'indication "15 chapitres" figurant chez H. Ḫalīfa comme étant les 500 feuilles (et non pas pages) dont parle al-Qifṭī Je ne sais pas très bien la raison de cette acrobatie, alors que même ibn abī Uṣaybi´a parle d'un certain traité nommé Kitāb fi l-musīqī. Voir ´Uyūn al-anbā´ fī ṭabaqāt al-aṭibbā´, éd. Cairo 1922, vol. I, p. 219.

Mais ce n'est pas tout. Dans la liste comprenant 9 ouvrages sur la musique (*Sources*, op. cit., p. 22-23, nos. 127-235), Farmer signale que le no. 131 fut écrit à la demande de Ibn Yaḥya ibn abī Manṣūr, alors que les deux sources mentionnées par lui, Ibn al-Qifṭī et Ibn abī Uṣaybi´a écrivent sans équivoque que la *risāla* fut composée à l'intention d'ibn Yaḥya al-Munağğim.

[6] *Revue de l'Institut des Manuscripts Arabes*, no. 4, 1377/1958, pp. 37-42.

[7] "Two Graeco-Arabic Works on Music", dans *Proceedings of the American Philosophical Society*, vol. 110, no. 4, pp. 261-268.

[8] A paraître prochainement dans *Studia Orientalia*, Université de Tel-Aviv.

[9] Mot de lecture incertaine.

[10] Mot de lecture incertaine. On peut également lire Ibn al Qādim ou al Munādim.

[11] Mots sans points diacritiques.

[12] Il y a ici une variante d'une autre main *wa li Allāh al-minna* (et à Dieu la grâce).

[13] Malheureusement la date ne figure nulle part. Toutefois il se peut qu'elle ne fut pas rendue dans la photocopie dont je me suis servie.

[14] Voir *The Works of Aristotle*, translated into English, éd. W.D.Ross, vol.7: *Problemata*, by E.S. Forster, Oxford, 1927. Book 19: Problems connected with music (917b - 923a).

[15] *Liber Mafātiḥ al-ʿulūm*.... Edidit, indices adjecit, G. van Vloten, Leiden, 1895, p. 240.

[16] Voir R. Dozy, *Supplément aux dictionnaires arabes*, Leiden 1881, à ce terme.

[17] Op. cit., p. 240.

[18] H.G. Farmer, *The Science of Music in the Mafātiḥ al-ʿulūm*, London 1959.

[19] *Ibid.*, p. 5.

[20] Al-Bustāni Buṭrus, *Muḥīṭ al Muḥīṭ*, Beyrout, 1870, t. I, p. 923-924.

[21] Pour l'explication et l'emploi de ces termes voir l'introduction paragraphe d. L'emploi du pluriel *ṣayḥāt* et *isǧāḥāt* indique ici qu'il s'agit de toutes les notes pouvant servir comme réponse à tous les sons graves possibles. Autrement dit, il s'agit de l'octave des aiguës et celle des graves respectivement.

[22] Le *ʿūd* servait comme l'instrument d'accompagnement par excellence de l'époque. Et la question porte sur cet accompagnement qui selon l'enquêteur devrait être à l'unisson avec le chant. Même question présentée dans Problèmes d'Aristote, 918b, no.16.

[23] Le *ʿūd* type décrit dans les traités de l'époque était muni de 4 cordes accordées de telle façon que la dernière note produite sur l'une (à intervalle de quarte de la note à vide) était identique avec la note à vide de la corde suivante. La corde la plus grave s'appelait le *bamm*, les suivantes dans l'ordre: *mathlath* (troisième), *mathna* (seconde) et *zīr*. Nous utilisons ici le *zīr* = première, et les suivantes à seconde, troisième et quatrième (= *bamm)*. L'usage du pluriel à propos des cordes est un peu surprenant.

[24] Il veut dire par là, lorsque le chanteur passe aux aigues l'accompagnement s'effectue à l'octave basse et vice-versa.

[25] Le *siyāḥ* n'est pas employé ici comme une seconde forme de *ṣayḥa* mais comme nom d'action et dans un sens général.

[26] Le verbe *ḍaraba* (frapper) s'emploie aussi bien pour le jeu des instruments que pour le rythme.

[27] Cette question de l'harmonie créée entre opposés, et plus particulièrement l'octave comme représentant de cette harmonie par excellence, est traitée dans différents endroits des problèmes du Pseudo-Aristote: 92/a, 38, 39, 918b, 17. L'idée considérant l'octave, rapport musical de base, comme synonyme du terme d'harmonie, remonte aux Pythagoriciens (voir E. Zeller -

W. Nestle, *Die Philosophie der Griechen*, 7e éd., Leipzig, I, 1, 1923, p. 464). La notion d'harmonie comme union et mélange des contraires reçoit un développement particulier chez Platon (voir E. Moutsopoulos, *La Musique dans l"oeuvre de Platon*, Paris 1959, p.336ff.)

28 Le recours à l'art plastique à titre de comparaison se répète trois fois dans ce court traité et à chaque fois un aspect particulier est mis en évidence. Le problème évoqué ici est commun aux auteurs grecs et latins, à savoir la supériorité de la peinture polychrome sur la monochrome. Cette constatation est aussi juste pour la peinture musulmane de l'époque qui présentait une nette tendance vers la polychrome et le contraste des couleurs vives. Pour plus de détails sur le problème en général voir l'article "Monochromata" dans Pauly-Wissowa, *Realenzyklopädie*, XXXI, p. 130.

29 Les six derniers mots sont une traduction littérale de l'arabe *Ḥakāha wa l-mathna*. Cependant, le texte n'offre pas ici une version heureuse; car cette spécification offre un sens incomplet dans une phrase conçue sur un plan général. Si nous sous entendons: "par exemple" le sens sera plus plausible.

30 Jusqu'ici l'auteur parle de façon générale sur l'harmonie créée sur la base de l'union des contraires, c'est pourquoi il peut encore recourir à la peinture à titre de comparaison.

31 Dans cette deuxième comparaison avec la peinture l'auteur évoque, semble-t-il, un problème important, celui de l'échelle des couleurs. N'étant pas familier avec ce domaine je préfère renvoyer à une étude de M. Barasch, "The Colour Scale in Renaissance Thought", dans *Romanica et Occidentalia*, Etudes dédiés à la mémoire de Hiram Peri (Pflaum), Jérusalem 1963. Malgré le fait qu'elle concerne une période éloignée de notre auteur elle contient un chapitre sur l'idée de l'échelle des couleurs dans l'antiquité et le Moyen-Age ainsi que des remarques bibliographiques importantes pour nous.

32 C'est un exemple précis et précieux avec lequel nous quittons le domaine de la théorie pure. Fait curieux, nous pouvons vérifier cet exemple dans une illustration concrète de l'époque (voir Ernst Herzfeld, *Die Malereien von Sammara*, Berlin 1927, planche II). Quant aux considérations d'ordre esthétique elles doivent servir comme sujet de recherches pour les spécialistes.

33 Le terme *ṭabaqa* signifie: régistre, la hauteur (relative) de la note fondamentale d'une échelle, tetracorde, c'est-à-dire l'ambitus de chacune des quatre ou cinq cordes du luth, modes et *tonos*. Les deux idées principales sont celles du type de la succession des sons dans un groupe et de la hauteur relative. Nous les retrouvons dans les définitions de la *ṭabaqa* dans *Mafātīḥ al ʿulūm* (op. cit. p. 241) et chez Ibn al-Àkfani (voir A. Shiloah, "Deux textes arabes inédits sur la musique", dans *Yuval*, Jérusalem 1968, p. 240-242).

34 En effet, la *ṭabaqa* qui suit est celle de la deuxième corde, mais la réponse à l'octave basse se trouve sur la troisième corde.

35 L'auteur emploie ici de nouveau le pluriel en parlant des cordes. Et quand il dit "sur les troisièmes" cela veut dire que le chanteur octavie alors que l'accompagnement demeure au niveau

des notes graves de la troisième corde.

Cette première signification a trait à l'instinct qui, selon l'auteur, saisit la beauté de l'harmonie sans aucun recours à la raison.

36 Il s'agit de la signification empirique. Ici l'auteur enchaîne sans introduire la troisième signification.

37 L'auteur emploie ici le nom d'action de *asǧaḥa*.

38 Ayant élucidé le problème principal de l'accompagnement à l'octave et la haute perfection de l'octave, l'auteur donne ici la définition de deux termes clés que nous avons étudié au paragraphe d. de l'introduction. Ceci sert aussi d'introduction à la liste de toutes les octaves que l'on peut obtenir sur toute l'étendue du luth.

39 Le médius persan était placé à l'époque à mi-chemin entre l'index et l'annulaire 68/81.

40 Zalzal (m. 791) fut un grand joueur de luth et un important musicien. C'est lui qui a introduit la tierce neutre 22/27.

41 L'introduction de la cinquième corde du luth est attribuée à Ziryāb, IXe siècle.

42 Il s'agit du monocorde ou du Canon et il est fort probable que l'auteur fasse allusion ici à l'oeuvre d'Euclide *Sectio canonis*, connue en arabe sous le nom de *Kitāb al-qānūn*. Thabit b. Qurra connaissait bien les oeuvres d'Euclide dont il a traduit en arabe les *Eléments*.

IX

The Arabic Concept of Mode

I

THE SCHOLAR DESIROUS of thoroughly exploring the music of the Near East immediately encounters a number of complex problems. If he begins his investigation with the living musical traditions, assuming that the present day musics of the Near and Middle East are the descendants of the great musical tradition of the past, he faces certain grave obstacles. Since it is entirely transmitted by ear, the music of this enormous region does not provide us with any concrete musical document earlier than the first recordings, which were made at the beginning of this century.[1] Hence the difficulty of referring with any certainty to the sources from which the present traditions arose.

If we take the existence of general archetypes for granted, we must then consider the phenomenon of change, as well as the strong feeling for local features that characterizes the Near and Middle East. These two factors have most probably contributed to a departure, in various degrees, from any pre-established model. Moreover, contact with other cultures has radically affected Islamic music throughout its history. This is especially true in our century, during which modifications under modern pressures have been particularly striking. In order, then, to determine whether the different traditions at present extant in the greater part of the Near East should still be viewed as branches of the same tree, we ought to proceed to a vast enterprise of comparative studies. If this undertaking reaches a positive conclusion, we must then endeavor to trace the chain of events leading to the advent of the classical model and the subsequent splitting of the old classical music into the various local and regional styles.

The first part of such an investigation is comparatively easy to plan, but difficult to carry out. As to the second part, although the absence of musical documents makes it impossible to establish with any certainty what the music was like, we can, with a high degree of probability, clarify many fundamental questions by consulting the surviving

[1] See Ali Jihad Racy, "Record Industry and Egyptian Traditional Music 1904–1932," *Ethnomusicology*, XX (1976), 23–48.

theoretical sources and cautiously analyzing their contents. Indeed, we are fortunate enough to possess a comparatively large number of writings concerning music that extend from the ninth to the twentieth century.[2]

This enterprise faces other serious difficulties, however, which involve vagueness of definition, inconsistency in the use of a fluid terminology, and the likelihood of mistakes made by copyists who did not always understand what they were copying. Consequently, the scholar may easily be induced into error. For instance, a single wrong letter used to indicate a degree of a modal scale may lead to a chain of mistaken interpretations. Further, some of the theoretical texts are presented according to a common practice of the time, in the form of didactic poems. The poetic eloquence striven for in this type of writing usually renders the content even more obscure for a reader who is not entirely familiar with the style. The traps scattered in the path of the scholar also include the frequent omission of short vowel signs (which, in Arabic, mark basic grammatical inflections). This deficiency, as well as the total absence of punctuation, opens the way to various readings and consequently to different interpretations. Finally, it is obvious that any attempt to work from the sources must rest on a good command of the language, and that serious study in depth requires first-hand consultation and comparative study of as many manuscript documents as possible.

II

Since World War II, the exploration of Near Eastern music in general, and of its modal concepts in particular, has undergone a somewhat unusual development. If we look at the available studies that directly concern our subject, we observe an increasingly artificial separation between past and present. Many valuable studies concentrate on various aspects of the living music but concern themselves little with its possible links to the past. Other studies, which propose to survey the historical development, in most cases merely repeat dicta of the previous generation of scholars, usually without any attempt at re-evaluation. While the first approach is in itself legitimate and has in fact enriched our knowledge regarding some structural and concep-

[2] The majority of these writings is in Arabic, which is the language of science in the Muslim world. It should be emphasized, however, that not a few important treatises were written in Persian and even in Turkish. In this article the term Arabic is intended in a broad sense, to refer to these three languages of the Islamic world.

tual features of the living tradition of *maqāms* (modes), the second has reached a stage of stagnation.

Our period is also characterized by a certain indifference on the part of the potential consumers. There is very little reaction to what is being written. Few stimulating debates occur on problems that still await solutions based on secure foundations. In the 1920s the musicological world followed with lively interest the heated polemics between Kathleen Schlesinger and Henry George Farmer concerning the Arabic influence on Western music and musical thought.[3] This public and published dispute of course had great influence and raised questions that are still open to discussion. What new ideas and theories of equally wide interest and broad repercussions have emerged in the last decades? The answer is not very encouraging. Scholars of the past generation aimed primarily to study, publish, and translate theoretical sources, to which they referred in their conclusions. All of them were aware of the need to discover new sources in order to increase their understanding of the subject. In the more recent literature, on the other hand, one often finds "facts" verified in a manner reminiscent of the anecdote reported by Jean Jacques Rousseau in his "Lettre sur la musique française":

> Do you remember, sir, the story, told by M. de Fontenelle, of the Silesian infant who was born with a golden tooth? Immediately all the doctors of Germany exhausted themselves in learned disquisitions on how it was possible to be born with a golden tooth; the last thing that anyone thought of was to verify the fact; and it was found that the tooth was not golden.[4]

In this article I propose to verify some facts properly, by means of new theoretical evidence, and to place this evidence at the disposal of researchers. Within the past eight years or so, I have been fortunate enough to become acquainted with a large number of Arabic manuscripts concerning music, in many libraries, during the course of my

[3] In 1925 Farmer published a monograph entitled "Clues for the Arabian Influence on Musical Theory," *Journal of the Royal Asiatic Society* (1925), pp. 61–80; reissued as a pamphlet by Harold Reeves (London, February, 1925). These "clues" were refuted by Kathleen Schlesinger in her article "Is European Musical Theory indebted to the Arabs?" *Musical Standard* (2 and 16 May, 1925); also reissued as a pamphlet by Harold Reeves (London, 1925). There was reply and counter-reply, and finally, Farmer published a book: *Historical Facts for the Arabian Musical Influence* (London, 1930).

[4] I quote the passage from the English translation in Oliver Strunk, ed., *Source Readings in Music History* (New York, 1950), p. 637.

work on a volume commissioned by RISM, and published in 1979 as part of Series B.[5] For this book I have analyzed 341 different sources, which has made me aware of the unsatisfactory or unconvincing nature of some of the conclusions that have been reached concerning the historical development of the modal concept. Therefore, I feel obliged to set forth my reservations and thoughts on the matter, to stimulate further research on the basis of the newly discovered and described sources.

III

The interpretation of treatises that were already known, especially those translated into European languages, involves not only their contents, but also identification, authorship, and correct dating. The scholar who, for about half-a-century, dominated and determined our field of research, Henry George Farmer, cleared the way for us with tremendous ardor and tenacity; and, thanks to his numerous and important contributions, research in Arabic music was placed on the map of contemporary musicology. However, although he took full advantage of the known sources and contributed to the disclosure and publication of many new ones, given the circumstances in which he worked, certain errors were unavoidable. In his major early study, *A History of Arabian Music*,[6] published in 1929 but written in the early 1920s, Farmer was hampered by the paucity of preceding studies and the dearth of known sources. Being aware of this handicap, he devoted much of his time and energy in subsequent years to filling the gap. The results of these efforts appeared in his book, *The Sources of Arabian Music*, published first in 1940 and reissued in 1965, a year after his death.[7]

In the introduction to this important volume, Farmer divided the history of Arabic music into four distinct periods: (1) the old Arabian School; (2) the Greek Scholiasts; (3) the Systematist School; (4) the Modern School. Then he adds:

> It is with the first three only that this bibliography deals, and the year 1100 [A.H.]/1688 [A.D.] has been chosen as a suitable closing date, firstly because of the dearth of Arabic writers on the theory of music, and secondly, on account of the rise of the modern school shortly afterwards.[8]

[5] Amnon Shiloah, *The Theory of Music in Arabic Writings (c. 900–1900): Descriptive Catalogue of Manuscripts of Europe and the U.S.A.*, RISM B, x (Munich, 1979).

[6] Henry George Farmer, *A History of Arabian Music* (London, 1929).

[7] Henry George Farmer, *The Sources of Arabian Music* (Bearsden, 1940); 2nd ed. (Leiden, 1965).

[8] Farmer, *Sources*, p. x.

This division, and the detailed commentary that follows it, have been widely accepted and reproduced during the past two decades.

Let us now focus on a few details. Thanks to new discoveries, Farmer was able to push his closing date nearly four centuries beyond that of his *History*, which had stopped at the thirteenth century, with the official end of the Abbassid caliphate (1258). Farmer's decision to end the *History* with the thirteenth century had been determined by the rarity of significant theoretical writings after that date, a rarity usually ascribed to a decline of the music itself. Although Farmer included much more material from the later period in his *Sources*, basically he did not change his original view. Indeed, in the introduction to the volume he repeated his claim that "after the 7th–13th century, writers on the theory of music became fewer."[9] Nor did he amend some obvious errors. One rather striking instance will suffice. Dealing, in his *History*, with the doctrine of the influence of music under the Abbassids, Farmer quoted a passage from the famous philosopher and music theorist Avicenna (980–1037) in order to illustrate one aspect, the correspondences between modes and particular ethical values:

> Ibn Sīnā says that certain modes should be allocated to particular periods of the day and night. He says, "It behooves that the musician should tune the time of the false dawn (*subḥ al-kādhib*) with the [mode] *Rāhāwī* . . . ."

The rest of the correspondences for all twelve principal modes follows.[10]

In a footnote on the same page Farmer gave the following reference for the quotation from Avicenna: British Museum MS Or. 2361, fol. 201ᵛ. Verifying the reference, I found it exact, but in a hand different from that of the body of the manuscript. The author of this interesting passage in fact died more than four hundred years after Avicenna himself. The work from which the passage actually comes, occupying folios 168 through 219 of the manuscript, was published by Rodolphe d'Erlanger in 1939, in French translation, under the title *Traité anonyme dédié au Sultan Osmanli.*[11]

This work of course is listed in its own right in Farmer's *Sources* as Number 320, followed by the statement: "This treatise has neither a title nor the author's name."[12] Our discovery of a second manuscript

[9] Farmer, *Sources*, p. XXIV.
[10] Farmer, *History*, p. 197.
[11] Baron Rodolphe d'Erlanger, *La musique arabe*, IV (Paris, 1939).
[12] Farmer, *Sources*, pp. 62–63.

of the same work in the library of the Topkapi Saray has now made it possible to identify both the author and the work and to fill in a long lacuna in the British Museum version. The author's name is al-Mu'min al-Shirwānī and his work is entitled *Risāla fī ᶜilm al-mūsīqī (Tract on the Science of Music)*.[13]

Farmer's mistake, which involves a considerable period of time, might well blur our perspective, but there is a more general point to be made: by relying blindly and exclusively on him, one risks being led into error. Farmer's *History* is still the only work of its kind, fifty years after its appearance; more than that, it has been translated recently into Arabic to serve as a basic textbook for those who themselves possess treasures of sources buried in their libraries. Farmer's *Sources*, likewise, so far has remained the only authoritative catalogue, and has similarly received a recent Arabic translation, while the recommendations made by the International Congress of Arabic Music held in Cairo in 1932, "to draw up a list of the most important Arabic manuscripts which treat of music, showing those which have been published, and those which have been translated into another language,"[14] have still not been implemented.

As a more general instance of the moribund state of scholarship in this area, consider the following. A standard dogma frequently stated in the recent literature concerns the achievements of Ṣafī al-dīn al-Urmawī (d. 1292) and his recognized authority in subsequent generations. At the beginning of this century, Xavier Maurice Collangettes, a French musicologist and professor at the Faculty of Medicine in Beirut, opened the question in his enlightening "Étude sur la musique arabe."[15] His arguments were entirely adopted by Farmer who quotes him in his *History:*

> This author [Ṣafī al-dīn], says the late Professor Collangettes, "n'y invoque l'autorité ni des Grecs, ni des Persans. Il prétend bien faire oeuvre purement arabe. Ce qui n'empêche pas les mots persans d'y figurer à tout instant, surtout pour la désignation des modes. On s'est dégagé de l'influence grecque, mais pour subir celle de la Perse. Quels que soient du reste les éléments de ce style composite, l'oeuvre finale est sans contredit l'expression de l'art arabe au XIIIe siècle."[16]

[13] See Shiloah, *The Theory*, pp. 332–34.

[14] In the Congress of 1932, Farmer was appointed president of the commission on history and manuscripts. The recommendations of this commission stimulated him to undertake his work on the *Sources*.

[15] Xavier Maurice Collangettes, "Étude sur la musique arabe," *Journal asiatique*, x^{e} série, IV (1904), 366–422; VIII (1906), 149–90.

[16] Farmer, *History*, p. 202.

Emphasizing the Arabic element in Ṣafī al-dīn's theory, Farmer further remarks in his *Sources* that "Ṣafī al-dīn . . . was, after al-Fārābī, the greatest of the Arabic music theorists. In the Near and Middle East, he was looked upon as the fountainhead in this subject."[17]

Ṣafī al-dīn's achievements are associated in some more modern studies with the so-called darkness and intellectual decline between the thirteenth and nineteenth centuries. Two books published in French by Near Easterners in the 1970s, both entitled *La musique arabe*, accept the dogma of a long period of stagnation, but they view it as having begun even earlier than the thirteenth century, namely, in the tenth.[18] One of the authors, Hassan Habib Touma, traces the beginning of the decline to a distinction between the tonal systems of Ṣafī al-dīn and his predecessor al-Fārābī. While the earlier system was of purely Arabic origin, the later one "relied on a form derived from the Pythagorean system—origin of the actual Turkish and Persian tonal systems." It was by departing from the purely Arabic tonal system "that the modern Arab theorists proceeded to the division of the octave into approximately twenty-four equal intervals."[19]

Leaving aside for the moment the question of the Modern School, Touma's argument, as it is formulated, seems precarious. Perhaps he had in mind the thesis developed by Farmer regarding the pre-Islamic scale of the *ṭunbūr al-baghdādī* described by al-Fārābī in his *Grand Book on Music.*[20] Farmer had cited this scale to counter Schlesinger's statement that until the conquest of Persia the Arabs had no system that they had been able to formulate as a theory.[21] But Farmer himself, as we have said, recognized Ṣafī al-dīn as the greatest of Arabic theorists and the fountainhead of the subject. Indeed, all the sources uncovered so far support the conclusion that it was Ṣafī al-dīn's system that had the chief determinant impact on the generations that followed throughout the whole Middle Eastern region.

In these sources, the name of Ṣafī al-dīn is frequently cited as a supreme authority even when obvious deviations from his theory oc-

17 Farmer, *Sources*, p. XXIII.

18 See Simon Jargy, *La musique arabe* (Paris, 1971), p. 70, and Hassan Habib Touma, *La musique arabe* (Paris, 1977), p. 30 (originally published in German, Wilhelmshaven, 1975).

19 Touma, *La musique arabe*, pp. 30–31.

20 French translation in d'Erlanger, *La musique arabe*, I (Paris, 1930), and II (Paris, 1935).

21 Farmer, *Historical Facts*, pp. 232–35.

cur. His *Kitāb al-adwār (Book of Cycles)*[22] was analyzed and commented upon as a living theoretical tradition and circulated in a great number of copies, while al-Fārābī became a kind of legendary figure in the late literature, and what is said about him shows very little knowledge of his theory.

As we shall see later on, the far-reaching impact and popularity of the theory of Ṣafī al-dīn can be explained by its successful combination of different theoretical systems through the fusion of Arab and Persian elements.[23] Since the process of fusion may have started much earlier than the thirteenth century, it will be difficult to trace any specifics of the putative antique "Arabic tradition" in the post-thirteenth-century tradition. The situation may well be further clouded by the intrusion of local traditions, new as well as old.

As for the Modern School, here also we encounter certain confusions, not only as regards the basic definition of its characteristics, but also as regards its date of origin. For Farmer, as we have seen, it started shortly after 1100 [A.H.]/1688 [A.D.], the closing date of his *Sources.* Many other scholars consider Michael Meshaqa (1800–89) as its founder, because he introduced the division of the scale into twenty-four degrees, or intervals; he himself, however, did not claim this priority, saying rather that this division was taught him by his master al-Shaykh al-ʿAṭṭār (1764–1828), whom he criticized from a mathematical point of view.[24] Still others do not even regard this division as a distinct mark of the Modern School. Collangettes argues, for instance, that "the modern scale is not a tempered scale that derives its progression from $24\sqrt{2}$; it is the old scale of the thirteenth century to which have been added several small intervals."[25] This clear-sighted scholar who, it should be remembered, carried out his studies at the beginning of the century, with only a few sources at his disposal, fixed as the goal of his "modest work" the discovery of the bridges connecting the music of the past with modern music. Jules Rouanet, who wrote in the 1920s, continued in the same spirit and did not allow

[22] French translation with an anonymous commentary in d'Erlanger, *La musique arabe*, III (Paris, 1938). This volume also contains a translation of another treatise by Ṣafī al-dīn, the *Risāla al-sharafiyya*. See also Eli Smith, "A Treatise on Arab Music, Chiefly from a Work by Mikhail Meshâḳah of Damascus," *Journal of the American Oriental Society*, 1 (1849), 171–217.

[23] Owen Wright agrees with this interpretation. See his book, *The Modal System of Arab and Persian Music, A.D. 1250–1300* (London, 1978), pp. 2 and 9.

[24] Shiloah, *The Theory*, pp. 64–66; 278–79.

[25] "L'échelle moderne n'est pas une gamme tempérée dont la progression aurait pour raison $24\sqrt{2}$; c'est la gamme antique du XIIIe siècle à laquelle on a ajouté quelques menus intervalles" (Collangettes, "Étude" [1904], p. 419).

himself to infer that our lack of sources necessarily indicated a decline. He could not believe "that in their various Eastern and Western kingdoms the Muslims had abruptly ceased to cultivate the arts."[26]

I would like to conduct my argument along the same lines, but not before having briefly described the present situation with regard to the sources. The information included here is based on my RISM volume, which deals with Arabic writings concerning music in the libraries of Europe (including Istanbul) and the United States. The geographical limits of the volume imply, of course, that the list of possible sources is far from exhausted. Nevertheless, the data are fairly eloquent.

In the second edition of his *Sources*, Farmer listed 353 items, of which over sixty percent are accompanied by the indication NCK (no copy known), meaning that only 145 of the treatises he included have come down to us. Our RISM list comprises more than 600 items, of which 341 are available and have been analyzed. They are contained in 1,240 manuscripts (compared to 240 listed in Farmer's *Sources*), distributed among forty libraries. About a hundred of these treatises are of a theoretical nature, dealing directly or indirectly with the modal concept throughout the ages; and of these only a quarter has been published or translated into European languages. Significant to our discussion is the fact that eighty of the one hundred theoretical treatises were written between the thirteenth and nineteenth centuries, the so-called period of blackout or decline. In this respect, the statistics are even more impressive if we consider the whole production: about two-thirds of all the works on music listed in our volume belong to this period. As to the provenance of the theoretical writings: six are from Egypt; nine from Iraq; sixteen from Persia; eleven from Spain and North Africa; ten from Syria; seven from Turkey; and thirty-nine are of undetermined origin. Armed with these data we may, once and for all, discard the legend of decline, stagnation, or dearth of documents in the long period between the thirteenth and nineteenth centuries.

IV

In attempting to elucidate the process of the elaboration of art music, to determine the nature and provenance of its basic constituents,

[26] "Ce n'est pas, pourtant, que dans leurs divers royaumes d'Orient et d'Occident les musulmans aient brusquement cessé de cultiver les arts" (Jules Rouanet, "La musique arabe," *Encyclopédie de la musique* (Paris, 1922), première partie, v. 2747).

one encounters serious and sometimes insoluble difficulties. The scattered information available on the art music that crystallized after the advent of Islam is fragmentary, occasional, and often tendentious. Quite early we find claims for particularism and national supremacy, claims that accompany almost the very first writings on music to have come down to us, that is, from the tenth century. It should be remarked that similar claims were made concerning every cultural domain. In his work, *The Technique and Approach of Muslim Scholarship*, Franz Rosenthal comments on the struggle for political and cultural supremacy among the different groups:

> The one extreme in this struggle was represented by the advocates of Arab intellectual supremacy. Their theory was based upon the assumption that the revelation which had been received by the Arab prophet [the Qur'ān] was the source of all true knowledge. The other extreme was represented by those who insisted upon the superior character of other civilizations, such as that of the Persians. . . . The fourth century [A.H./11th C. A.D.] saw the flourishing of the theory of *Eternal Wisdom* which opened the way for a reconciliation of the two extremes of intellectual nationalism. This theory maintained the essential oneness of all civilizations, as the natural consequence of the oneness of the human intellect.[27]

Despite this idealistic theory, the delight in emphasizing particularism continued to exist and even exceeded national boundaries to become characteristic of the region. One is struck by the Eastern musician's extreme sensitivity to subtle nuances that he considers as distinct marks of local stylistic features. This sensitivity is closely related to the Oriental artist's fondness for the details composing a work; it is as if he were less concerned with a preconceived plan than with allowing the structure to emerge empirically from the details. This basic process seems to apply to the modal system throughout its evolution. Hence, despite manifold and significant variations, one may consider the many traditions from different locations and periods as branches of a single tree growing from the same roots. In other words, the historical development of the concept of mode can be viewed as the crystallization of a model originally embracing the maximum of common denominators, which later split into multiple local traditions.

Almost all the post-thirteenth-century theorists as well as mod-

[27] Franz Rosenthal, *The Technique and Approach of Muslim Scholarship*, Analecta orientalia, XXIV (Rome, 1947), 69–70.

ern scholars agree that Ṣafī al-dīn al-Urmawī codified the common elements of the modal practice as it was then known into a highly sophisticated system, and that his achievement became at once the chief model for subsequent generations. More than 250 years after his death, one of the numerous Arabic authors who constantly refer to his authority, al-Shirwānī (17th century)[28] wrote that Ṣafī al-dīn did not know the meaning or etymology of the names he had given to the modes; he had not found them in the books of the Ancients, but had borrowed them from practising musicians. This indicates the common belief that Ṣafī al-dīn's system reflected the practice of his own time and perhaps of remoter times as well. It also explains the popularity enjoyed by his two famous treatises, the *Kitāb al-adwār* and the *Risāla al-sharafiyya* among succeeding generations of theorists.[29]

What possible links of kinship connected Ṣafī al-dīn's achievements with previous theories? From the little we know about the remote past we might speculate that the basic concept of a modal system could be traced back to the ancient Oriental civilizations. But such an hypothesis cannot be supported with convincing evidence, and it is only with the Sassanid tradition that we can begin to feel secure. This flourishing civilization, which vanished with the advent of Islam, has left traces of a sophisticated modal system, probably of the same nature as that which later evolved in the Muslim realm. Most of the information concerning Sassanid court music and its system has reached us indirectly, through Arab literature. But even though the information may be corrupt and mutilated, we cannot be mistaken about the existence of an organized modal system. References are to be found, for instance, in the monumental history, *The Golden Meadow*, by al-Masᶜūdī (d. 956) and in an important treatise on the *ᶜūd* by al-Kindī (d. 870).[30] Both sources reproduce lists of corrupt names of modes and extol the excellence of the Persian modes.

The first serious information about a modal system in Arabic art music is provided by abū'l Faraj al-Iṣfahānī (d. 967) in his *Kitāb al-aghānī (The Book of Songs)*. The author spent fifty years on this monumental work, collecting songs from the pre-Islamic period up to the ninth century. The book is a mine of information on music, musicians, musical life, and aesthetics. Several anecdotes indicate the pro-

[28] See Shiloah, *The Theory*, pp. 332–34.

[29] *Ibid.*

[30] See Shiloah, "Un ancien traité sur le ᶜūd-d'ibn Yúsuf al-Kindī," *Israel Oriental Studies*, IV (1974), 177–205.

found impact of Persian art music and, to a lesser degree, that of Byzantine music, on the newly established musical art that was then in process of elaboration. Many famous musicians of Persian extraction took an active part in this process. With our present knowledge, we cannot determine the extent of the influence of the Persian modal system, but it undoubtedly played an important role in the establishment of the new musical art, which developed both from pre-Islamic Arabic music and from the important contributions of the nations converted to Islam.

The modal system described in *The Book of Songs* is attributed to the greatest musician in the annals of Arabic music, Isḥāq al-Mawṣilī (d. 850). His modal theory became known as the theory of *aṣābi*ᶜ (fingers, s. *iṣba*ᶜ) and *majārī* (courses, *s. majrā*) because it is related to the frets of the ᶜ*ūd* and the corresponding fingers. Consequently, the notes used in a scale receive the names of the fingers used in producing them. In the indications that introduce the songs in *The Book of Songs* the relevant string is given, together with the finger *(iṣba*ᶜ*)* corresponding to the main degree of the modal scale; the course *(majrā)* then designates one of the three kinds of thirds, the major, minor, or neutral (possibly first introduced by Zalzal, Isḥāq al-Mawṣilī's uncle and teacher). Occasionally the name of a corresponding rhythmic mode is added. This indication of the modal pattern frequently appears above the song, an *aide-memoire* that provided the performer with full information about the modal scale.[31] This system allowed for twelve fundamental modes which, in later times, became known by fanciful names. To these were later added other modes of a more complex nature. An elaborated theory of *aṣābi*ᶜ is still to be found in two fifteenth-century treatises, one by ibn al-Ghaybī,[32] the other by al-Lādhiqī,[33] where they co-exist with the more complex system codified by Ṣafī al-dīn al-Urmawī.[34]

[31] This system is fully described in Henry George Farmer, "The Song Captions in the Kitāb al-aghānī al-kabīr," *Transactions of the Glasgow University Oriental Society*, xv (1953–54), 1–10.

[32] This theory is described in two of ibn Ghaybī's works, *Jāmi' al-alḥān*, and *Maqāṣid al-alḥān;* both are still in manuscript. See Shiloah, *The Theory*, pp. 171–74.

[33] See d'Erlanger, *La musique arabe*, iv (Paris, 1939).

[34] Although the "Andalusian" modal system of the Maghrib seems to have developed features of its own, far from the Eastern region, I do not fully accept Wright's conclusion that "North Africa and Spain must be excluded from the regions for which the hypothesis of unity may be entertained" (*The Modal System*, p. 7). For a discussion of this matter, see the appendix below.

V

As has been noted, Ṣafī al-dīn's theory enjoyed immediate success and wide acceptance; soon after its appearance it became an authoritative model, which subsequent generations of theorists regarded with respect. Its far-reaching impact had two main causes: (1) for the first time in the history of Arabic theory, an author had provided a systematization of the most essential elements observed in the modal practice of his own period, while at the same time taking advantage of earlier theoretical achievements; (2) the theory was so formulated as to leave room for possible expansions and variations.

Ṣafī al-dīn's two major treatises, the *Kitāb al-adwār* and the *Risāla al-sharafiyya,* are available in French translation by d'Erlanger, although in this translation the text of the former work is actually incorporated in the so-called *Mubārak Shah Commentary,* one of the three commentaries known to us.[35] As usual in commentaries of this sort, phrases, and sometimes fragments of phrases, are isolated and systematically commented upon, producing a text that in this case is almost triple the length of the original treatise.[36] Ṣafī al-dīn's theory has been well summarized and analyzed by several scholars, including Owen Wright,[37] Liberty Manik,[38] and Collangettes.[39] Nevertheless, for a better orientation in the following discussion, I shall begin by singling out a few of its essential points.

The first involves Ṣafī al-dīn's contribution to the correction and definition of the mobile degrees in the general scale that serves as the foundation of his modal exposition. The mobile degrees involve some semitones, thirds, and steps larger than a semitone but smaller than a tone. All of his calculations and demonstrations were based on the division of a monochord, or referred to the five strings of the *ᶜūd,* an approach already used by all of his predecessors. Ṣafī al-dīn followed in the footsteps of previous Arab theorists in describing the octave as the sum of two conjunct tetrachords plus an interval of a tone; or a combination of a tetrachord plus a pentachord. His calculations based on diverse divisions of the monochord led him to the establishment of three subdivisions within every 9/8 tone (204 cents), equalling two limmas (90 cents each) and a comma (34 cents). Thus, his tetrachord

[35] See above, n. 22.

[36] For further details, see Shiloah, *The Theory*, pp. 175 and 418–20.

[37] Wright, *The Modal System*, Part I.

[38] Liberty Manik, *Das arabische Tonsystem im Mittelalter* (Leiden, 1969), pp. 94–121.

[39] Collangettes, "Étude," (1904), pp. 399–401; (1906), pp. 153–60.

included eight degrees and his octave eighteen. Each degree was designated by a letter of the *abjad* alphabet:[40]

TABLE I

A	B	J	D	H	W	Z	Ḥ	Ṭ	Y	YA	YB	YJ	YD	YH	YW	YZ	YḤ
g	a♭	a♭̸*	a♮	b♭	b♭̸	b♮	c	d♭	d♭̸	d♮	e♭	e♭̸	e♮	f	g♭	f♯	g

*♭̸ = natural degree lowered by a comma

Ṣafī al-dīn went on to classify all the intervals into two main categories: the large (octave, double octave, fourth, fifth, octave plus fourth, octave plus fifth); and the small (the tone and smaller steps), called intervals of modulation, or melodic intervals. These latter were designated by T (for a tone); J (limma + comma); and B (limma).

Taking into account certain established rules such as the non-admittance of three successive limmas,[41] Ṣafī al-dīn obtained seven manners of dividing the fourth, or seven tetrachord species (e.g., TTB, TBT, BTT . . .), and twelve for the fifth, or pentachord species (e.g., TTBT, TJJT . . .). A scale can be constituted by the combination either of similar or different genera *(ajnās*, s. *jins)*.[42] From combinations of tetrachords and pentachords, the tetrachord invariably being placed below, eighty-four octave scales *(adwār* s. *dawr)* are derived by combination and permutation. These *adwār* are described in detail by Ṣafī al-dīn, who adds that since not all of them are consonant only some of them found favor in practice.[43] Among the latter are the twelve *shudūd* (s. *shadd;* later called *maqāmāt* [s. *maqām*] *anghām* [s. *naghma*], *alḥān* [s. *laḥn*] . . .). These twelve modal scales, which probably by then already also implied specific patterns and other characteristics besides intervallic structure, are identified by proper names

[40] *Abjad* is the first of the eight mnemotechnical terms into which the twenty-eight consonants of the Arabic alphabet were divided.

[41] The entire list of inadmissible successions is to be found in *Kitāb al-adwār*. See d'Erlanger, *La musique arabe*, III, 287–89.

[42] Arabic theorists use the term *jins* (pl. *ajnās*), borrowed from the Greek γένος, to denote the tetrachord, whose three basic classes are called in Arabic *qawī* (diatonic), *lawnī* (chromatic), and *rāsim* (enharmonic). The various kinds of intervallic distribution within each general type of tetrachord are called *anwā*ᶜ (s. *naw*ᶜ), meaning "species"; twelve species of the pentachord are also treated by theorists, eleven of them produced by adding a whole step to a tetrachord. Ṣafī al-dīn also designated a special category of "unique species" *(ajnās mufrada)* to cover species not conforming to the normal patterns. These comprise tetrachords that do not extend to the perfect fourth, tetrachords including more than four scale degrees altogether, and pentachords not divisible into perfect fourth plus whole step.

[43] See d'Erlanger, *La musique arabe*, III, 337–43.

such as *ushshāq*, *nawā*, *rāst*, probably borrowed from practice. These twelve *shudūd*, augmented by six secondary modal scales called *awāzāt* (s. *awāz*), which also possessed proper names, became the central corpus of the system.

In addition, according to Ṣafī al-dīn, some other modes were used in practice that did not receive proper names, and these are designated by a general name: *murakkabāt* (s. *murakkab*)—compound modes. This implies the possibility of multiple combinations derived from the principal *shudūd* and *awāzāt*, because such derivations are potentially included in one of the basic principles of the whole system. This determining principle concerns the conception of a whole range or scale as the sum of accumulated smaller elements, which also permits the mobility and permutation of these elements within the framework of the resulting extended range. The genera *(ajnās)* of notes—small collections of three to five adjacent pitches—can be similar or dissimilar; they can be transposed as well as on their normal degrees in the general scale. In brief, the process is a kind of mosaic composition of multiple combinations out of relatively minimal means.

This principle might have caused difficulty in distinguishing between the *shudūd* and the *murakkabāt*, as we gather from Ṣafī al-dīn's own rhetorical questioning of why his system fails to call the *rahāwī* (one of the *shudūd*) a *murakkab*, since it is composed of two genera, those of *nawrūz* and *ḥijāzī* [i.e., it is compound].[44] Although he himself does not answer this question, a later, anonymous commentator explains that the application of simple identifying names to compound modes obviates the need to call them by compound names. He himself finds no difficulty in the question if "we admit that the above mentioned genera are effectively present in the cited cycles."[45] In other words, the principle of combining genera is permanent and undeniable; it has nothing to do with the criteria for selection of the principal *shudūd* and *awāzāt*. As a matter of fact, many *murakkabāt* did receive independent proper names of their own in the course of time.

It is also evident that, quite early, we encounter another important peculiarity, whereby the same name designates both a genus and a larger combination in which the genus occurs along with similar or other genera. This principle was also extended to the names of the degrees in the general scale on which the modal scales or the original genera usually repose.

Thus, the greatness of Ṣafī al-dīn's theory lies in its codification

[44] See d'Erlanger, *La musique arabe*, III, 387–88.
[45] *Ibid.*

and conceptualization of essential elements observed in practice as well as its establishment of a classification that distinguishes between the principal and secondary modes, that is, between the most favored ones and general category of *murakkabāt*. The category of *murakkabāt* allows for the expansion of the category of principal and secondary modes and offers diverse possibilities for transformation within the system.

VI

Not long after Ṣafī al-dīn's death in 1291, the first substantial deviation from his theory appeared, although its spirit was faithfully preserved. At least two theorists of the immediately subsequent period provide us with a different method of classifying the twelve *shudūd* and six *awāzāt*. The first, ibn al-Akfānī,[46] was a physician, encyclopedist, and mathematician who was born and raised in Sindjār (ancient Singara) and died in Cairo in 1348. His encyclopedia *Irshād al-qāṣid (The Guiding of the Searcher)*, contains a section on the science of music where Ṣafī al-dīn's list of *shudūd* and *awāzāt* is reproduced with only one variant. In a revision of this encyclopedia, called *Al-durr al-naẓīm (The Well-Arranged Pearls)*, which is attributed to the original author, we find a different arrangement agreeing with that of the second theorist, al-Khaṭīb al-Irbilī (see Table II). The latter was probably from Irbil (Iraq), not far from the birthplace of ibn al-Akfānī. Al Khaṭīb al-Irbilī wrote his didactic poem, *Jawāhir al-niẓām (The Well-Ordered Jewels)*, in 1329,[47] mentioning, successively, Ṣafī al-dīn's classification and that of ibn al-Akfānī. About four centuries later, al-Qādirī referred to the authority of ibn al-Akfānī as "representative of the new trend in the science of music."[48] It is evident, then, that the work of ibn al-Akfānī and al-Khaṭīb al-Irbilī represented a new tradition, which spread rapidly, mainly over the area west of Persia. This tradition, which derived its system from Ṣafī al-dīn's theory, prevailed up to the middle of the eighteenth century. The same tradition is also represented in the Persian sources of the fourteenth and fifteenth centuries.

In this new tradition, the classes of *shudūd*, *awāzāt*, and *murakkabāt*

[46] See Amnon Shiloah, "Deux textes arabes inédits sur la musique," *Yuval*, I (1968), 221–48; also, Shiloah, *The Theory*, pp. 146–50.

[47] Published by Sheikho in *al-Mashriq*, XVI (1913), 895–901, and by al-ᶜAzzāwī, in *al-mūsīqā al-ᶜirāqiyya* (Baghdad, 1951), pp. 106–113.

[48] See Shiloah, *The Theory*, pp. 240–41.

are retained, but they are presented in a different way. According to some later authors, such as al-Mārdīnī (d. 1406), the new classification denotes the difference between the Persians and the Arabs. Yet a contemporary of al-Mārdīnī, who wrote in Persian, ᶜAbd al-Qādir ibn Gaybī (d. 1435),[49] adheres to the new tradition but also provides variations that associate him more than the others with Ṣafī al-dīn's classification.

In the new classification the twelve *shudūd* are split into four *uṣūl* (principals) and eight *furūᶜ* (branches, s. *farᶜ*). The latter are treated as derivations: two branches for each principal. Among the four principals, absolute primacy is given to the *rāst*, henceforth designated as the first, the head, the most complete, the central, and the fountain of all the *anghām* (s. *naghma;* a generic name for all the modal skeletons). The four principals plus their eight branches are most often called *maqāmāt*, but also *shudūd*, *alḥān*, *uṣūl*, *bardāwāt*, *hunūk* or *ahnāk* (s. *hank*). Eleven of the twelve terms in Ṣafī al-dīn's nomenclature were kept; the twelfth, *ḥijāzī*, was moved to the class of *awāzāt* and replaced by *māyā*, one of Ṣafī al-dīn's *awāzāt*. The *awāzāt* otherwise retain Ṣafī al-dīn's names, but they are now considered as derivatives of the twelve *maqāmāt;* each *awāz* is assigned to a pair of principal *maqāmāt* from parts of which it is deemed to be composed.

To show the transition from Ṣafī al-dīn's classification to the new one, which becomes common to all authors in the following generations up to the eighteenth century, we give here three samples of *maqāmāt* classification: (1) Ṣafī al-dīn's list of *shudūd;* (2) the *bardāwāt* classification as it occurs in ibn al-Akfānī's *Al-durr al naẓīm*,[50] which distinguishes between four *uṣūl* (principals) and eight *furūᶜ* (branches); (3) a relatively late list of twelve *maqāmāt* provided by al-Muslim al-Mawṣilī (b. 1712),[51] significantly different from Ṣafī al-dīn in contents as well as in ordering (see Table II).

As to the *awāzāt*, each *awāz* in Ṣafī al-dīn's list is assigned in the new system to a pair of corresponding *maqāmāt;* but here, the variations between the different authors are more important than in the *maqāmāt* classification. Table III gives two samples in addition to the list of *awāzāt* provided by Ṣafī al-dīn.

So far, for this part of the theory, the views of the different authors are more or less in agreement. According to the anonymous author of

[49] See above, n. 32.
[50] See above, n. 46.
[51] See Shiloah, *The Theory*, pp. 287–88.

TABLE II

Ṣafī al-dīn: *shudūd*	Ibn al-Akfānī: *bardāwāt* *uṣūl*	related *furū*ᶜ	al-Muslim al-Mawṣilī: *maqāmāt*
1. ᶜushshāq	1. rast	ᶜushshāq, zangulā	1. rast
2. nawā	2. ᶜirāq	māyā, abūsalīk	2. ᶜushshāq
3. abūsalīk	3. iṣfahān	nawā, ḥusaynī	3. ᶜirāq
4. rast	4. zīrāfkand	buzurg, rahāwī	4. ḥijāz
5. ᶜirāq			5. zankulā
6. iṣfahān			6. mukhālif
7. zīrāfkand			7. abūsalīk
8. buzurg			8. shahnāz
9. zangulā			9. ḥusaynī
10. rahāwī			10. muqābil
11. ḥusaynī			11. nawā
12. ḥijāz			12. nawrūz

TABLE III

Ṣafī al-dīn: *awāzāt*	al-Mārdīnī (d. 1406):[52] *awāzāt*	corresponding *maqāmāt*	al-Ḳādirī (17th century?):[53] *awāzāt*	corresponding *maqāmāt*
1. kuwasht	1. nawrūz	rast, ᶜirāq	1. nawrūz	buzurg, zīrāfkand
2. kardānya	2. shahnāz	iṣfahān, zīrāfkand	2. shahnāz	ḥusaynī, ḥijāz
3. salmak	3. salmak	ᶜushshāq, zangulā	3. salmak	rahāwī, zangulā
4. nawrūz	4. ḥijāz	māyā, abūsalīk	4. kuwasht	ᶜirāq, iṣfahān
5. māyā	5. zarkishī	nawā, ḥusaynī	5. māyā	nawā, abūsalīk
6. shahnāz	6. kuwasht	buzurg, rahāwī	6. kardānya	rast, ᶜushshāq

Kitāb al-mīzān (The Book of Precision),[54] however, there was a divergence of opinion even concerning the *awāzāt*, which affected both names and structures. If this is so, the situation becomes much more complicated when we get to the category of *murakkabāt* (compound modes), which are also called *shawādhāt* (s. *shawādh*), *shu*ᶜ*ab* (s. *shu*ᶜ*ba*), and *tarākīb* (s. *tarkīb*). Their number, which varies, according to dif-

[52] See Shiloah, *The Theory*, pp. 275–78.
[53] See Shiloah, *The Theory*, pp. 240–41.
[54] See Shiloah, *The Theory*, pp. 394–98.

ferent sources, between five and twenty-five, is most frequently given as twenty-four. Whatever the number of these modal combinations, they are always provided with proper names, such as *ḥiṣār*, *nahaft*, or *ᶜushayrān*. Diversity is the prevailing feature of this category, possibly an indication of the existence of local traditions.

Confirmation of this hypothesis may be found in scattered remarks implying that the same modal scale or skeleton can be known by various names in different places, and that the same name can be assigned to two different modal scales or skeletons in different places. Al-Shirwānī (15th-century) informs us, for instance, that in Iraq the *iṣfahān maqām* is called *mukhālif*.

Certain descriptions of the *shuᶜab* (or *murakkabāt*) imply that they are not complete or independent modes, but rather serve towards the elaboration of the principal modes with which they have affiliations; they are often used to extend the range of the mode to which they are annexed. Al-Ṣafadī (16th century) classifies the *shuᶜab* into upper and lower, indicating two methods of using them in the development of the *maqām*. One consists of starting with the appropriate low *shuᶜba* under the *finalis* of the *maqām* and then passing to the development of the *maqām* itself. The other directs starting with the chief genus of the *maqām* and then, for the sake of elaboration, passing to the related *shuᶜba*.[55]

It follows from the last remark that each *maqām* has a defined range and tessitura. According to the sources, the particular range and tessitura are determined in relation to the central scale or *rāst*. The seven degrees of this scale are designated by the generic name *buḥūr* and individually by their proper names, which are Persian ordinal numerals: *yekāh* (the first place), *dūgāh*, *segāh*, *chahārgāh*, *penjgāh*, *sheshgāh*, *hāftgah*. The octave is called the reply [*jawāb*] of *yekāh*, this latter name often being replaced by the term *rāst;* as to other degrees underneath the *yekāh*, the term "low reply" is used. Here and there, as with *rāst*, other names of *maqāmāt*, such as *ᶜirāq* and *husaynī*, became associated with degrees serving as their determined point of departure, and replaced the ordinal numerals as names for the scale degrees. Some isolated treatises offer different nomenclature. One of them is that of al-Ḥaṣkafī (16th century); he begins with the fourth below the first: *al-asfal* (the lowest), and proceeds to *al-dhīl* (the low), *al-rukn* (the base), *al-awwal* (the first), *al-thāni* (the second), *al-thālith* (the third), *al-rābiᶜ* (the fourth), *al-khāmis* (the fifth), *al-tāzī* (the vibrating? or the Arabic?),

[55] For further details, see Wright, *The Modal System*, Chap. 8.

al-ᶜuluw (the high), *al-intihā* (the end). The range of eleven degrees prescribed by al-Ḥaṣkafī is not an isolated example, for it occurs frequently in other sources as well; consequently, it may indicate the optimal range of a *maqām*.

It should be remembered that all the technical information in the treatises is either completely verbal or else utilizes alphabetical symbols. There is one exception, however: the rudimentary notation of al-Dhahabī al-Ṣaydāwī (15th century).[56] This author uses an eight-line staff of different colors and places the names of the degrees between the lines. He also provides symbols to indicate the notes of departure and *finalis* as well as the direction of the melody, but he contents himself with guiding contours.

One feature common to all the sources up to the nineteenth century is their concern with specifying the multiple affiliations of the *maqāmāt* and *awāzāt* to ethical and cosmological values. The detailed list of correspondences involves such categories as the planets, signs of the zodiac, seasons, day and night, hours, elements, humours, temperaments, virtues, classes of men, colors, odors, raw materials, alphabetical letters, and poetry and poetical meters. These multiple correspondences were considered important to the musician, who was expected to select the appropriate mode for each circumstance. They were also useful to the physician, enabling him to administer the suitable treatment for each disease. Moreover, we are told that each human being has his own melody, which agrees with his nature and horoscope; friendships are also based on similar affinities.

At this point, let us summarize the major characteristics of the modal system described thus far:

(1) The modal scale is basically conceived as a combination of several small groups of notes, whether of the same intervallic structure or not, called "genera" *(ajnās*, s. *jins)*.

(2) In many cases one genus is sufficient to give the feeling of a given mode.

(3) A genus as well as the entire scale in which that genus is predominant are frequently designated by the same name.

(4) As a result of characteristic (1), many combinations can be created theoretically, but only a limited number has been admitted or commonly accepted.

(5) Among the latter, a certain hierarchy exists; first we find *rāst*, followed by the other principal *maqāmāt*, then the six *awāzāt*, then the

[56] See Shiloah, *The Theory*, pp. 83–85.

shu^cab, or *murakkabāt*, which, practically speaking, are partial or subordinated patterns.

(6) Part of the modal scale is linked to a definite pitch level that is determined by relation to the general scale; it also evolves within a given segment of the general scale.

(7) A group of notes transposed is considered to be a different entity and consequently may receive a new name.

(8) Intervallically identical groups are considered different when they do not have the same point of departure, although they may repose on the same *finalis*.

(9) Two intervallically identical groups may be considered different even when they have the same departure and *finalis* if one is ascending and the other descending, or if they emphasize different scale degrees.

(10) Beyond these common points, a significant part of the system has always been subject to local and, to a certain extent, personal interpretation. We can also assume that from the beginning the widely accepted theoretical principles were adapted to various local styles.

VII

In the light of what has been said so far, we can now turn our attention to the so-called Modern School. This is characterized by the use of a general scale extending to two identical octaves divided into twenty-four degrees. Like its counterpart in the past, the basic scale within this general scale is that of *rāst*. The terminology used to designate the principal degrees of the modern scale comprises some ordinal numerals as well as some names that correspond to the ancient names of *maqāmāt*, *awāzāt*, and *shuᶜab*. Though a certain hierarchy among the *maqāmāt* or *anghām* is still implied in common practice, the ancient categorization has vanished in the Turco-Arabic sphere; in Persian music, however, it still applies. The Syrian theorist Michael Allawerdi, in a book published in Arabic in 1950, offers an interesting explanation of the process leading to the fusion of the *awāzāt* and *shuᶜab* into the main *maqāmāt*.[57] Following in the footsteps of past theorists, he describes the *awāzāt* and *shuᶜab* as subordinate elements used to amplify and enrich the principal *maqāmāt*. They were introduced in the course of historical development, either in the middle, on secondary centers, or at the extremities of the scale of one or another *maqām*. Little by little they became assimilated into their new envi-

[57] Michael Allawerdi, *The Philosophy of Oriental Music* (Damascus, 1950).

ronments, losing their independent existence.[58] The merged entities, in their diverse combinations, constitute the repertoire now in use. It should be emphasized that these combinations offer possibilities for different modulatory progressions. Elsewhere in the same book, Allawerdi rejects the attribution of the division of the octave into twenty-four degrees to Michael Meshaqa, correctly remarking that the division had been known previously.[59]

Finally, modern theorists class all modal scales according to their points of departure, which coincide with the degrees of the central scale. Thus they speak of *maqāmāt* reposing on the degree *yekāh*, on the degree *ᶜushayrān*, and so on. The basis of such a classification can be found in the sources of recent centuries. Undoubtedly, the nineteenth- and twentieth-century theorists have interpreted the modal system as it is reflected in their own countries of origin. Nevertheless, we may assume that, like their colleagues in past generations, they did not deviate from the essence and spirit of that tradition whose theory was formulated by Ṣafī al-dīn.

In his definition of mode according to the teaching of the modern masters, d'Erlanger mentions five essential elements:[60]

(1) the ambitus or range of the modal scale
(2) the constituent genera of the scale *(ajnās)*
(3) the point of departure *(mabdaᶜ)*
(4) the momentary or secondary stopping points *(al-marākiz)*
(5) the final point of repose or tonic *(al-qarār)*

These elements are strikingly similar to the modal characteristics discussed earlier with reference to sources ranging from the thirteenth to the eighteenth century. Between these two sets of characteristics run the threads that link the past to the present. In the practice of today one can observe that in most cases the basic modal scales are composed of a mixture of genera still called *tarākīb* (s. *tarkīb*), whose centers are systematically worked out and emphasized in different ways. A skilled musician distinguishes himself by excelling in the modulatory progressions that allow him to move away from and back to the main *maqām*, more or less according to a plan or plans admitted by tradition.

[58] Allawerdi, *The Philosophy*, p. 344.
[59] Allawerdi, *The Philosophy*, p. 193.
[60] D'Erlanger, *La musique arabe*, V, *Essai de codifications des règles usuelles de la musique arabe moderne* (Paris, 1949), p. 100.

VIII

My principal aim in this article has been to re-evaluate some common opinions regarding the historical development of the concept of mode in the Middle East. In this reconsideration of the matter I have been guided by the numerous treatises written between the thirteenth and eighteenth centuries. It has become clear from this short survey that, contrary to previous assumptions, there is no lack of theoretical writings during this time span: the period is not characterized by decline or stagnation as far as musical theory is concerned. On the contrary, the numerous treatises dealing with mode seem to reflect, much more than in earlier periods, a living theoretical tradition; drawing, in all probability, upon actual and active musical experience, these writings are authentic witnesses to the evolution of the modal concept through time and space. A thorough examination of the sources, whether known but unpublished, or still buried somewhere in one of the numerous libraries as yet untouched, will probably reveal considerable information about the formation of local styles and offer a better understanding both of their uniqueness and of their affinities with other local traditions.

The documents are difficult to interpret; the terminology used in them is ambiguous. They require long and thorough examination before definite statements can be made. Our survey has aimed to offer an overview of the whole period, from the thirteenth through the eighteenth century; in so doing, it has revealed that a certain continuity of spirit and principles characterized the concept of mode throughout the period and in the entire area of the Middle East, and this includes the Modern School which, at least in its beginnings, did not show any radical reversion to traditional music, but continued to develop along the major lines established by past generations. We should endeavor to become aware of the chain of events revealed by the sources. It would then become easier to understand what real changes are occurring in present day traditions.

Appendix

In dealing with the development of the modal concept in the first centuries of Islam, we ought also to take into consideration the case of the so-called Andalusian tradition of the North African Maghrib. A famous and outstanding musician named Ziryāb (9th century) is said to have gone from

Baghdad to Cordoba in Spain, where he became the chief musician of the Caliph al-Ḥakam and the recognized founder of the Andalusian school of music. This artist is credited with several novelties: the development of the local *nawba*, or *nūba* (a suite form), and the creation of the system of twenty-four *nawbāt*, which are said to correspond to twenty-four modal scales and to possess a whole range of cosmological affiliations. After the expulsion of the Muslims from Spain in 1492, this tradition was transported to North African centers where it partially survived: that is to say, only eleven of the twenty-four *nawbāt* remained in the living tradition, thanks to the efforts of the musician al-Ḥā'ik. Who was al-Ḥā'ik and why did he reduce the number of *nawbāt* to eleven? What possible kinship exists between the Andalusian *nawba* and its Oriental counterpart?

Rafael Mitjana ("L'Orientalisme musical et la musique arabe," *Le monde oriental*, I [1906], 184–221) claimed, without any supporting evidence, that when the last Arabs left Spain and took refuge in the Maghrib, a famous musician named al-Ḥā'ik piously collected the traditional songs, and to make them more accessible, reduced the number of *nawbāt* from twenty-four to eleven. Farmer (in *An Old Moorish Lute Tutor* [Glasgow, 1933], and elsewhere) repeated Mitjana's tale verbatim. Alexis Chottin (*Corpus de la musique marocaine* [Paris, 1931]), agreed that the anthology of eleven *nawbāt* was compiled by al-Ḥā'ik, but not until 1792, that is, three hundred years later. Touma, in his brief discussion of the question, proposes a choice of dates as well as a particular point of view regarding the origin of the *nawba:* "La musique andalouse qui subsiste aujourd'hui, ainsi que la tradition vocale d'Afrique du Nord, sont les héritières de cet art musical introduit par Ziryāb à Cordoue aux XIIIe, XVe et XVIIe siècles" (*La musique arabe*, pp. 23–24). Later (p. 76) he describes the *nawba* in Near Eastern centers and admits that Ziryāb gave it a new aspect.

Since the discovery of related new manuscripts and collections of *nawbāt* ascribed to al-Ḥā'ik, it has become clear that the whole question of his contribution as well as the more significant question of kinship between the Andalusian (i.e. North African) and Near Eastern traditions calls for serious re-examination. Some seventeenth- and eighteenth-century Near Eastern treatises contain descriptions of *nawbāt* of a form and nature similar to the Andalusian, as well as many parallel names of modes. A recent publication on the Tunisian *maqām* (Salah al-Mahdi, *Étude comparative des modes tunisiens* [Tunis, n.d.]) contains at least three parallels to the *shudūd* described by Ṣafī al-dīn: the *isfahān*, the *māyā*, and the *nawā*. We cannot yet determine the full nature of this kinship. It is clear, however, that in the thirteenth century three main modal systems seem to have coexisted: the old system of *aṣābi*ᶜ (fingers), that of Ṣafī al-dīn, and the Andalusian. While the finger theory gave way little by little to Ṣafī al-dīn's system in the East, the Andalusian system survived in various North African centers.

X

MUSIC IN THE PRE-ISLAMIC PERIOD AS REFLECTED IN ARABIC WRITINGS OF THE FIRST ISLAMIC CENTURIES

I

The musicologist interested in the history of Arabic music must from the start face a particular and insoluble problem, that of the total lack of musical documents. Due to the absence of musical notation, the past has not left him any concrete relics to support his investigation of remote ages. Therefore, he must fall back on the abundant surviving literature about music from which he may draw at his discretion adequate elements for his inquiry and research.

The task becomes more complicated when the Pre-Islamic era is concerned, for the available sources dealing with that period were written long after the events to which they refer. Consequently, their authors describe an unheard and unhearable music, and use second-hand evidence in their theorizing. We believe that the uncertainty and the vagueness of the transmitted information have necessarily led to various interpretations and conflicting attitudes concerning the nature of the *Djāhiliyya* music.

One of the greatest experts on Arabic music, the late H.G. Farmer, devoted the first chapter of his book: *A History of Arabian Music* to "The Days of Idolatry".[1] In this short chapter (19 pp.) Farmer put together and collected scattered references to be found in works by al-Mas^cūdī, al-Ṭabarī, Ibn ^cAbd Rabbih and others. One of his statements: "In al-Ḥijāz which was not advanced musically ... the *naṣb* or *nauḥ* were the only types of sources practised until the close of the sixth century or beginning of the seventh", has been sharply attacked by Nāṣir al-Dīn al-Asad. The refutation occurs in a comprehensive work entitled: *Singing Girls and Music in Pre-Islamic Arabia*.[2] Al-Asad claims that contrary to Farmer's belief, music in the Ḥidjāz and elsewhere included sophisticated and art music.

[1] Farmer, H.G., *A History of Arabian Music*, Luzac & Co., London, 1929.
[2] Nāṣir al-Dīn al-Asad, *al-Qiyān wa'l-ghinā'*, Beyrouth, 1960.

It seems to us that instead of wasting our energy in discussing this or another detail we should try to examine the validity of the basic information available on this subject. We shall consider three factors: the period and type of the writings concerned, and the nature of the information to be found in these sources.

The earliest writings on music which have come down to us are from the ninth century. Ibn al-Nadīm in his *Fihrist* mentions older writings but they are all lost.[3] It follows that the first attempts to describe past musical events appeared when the great musical tradition was at its highest point of achievement and had already gained wide acceptance in the circles of the rulers and the intelligentsia. We know very little about the actual formation and crystallization of the Great Tradition,[4] but from the scattered information available we may conclude that the integration came about through the fusion of elements from diverse origins with emphasis on the Persian contribution. This Great Tradition was based on new musical concepts and approaches, which explicitly or implicitly were opposed to the "little" traditions whether of folk nature or those practiced in the desert environment and culture. We know from other Great Traditions that "little" traditions were usually either ignored or regarded as inferior by the élite and the intellectuals — that is to say the pillars of the Great Traditions. Therefore, we may assume that the scattered references to the musical past in ninth and tenth century writings may have been partial and tendentious. Be this as it may — even these facts which seem to be reliable and true should be regarded with a certain reserve. Indeed, when a ninth or tenth century author discusses certain musical forms or genres in the Pre-Islamic period such as *ḥudā', rakbānī, naṣb, ghinā', ḥimyarī,* he is simply reiterating what has been handed down to him by oral tradition. In so doing, he is referring to abstract terms disconnected from the musical practice. He is remote in time and spirit from the reality and the events he describes. This point will be further elucidated later.

[3] See for details: Shiloah, A., *The Theory of Music in Arabic Writings*, München, 1979, pp. 201–206.

[4] In our context, Great Tradition designates the "high" and sophisticated art style elaborated in Near Eastern music after the advent of Islam and widely adopted by the cultures under Islamic influence.

The rupture between Great and "little" traditions may be emphasized by another interesting phenomenon; the well-known fact of the cultivation and veneration of Pre-Islamic poetry. While until almost the period under discussion we find famous Islamic poets clinging tenaciously to the great models of the heroic age, none of the musical forms or basic tunes or dances of the old repertory are invoked. Even the more sophisticated musical forms and practices which developed in the Arabic kingdoms of Ḥīra and Ghassān as well as the semi-urban centers of the desert were not explicitly included among the contributors to the newly established Great Tradition. We shall see below how a famous later Arabic historian commented on the various aspects we have so far raised.

The second feature we wish to mention in these preliminary remarks concerns the category of writings in which one finds the relevant material regarding Pre-Islamic music. Extant sources about music roughly belong to two major categories of writings: 1) General literary and anecdotal works; 2) speculative and technical treatises. The first category integrates knowledge about music in the framework of a wide range of topics, thus seeking to complete the sum of encyclopaedic knowledge which a learned man needs to stimulate his intellectual powers and improve his insight into the harmony of the universe. This category therefore includes excerpts and chapters from books of history, geography, philology, lexicography, *adab*, cosmology, ethics, medicine, philosophy, theology, sufism and the like, as well as entire works of a similar nature.

The second category focusses on the acoustic-mathematical aspects of music, as well as other technical elements and constituents. This category came into being as a result of the great enterprise of translation from the Greek initiated by al-Ma'mūn in *Bayt al-Ḥikmah*.

Paradoxically, the latter category, which deals professionally with music, is by far the less useful to our purpose. It seems as if the experts in music dealt very little with historical developments and when they did touch upon the matter, they borrowed and infinitely repeated anecdotes and *loci communi* to be found in the first category. This holds true to a large extent even for present-day theoretical writings. One of the rare exceptions is al-Fārābī, who in the introduction to his *Grand Book* on music[5] proposes a rational theory for the development of man-made music. But this theory is not bound to a specific place and time. Consequently it does not fall within the scope of our subject, as we shall see in presenting the third feature.

This feature concerns the nature of the information provided by certain writings of the first category. Generally speaking it is in large part fragmentary and anecdotal. Even when the presentation aims at tracing back a chain of events to a certain length it is always characterized by the technique of the oldest form of Muslim historiography — the *Khabar.* It consists, as Franz Rosenthal writes, of a well-rounded description of a single event .... "it does not imply any fixed point in time, nor is it ever restricted to mean an organically connected series of events. Each *Khabar* is complete in itself and tolerates no reference to any kind of supplementary material".[6]

To illustrate this statement as well as the scope of the information to be found in the oldest relevant writings, we propose to examine one source closely in its two variations.

II

One of the earliest complete works on music that has come down to us is the *Kitāb al-lahw wa'l-malāhī* (Book of diversion and musical instruments) by the geographer Abu'l-Ḳāsim ᶜUbayd Allāh ibn ᶜAbd Allāh ibn Khurradādhbih, born in Khorasan in 205/820 or 211/825, died in Baghdad in 300/911. According to *al-Fihrist* he wrote three books on music, two of which are lost. The work has been published under the title *Mukhtaṣar kitāb al-lahw wa'l-malāhī* by Father Ignatius in *al-Mashriq* (1960, p. 129–167), from a unique manuscript in Beirut. The manuscript is somewhat corrupt and contains an important lacuna not noticed by Father Ignatius. Part of the material included in *K. al-lahw wa'l-malāhī* appears as a dialogue between the Calif al-Muᶜtamid and Ibn Khurradādhbih himself in *Murūdj al-dhahab wa maᶜādin al-djawāhir* (Meadows of gold and mines of

[5] al-Farābī, *Kitāb al-musīqī al-kabīr*, ed. Ghaṭṭās al-Hefni, 1967 with commentary in Arabic; R. D'Erlanger, *La Musique arabe*, Tome I, Paris, 1930; tome II, Paris 1935 (complete French tr. with commentary).

[6] Rosenthal, F., *The History of Muslim Historiography*, Leiden, 1968, p. 66.

gems)[7] by the famous historian and geographer al-Masʿūdī, who died in 956, 46 years after Ibn Khurradādhbih. The historian al-Masʿūdī's recourse to Ibn Khurradādhbih's oration which constitutes the answer to al-Muʿtamid's question concerning the beginnings of music and its evolution, proves that this important source was long considered authoritative. Furthermore, the basic "historical" information from Ibn Khurradādhbih's treatise was to appear and reappear in many other books in subsequent generations, and may thus serve us as a good model.

Let us now glance at the content of this treatise, at the same time keeping an eye on al-Masʿūdī's reiterations and slight deviations. Ibn Khurradādhbih's work is not divided into chapters, but covers distinct topics. It begins with a short discussion on the lawfulness of music from a religious point of view exactly as does, for instance, the chapter on music in *al-ʿIqd al-farīd*[8] and many other works on *adab* dealing with music. This is followed by a remark that the science of music is, according to the philosopher, part of the *quadrivium*; the influence of music on the intellect and the soul; an anecdote concerning its various virtues; and some sayings on music by various philosophers. These occur also in other musical treatises, e.g. those of Ḥunayn b. Isḥāq, al-Kindī, the *Ikhwān al-Ṣafā* and others.[9] So far there are no parallels in al-Masʿūdī. At this point comes a detailed story about the invention of the *ʿūd* by Lamek. This story, which marks the beginning of world music, is as a matter of fact assimilated with the origin of music as such and not only that of the *ʿūd* as I had stated in my study, "The *ʿūd* and the origin of music".[10] This story is followed by accounts of other biblical inventors of musical instruments, namely Yuval, Tzila and the children of Lot. From the Bible the author moves to other unnamed inventors or rather to typical instruments characterizing different nations — namely the Shepherds and Kurds, the Persians, the Daylamites, the people of Ray and

[7] Barbier de Meynard and Pavet de Courteille (eds. and trs.), *Les prairies d'or*, Paris 1861–77, Vol. VII, 89–96; revu et corrigé par Charles Pellat, Paris, 1962–1974, Vol. III, pp. 126–130.

[8] Ibn ʿAbd Rabbih, *al-ʿIqd al-farīd, al-yāqūta al-thāniya* (20th book), Būlāq, 1876, Vol. III, pp. 229–271.

[9] See Shiloah, *op. cit.* (above, n. 3), pp. 75–76; 134–135; 230–233; 255–256.

[10] Shiloah, A., "The *ʿud* and the origin of music", *Studia Orientalia Memoriae D.H. Baneth Dedicata*, Jerusalem, 1979, 395–407.

Tabaristan, the Greeks and the Indians. The passage contains not only details about the instruments, but also the eight royal musical modes[11] in use in Persia and anecdotes about the most famous of Sassanid musicians, Barbad or *Fahlīz*.

This section, with a few omissions, occurs in al-Masᶜūdī as the first part of the answer to al-Muᶜtamid's question: "Tell me about the first inventor of the *ᶜūd*". The context in which the oration was delivered was a banquet attended by many learned and intellectual boon companions.[12] The second part of the section dealing with the music of the past involves Pre-Islamic Arabic music. It begins without any transition: "And the *ḥudā'* preceded the *ghinā'*." Here comes an anecdote telling how this first musical form came into being. In the *Kitāb al-lahw* version it is said that Muḍar ibn Nazār struck his servant's hands. The man cried out in pain: "O my hands! my hands!" On hearing this the camels were deeply affected, so the *ḥudā'* became the first song genre from which the *ghinā'* derived. Al-Masᶜūdī reports a different version according to which the same Muḍar fell from his camel and broke his hand. In his pain, Muḍar who had a beautiful voice, cried out *ya yadāh*. As a result the camels were impressed and stimulated. This gave birth to the first song genre and to the *radjaz* metre. Al-Masᶜūdī's version is the most common one. Both the statement concerning the *ḥudā'* as well as the anecdote are to be found in dozens of writings. This discussion ends with a repetition of the opening sentence, a little expanded: "Consequently the *ḥudā'* became the first form of *samāᶜ* and *tardjīᶜ* from which the *ghinā'* later derived".

The following section states that Ibn ᶜAbd Allāh al-Kalbī sang another genre, the *naṣb* and that the *naṣb* is made up of three species: *rukbānī, sanad-thaqīl* and *sanad-khafīf* and that the first female singers (*qaynāt*) were the Djarādatān. So far, the speech in al-Masᶜūdī is in full accord except for a short addition concerning the two genres *ḥimyarī* and *ḥanafī* practiced in Yemen. It follows from this fundamental information that the first genre, the *ḥudā'*, a rudimentary form of singing close to recitation, was followed by the

[11] Farmer, H.G., "The Old Persian Musical Modes", *JRAS* (1926), 93–5.

[12] Similar place and occasion leading to speculations on music are to be found in Ḥunayn b. Isḥāq's *Adāb al-falāsifa fī'l-musīqī* and other works: this method probably originated in similar Greek literature.

ghinā', which is used as a general and generic term covering a whole range of songs in which the melodical and rhythmical components play a role of their own. This means that the music took a form going beyond the simple melodic support to the sung poem. Consequently, the *ghinā'* in its highest development may have reached a degree of sophistication close to art song. However, the simple *naṣb* and its derivatives did not fall within the later category if we believe the concluding statement:

> "From the *ghinā'* Quraysh knew only the *naṣb* until al-Naḍar ibn al-Ḥārith ibn Kaladah went to al-Ḥīra where he learned to play the *ᶜūd* and how to use it in the accompaniment of art song. Then he returned to Mecca and taught its people who consequently started to employ the *qaynāt* singing-girls (to perform this new type of song)."

Despite our clarification we must admit that Ibn Khurradādhbih's "historical" survey leaves us rather perplexed on many points. Furthermore, the same rudimentary information has been discussed by subsequent Arabic authors who introduced variations and personal comments. But before reaching any conclusion we would like to complete the description of the work under discussion. The topic following the "historical" survey involves examples illustrating the moralizing, affective and therapeutic influence of music. After an enumeration of several anecdotes demonstrating the great power of music, the author expresses his thanks to the philosopher who invented this art for the benefit of all mankind. The philosopher (implying Greek philosophers) is credited with the invention of the science of music and of music itself as we shall see in the following paragraph. This science includes all the speculations on the various effects of music, which explains the author's return to a selection of philosophers' sayings on music in order to demonstrate the validity of the stories recounted earlier.

At this point the oration in al-Masᶜūdī is interrupted by al-Muᶜtamid who proclaims:

> "Bravo! Your speech is like a coloured silk cloth in which are combined harmoniously the red, the yellow, the green and all the other colours."

This sentence occurs in *Kitāb al-lahw* later in the same passage but as a definition of ancient music given by the famous Isḥāq al-Mawṣilī. From the same passage comes also part of the definition of the *ṭarab* in al-Mas^cūdī, as we shall see in a moment. The text of *K. al-lahw* stops in the middle of the definition of the *ṭarab* and goes on to the last and longest topic of the treatise, which covers more than two thirds of the whole work. This last part is devoted to biographies of famous musicians, male and female — a favourite theme at that time.

Let us now return to al-Masᶜūdī: After having praised Ibn Khurradādhbih for his magnificent speech, al-Muᶜtamid asks three more questions:

a. on the qualifications of the skilled musician.
b. on the different kinds of *ṭarab.*[13]
c. on the function of rhythm and the species of melodical and rhythmical melodies.

As we have said, only part of the answer to the second question occurs in *Kitāb al-lahw*, but we have no doubt that the manuscript used by Father Ignatius contains lacunae. Finally it should be noted that al-Masᶜūdī's text continues with another session held the next day where somebody other than Ibn Khurradādhbih is asked by al-Muᶜtamid to talk on dance and its principles. The speech on dance is one of the rare discussions of the subject in Arabic literature, and is a most interesting one.[14]

III

We have treated Ibn Khurradādhbih's work at some length since it represents an early example of almost all the topics encountered in relation to our subject. These topics can be divided into three major classes:

a Material concerning the origin of music or particular instruments, musical forms and practices. This includes detailed stories or anecdotes like that of Lamek and the *ᶜūd*, or short statements in the style of the literature of the *awā'il* as for instance: "The first who called to the prayer is Bilal" or "The first song genre in the desert is the *ḥudā'*." Along the sames lines we find in literature many names of inventors — mostly biblical or Greek. According to one of these stories Adam is said to have invented the flute — an important

[13] The *ṭarab* constitutes a prominent concept in Arabic music. See for details A. Shiloah, *Kitāb kamāl adab al-ghinā'* by al-Ḥasan al-Kātib, Geuthner, Paris, 1972.

[14] See: A. Shiloah, "Réflexion sur la danse artistique musulmane au Moyen Age" *Cahiers de Civilisation Médiévale*, Vᵉ année, no. 4 (1962), 463–74.

instrument used by the mystics. Adam received a secret from God on condition that he would not divulge it. But once driven out of Paradise the secret bothered him dreadfully and tormented him. The Archangel Gabriel came to him and advised him to dig a well where he could deposite it. He did so, and as a result the Persian reed grows around the well and serves to make the *yarā*ᶜ and the *shabbāba* (flutes), known for their profound effect on listeners through their inheritance of Adam's secret.[15] An ideological tendency emerges in this story, demonstrating that God's spirit goes through the hollow reed. This is similar to the Jewish mystical interpretation of the Aggadic tale about David's lyre which resounds by itself at midnight when the North wind goes through it. Also, our story perhaps implies a contradiction of the opinion of some theologians regarding the active intervention of Satan in the playing of musical instruments.[16]

In two or three instances, Ibn Khurradādhbih refers to the Greek philosophers as inventors of the science of music and musical thoughts. The name of Pythagoras occurs in many later writings, credited with the invention of the science of music. One of the versions which occurs in four different treatises is of particular interest. It combines the fundamental tradition which runs through the medieval European literature with significant comments and additions. The tradition concerned states that Pythagoras found the beginnings of music in the sound of the hammers he heard in the coppersmith's market and the striking of stretched strings. He later used a single string for experimental purposes to define the ratios of consonantic intervals. His mathematical discoveries were used to explain the very being of the universe as bound together by musical principles. In our story, which roughly repeats the elements of the above tradition, Pythagoras is introduced as King Solomon's disciple, the stimulus to the invention comes from an angel who thrice appears in his dreams and urges him to go to a place on the sea shore where he would discover a wonderful theory. The theory he discovered, thanks to his reasoning and God's inspiration, was put into practice in the singing of hymns praising the unity of God Almighty.[17] With this

[15] This story is reported by Uways al-Ḥamawī in his *Sukkaradān al-ᶜuššāq wa-manārat al-asmā*ᶜ *wa'l-'āmāq*, Ms Berlin Staatsbibliothek Pm 617, fol 154b–156b.

[16] See for instance Ibn al-Djawzī, *Talbīs iblīs*, ed. Cairo 1921, p. 120–121.

[17] See R. d'Erlanger, *La Musique Arabe*, Vol. IV, Geuthner, Paris, 1939, pp. 259–261.

story in which God and man and the monotheistic and heathen worlds are brought into harmony we may leave the class of writings dealing with the origins of music.

b The second class of sources encompasses the characterization of different ethnic musics, assuming, as al-Kindī, the Ikhwān al-Ṣafā and others have stated, that peoples differ naturally from each other.

> "The humours of the body," says the Ikhwān al-Ṣafā, "are of several aspects and the natures of animals are of many kinds. To each humour, to each nature, corresponds a rhythm and a melody, whose number can only be counted by God, powerful and great ...etc."[18]

Accordingly we find, for instance, recurring statements about the blacks. In his epistle "On the superiority of the blacks over the whites", al-Djāḥiẓ says that the blacks possess a natural talent and disposition for measured dance, beating well balanced rhythms on drums.[19] Ibn Buṭlān in his epistle "On how to buy slaves and how to detect bodily defects" says that black female musicians distinguish themselves by an inherent talent for rhythm and it is said that if a black should fall from the sky to the earth he would fall in rhythm; for this reason and in order to avoid their bad Arabic accent, black female musicians are preferred in the capacity of dancers and instrumentalists.[20]

Ibn Khaldūn mentions the natural talent and fondness of the negroes for rhythm and dance in connection with the racial differences and the influence of the climate upon human character.[21] In extolling the merits of the Turks, al-Djāḥiẓ states that the people of Khorasan and the Turks are said to have used big frightening drums and bells in battle. The Greeks are credited with the invention of musical modes and theory. As for the Arabs, they distinguished themselves in poetry, rhetoric and eloquence. The last sentence, which recurs in many treatises, is of particular importance to our

[18] A. Shiloah, *The Epistle on Music of the Ikhwān al-Ṣafā*, Tel-Aviv University, 1978, p. 15.

[19] al-Djāḥiẓ, *Kitāb fakhr al-sūdān ʿalā al-biḍān*, ed. Van Vloten, *Thalāth rasā'il*, Leiden, 1903, p. 84–85.

[20] Ibn Buṭlān, Abu'l-Ḥasan al-Mukhtār, *Risāla fī shirā' al-raqīq*, ed. ʿAbd al-Salām Hārūn, Cairo, 1951; I. P. 385.

[21] Ibn Khaldūn, *al-Muqaddimah*, English tr. by F. Rosenthal, London, 1958, Vol. I, 174.

discussion since it indirectly shows a certain approach and attitude toward Arabic Pre-Islamic music. We shall come back to it in the following section. To conclude this category we can quote the wise statement made by al-Djāḥiẓ in the epistle mentioned above:

> "Not every Turk on earth corresponds to our description, not every Greek is a philosopher, every Chinese a skillful artist and every Arab a distinguished poet, but these characteristics are more common and more perfect".[22]

c The last class of sources includes biographical stories about famous male singers, instrumentalists and singing-girls (*qaynāt*) similar to the model found for instance in the Book of Songs (*Kitāb al-aghānī*). Occasionally this type of material may extend to include information about music itself and musical life and practice.

The over-all picture that we have drawn poses quetions regarding the validity and trustworthiness of the information provided by our sources. An exhaustive answer to these important questions would require a long discussion; it seems preferable here to concentrate on one point by way of conclusion. This point involves the concepts held about music in that society which produced the bulk of the information included in our study.

We have seen above how al-Djāḥiẓ, in enumerating the musical excellencies of diverse nations, credited the Arabs with a poetical and rhetorical talent. One wonders what this latter has to do with music. The answer is twofold: sophisticated Arab poetry contains, as Ibn Khaldūn put it: "One small drop in the ocean of sound harmony";[23] on the other hand Arab poetry became a fundamental element in the Great musical Tradition. The concept of music in relation to this Great Tradition is associated only with sophisticated art music practiced in urban centers.

> "The craft of singing", says Ibn Khaldhūn, "is the last of the crafts attained in civilization because it constitutes (the last development toward) luxury with regard to no occupation in particular save that of leisure and gaiety. It is also

[22] al-Djāḥiẓ, *Risāla ilā'l-Fatḥ b. Khāqān*, ed. Van Vloten, *Thalāth rasā'il*, Leiden, 1903, p. 15, 33–34, 44–45.

[23] Ibn Khaldūn, *op. cit.*, Vol. II, 402.

discussion of medieval musical science, it is important to note that the latter period is deeply influenced by the former period, such that it is inappropriate to conceive of a clear-cut delineation between the two.

Finally, in the past two or three decades, we have witnessed a regression in terms of the disclosure of new source material and the exploration of already existing material. It seems that most of the former generation of scholars who came from a strong humanistic background that included some knowledge of Near Eastern languages and civilizations were mainly oriented toward the diachronic study of Arab music. Consequently their exploration mainly focussed on the disclosure of sources and their elaboration in a historical and cultural context. In turn most of the young generation of scholars who have been trained in the modern schools of musicology and ethnomusicology has become more and more concerned with the synchronic study of living musical traditions in their socio-cultural context. This shift in emphasis and interest has certainly generated important contributions to the knowledge of stylistic characteristics of different genres and specific idioms. Yet the historical research has, to a large extent, been neglected and is being carried out by only a handful of scholars. The first treatise analyzed in Section II below illustrates this new development. In that section are related the vicissitudes of a small albeit important treatise which, after having drawn the interest of scholars from the beginning of the seventeenth century through the first decades of the twentieth, regained its place in the collections of manuscripts and fell into oblivion. Furthermore, the same treatise is used to illustrate the perpetuation of some fundamental scholarship patterns which continued until the nineteenth century. Among the patterns singled out in this context is the importance of accepted paradigms in Arab scholarship and their references to recognized authorities. The presence of a new paradigm in the treatise under discussion is used to help us cope with the uncertainty surrounding the author's lifetime. This entrancing matter leads to the central part of the presentation in Section III introducing some of the fundamental techniques in Arab musical scholarship. The main items discussed are: the establishment of accepted paradigms, specialization versus encyclopedism, the respect for scholarly authority, the incorporation of borrowed material, techniques of quoting a source, fraudulent practices, the art of condensing or commenting on a source, and remarks about the interdependance of civilizations. At this point it should be

---

my *The Theory of Music in Arabic Writings* (Munich: Henle Verlag, 1979), *RISM*, series B, eighty of the one hundred speculative theoretical treatises listed were written between the thirteenth and nineteenth centuries.

noted that in dealing with the techniques of scholarship in medieval Arabic treatises, our purpose is not only to acquaint ourselves with formal techniques but also to disclose the fascinating world of thoughts contained within these techniques.

II

In this presentation an attempt will be made to fill in the gaps in our knowledge of this era, using as illustrations several important examples of medieval Arabic musical treatises. Our first example refers to an extremely significant work by Shams al-dīn al-Dhahabī al-Ṣaydāwī whose date (first half of the fourteenth century) is somewhat in question. The treatise exists in a relatively large number of manuscripts and has been given at least five titles: (1) *Epistle on Music*;[2] (2) *Book of Attentive Consideration of the Science of Melodies*; (3) *The Treasure of Pleasure and the Culmination of Aim*; (4) *Book of the Derivation of Melodies*; (5) *Epistle on the Science of Music*. For brevity's sake, we shall arbitrarily select the first of these as the title by which we refer to this important work.

In 1610, Marin Mersenne wrote to Nicolas Peiresc, a well-known humanist and patron of the arts, and asked him to procure a suitable treatise on Arabic music. Mersenne was working at the time on his monumental treatise, *L'harmonie universelle*, and he was of the belief that ancient Greek music could be rediscovered through later Arabic sources. After receiving Mersenne's request, Peiresc went about locating the proper treatise. Through the good offices of a correspondent in Cairo, he finally obtained a small treatise written in the form of a didactic poem. The treatise dealt with the theory and classification of modes in addition to providing a unique system of musical notation.[3]

Mersenne and several orientalists after him met with defeat in attempting to decipher the treatise's complex terminology. It took another 150 years before Jean Benjamin de La Borde, with the help of a contemporary orientalist, published the main elements of the *Epistle on Music*'s notation system in his *Essai sur la musique ancienne et*

---

[2]For further details and the description of manuscripts, see Shiloah, *The Theory of Music in Arabic Writings*, pp. 83–85.

[3]A full analysis of the correspondence and a general cultural background are provided in Amnon Shiloah and Annie Berthier, "A propos d'un «petit livre arabe de musique»," *Revue de musicologie* 71 (1985): 164–177.

> the first to disappear from a given civilization when it disintegrates and retrogresses".[24]

This concept leads naturally to the conclusion that all forms of folk music cannot be and really were not regarded as music. Indeed, Ibn Khaldūn, after having given examples of his theory such as "in the non-Arab states before Islam, music was highly developed in cities and towns ...",[25] reaches the section in his chapter on music dealing with Arab Pre-Islamic music. This begins: "The Arabs originally had (only) poetry ... They appreciated it very highly" and though he found it "a small drop in the ocean of sound harmony" he concludes: "The Arabs did not know anything except (poetry), because at that time, they practiced no science and knew no craft. The desert attitude was their dominant trait".

Nevertheless, one may ask: What about the different genres of songs and dances, as well as the instruments which in all evidence were practiced by the Arabs? Ibn Khaldūn does not ignore them; on the contrary he provides a detailed and interesting exposition of all the genres mentioned in the literature, but he concludes very clearly:

> All these simple types of tunes are primary ones. It is not unlikely to assume that they can be grasped by nature without any instruction, as in the case all simple crafts.[26]

This confirms Ibn Khaldūn's basic thesis upon which the whole chapter on music reposes. This also confirms our theory that the concept of music which already prevails in the writings of the tenth century is that which assimilates music with art and sophisticated music only, that is to say that Great Tradition which was elaborated in the framework of Muslim civilization and widely accepted in all its major centers.

[24] *Ibid.*, p. 405.
[25] *Ibid.*, p. 401.
[26] *Ibid.*, p. 402.

XI

Techniques of Scholarship in Medieval Arabic Musical Treatises

I

An incursion into the fascinating world of medieval Arabic musical writings and the attitudes of their authors toward fundamental problems of scholarship necessitates a few preliminary elucidations concerning our present-day knowledge of this particular world.

Until now our knowledge has been severely limited. Most scholarly works in Western languages, whether based on primary sources and firsthand investigation or relying on the contributions of past generations of scholars, have emphasized the *what* rather than the *why* or *how* of medieval Arabic musical scholarship, thus ignoring important questions concerning the type of subject matter and the means with which it was dealt. Still unexplored, for example, are questions pertaining to the scope of musical theory and the relationship between theory and practice, the ultimate origin of music, music's meaning and role in the life of man and society, the ways it changes or develops throughout the ages, and its relationships with other prevailing concepts and approaches in Muslim civilization. I am not saying that nothing has been done along these lines, but rather that we lack a satisfactory synthetic picture of the period. Moreover, the bulk of explored source material is limited to a relatively small number of treatises that are concentrated in the first centuries of Islamic scholarship. As a result, the long period between the fourteenth and nineteenth centuries remains a virtual *terra incognita*.[1] While this last point may seem irrelevant to a

[1]See Henry George Farmer, *History of Arabian Music*, (London: Luzac & Co., 1929). This work stops with the year 1258, the official end of the Abbassid caliphate, because, as Farmer put it, significant theoretical writings after that date were rare. The alleged absence of such writings has also been cited as an explanation for the decline of the music itself. It is important to note in this respect that in

Music Theory and Its Sources: Antiquity and the Middle Ages, ed. André Barbera.

discussion of medieval musical science, it is important to note that the latter period is deeply influenced by the former period, such that it is inappropriate to conceive of a clear-cut delineation between the two.

Finally, in the past two or three decades, we have witnessed a regression in terms of the disclosure of new source material and the exploration of already existing material. It seems that most of the former generation of scholars who came from a strong humanistic background that included some knowledge of Near Eastern languages and civilizations were mainly oriented toward the diachronic study of Arab music. Consequently their exploration mainly focussed on the disclosure of sources and their elaboration in a historical and cultural context. In turn most of the young generation of scholars who have been trained in the modern schools of musicology and ethnomusicology has become more and more concerned with the synchronic study of living musical traditions in their socio-cultural context. This shift in emphasis and interest has certainly generated important contributions to the knowledge of stylistic characteristics of different genres and specific idioms. Yet the historical research has, to a large extent, been neglected and is being carried out by only a handful of scholars. The first treatise analyzed in Section II below illustrates this new development. In that section are related the vicissitudes of a small albeit important treatise which, after having drawn the interest of scholars from the beginning of the seventeenth century through the first decades of the twentieth, regained its place in the collections of manuscripts and fell into oblivion. Furthermore, the same treatise is used to illustrate the perpetuation of some fundamental scholarship patterns which continued until the nineteenth century. Among the patterns singled out in this context is the importance of accepted paradigms in Arab scholarship and their references to recognized authorities. The presence of a new paradigm in the treatise under discussion is used to help us cope with the uncertainty surrounding the author's lifetime. This entrancing matter leads to the central part of the presentation in Section III introducing some of the fundamental techniques in Arab musical scholarship. The main items discussed are: the establishment of accepted paradigms, specialization versus encyclopedism, the respect for scholarly authority, the incorporation of borrowed material, techniques of quoting a source, fraudulent practices, the art of condensing or commenting on a source, and remarks about the interdependance of civilizations. At this point it should be

---

my *The Theory of Music in Arabic Writings* (Munich: Henle Verlag, 1979), *RISM*, series B, eighty of the one hundred speculative theoretical treatises listed were written between the thirteenth and nineteenth centuries.

noted that in dealing with the techniques of scholarship in medieval Arabic treatises, our purpose is not only to acquaint ourselves with formal techniques but also to disclose the fascinating world of thoughts contained within these techniques.

II

In this presentation an attempt will be made to fill in the gaps in our knowledge of this era, using as illustrations several important examples of medieval Arabic musical treatises. Our first example refers to an extremely significant work by Shams al-dīn al-Dhahabī al-Ṣaydāwī whose date (first half of the fourteenth century) is somewhat in question. The treatise exists in a relatively large number of manuscripts and has been given at least five titles: (1) *Epistle on Music*;[2] (2) *Book of Attentive Consideration of the Science of Melodies*; (3) *The Treasure of Pleasure and the Culmination of Aim*; (4) *Book of the Derivation of Melodies*; (5) *Epistle on the Science of Music*. For brevity's sake, we shall arbitrarily select the first of these as the title by which we refer to this important work.

In 1610, Marin Mersenne wrote to Nicolas Peiresc, a well-known humanist and patron of the arts, and asked him to procure a suitable treatise on Arabic music. Mersenne was working at the time on his monumental treatise, *L'harmonie universelle*, and he was of the belief that ancient Greek music could be rediscovered through later Arabic sources. After receiving Mersenne's request, Peiresc went about locating the proper treatise. Through the good offices of a correspondent in Cairo, he finally obtained a small treatise written in the form of a didactic poem. The treatise dealt with the theory and classification of modes in addition to providing a unique system of musical notation.[3]

Mersenne and several orientalists after him met with defeat in attempting to decipher the treatise's complex terminology. It took another 150 years before Jean Benjamin de La Borde, with the help of a contemporary orientalist, published the main elements of the *Epistle on Music*'s notation system in his *Essai sur la musique ancienne et*

[2]For further details and the description of manuscripts, see Shiloah, *The Theory of Music in Arabic Writings*, pp. 83–85.

[3]A full analysis of the correspondence and a general cultural background are provided in Amnon Shiloah and Annie Berthier, "A propos d'un «petit livre arabe de musique»," *Revue de musicologie* 71 (1985): 164–177.

moderne.[4] Toward the end of the nineteenth century, Ernest David and Mathis Lucy included a short resumé from La Borde in their work without providing proper acknowledgement.[5] In 1925, the eminent scholar Henry George Farmer published a concise description of three similar manuscripts found in the Bodleian Library,[6] and shortly after that, he dedicated a short chapter to the *Epistle on Music*'s notation in his book *Historical Facts for the Arabian Musical Influence*.[7] As in the case of La Borde, a number of essential elements of the notation system were omitted in Farmer's chapter, as was any mention of the other important aspects of the treatise.

All in all, we witness here the gradual falling into oblivion of an important theoretical work. At this point I should like to delve into the content of the treatise a bit more deeply, since its concerns are, I believe, representative of much of medieval Arabic musical scholarship. It is true that we are not in a position to know with certainty whether Peiresc's correspondent in Cairo made a random selection in sending the *Epistle on Music*, or whether it was carefully chosen as the most representative sample of Arabic musical scholarship. My own assumption, however, is that the choice was not made randomly for reasons that I shall now elaborate.

In determining why it was that the *Epistle on Music* was chosen, let us first consider another important work that was not selected as the most appropriate sample. I refer here to a work by the prominent thirteenth-century musical theorist Ṣafī al-dīn al-Urmawī (d. 1294), a treatise known as *The Book of Cycles (kitāb al-adwār)*,[8] in which the author provided a systematization of the modal theory known in the practice of his time. This authoritative source exists in the highest number of known manuscripts and is frequently quoted in other works. Why, then, was it not selected?

---

[4](Paris: Ph.-D. Pierres, 1780), Book I, Chap. 20.

[5]*L'histoire de la notation musicale, depuis ses origines* (Paris: Imprimerie Nationale, 1882), pp.10–11.

[6]"Arabic Musical Manuscripts in the Bodleian Library," *Journal of the Royal Asiatic Society* (1925): 639–654.

[7](London: W. Reeves, 1930), pp. 323–326.

[8]Rodolphe d'Erlanger published a French translation of an anonymous commentary on *The Book of Cycles* in the third volume of his *La musique arabe*, 6 vols. (Paris: P. Geuthner, 1930–1959). Twenty-two manuscripts of this treatise are described in Shiloah, *The Theory of Music in Arabic Writings*, pp. 308–313.

The answer, I believe, has something to do with the emergence of a new theoretical trend shortly after al-Urmawī's death, a trend whose principles were derived from, but not identical to those of *The Book of Cycles*. The *Epistle on Music* clearly belongs to this new trend, and its author may in fact have been one of the initiators of the new paradigm of musical scholarship. Evidence that such a trend came into being is indicated by al-Ḳādirī 'Askar al-Ḥalabī in his treatise *Wine of the Cup: Regarding the Tree of Melodies*.[9] This work, which was probably written in the seventeenth century, makes mention of the historian ibn al-Akfānī, who died in 1348 and who is described here as a representative of "the new trend in music" Although al-Ḥalabī does not mention al-Urmawī in this treatise, he does name several other prominent theorists and scholars, among them the tenth-century Brethren of Purity *Ikhwān al-Ṣafā*,[10] authors of an extensive encyclopedia, and the great philosopher al-Fārābī, the author of *The Grand Book on Music*.[11] These scholars, in contrast to ibn al-Akfānī, are dismissed by al-Ḥalabī as authorities representing the old school whose theory has been abandoned by more modern scholars, who rather refer to the *Musica practica*.

The structure of a didactic poem, one of the *Epistle on Music*'s distinguishing features, is found in other existing manuscripts.[12] A fourteenth-century contemporary of ibn al-Akfānī named al-Khaṭīb al-Irbilī, for example, wrote a 101-verse didactic poem entitled *The Well-Ordered Jewels Concerning the Knowledge of Modes*,[13] which deals with the classification of modes according to the new method, the correspondence of modes with humors and elements, and the ways in which all of these have an influence on human character. On the basis of this and other examples, I have concluded that the new paradigm probably emerged in the first half of the fourteenth century, shortly after the death of al-Urmawī.

As previously mentioned, the Shams al-dīn al-Dhahabī's *Epistle on Music* is of uncertain date. In a first attempt to determine its date,

---

[9]MSS Paris, BN ar. 3250 and Gotha, Herzogliche Bibliothek ar. 1351. *The Theory of Music in Arabic Writings*, pp. 240–241.

[10]Ibid., pp. 230–233.

[11]Ibid., pp. 101–108.

[12]This way of presenting the fundamentals of diverse disciplines in a condensed and metrical form was quite in vogue in the Middle Ages among both Arabs and non-Arabs. However its Arabic use for musical purposes seems to become common practice not earlier than the fourteenth century.

[13]See Shiloah, *The Theory of Music in Arabic Writings*, pp. 248–249.

Farmer suggested the sixteenth century. This suggestion has been made probably by reference to de Slane's description of MS Paris, BN ar. 2480.[14] It is important to note here that among the eight known manuscripts of the treatise, only three are dated, the earliest of which bears the date 1500. Five years later, Farmer writes in his *Historical Facts*: "I have not been able to locate the precise date of the author, but the treatise, of which there is a sixteenth-century copy at Paris, would appear not earlier than the thirteenth century."[15] Finally, in the first edition of *The Sources of Arabian Music*,[16] the treatise is listed among the works of the fourteenth century, under the author's name Shams al-dīn al-Dimashqī al-Dhahabī (1274–1348). Although Farmer does not assess his suggested location of the treatise, it seems to be quite plausible. Its likeliness increases by the fact that the historian and theologian al-Dimashqī al-Dhahabī (1274–1348) is also the author of an epitome (not included in Farmer's *The Sources of Arabian Music*) on the treatise *The Benefit of the Laws of Listening to Music*, written by a contemporary theologian al-Adfuwī.[17] Among the numerous glosses in al-Dhahabī's epitome is one dealing with the diverse effects of music upon the soul, its use in medical treatment, the classification of modes into four principal modes and eight branches (as elaborated upon in the *Epistle on Music*) and the relationship between modes and the humors, elements, and zodiac—in brief, all the main constituents of the new trend in musical scholarship.

In his *Epistle on Music* Shams al-dīn concentrates on his original contribution, the special notational system as applied to the new paradigm of melodic modes. Owing probably to this novelty, the author does not acknowledge any other musical authorities, an interesting omission given that most medieval Arabic scholars regard such acknowledgements as an essential element of their writings. In the subseqent generations, when the new paradigm becomes firmly established, we witness an increase of redundancy and a tendency to ignore acknowledgements.

---

[14]MacGurkin de Slane, *Catalogue des manuscrits arabes de la Bibliothèque nationale*, (Paris: Imprimerie Nationale, 1883-95), p. 440.

[15]Op. cit., note 7.

[16]Henry George Farmer, *The Sources of Arabian Music* (Bearsden, Scotland: Issued privately by author, 1940), p. 53.

[17]MS Dublin, Chester Beatty Library, 5356. See also Shiloah, *The Theory of Music in Arabic Writings*, pp. 50–52.

III

Within the first period (ninth-tenth centuries) of Islamic civilization, there are a number of recognized paradigms of musical scholarship whose scope of material oscilliates between encyclopedism and specialization, and whose literary style ranges from anecdotal to speculative. The encyclopedistic and literary works are conceived along the lines of the *adab* literature, whose works can vary from florilegia, whose only purpose is to entertain the reader, to highly technical investigations. Information in these writings is imparted through the use of well-rounded, eloquently formulated short literary sequences, and popular topics include the origin of music, music's virtues and influences, its relationship with cosmological bodies, the sayings of great musical authorities, and biographical sketches of famous musicians. More scholarly works of this genre also contain speculative elements on sound production, scales, melodies and instruments, in addition to providing observations on musical performance and practice. Moreover, there is greater attention paid in such works to the proper indication of sources and quotations.

Two interesting examples belonging to the most sophisticated *adab* musical works of the later period (eleventh-fourteenth centuries) are al-Ḥasan al-Kātib's *The Perfection of Musical Knowledge*[18] written in the eleventh century, and ibn al-Ṭaḥḥān's *The Collector of Sciences and the Consolation of the Vexed*[19] written in the fourteenth century. They are both divided into numerous tiny chapters dealing with a large number of topics. Ibn al-Ṭaḥḥān's treatise is remarkable because of its divisibility, its wealth of subjects, and its noted literary character. Its 222 pages are divided into two discourses, subdivided respectively into eighty and twenty-two chapters. The variety of subjects includes generalities about music, biographies of famous musicians, important details regarding musical instruments and their construction, and a presentation of the modal theory according to the new trend.

Al-Ḥasan's treatise, which most likely constitutes a summary of the author's teaching experience, comprises 240 pages divided into an introduction and 43 chapters. Included in the treatise are a general discussion of the virtues of music and elements pertaining to musical practice and performance, along with a good deal of theoretical material

[18]Ibid, pp. 125–127.

[19]Ibn al-Ṭaḥḥān al-musīqī, *Ḥāwī al-funūn wa-salwat al-maḥzūn*, MS Cairo, Dār al-kutub, funūn 539, 222 pages, dated 1362.

that is based, in the main, on al-Fārābī's *Grand Book on Music*. Al-Ḥasan also quotes other authorities, notably the philosopher Ya'qub al-Kindī (d. after 870)[20] and Aḥmad ibn al-Ṭayyib al-Sarakhsī (d. 899). Since al-Sarakhsī's works have been lost, al-Ḥasan's treatise increases in importance because it contains quotations of this early eminent Arab musical theorist. Al-Ḥasan's work is distinguished as well by a keen critical approach. In the last chapter of his treatise, for example, he provides the student with a kind of analytical bibliography in which distinctions are made between scholarly works and the writings of *literateurs*, whom al-Ḥasan says are of "minor interest" because they are inaccurate and slovenly in their research.

One of the most fascinating sections in *The Perfection of Musical Knowledge* is "Addenda," the longest of the 43 chapters in the treatise. The bulk of this chapter is based on material derived from al-Fārābī's theory on the origin of music in his *Grand Book*. Al-Fārābī, it should be noted, is accorded the highest respect by scholars of the first period, who regard his speculative writings as the model of scholarly rigor. In this case, al-Fārābī's ideas are intermingled with those of other scholars in a manner that is characteristic of much of medieval semi-scholarly Arabic writing. For this reason, it seems worthwhile at this point to take a closer look at the "Addenda" chapter.

Al-Ḥasan begins the chapter by declaring, "Let us mention . . . certain matters that have escaped the range of subjects in our study." From there he presents a discussion of two kinds of musical compositions: those that are perfect in themselves and thus should not be modified in any way, and those that are incomplete and thus allow the talented performer to contribute additional embellishments of his own. Included in the former category of compositions, al-Ḥasan writes, are the classical works of such famous musicians of the eighth and ninth century as Ma'bad, ibn-Suraydj, Ibrāhīm al-Mawṣilī, and al-Mawṣilī's son Isḥāq. After mentioning these names, al-Ḥasan chastises the leading representative of modernism, ibn al-Mahdī, for his liberties in the handling of these and other classical compositions. He then turns to what will be the main focus of the "Addenda" chapter, a lengthy discussion concerning the origin of music and musical instruments.

After stating that it is difficult to determine exact origins and after giving various opinions of others on the subject, al-Ḥasan writes that he himself prefers a theory that "conforms to the truth" and follows in

---

[20]According to the various Arabic bibliographical sources, he composed thirteen treatises on the art of music of which only six have come down to us. See Shiloah, *The Theory of Music in Arabic Writings*, pp. 253–260.

the wake of scientific speculations found in the *Grand Book*. Al-Ḥasan at this point introduces a fairly long quotation with the words "Abu-Naṣr al-Fārābī said" (*qāla Abu-Naṣr al-Fārābī*), without giving an indication of where the original material is to be found. From collation of various sources, we know that this material is in fact derived from the introduction to the *Grand Book*, in which al-Fārābī discusses the difference between "perfect melodies"—i.e., those emitted by the human voice—and "imperfect" melodies produced by musical instruments.

With a few variations and glosses, al-Ḥasan reproduces most of the rest of al-Fārābī's material on the origin of music and musical instruments, inserting the word *qāla* (he said) once more at the point where there is a transition in subject matter from musical talent to the origins of music. However, the conclusion of the al-Fārābī quotation is not indicated, and there are a number of interesting liberties taken with the material. Al-Ḥasan retains only one sentence, for example, of an important paragraph on the invention of musical instruments, and then follows this sentence with a quote taken from a previous section of the *Grand Book*'s introduction dealing with music's effects on the soul. He then interrupts this quotation in the middle, again without providing any indication of which material is his and which is from al-Fārābī.

Having begun his chapter with a few introductory remarks on the central subject of the origin of music, al-Ḥasan ends with several additional observations on the subject (such a procedure seems to accord both with medieval requirements of good style and al-Ḥasan's own pedagogical philosophy). While these concluding remarks are not directly derived from al-Fārābī, they follow in much the same vein, being devoted to the subject of the development of musical science.

Al-Ḥasan mentions the names of Pythagoras, Muristus, Archytas, Euclid, Aristoxenus, and Pseudo-Dionysius (the last two written in corrupted form), and then quotes two passages from the Arab philosopher al-Sarakhsī, the first concerning the use of the "right" (i.e., demonstrative) method of musical investigation and the second recounting the well-known story of how "an ancient Greek" established musical proportions (a gloss by al-Ḥasan adds that, according to Nicomachus, the man in question is Pythagoras). He then concludes the chapter as follows: "All that concerns these beginnings is not surely known to us; (what) al-Fārābī said in this respect is fairly satisfactory."

In reviewing the "Addenda" chapter of al-Ḥasan's treatise, we note a number of interesting points that are typical of medieval Arabic musical scholarship. As a rule, Muslim scholars had great respect for scholarly and literary authorities; their respect was such that past authorities were often cited or quoted in order to enhance the prestige of their own works. On the other hand, there was often considerable latitude in the use of citations or quotations. Recording fragments of a long quote, for example, was perfectly permissible, as was interspersing a quotation with glosses or even combining and rearranging several different passages of the cited author. Although the beginning of a quotation was generally indicated by the author's name followed by the verb *qāla*, the end of the quote was rarely given. Stylistic factors played an important role in such matters. It was considered bad form to interrupt the narrative flow with too many citations; the assumption was that readers would be able to distinguish the style of the quotation from that of the author. Sometimes, however, proper acknowledgement of borrowed material is omitted altogether. As Franz Rosenthal notes, "The fraudulent omission of the proper acknowledgement of material derived from the works of other authors was no uncommon phenomenon. It is, however, difficult and often impossible to determine where permissible literary usage ends, and fraud begins."[21]

Al-Ḥasan's treatise provides us with a good illustration of the aforementioned characteristics. A close examination reveals that at least fifty short and long fragments, including whole chapters, are based on material derived from al-Fārābī's *Grand Book on Music*, let alone the quotations from other authors. Only in ten instances are proper acknowledgments given to al-Fārābī. Even in those instances, different passages from the cited work are combined in one sequence, all interspersed with glosses. The same holds true with regard to important borrowed passages omitting proper acknowledgment, as for instance is Chapter XI, which apart from a long gloss, derives entirely from al-Fārābī's paragraph dealing with the production of sound. The borrowed material is being reported now with only minor changes, now with literary liberties, yet always without modifying its essential meaning and details.

A common practice of medieval scholarship is the systematic commentary of an authoritative work, in which the original work is usually presented phrase by phrase with the addition of notes or comments. The anonymous gloss on Ṣafī al-dīn al-Urmawī's *The Book of Cycles* is a good illustration of the techniques of systematic commentary.[22] The end result is a work that is three times the length of the original treatise. Although the author's name is not known, he describes himself as a physician who undertook the study of music as an indispensable part of his

---

[21]Franz Rosenthal, *The Technique and Approach of Muslim Scholarship, Analecta orientalia* 24 (Rome: Pontificium Institutum Biblicum, 1947), p. 46.

[22]MS Istanbul, Topkapy Seray, A 3458. See Shiloah, *The Theory of Music in Arabic Writings*, pp. 419–420.

medical training, and he deplores the general ignorance of musical theory which prompted him to do his own exploration. He eventually discovered *The Book of Cycles*; in his words, "no period has or will ever see its equal." The goal of his commentary, the physician says, is to elucidate this complex work by unravelling its knotty enigmas and clarifying its equivocalities.

After reproducing several sentences from al-Urmawī's introduction, the author deviates from the text to develop at some length certain ideas of his own concerning the definition of music and its constituent parts, the evolution of vocal music, and the origin of music in general. This last section is clearly based on al-Fārābī's theories, although al-Fārābī is not acknowledged. In many other places in the text, however, al-Fārābī is quoted by name, and in one section, the author, extolling the excellence of al-Fārābī's musicianship, casts him in the role of a legendary musician whose popular anecdote has been ascribed to several other great authorities. The anecdote tells the story of a shabby looking musician who attended a banquet of notables. Asked to prove his alleged skill, the musician draws out isolated pieces of wood from which he sets up an instrument and plays a sequence of different melodies. One of them sends the audience into jubilation, the other stirs tears and feeling of saddness, the last plunges them into slumber allowing the musician to vanish without leaving any trace.

Among other original passages in the commentary are a long discussion on musical composition that includes descriptions of vocal and instrumental forms, a description of the physical bases of vocal sounds, and an enumeration of Greek poetical genres related to music. Original material in fact predominates; there is a sense that the author may even feel superior in some ways to al-Urmawī, despite the sincere tribute he pays in his commentary.

Another form of commentary is to be found in epitomes, which enjoyed considerable popularity among medieval Arab scholars. In an epitome, the author generally follows the form and content of the original work more or less strictly while feeling free to add his own glosses—which in some cases attain considerable dimension. A famous example of this sort is *The Benefit of the Laws of Listening to Music* by al-Adfuwī (1286–1347),[23] one of the largest and most comprehensive treatises on the lawfulness of music. There exist at least five known epitomes of this treatise, two of which were made during the author's life time, one in the fifteenth century and two in the sixteenth.

[23]See supra, n. 17.

IV

In the previous section we touched upon one of the favorite topics of medieval Arab authors, that of the origins of music, musical instruments, musical forms and practices. As early as the eighth century, an epoch characterized by intense intellectual activity, the topic emerges in full vigor; and the various theories formulated to answer the question of musical origins do much to explain the values and concepts of the medieval Arab culture at large.

Among the manifold speculations regarding the beginning of music and its subsequent development are those belonging to the then flourishing literature of primordial knowledge, a literature consisting mainly of short tales and sayings regarding what are known as the "initiators" or inventors of various objects and domains of human activity. For instance, the invention of the organ is ascribed to Muristus and the science of music to Pythagoras. At the other extreme to this folkloric literature are sophisticated rational theories characterized by a more universalistic approach in which individual inventors do not appear. The former approach predominates in legal, theological and literary anecdotal writings that are mainly concerned with biblical accounts of creation, while the latter generally appears in works of a more philosophical or mathematical nature.

It is important to note that these approaches reflect to a large extent the widely debated question concerning the source for true knowledge opposing divine revelation to human reason. A good example which also shows nuanced attitudes is to be found in the references related to Pythagoras. By the ninth century the Arabs had become acquainted through translations with the scientific achievements of the Greeks in various areas of learning, including that of musical science. It was at about this point that the authority of Pythagoras began to gain favor; in some accounts he is credited with the invention of the fundamentals of musical science, which occurs among foreign sciences in Muslim classification, mainly representing the achievements of human reason. In other stories he is given credit, either alone or with others, for the invention of music itself.

In a fascinating version, Pythagoras is also seen as a figure who bridges the gap between mythical time and the advent of Islam. In *The Epistle of Victory Concerning the Science of Music* by Muḥammad al-Lādhiqī (d. 1492),[24] the ancient Greek appears as a disciple of King

---

[24]See Shiloah, *The Theory of Music in Arabic Writings*, pp. 264–266.

Solomon. An angel appears to Pythagoras in a dream and tells him to go to a certain place on the seashore. There the basic theory of musical science is revealed to him by the divine messenger; with the aid of his own reason, Pythagoras then translates theory into practice and invents the singing of hymns to exalt the unity of the Almighty. The origin of music, in other words, is here credited to both divine and pagan sources.

As previously mentioned, the bulk of material in more literary (as opposed to scientific) accounts concerns Biblical stories and heroes, most particularly Yuval's father Lamech, who is credited with the invention of both the first instrument (the 'ūd) and the first song. According to most accounts, this initial invention was supplemented by important contributions in later generations, as various civilizations expanded human knowledge and developed the arts—each in its own distinct way.

The theory of "eternal wisdom" popular in the tenth century stresses the essential oneness of all civilizations as the natural consequence of the oneness of human intellect, despite varying external appearances. It follows that the truth can be learned from all men whatever their religion or nationality. On the other hand, despite their acknowledgement of Muslim indebtedness to other civilizations, most Arab philosophers believed in the supremacy of Arab intellect. Their assumption was either that the revelation received by Mohammad constituted the source of all true knowledge, or else—as maintained by the eminent ninth-century writer al-Djāḥiẓ—that the wisdom of all nations found its way into Arabic literature in a slow process of transmission. In terms of music, an often quoted statement reflects this philosophy as follows: "The music begun with Ptolemy attained its highest achievement with Isḥāq al-Mawṣilī," the latter personage being the most famous Arab musician of the ninth century.

It is interesting to note that in all theories of this sort, the concept of progressive development does not figure prominently; much more important is the notion of change in the sense of either improvement or deterioration. Nonetheless, the concept of progressive development was not totally foreign to medieval Arab musical scholars. The following two examples indicate how two important theorists view this fundamental concept.

The first example brings us back to al-Fārābī's theory of the origin of music as formulated in his *Grand Book*.[25] Al-Fārābī's theory departs from the principle that music was primordially generated by man's natural instinct and his inner disposition, excluding possible involvement

[25]This theory is developed in the introduction to the *Grand Book of Music*.

of supernatural powers. In al-Fārābī's view, man, like any other animal, was stimulated by his instinctive forces and began with the expression of his various feelings by means of non-articulated sounds. With the growing of his experience, observation and reflexion enabled him to improve, diversify, and enrich the forms and means of his musical creation.

Vocal music, al-Fārābī continues, improved in subsequent generations, with the musical repertory gradually reaching a zenith at the golden age of Muslim civilization in the ninth century. In the course of this development, imaginative artists discovered that by adding instrumental accompaniment, the expressive quality of songs was enhanced. This discovery led to the gradual development of musical instruments. Progressive development, al-Fārābī states, reached its peak with the increased demand for musical talent. Such demand led to increased remuneration for talented artists, which in turn led to greater competition that stimulated ever-greater achievements. The theorist appears in the final stage of development, al-Fārābī claims; his task is to deduce the principles governing musical science and then to codify them, much as al-Fārābī has done in his own monumental work.

Two important aspects of al-Fārābī's theory are worthy of emphasis. The first is that musical development ends because it has reached its zenith, and the second is that this culminating point corresponds to achievements attained in the realm of Islamic civilization. This latter point can be deduced in several places in the *Grand Book*, most notably at the conclusion of a long chapter on musical instruments. In this section al-Fārābī describes at length the various instruments in use among the Arabs before mentioning that other people have somewhat different instruments. "If we abstained from mentioning them," al-Fārābī explains, "it is because they are little employed, incomplete, and imperfect"—a clear indication that he considers the instruments in use by his own culture as the most perfected specimens.[26]

The second example illustrating a medieval Arabic view of progressive development appears approximately four hundred years later in a work titled *The Prolegomena* by ʿAbd al-Raḥmān ibn Khaldūn (d. 1406), a historian and philosopher.[27] Although the work focusses on Muslim political development, *The Prolegomena* is basically a historical work in which ibn Khaldūn sets out to show the ways in which all of history is subject to universal laws. Ibn Khaldūn's basic thesis is that

[26]D'Erlanger, *La musique arabe*, I: 304–305.

[27]See Shiloah, *The Theory of Music in Arabic Writings*, pp. 187–189.

there is a progressive development from the nomadic Bedouin life style to that of refined sedentary civilization. In a chapter on musical evolution, ibn Khaldūn discusses a similar development from the primary and simple tunes of pre-Islamic Bedouin society to the sophisticated forms of art music that were created in the prosperous urban centers of the golden age's Muslim society. Ibn Khaldūn's significantly worded conclusion is as follows: "The art of singing is the last of arts [to be] attained in civilization because it constitutes [the last development toward] luxury [i.e., it serves] no occupation in particular save that of leisure and gaiety. It is also the first to disappear from a given civilization when it disintegrates and retrogresses."[28] To this Franz Rosenthal adds an astute comment: "At this point, the development stops, and transition from Bedouin to sedentary life appears continually to repeat itself. Ibn Khaldūn's theory, thus, has a general similarity with modern interpretations of history, but it hardly represents the positivist concept of progressive development."[29] Al-Fārābī's and ibn Khaldūn's views present us with the most sophisticated answers to the intriguing question of origins. They embody the scientific approach as against the anecdotal, putting forth the concept of invention and the achievement of human reason without, however, mentioning or negating divine revelation.

V

In this presentation I have attempted to examine various manners and practices undertaken by medieval Arab authors in treating music as an area of knowledge. It should be noted that my chief purpose has not been only to acquaint the reader with formal techniques—those are certainly interesting in themselves—but also to disclose the fascinating world of thoughts contained within these techniques. Musical investigation is largely an intellectual activity, and the means by which questions are formulated and answers arrived at can tell us a good deal about the thought patterns and general set of values of a given society. Examples given here illustrate that although any thorough study of medieval musical writings should be based on a solid background knowledge of the culture from which the writings emanate, the very process of musical exploration can in itself lead to a deeper understanding of the culture in question.

---

[28]Chapter 5, Section 31 of *The Muqaddimah. An Introduction to History*, trans. Franz Rosenthal, 3 vols. (London: Routledge & K. Paul, 1958), II: 405.

[29]Op. cit., note 21, p. 69.

XII

THE ATTITUDE TOWARDS MUSIC OF JEWISH RELIGIOUS AUTHORITIES

By the rivers of Bavel,
there we sat down, yea, we wept,
when we remembered Ziyyon.
We hung our lyres
upon the willows in its midst.
For there they who carried us away captive
asked us for a song;
and they who spoiled us asked us for mirth, saying,
Sing us one of the songs of Zion.
How shall we sing the Lord's song
in a foreign land? *etc...*

(Psalms 137: 1-4, translation from *The Holy Scriptures*, Jerusalem: Koren Publishers, 1982.)

I

Psalm 137, which refers to the destruction of the First Temple in 586 B.C. by the Babylonians, has been used since the destruction of the second Temple by the Romans in 70 A.D. as one of the references explaining rabbinical reservations regarding music.[1] However, this historical event, which marked the beginning of the long dispersion of the people of Israel and the mourning subsequently required from every believer, was not the only reason summoned up in justification of an attitude, which, at its most extreme, demanded the complete banishment of musical manifestations. The later

1 In his translation and commentary on the Book of Psalms, the *Ga'on* of Sura, Rabbi Sa'adyah ben Joseph al-Fayyumi (882-942) maintained that the Levites ceased singing because their musical role depended on the fulfillment of three basic conditions: a site, that is, the Temple of Jerusalem; a function, that is assisting at worship in the Temple; and finally, a status, that is, the responsibility as Levites for the singing. With the destruction of the Temple these three conditions disappeared as did the singing associated with them. The implication is that for objective reasons, as it were, the music in the Temple did not survive in the Diaspora.

* The present article is a revision of "Der Judaismus" which appeared in the collection *Religiöse Autoritäten und Musik: Ein Symposium*, eds. Dorothea & Kurt von Fischer, Kassel: Johannes Stauda Verlag, 1984, pp. 67-83.

reasons adduced in the discussion, were mainly of functional and ethical character. Be this as it may, we are concerned from the beginning with a non-unified attitude and with a variety of interpretations which in some cases led to diametrically opposed conclusions. This non-unified attitude may have been determined, or at least influenced, by a certain discrepancy between religious normative expectations and actual experience; it seems that this discrepancy is partly due to the special conditions of life in the Diaspora and the lack of a central authority able of conceiving and imposing a common norm and absolute authoritative answers to questions of principle. While the validity of these factors may be accepted, it is nevertheless clear that the facts involved are extremely complex and in order to be clarified need to be preceded by the examination of some essential points and principles.

II

When we undertake to discuss the relations between music and a religious doctrine we should take into consideration the fact that the concept of music is integrated into that system of thought. In our case this means that music does not act independently according to its own fundamentals, nor is the musician free to pursue the course of his imagination. Religious music is therefore subordinated by or interacts with ideas which are generated by what Max Weber[2] called the theological meaning of man's conceptions of himself and his place in the universe, conceptions which legitimize man's orientation in and to the world and give meaning to his various goals. According to Max Weber, from whom we borrow some of the basic theoretical ideas, a system is a result of rationalization, and this rationalization comprises normative control or sanction, and, a conception of motivational commitment which includes both "belief" and practical commitment, in the sense of readiness to put one's own interests at stake in the service of ideas. In the context of rationalization, Max Weber emphasizes the importance of a written sacred tradition, of sacred books which are subject to continual editing and to complex processes of interpretation and tend to become the focus of specialized intellectual competence and prestige in the religious field and on the cultural level of rationalized systems of religious doctrine. Groups

2 I refer here to Talcott Parson's summary of Max Weber's theory included in the 67 page introduction to the American edition of Max Weber's book: *The Sociology of Religion*, translated by Ephraim Fischoff, Boston: Beacon Press, 1964.

possessing special command of the sacred writings may then attain a special position in the religious system as a whole.

In the light of the above statements it seems that our interests should be directed toward the following questions: What meaning is given in Jewish religious doctrine to the concept "music"? What is music and what should it be? And, admitting that the concept of music is integrated into a system of ideas, we should then find out how it fits in.

If we look at the actual experiences or ideological attitudes as they are reflected in the literature we feel very clearly the existence of tensions, frictions and even conflicts between music and the religious doctrine as defended by the authorities. This naturally leads us to the fundamental question: Do these tensions, frictions and conflicts emanate from the music concept itself, or are they determined by other factors? An attempt to answer these questions will be made in the following section.

III

Let us take as a point of departure the listener's views or feelings regarding music. In all the sources one finds the repeated belief in the overwhelming power of music, which exerts strong and irresistible effects on the listener's soul. Acting as a kind of charm, music produces either sensual pleasure, or extreme excitement, and at its maximal effect it may send the listener into an emotional or violent paroxysm. As a result of this untamed power, or spontaneous effect, the listener loses control over his reason and behavior and is consequently governed by his passions. This quasi somnambulistic state is considered to be in contradiction to the exigencies of the rationalized religious precepts.[3] Even the inspirational power the mystics attributed to music presupposes the use of man's inner resources for his spiritual experience rather than relying on the words of the scriptures that should be,

3 It is interesting to note that the same basic attitude is to be found in the Muslim doctrinal approach to music. Under the term *sama'*, which means hearing, and also refers to what is heard, i.e. music, a rich and variegated literature of essentially polemical character developed; it deals with the admissibility of music from a legal, theological and mystical point of view. The *sama'* therefore concerns sacred and religious music, contrasting with *ghina'* which is associated with secular art music. In the interminable debate about the *sama'*, legalists, theologians, spiritual leaders, custodians of morality in the cities, the literati and *sufi* leaders all participated. The debate elicited views that varied from complete negation to full admittance of all musical forms and means. The strictest views considered music to be an earthly pleasure, claiming that it leads the religious man to error and perdition, and anyone who practices *sama'* is an infidel and polytheist.

according to the religious doctors, the only way leading to the true knowledge of God and all He has created. At a more sophisticated level it may be seen as a kind of polytheism.

So far, we have been concerned neither with the message which the music supposedly carries, not with its emitter—the musician—but with the receptor. As to the message inherent in music, we may try to find an explanation for it in the theories concerning its origin. Such a theory is to be found in the exegetic literature of the antediluvial stories of creation, especially the one ascribing the invention of music to Jubal: "The father of them that play upon the harp and the organ" (Genesis 4:21). Early exegetic sources try to solve the difficulty that arises from confining the invention to the harp and organ and claim that Jubal "invented all musical instruments to be found in the world and first introduced the art of singing" (*Midrash hag-gadol*).[4]

It follows from this citation that music is an invention of human-kind and takes its place among other human inventions such as the brass and iron tools devised by Jubal's brother. The textual proximity of music and iron leads to speculations about a possible connection between music and weapons, or music and metallic sounds, which denotes the interference of the devil. Various cultures are known to identify the sounds made by iron with those emitted by Satan, or, on the other hand, with the din made to keep the devil at bay.[5] Another association that is relevant in here is that between music and depravity which is said to have been a determinant cause of the flood. The Midrash says:[6] "The sons of Cain indulged in amusements and their behavior was reported to the inhabitants of the mountains, the descendants of Seth. Some of these later went down to the plain attempting to extract from the sons of Cain their depravity, but alas they themselves fell into the traps of beautiful women, music and intoxicating liquors."[7] Satan as promoter or inventor of music, and as endowing music with a quality of charm and magic is another frequent motif in the literature.[8]

---

4 *See*: *Ha-midrash hag-gadol* (The Great Midrash), Jerusalem: Margaliot, 1947, vol. I, p. 126, which constitutes one of the commentaries on the Pentateuch. Composed in the thirteenth century, it includes a compilation of homilies from rabbinic texts of the Talmudic period.

5 *See*: Frazer, J.G., *Folklore in the Old Testament*, 3 vols., London: Macmillan 1919, vol. III, pp. 446-480.

6 *Midrash* is a particular genre of rabbinic literature; it is a kind of anthology and compilation of homilies consisting of exegeses and public sermons.

7 In chapter XXII Rabbi Eli'ezer says: "From Seth arose and were descended all generations of the righteous. From Cain arose and were descended all the generations of the wicked who rebel and sin." *See*: *Pirqe de-Rabbi Eli'ezer*, translated and annotated by G. Friedlander, London, 1916, pp. 158-163.

8 The foregoing midrashic exegeses were adopted and expounded by Muslim theologians. For further details, *see*: A. Shiloah, "The 'Ud and the Origin of Music" in *Studia Orientalia Memoriae D.H. Baneth*, Jerusalem, 1979, pp. 395-407 [= study II in the present volume].

5

In any event, once the art of music is considered as a creation of human beings, it is perceived as embodying the hubris and insubstantiality of man. Its role is seen as irreconcilable with the fundamental moral and theological demands of a religion that proclaims the omnipotent rule of one God. The sole sovereignty of the transcendental God is challenged the moment the music is seen as akin to satanic magic that enables the devil to control and direct the deeds and wishes of human beings. And when music is considered from the standpoint of its overwhelming power, it is found to have much in common with those magical powers that can effectively "force" themselves on the individual; religious elements, on the other hand, must be "served" or sought. In contrast to the forces of magic, religious forces are described as possessing the ability to guide and determine a man's fate. Hence, one who adopts the fundamentalist approach to this view, necessarily arrives at the conclusion that all forms of musical expression must be rejected.

From the standpoint of actual practice, this conclusion has not been completely borne out, as cantillation has never been rejected. It remains absolutely true, however, with regard to traditional religious attitudes towards music written by composers who resort to aesthetic principles in the hope of eliciting a favorable audience reaction. The problem exists even when the sole purpose of the melody—or the composer—is to serve a chosen text, be it a prayer or any other ritual material: the many kinds of religious music offer a much broader variety of musical possibilities than cantillation alone. Were this variety to be placed along an imaginary line, at one end we would find simple, spontaneous works, very close to declamations, and at the other, creations so sophisticated as to be almost indistinguishable from art music. The very simple type of work is not generally considered worthy of inclusion in the concept of music. Indeed, it is variously described as readings, recitations, etc. Today musical scholars ordinarily use the term "cantillation" to distinguish this type from more complex, organized musical compositions. Some consider cantillation as the most typical, most unadulterated expression of religious music. Moreover, as stated, in view of the fact that the musical element of cantillation is secondary and is intended to serve the text, it is accepted—either openly or tacitly—even by the most extreme opponents of music. The cantillation concerns among others the prayer tunes and the biblical accents—*te'amim*.[9]

9 The biblical accents are graphic symbols appearing above and below the words, in addition to the vowel signs. There are 26 of these symbols, all different in form, name and function; they belong to a recognized system that was established in Tiberias in the first half of the tenth century; hence it is called the Tiberian tradition. The accents have three major functions: emphasis, punctuation and melodic.

According to Solange Corbin cantillation: "èvoque une idèe de solemnité, de parole detaillée savamment pour une assistance nombreuse qui ne doit pas en perdre une syllabe."[10] Cantillation is or should be much closer to simple recitation or tensed speaking than to song strictly understood. Although on occasion this music may be ornamented with rich vocalization, its form and flow are subordinated to the text and it is clearly adapted to the syntax and punctuation, the natural rhythm and the melodic nature of the text being sung. Thus in this type of presentation, the word has absolute priority. Nevertheless, unlike declamation in which the modulations of the tensed voice are not restricted to precise pitch and melodic or rhythmic organization, there is an obvious musical component in cantillation that makes its own contribution and thereby reinforces the message of the text. This also implies that the officiant is to consider himself as a carrier and servant of the message contained in the text. The moment he tries to show his "art" and his personal gifts, he fails in his task. The same holds true for the worshipper, he is not supposed to be seduced by the music but to keep his mind focused on the message of the text. In sum, what happens in the cantillation is that the musical contribution identifies itself with the message contained in the text. Nevertheless, the effacement is not complete. E. Gerson-Kiwi has given the interesting name of "sound of alienation" to the special vocal tension inherent in cantillation. She also states: "This may not be 'music' in the popular sense, but the intense 'parlando' on the one-note tuba- (or tenor-) axis may become a sound of ritualistic force able to carry a spiritual message."[11]

I venture to say that even the strictest extremists could not and did not oppose this type of cantillation, but unanimity on this score ceases to prevail when this ideal equilibrium is broken or surpassed. Therefore, battle has been joined on the borderline separating cantillation from art music.

In connection with this battle we should mention other factors: the advent of a different interpretation of the concept of music which took root particularly within the mystical movements. While accepting the basic concept of music as an overwhelming power capable of exerting extreme effects on man, the mystics advanced that music is not monogenetic and monovalent, but that it combines good and evil forces. The former are from God and are shared by angels and the children of Israel; they are part of the music of the cosmos destined to sing the glory of the Creator, and as such help to establish harmony between the micro- and macrocosmos. In practice the singing of

10 Corbin, Solange, "La cantillation des rituels chrétiens" in *Revue de Musicologie*, 47 (Juillet 1961), pp. 3-36.

11 Gerson-Kiwi, E., "Melody Patterns in Asiatic Rituals: The Quest of Sound Alienation" in *Israel Studies in Musicology*, 2 (1980), pp. 27-31.

hymns of an incantatory nature, together with other ascetic practices, was aimed at encouraging the mystical ascent of the soul to its divine home, which signified redemption. Furthermore, this influential force could be used in the struggle against the devil and his diabolical powers and in the restoration of the primordial harmony that was destroyed with Adam's fall.[12]

It should be emphasized that these Kabbalistic reflections about a kind of meditative music make no mention of actual music. It is therefore possible that they are mainly concerned with a certain idealistic and utopian music which is far from the reality and may be manifested at the time when the most beautiful primordial harmony will be restored. The same holds true of philosophical speculations about the edifying and moral force of music which remained a concept of the ideal in relation to the real music and musicians.

Nevertheless, many followers and disciples, especially among the uneducated groups, have reaped the advantage of these ideas; justify their recourse to music by claiming that the intelligence needs support from the senses to understand the truth. As a matter of fact the masses needed music to give meaning to the frustrating and rationally impenetrable aspects of experience.

At this point we touch upon the second factor described by Max Weber: the integration and discrepancies between expectation systems institutionalized in normative orders and the actual experiences people undergo.[13] Weber's position is that regardless of the particular content of the normative order, a major element of discrepancy is inevitable, and the more highly rationalized an order, the greater the tension. To counteract these tensions and those that arose from the harsh conditions of life in the Diaspora, and from permanent exposure to other music, secular as well as religious, the mystical way provided certain solutions and compromises, as we shall see in the next section.

IV

After having introduced some of the basic concepts inherent in our inquiry, let us now turn our attention to the actual spectrum of the positions and opinions of rabbinical attitudes which occur in the postexilic literature. This spectrum ranges from radical opposition to a considerable tolerance. From a

---

12 For further details *see*: Shiloah, A., "The Symbolism of Music in Kabbalistic Literature" in *The World of Music*, 20, 3 (1978), pp. 56-69.

13 *Op. cit.* p. XLVII.

purely musical point of view even the most radical position does not seem to totally and absolutely banish all musical manifestations. This is mainly because cantillation and simple melodic forms are never excluded or avoided. Nevertheless, if we refer to the rabbis' concept of music, as explained above, we have to admit that they believe that what they were producing was not music, neither in function, nor according to its own logic and nature. This is perhaps why they entirely rejected musical instruments and instrumental music. The upholders of this attitude did not make a distinction between holy and sacred and therefore believed that both music making and listening to music were incompatible with the holiness of life incumbent on a Jew.

Such extremism was demonstrated by only relatively few. The first appearance of flexibility concerned non-synagogal or paraliturgical music. Here, reality was stronger than ideological expectations. People had to escape from the miseries of their lives and to enhance their occasional rejoicings, and consequently they addressed themselves to a wider range of tunes and even to instrumental accompaniment. This irresistible impulse emerging from below, from the ordinary people, opened or forced the way to more nuanced attitudes, admitting certain tolerances. So the argumentation became diversified and came to involve the following criteria.

a) Regarding secular and particularly art music, a differentiated approach undertook to distinguish between chanting serving religious purposes, and songs serving profane purposes.[14] A further distinction was made between liturgical and paraliturgical functions.

b) The text criterion expanded to admit recourse to melodies associated with words which had to be in the holy language—Hebrew. Taken in the broadest sense this criterion offered the theoretical possibility of recourse to all kinds of melodies on the sole condition that the text was in Hebrew, whatever its nature. As a result this criterion was surrounded by certain restrictions involving the textual content which should not be profane, and also its purpose, which was supposed to be religious.

c) The aspect of performance is mainly concerned with the prohibition against women singing in public largely because of the sensual effect and sexual connotation. This prohibition refers to the talmudic saying: "A woman's voice is a sexual incitement" (*Berakhot*, 24a).

---

14 In his response to an inquiry from Gabes (Tunisia) concerning the recourse to music at weddings, the *Ga'on* of Pumbedita, R. Hay b. Sherira established the distinction between religious and profane purposes which was taken up and expanded by later Rabbinic authorities.

d) As to the musical language per se, one hardly finds any serious discussion. Some rare remarks deal with the obligation to avoid composed secular music, or tunes that clearly recall their original profane function, namely love and drinking songs. All in all, a debate on the specific nature and characteristics of religious melodies and the like is almost nonexistent.

e) It seems that with respect to instruments, particularly in the framework of synagogal music, the most severe prohibitions have always prevailed. They have been strictly observed in all synagogues except those belonging to Reform and liberal trends. During the nineteenth century the Reform movement developed in Central and Western Europe and then moved on to various centers in the United States. Among other things, this movement introduced the organ and the mixed male and female choir into the synagogue. In paraliturgical music, that is, in important public and private events and celebrations, there have been deviations from the radical position, varying according to diverse circumstances. The use of rhythmical instruments and devices was tolerated while melodic instruments were subject to polemics and different degrees of exclusion. The point is that instrumental music is to a large extent linked to secular music and so it impinges on the basic requirement of the Jewish people to be a "sacred nation." We may, of course, wonder what about folk instruments? Would not their use be similar to folk chanting? One of the possible explanations is that recourse to such instruments may have been considered a too obvious imitation of the non-Jewish way of life.

To show how complicated is the discussion concerning the use of instruments, I would like to cite one example that refers to instruments unequivocally belonging to art music that is, those to which the prohibition was applied first and foremost. The Jewish poet and philosopher Moses ibn Ezra (d. after 1135), discussed the use of musical instruments in his *Maqalat al-hadiqah fi ma'ni al-mogaz wa-'l-hiqiqah* (Book of the Garden on Metaphor and Reality)[15] which is devoted in the main to philosophical, theological and philological interpretations and comments evoked by the metaphors in the Biblical books. With respect to instruments he wrote: "Not all the musical instruments are made to stir the rational soul; only those which are concave and stringed do so, all the other types of instruments of diversion[16] are used on festive occasions as it is said concerning the moving of the holy tabernacle

15 The passage on music is published in A. Shiloah, "The Musical Passage in ibn Ezra's Book of the Garden" in *Yuval* 4 (1982), pp. 211-224.

16 Ibn Ezra uses here the Arab term *malahi*, a derivative of *lahw* (pastime, amusement) which figuratively signifies musical instruments.

to *Kiryat Ye'arim*" (Chronicles I, 13:8). Almost the same idea is to be found in the commentary on Plato's Republic by the Spanish Arab philosopher and physician Averroes. This commentary has survived only in the Hebrew translation by Samuel b. Judah of Marseille (b. 1294); the Arabic source is lost. Averroes says: "*Mizmar* (a folk oboe-like instrument) should be banished, *'ud* and *mi'zafa* (two stringed instruments) are recommended."[17] Certainly, the two citations introduce a different concept of music whose roots are established in Greek philosophy, chiefly in Plato. However, what we want to demonstrate is that reality offers a variety of positions throughout the ages.

In the same cultural area—Spain—at the time of ibn Ezra's death, one of the pillars of Rabbinic literature was born: Moses ben Maimon (Maimonides). His responsum to an inquiry from Aleppo concerning the practice of secular music has established a concise model of criteria.[18] He systematized the distinction between the various elements which account for the graduated strictness of prohibitions: (1) Profane text whether in Hebrew or in Arabic. (2) Listening to an accompanied song whose text expresses folly and villainy of the mouth. (3) Listening to string instruments. (4) The same along with the drinking of wine. (5) The same intoned by a female singer.

Interestingly, Maimonides' attitude in its severe formulation is quoted as an authoritative source by an anonymous modern author who published a tract against music in 1969.[19] This author, who undoubtedly belongs to the most fanatic elements living in the Jerusalem quarter of *Me'ah she'arim*, has cumulated and compiled in 64 pages all the possible references against music to be found in the literature from the Talmudic period to the most recent Rabbinical responsa and decisions. The only twentieth-century references are notes concerning the prohibition of electroacoustic devices such as the radio, television and tape recorder. A glance into their argumentation provides a good summary of the most radical opposition to music. The first reason advanced is the mourning over the destruction of the Temple. It is said that "He who mourns Jerusalem will be privileged to witness its mirth, he who does not mourn will not witness its rejoicing."(Talmud, *Ta'anit,* 30, p. 2) Taken in its strictest sense this mourning implies the total banishment of all forms of joy including singing, except for hymns glorifying God, let alone the totality of musical instruments. The concept of musical instruments is extended to include listening to the radio or recorded sounds. The latter

---

17 *See:* I. Adler, *Hebrew Writings concerning Music*, RISM (Répertoire International des Sources Musicales), B IX², München: Henle Verlag, 1975.

18 *See* for the published text, *ibid.*, pp. 240-242.

19 Anonymous, *El Gil Ka'ammim* (refers to Hosea 9:1), Jerusalem, 1969.

prohibition also concerns listening to broadcast or recorded speech, holding that listening to the radio is a kind of amusement or pastime which drives the believer away from true worship and causes the cessation of Torah study. Along the same line of thought, singing or listening to music is said to cause light-mindedness and frivolity which are incompatible with the seriousness incumbent on the believer.

Another interesting reason advanced by these adversaries of music is related to the factor of concentration on the meaning of the text. It is said that the musical setting distracts the worshippers of attention from the meaning. Finally in referring to the effect of music these opponents warn against its intoxication power, which leaves the listener in a state where he can no longer appreciate realities. On the same lines is the prohibition against a woman singing in public, because her voice is suppose to provoke sexual excitement. The intoxicating and sensual effect is emphasized in the conclusions drawn by the anonymous author from his analysis of Maimonides' responsum. He states: "Maimonides in his reply to the Jews of Aleppo did not explain the prohibition of vocal chant by the reason of mourning over the Temple, but by the nature of chant itself which is blameful and extremely abhorred. This is because anything which is not destined to the worship of God leads necessarily to folly and frivolity." I believe that this corresponds to a large extent to the theoretical elements we suggested earlier.

In view of the foregoing we may outline some of the numerous arguments advanced by the supporters of music. First and foremost is religious exaltation and the elevation of the soul, both sustained and enhanced by music. As we have said, they admit that music is a great force, but hold that this force can be beneficial if used in correct ways and circumstances.

Accepting the indispensability of music in human life, its supporters wanted to stop the adoption of the surrounding music by providing equally effective substitutions. Free borrowing from surrounding musics is also justified, however, by the claim that the borrowed melodies are safeguarded from their impure existence by becoming the servant of new and holy purposes. These and other arguments in favor of music were evidently determined to a large extent by actual experience and consequently are "weaker" than those advanced by the radical opponents.

XIII

The Symbolism of Music in the Kabbalistic Tradition

"Kabbalah", writes G. Sholem in his *Major Trends in Jewish Mysticism* "is not the name of a certain dogma or system, but rather the general term applied to a whole religious movement . . . which has been going on from Talmudic times to the present day". In his attempt to discover, beyond the purely historical connection, a common denominator between the different currents of thought characterizing respectively the early mysticism of the Talmudic period, the Spanish Kabbalah (13th c.), the school of Safed (16th c.) and the Hassidic movement, G. Sholem writes: "Such a common denominator can, perhaps, be discovered in certain unchanging fundamental ideas concerning God, creation and the part played by man in the Universe. Two such ideas are namely the attributes of God and the Symbolic meaning of the Torah." Indeed, through the mystical interpretation of the Torah, the mystic might find the way of mystical cognition of God and His revelation. Isaac Arama (d. 1494) says that the secret of music was delivered to Israel together with the Torah, while Ibn Sahula (13th c.) claims that the knowledge of the secret song leads to knowledge of the secret of the Torah. These statements indicate the close interrelationships of music and certain basic kabbalistic concepts; and the musical topics are so interwoven with the multitude of kabbalistic symbols that it is frequently difficult to distinguish them. Therefore, we have to penetrate the hidden worlds sought by the mystic and to seize the scattered musical references in them, in order to understand the mystical symbolism assigned to this art.

It is difficult to say to what extent and in what way actual music or musical practice, influenced our mystics in their way to ecstasy and mystical union, or in their musical thought. Unlike the Muslim mystics who usually describe in great detail how music and dance play a decisive role in sending the devotee to ecstasy, the Jewish Kabbalist normally abstains from revealing his personal experience, or from providing autobiographical details. He describes the objects of his contemplation in an impersonal way, for he considers contemplation as an intimate act, not to be publically exhibited. I was able to corroborate this attitude when a group of Kabbalists in Jerusalem categorically refused to have their service recorded, using the above arguments.

For the Kabbalists the ecstatic experience does not mean a state of confusion and complete self-effacement which would correspond to the Arabic *fanā'*, the highest degree in the process of mystical union; this type of ecstasy is reserved for the vulgar, according to one of Abulafia's disciples (see below). The Kabbalist's ecstasy can rather be described as a profound meditation through which the mysteries of the Divine Name reveal themselves to the illuminated. This state can be reached by prayer with intention *(kavanah)* the singing of hymns and the science of letter combinations. In every respect the sounds of speech and the speech associated with musical sounds are involved, together implying, in our case, recourse to the language *par excellence,* Hebrew. In the chapter of the song of creating in the tract called *Perek shirah,* we read that all beings are gifted with language for the sole purpose of singing– in biblical words – the praise of their creator. The prevailing idea of the pre-eminence of the Hebrew language and its superiority over all other languages is founded on the concept that it is the one and only language of God; its mystical value arises from the fact that all that lives is an expression of God's language.

Music and meditation

In the second and third centuries, gnostic and heretics used to perform hymns and songs in a very particular posture, bowing the head between the knees to improve concentration. The singing of hymns of an incantatory nature together with other ascetic practices, was aimed at encouraging mystical ascent of the soul to its divine home, which signified redemption. The numerous prayers and hymns included in the *hekhalot* tracts were considered to be compositions received through inspiration and repeating or reflecting the hymns sung by angels in praise of God. One of the predominating themes in this hymnody is the singing of the *kedushah,* the Trisagion from Isaiah, VI: 3: "Holy, holy, holy is the Lord of Hosts". The singing of the *kedushah,* the highest point for both the angels and Israel, at a later period led to the crystallization of the important themes of the resonances between the micro- and the macrocosms, culminating in the parallel singing of the *kedushah* by the angels and Israel. This connection also found its way into the general Jewish liturgy and influenced the development of liturgical music. The idea that the *kedushah* achieves its full effectiveness only when it is sung on high, or that the angels participate in every *kedushah* recited on earth by the people of Israel, contributed a great deal to the importance of this prayer on the Sabbath and festivals, reflected in numerous sophisticated musical renderings. Both the context and the structure of the *keter* (a variant of the *kedushah)* were conducive to the development of an interesting antiphonal rendering: the depiction of the situation is sung by the cantor, and the angels' response by the congregation. The school of practical mysticism, of prophetic Kabbalism, founded by Abraham Abulafia (b. Saragosa

1240), develops special ways of progress to spiritualization and prophetic revelation. In his attempt to find a way of freeing the soul from ordinary perception, Abulafia developed his theory of the mystical combination of Hebrew letters *(ḥokhmat ha-tzeruf).* This sort of intellectual exercise of pure thought by means of which the devotee is said to express the rhythm of cosmic life, was compared by Abulafia himself to musical composition, exerting an influence on the soul as music does. In his *Gan na'ul* (Closed garden) he writes: "Know thou that the combination of letters can be compared to the listening to music, for the ear hears and the sounds are combined in accordance with the (required) form of a melody, or the syllables (of speech). The proof can be found in the combination formed by the *kinnor* and *nevel* (biblical terms for instruments designating two types of lyres) whose associated voices cause the listener's ear to perceive a variety of emotional meanings. And the strings touched by the right and left hand bring through their vibration sweet sensation to the ear. And from the ear this sensation travels to the heart, and from the heart to the spleen, and enjoyment is continually renewed through the recurrence of tunes. It is impossible to produce such delight except through the combination of sounds, and the same is true of the combination of letters" ... Thus we learn that the combination of letters creates enjoyment in the soul just as musical harmony does, because of the unveiling of secrets confined in such combinations. This kinship between the meaning of letter combinations and musical harmony, as well as their effect on the soul, is seemingly not restricted to pure theoretical speculation but extends to practice. Abulafia himself lays down certain rules concerning the use of particular intonations and vowel pitches in the performance of certain forms of recitation. A disciple of Abulafia compares the pleasant voice of the recitant to the pleasant sound of the *kinnor,* stating that both exert the same influence on the soul. Another disciple offers a concrete example concerning the overwhelming power of a good melody. After having stated that King David and the Levites received their musical art through divine inspiration, an indication that their melodies were indeed those sung by the angels, he refers to the art of the cantor. When a cantor is good looking, has a pleasant voice, is eloquent of speech and his melodies are harmonious he causes enjoyment in the souls of the worshippers. Since the souls are spiritual and emanate from the Holy Name, the Holy Name shares their enjoyment. It is to him (the cantor) that the verse "He who rejoices God and men" refers.

Music, in this theory, is conceived not only as a metaphor of the technique of letter combination, or as a means leading to prophetical revelation, but also as a direct tool for attaining prophetic power. In dealing with this topic, Abulafia and his disciples referred to such biblical verses as: "And there, as you come to the city, you will meet a band of prophets coming down from the high place with harp, tambourine, flute and lyre before them prophesying (1 Samuel, X: 5); or: "But now bring me a minstrel. And when the minstrel played, the power of the Lord came upon him" (2 Kings, IV: 15). These examples illustrate how, thanks to music, prophecy is achieved and the intellect, which is the receptacle of prophecy, is prepared. Moreover, in the writings of this school, it seems that this secret power of music is not considered as a lost science that was only relevant to the distant past. It may be noted that the verses quoted as well as some other biblical references are frequently used in the *Zohar* – the Book of Splendor – to illuminate another favourite topic, the connections between divine inspiration, music, happiness and salvation. It is said in the *Zohar* that at the end of days, which is a time for laughter, the people of Israel shall sing, and when the firmament shall move, all the bands of angels shall rejoice and engage in song and praise.

Man as protagonist of the drama of the universe

"If the whole universe is an enormous complicated machine", writes G. Sholem, "then man is the machinist who keeps the wheels going by applying a few drops of oil here and there, and at the right time." This beautiful *simile,* placing the Kabbalist in the centre of the world's dramatic stage, is directly related to some of the most important roles assigned to music in Kabbalistic writings. But first, let us see how man is animated by a spirit emanating from God, which implies that the divine spirit causes man to sound in perfect harmony. A Talmudic legend, often quoted in the *Zohar,* recounts that David's *kinnor* suspended over his bed plays of its own accord when the north wind travels through it. A symbolical commentary on this legend compares this *kinnor* to the human body. And just as with the *kinnor,* the divine spirit (=the north wind) travels through the orifices of the body and makes it resound and sing. Hence a man animated by the divine spirit is like a vehicle for the divine melody and message received by emanation. Commenting on the same legend, Judah Moscato (d. 1590) transposes the content into the concept of resonance between David's soul (his *kinnor)* and the north wind (=the divine spirit), concluding that just as the *kinnor* player has to master his art to obtain perfect harmony, the spiritual *kinnor* (the human soul) has to abide by the laws of harmony and music. An almost similar concept is to be found in some Muslim mystical writings. In his work *The Lightning Flashes Concerning the Refutation of those who Declare Listening to Music is Forbidden,* Abu Ḥāmid al-Ghazālī

(d. 1121) describes the mystical meaning of the instruments used in the ceremony of *dhikr*. Speaking of the flute, he says that "its nine holes correspond to the nine orifices of the human body, and that the air which penetrates the flute to make it sound is comparable to the divine light into the reed of human existence."

But man is not just a passive receptacle or vehicle, he is a protagonist capable of influencing his proper destiny and that of the universe through prayers and the singing of hymns. One of the prevailing topics of Kabbalistic literature is that of God's predilection for Israel's prayers, the chanting of the Torah aloud and with a pleasant voice and the singing of hymns and prayers. The *Zohar* is full of references of this kind: On the night of Exodus God orders the angels to stop singing because Israel is singing on earth; the angels stop and listen to them. At midnight when the Holy One blessed be He enters the Garden of Eden to delight with the righteous ones, the choir of angels, the trees of Eden, and heaven and earth sing his praises. But at this time, God hears the voices of those who are studying the Torah on earth, and this sound is more beautiful to him than the singing of the angels. Hence, the extreme importance of singing and studying the Torah with a beautiful voice at midnight. This concept was probably influential in the development of midnight vigils *(tikkun ḥatzot)*, as well as the nocturnal singing of various associations (e. g. "Watchers of Dawn") and the singing of *baqqashot* in more oriental communities.

The superiority of Israel's singing is related to another important topic, that of the communal or parallel singing of the angels. These latter may join in only when Israel has sung, but, on the other hand, the power of this singing achieves its highest expression only when both choirs intone simultaneously the praise of God. So, whenever Israel gathers to sing hymns the angels do the same in the celestial realm. This embodies particular importance in the performance of the *kedushah* – the Trisagion. This kind of resonance between micro- and macrocosmos makes human music respond to heavenly music and vice versa. Taking the simile of man as machinist of the world further, we can now define some of the aims which can be achieved by his influential power. There is first the basic concept that considers the earthly community of Israel as formed according to the archetype of the mystical community called *shekinah*. Hence, everything that is done by individuals of all communities in the mundane sphere is magically reflected in the upper region; or to use the idea often employed in this respect, the impulse from below calls forth that from above. This influential force or impulse can be used in the struggle against the devil and diabolical powers and in the restoration of the primordial harmony that was destroyed with Adam's Fall. Two main notions are connected with this purpose: the *kavanah,* the mystical intention or act of concentration, directly linked with the inner cosmic process, and the *tikkun* – the restitution or reintegration with the original harmony which was destroyed with Adam's Fall, bringing about the advent of diabolical forces. It becomes one of the tasks of the illuminate to fight against the evil which intervenes with all its might to perturb the harmony he is seeking. Hymns, certain psalms and the sound of the *shofar* (ram's horn) serve as magical weapons to counteract the forces of evil or even to annihilate them.

These forces dwell in the depths of the great abyss; they assume their power in the darkness of night, particularly at the first watch. This realm of darkness is considered as one with the *sephirah* (region) of stern judgement and punishment. Their power expires with daylight, which corresponds to the *sephirah* of love or mercy of God. Their music consists mainly of discordant notes, wailing, sobbing and lamenting and the blowing of horns, all of which caused horror, discord in the world and stern judgement. In the *Zohar* they are called Masters of Sobbing or Masters of Wailing. According to one passage they even succeed in silencing the marvellous choir of the angels. When God's chariot-throne *(merkavah)* moves, a sound of singing, pleasant to the ear and delightful to the heart is heard, and thousands of myriads of angels intone songs. To the left stand two hundred thousand Masters of Sobbing. Then the Master of Judgement appears and stands among them and the singing ceases. The blowing of the ram's horn and the singing that emanates from the right silence, the left side's wailing and the stern judgement turns into mercy.

We repeatedly find the idea that music comes from the north, that is the left, the side of judgement, while speech arrives from the right, the side of mercy. However, there is another conception of the source of song. In an exegetical treatment of the verse: "I will sing of the mercies of the Lord for ever" (Psalm 89:2) the question is raised whether song derives from the side of mercy, that is, the right side and the answer is that it is included in the right hand aspect of the left side.

The realm of darkness of the "other side" (a term designating evil), symbolising the imperfection due to the Fall, is like nocturnal darkness and like the darkness of Israel's diaspora. They all symbolise imperfection and joylessness. Midnight singing causes the angels to weep and to be invaded by a feeling of deep sorrow; then God shakes those above and those below. Only thanks to those who study the Torah at night does the Holy One blessed be He enjoy any gratification, and the souls of the righteous take pleasure in listening to that singing. The devotee is also provided with some "concrete" weapons in his struggle against the forces. One of them is *shir pega'im* – song against evil spirits (Psalm 91). This psalm is effective in driving off the demons and its use is still common practice in our time at funerals since the defunct is said to be particularly vulnerable before the funeral. As the forces of evil are ineffective on the Sabbath, and their power returns only after it is over, the *havdalah* service is designed to drive them into the desert and nullify their influence over Israel.

One of the most formidable weapons is undoubtedly the *Shofar* which constitutes the major musical topic to emerge from the *Zohar.* Almost fifty passages deal with this instrument, its form, the material from which it is prepared, the sound it emits and its various functions. On the occasion of the New Year and the Day of Atonement, the power of stern judgement and punishment reigns, and Satan is very active. The sound of the *shofar,* composed of fire, air and water intermingled, ascends to the Throne of Judgement, strikes it and causes an upper voice to be produced. These sounds arouse the compassion of God, which neutralises the power of judgement and punishment. At the same time the *shofar,* rising with extreme strength, confuses Satan and defeats the demon. Just as the compassion aroused in human fear provokes compassion in the upper region, the sound of the lower *shofar* provokes the sound of an upper *shofar;* they meet and intermingle. The *shofar* also appears as a symbol of the world to come; as bringing the people of Israel to God and as a major force in redemption and the end of days. There can be no doubt that these various views of the *shofar* had great influence on subsequent generations and are still current today.

One of the other functions of the *shofar* and the singing is to help to create harmony between the different powers of the upper region and between them and the mundane sphere. Isaac Arama (d. 1494) in his book *The Binding of Isaac* emphasises the musical meaning of this universal harmony, saying that the perfection of the world results from the tuning of the different strings of the minor instrument (microcosmos) in perfect consonance with the strings of the large instrument (macrocosmos); harmonic proportion between the instruments is established through observance of the laws of the Torah, their non-observance corrupts this proportion and causes degeneration of the world. It is therefore the task of man to concentrate his whole inner purpose towards the re-integration of the original harmony and the primordial spiritual nature of all creation. This in fact means salvation. In a commentary on the first biblical word: *bereshit* (in the beginning), we read in the *Zohar* that God created the world in song (=harmony) because the world *bereshit* suggests *shir taev,* which

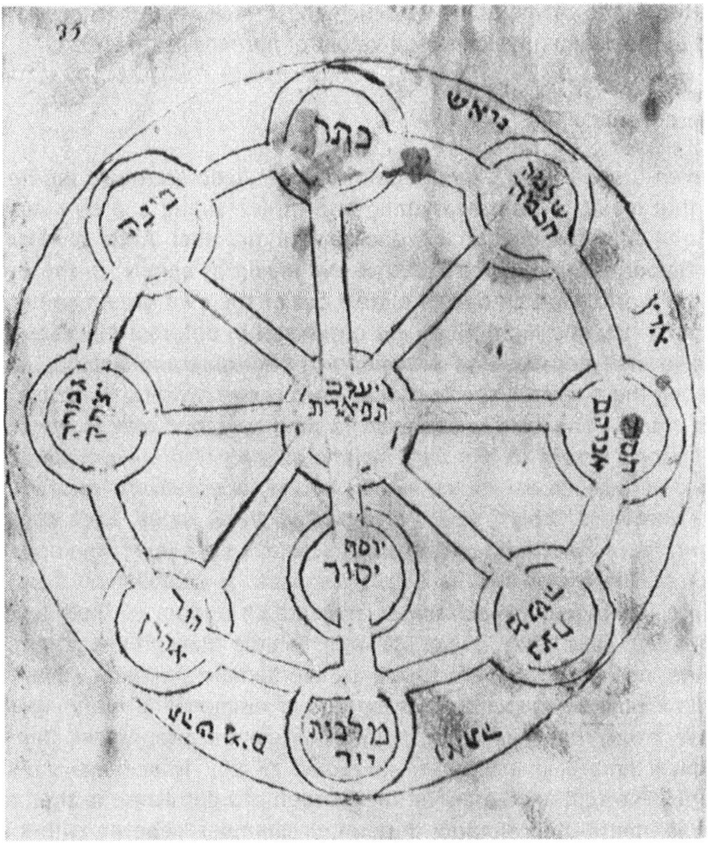

Diagram showing the ten *sephirot* (divine emanations).
Ms. B.N. Paris, HEB 763, f. 35. (Photo: Bibliothèque Nationale.)

represents the same letters although in a different order. *Shir taev* means song of desire, expressing the longing of the whole universe to glorify God and of heaven and earth to sing praise of the Holy One Blessed be He. It is said that *shir taev* corresponds to the song of Solomon, the best of all songs, which shall be heard when Samael, chief of demons, and all his hordes disappear from the world, that is to say at the end of days. Then, all the beasts of the chariot throne will bestir themselves in singing aloud, and all the winged creatures will whistle tunes, welcoming in gladness and melody the daughter (the mystical archetype of the community of Israel) on her way to receive the wedding sanctification from the bridegroom. They will sing the *kedushah* (the Trisagion). Then David will be awoken by the *kinnor* which plays by itself and will sing ten kinds of melodies of which the first is *ashrei* (Blessed is – the first word of the psalms) which is equivalent of *bereshit.*

The whole cosmos sings

From even a superficial examination of Kabbalistic literature the impression emerges that music is from everything and in everything and by everything, to use the beautiful formulation of one of the greatest Arab mystics, Ibn al Arabī. A favourite topic in the *Zohar* is the music of angels. In the process of creating the world, God made the angels out of His own breath some of whom sing His glory day and night. They are organised in different classes and choirs according to their degrees and according to the hours and watches of day and night. Among the diverse classifications, there is one dividing the choir of angels into three bands. The first is assigned to sing together with Israel during the day; the second is said to join Israel in the singing of the *kedushah;* this band is subdivided into three choirs which intone alternatively and in different renditions the word "holy", which is repeated three times. Each choir has its own leader. As to the third band, it is constituted of the upper maidens, it is the highest of all the choirs and to it falls the task of establishing blissful union and harmony between the *sefirah* of *malkhut* (Kingdom of God) and that of *tiferet* (Beauty). This latter is not the only female choir in the upper regions; such choirs and even soloists dwell in the female *hekhalot* (chambers). In Yokheved's chamber thousands and myriads of women sing the song of the sea three times a day; they go up to: "Then Miriam the prophetess, the sister of Aaron took a timbrel in her hand" (Exodus, XV:20); from there on Yokheved sings alone. The righteous ones on the Garden of Eden listen to their song and some angels join in their singing. In another chamber Deborah with a women's choir intone the song that Deborah sang in this world.

The song of the angels in the three watches of the night, as against the three prayers of the Jews, is a favourite theme, repeatedly described in various versions. In their song the angels seek to unite with their Lord, but the proximity of diabolical forces interfere with this aim and they have to be driven away by trickery.

Not only the angels sing; the stars, the spheres, the *merkavah* (the chariot-throne) and the beasts, the trees in the Garden of Eden and their perfumes, indeed the whole universe sings before God. No one on earth could hear this music except for Moses and Joshua. As to the latter it is said that he heard the pleasant melody of the sun in the middle of a battle and was seriously disturbed, which is why he said: "Sun stand thou still at Gibeon . . . " (Joshua, X:12), meaning "stop singing". Moscato (d. 1590) quotes this tradition to prove that not only Pythagoras was capable of hearing the music of the spheres.

The music of the spheres and planets has led to several speculations of which we should like to mention that included in *Midrash ha-hokhma* by Judah ben Shelomo ha-Cohen ibn Mitka (mid 13th century). In his *Speculation on Psalm 150* he establishes parallelisms between the nine classical instruments mentioned there and the nine spheres or planets: the *tof* (frame drum) corresponds to Jupiter; *maḥol* (taken as dance) to Mars; since this latter is considered baneful, its associations with dance indicates the latter's negative aspect and imperfection. The *minnim* (string instrument) corresponds to Venus; the *'uggav* (wind instrument) to the sun; the *tziltzele shama'* (sounding cymbals) to Mercury; the *tziltzele teru'ah* (loud clashing cymbals) to the moon. The other instruments and their correspondences are missing.

Commenting on the same Psalm, a passage of the Zohar declares that all these praises with diverse instruments are as nothing as compared to what is said in the last verse of psalm 150 which also closes the book: "Let everything that breathes praise the Lord. Praise the Lord."

XIV

LA VOIX ET LES TECHNIQUES VOCALES CHEZ LES ARABES

La voix, reflet de l'âme

«L'homme a un penchant naturel pour la voix» écrit le grand maître du soufisme Majd al-dīn al-Ghazālī (m. 1121), ajoutant dans le même ouvrage: «La voix du chanteur est un indice de la vie divine qui émane des profondeurs du mystère»[1]. Nous pensons que les deux éléments de cet énoncé se trouvent dans un rapport de cause à effet. L'homme a un penchant naturel pour la voix parce qu'elle reflète les mystères de l'âme humaine qui, elle-même, représente les choses divines auxquelles elle appartient[2]. D'où cette autre idée courante qui compare la voix au souffle de la vie. La voix met donc l'homme en vibration avec le divin et l'univers et, comme moyen de communication sonore et verbal, lui permet d'exprimer, à travers une riche palette de timbres, les divers états de son âme et les subtilités de son être. A l'intervention de la parole, elle superpose avec ses modulations des surcharges affectives et psychiques au message purement linguistique.

L'importance de la voix et de ses vertus expressives est un sujet de prédilection de la littérature musicale arabe. Les observations et analyses qui lui ont été consacrées embrassent tous les phénomènes qui s'y rattachent, à savoir de l'émission de sons non articulés au chant sophistiqué, en passant par le parler ordinaire. Cette vue globalisante est soulignée par l'usage du même mot *ṣawt* pour désigner le bruit, le son, la voix, le phonème (en linguistique) et, par extension, un chant donné. Dans la gamme des produits de la voix, le chant alliant l'expression poétique et musicale se trouve placé au sommet de la hiérarchie et devient dans le domaine de l'art le symbole de la musique parfaite. Par conséquent, la musique savante reçoit la désignation de *ghinā'* (chant), réservant le terme emprunté au Grecs, *mūsīqī*, essentiellement à la science musicale, qui était elle-même considérée comme un apport étranger[3].

---

[1] Majd al-dīn, grande autorité soufie, est le frère du célèbre penseur et théologien abu Ḥamid al-Ghazālī (m. 1111). Les paroles citées ont été glanées dans son ouvrage *Bawāriq al-ilmā'*... (cf. J. Robson 1938: 122, 158).

[2] Défendue par les mystiques, cette doctrine réclame une existence divine préalable pour l'âme; elle est contestée par les théologiens de l'orthodoxie soutenant que l'âme naît avec le corps.

[3] Dans les classifications des sciences médiévales, les Arabes distinguaient les sciences indigènes arabes (exégèse coranique, science de la Tradition, jurisprudence, théologie, grammaire, lexicographie, rhétorique et littérature) des sciences étrangères (philosophie, géométrie, astronomie, musique, médecine, magie et alchimie).

En vertu de cette conception, la voix se trouve placée, dans la théorie, au centre de l'évolution musicale. Formulée par le célèbre philosophe et théoricien de la musique al-Fārābī (m. 950), cette théorie fait l'objet d'un exposé magistral figurant dans le premier discours de son traité monumental, *Kitāb al-mūsīqī al-kabīr* «Grand livre sur la musique»[4]. Après une définition de la musique et de sa répartition en musique théorique et pratique, al-Fārābī présente une théorie de caractère rationnel sur l'origine de la musique et les diverses étapes de son évolution. Au premier stade de cette évolution, l'homme et l'animal emploient de la même façon leur voix et des sons spéciaux pour exprimer leur joie et leur douleur. La grande coupure apparaît quand l'homme commence à recourir à la parole; il ne se fie plus alors à son instinct qui, auparavant, lui permettait d'émettre des sons inarticulés pour s'exprimer. Avec l'aide de la raison dont il est doué, il a pu observer et analyser les rapports qui existent entre les sons spéciaux et les états d'âme, l'amenant à distinguer trois espèces de modulations: «Celles qui procurent du plaisir; celles qui provoquent des passions et celles qui donnent plus de portée aux paroles». La dernière catégorie le pousse à une réflexion encore plus subtile, à savoir que la conjugaison des expressions poétique et musicale est de nature à rehausser l'art musical à son plus haut degré. Quant à l'instrument de musique, il n'apparaît, selon al-Fārābī, qu'au terme de la dite évolution; et même alors, en qualité d'accompagnateur seulement: «Les notes engendrées par tous les instruments sont de qualité inférieure, si on les compare à celles de la voix. Elles ne peuvent donc servir qu'à enrichir la sonorité du chant, à l'amplifier, à l'embellir, à l'accompagner...»

Ce bref résumé de la théorie d'al-Fārābī dégage et souligne la prédominance du concept de *ghinā'* (chant) comme symbole de la musique la plus parfaite: la musique savante. Le *ghinā'* exprime donc l'union idéale des moyens de l'expression poétique et de l'expression musicale, qui est contrôlée et définie par des normes déterminées. Il appartient à l'artiste digne de ce nom de retrouver l'équilibre souhaitable entre les deux expressions, entre les idées et la forme.

Le concept de *ghinā'* que nous venons d'évoquer est exclusivement réservé à la musique savante; il ne s'applique donc pas aux genres religieux et populaires où l'idée de la prééminence du texte est exprimée par l'emploi du verbe «dire» à la place de «chanter». L'historien philosophe et sociologue arabe Ibn Khaldūn (m. 1406) va jusqu'à placer une limite nette entre deux formes d'expression[5]. La première est qualifiée par lui de simple et instinctive; elle est à la portée de tous ceux qui possèdent un talent naturel mais sans aucune éduca-

---

4 Ce traité a été traduit en français par R. d'Erlanger et fait partie des volumes 1 et 2 de son ouvrage *La musique arabe* (1930-1959). Le texte arabe a été édité par Ghaṭṭas et Hefni (1967).

5 Cette théorie figure dans le chapitre sur la musique de son *Muqaddima* («Prolégomènes au métier de l'historien»). Cette œuvre est présentée comme une encyclopédie synthétique des connaissances méthodologiques et culturelles nécessaires à l'historien pour qu'il puisse faire vraiment œuvre scientifique. Il en existe une traduction française par de Slane (1863-68) et une en anglais par F. Rosenthal (1958).

tion musicale. L'exemple avancé pour illustrer cette catégorie est celui des lecteurs du Coran qui arrivent «à moduler leur voix comme si elle était une flûte; ils provoquent ainsi de l'émotion à travers l'harmonie qui résulte de leur mode d'expression». La deuxième forme d'expression se distingue par sa sophistication, qui est déterminée par les règles bien définies de l'art. Celles-ci exigent du musicien, en plus du talent naturel, des connaissances théoriques et une bonne maîtrise de tout ce qui concerne les fondements de l'art.

Les divergences idéologiques

Pour compléter ce tour d'horizon rapide, il convient de mentionner quelques divergences d'opinions qui opposaient les partisans du *ghinā'* à ses adversaires, qui appartiennent surtout à la classe des juristes et théologiens. Ces derniers s'attaquaient essentiellement au caractère distrayant et frivole du *ghinā'*, ainsi qu'à son effet subversif sur l'âme des croyants. La doctrine du formidable effet de la musique vanté dans la littérature fait référence à un autre concept prédominant, le *ṭarab*. A l'origine, le *ṭarab* signifie «s'extasier» devant la musique et la poésie quand celle-ci est récitée; dans son sens large, il assigne toute une gamme de réactions émotives allant de la douce délectation jusqu'à l'extase et même à un choc violent susceptible de causer la mort de l'auditeur (*cf.* Shiloah 1972: 13). Considérant cette sensibilité devant le charme de la musique comme incompatible avec la foi, les opposants mettent tout en œuvre pour combattre ce qui envahissait alors bien des cœurs.

Les sources légales, théologiques et mystiques[6], dans le cadre des débats relatifs à la musique, emploient le terme *samā'* (litt. «audition»). Le *samā'*, dans son sens le plus large, comprend les phénomènes sonores et gestuels, à savoir la récitation poétique à caractère mélodieux, la cantillation du Coran et l'appel à la prière, les hymnes métriques et, dans le contexte mystique de certaines confréries, l'intervention instrumentale et la danse. Pour contrecarrer les critiques acerbes formulées à l'égard de ces mystiques épris de musique, leurs défenseurs soutiennent que leur manière n'a rien à voir avec le *ghinā'* et le *ṭarab* et qu'elle ne doit aucunement être assimilée à la nature du *lahw* (distraction). Toutefois, parmi les mystiques qui assignaient à la voix et à la musique une origine divine, se trouvaient à l'occasion des attitudes non conformistes qui ouvraient la porte à l'infiltration de la musique savante dans le domaine du sacré[7]. Inutile d'insister sur le fait que de telles attitudes accroissaient l'intran-

---

[6] Le lecteur intéressé en trouvera un bon nombre de références dans Shiloah (1979).

[7] Ceci est particulièrement vrai dans les pratiques de la confrérie des Mevlevis, connue en Europe sous le nom des derviches tourneurs. Elle fut fondée par le poète et philosophe Djalāl al-dīn al-Rūmī (m. 1273). Leur cérémonie appelée *Mukabele* est étudiée dans Molé (1963) et Ritter (1955). Pour une vision globale de la musique et de l'extase chez les mystiques, voir During (1988).

sigeance des docteurs et des théologiens extrémistes. Pourtant il y a une forme d'expression qui a été acceptée par presque tout le monde: celle où les idées et leur contenu prédominent sur le musical, c'est-à-dire la cantillation ou la psalmodie, qui embellit la lecture des textes coraniques et l'appel à la prière. Celle-ci serait, dans le même ordre d'idée, caractéristique de la récitation mélodieuse de la poésie classique arabe avant l'avènement de l'Islam. En effet, cette poésie était orale et prenait toute son envergure dans la récitation publique. Était-elle vraiment chantée? Elle le fut assurément en partie; le revêtement mélodique devait être rudimentaire, ce qui la rapprochait des caractères essentiels de la cantillation. Mais même récitée, comme on peut encore le constater de nos jours, ce mode d'expression comporte un caractère chantant prononcé qui semble être spontané dans la langue arabe aux dires de l'éminent orientaliste Louis Massignon. Dans un bref article intitulé «Voyelles sémitiques et sémantique musicale» (1961: I, 79-83), celui-ci explique comment les voyelles, qui sont fondamentalement distinctes des consonnes, personnalisent et vivifient le squelette muet de ces dernières. La triple vocalisation *ou*, *a*, *i* est selon l'auteur, «la base de la grammaire arabe et la base de la sémantique musicale sémitique». Il dit plus loin: «La psalmodie, cet infra-chant qui, ailleurs, n'est pas lié à un phénomène grammatical déterminé, naît en sémitique avec la nunnation arabe. La nunnation a déterminé la psalmodie nasalisée, sorte d'accentuation émotive provoquant l'attention». Cet esprit qui, comme on le verra, a conféré une ampleur particulière à la lecture solennelle du Coran, animait aussi la récitation mélodieuse de la poésie anté-islamique; la métrique quantitative caractérisant cette poésie ne semble pas avoir entravé l'expression musicale.

Dans une étude récente sur l'expression poétique d'Homère, Haiim Rosen, cherchant à mieux apprécier l'art homérique en tant que poésie orale, souligne que dans cette poésie orale basée sur une métrique quantitative, il y aurait eu des compromis dans les accentuations dues à la mise en relief phonique, à l'emphase et à l'intensité. Il conclut en disant: «C'est uniquement en saisissant correctement et de manière adéquate les moyens de l'expression poétique qu'on aboutit à apprécier avec justesse l'art du poète et surtout l'équilibre qui règne entre les deux fondements de la poésie: d'un côté les idées, les valeurs émotionnelles, les images et les associations suscitées, de l'autre la musique et le rythme» (1989: 274).

Définitions et terminologie

L'affinité qui, dans l'expression verbale rehaussée, allie la rhétorique, la psalmodie et le chant, se dégage dans la terminologie, notamment dans les sens dérivés de la racine *gny* (chanter, et aussi prolonger la voix dans la psalmodie, enrichir, s'enrichir et se passer de), et de la racine *lḥn* dont dérive *laḥn* (mélo-

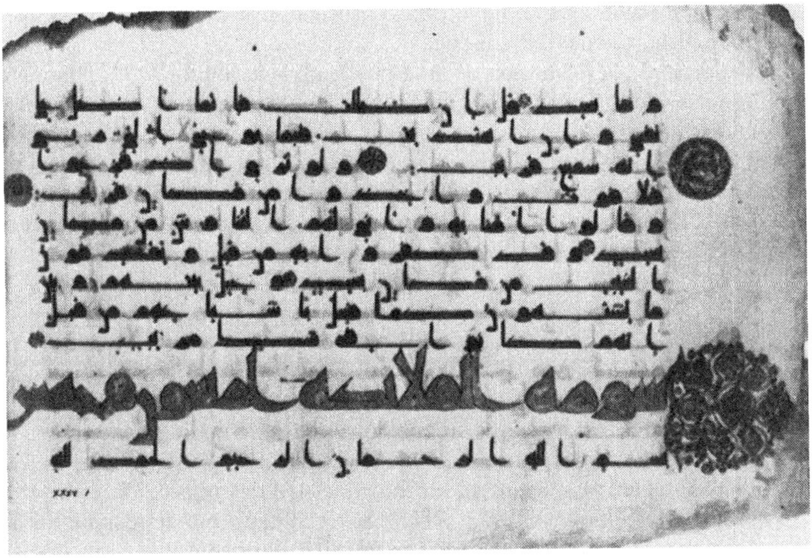

A portion of the Coran's text. Ms. B.N. Paris, AR 334. (Photo: Bibliothèque Nationale.)

die, rythme et mode), signifie aussi psalmodier de façon agréable à l'oreille de l'auditeur, élucider une parole et en faire ressortir le sens, voire même commettre des fautes dans la lecture[8]. Dans un traité relativement tardif (XVe s.), *Le commentaire anonyme sur kitāb al-adwār* (Livre des cycles) du célèbre théoricien Ṣafī al-dīn (m. 1294), l'auteur anonyme écrit dans sa définition de la musique: «Le mot musique (*mūsīqī*) est grec; il a pour sens les mélodies (*alḥān*). Quant au terme *laḥn* (sg. de *alḥān*), la lexicologie arabe lui donne le sens de *lecture qui donne des émotions*. Ainsi, quand quelqu'un lit sous l'empire d'une émotion, on dit qu'un tel *laḥḥana*, ou encore *gharrada* dans sa lecture. [...] Le *taghrīd* (nom d'action de *gharrada*) est l'émotion dans le son» (Erlanger 1930-59, III: 190). Un autre auteur, encore plus tardif, l'encyclopédiste Ḥadjdjī Khalīfa (m. 1657), se voit amené à inclure dans sa définition de la musique la rhétorique, ou l'art des orateurs, ainsi que la cantillation (Shiloah 1979).

Ce trait d'union terminologique n'est pas une pure spéculation lexicographique; il est essentiel pour une approche conceptuelle. Il se manifeste dans les premiers siècles de l'Islam dans les rapports étroits entre rhétorique, expression poétique, prosodie, cantillation et musique savante. Dans tout cela la transmission verbale, précise et soutenue par la richesse des émissions vocales,

---

[8] Ce dernier sens est probablement à l'origine de la forme de poésie dialectale maghrébine, le *malḥūn*. Dans la nouvelle édition de l'*Encyclopédie de l'Islam* il est dit que le terme vient de «*laḥana* pris dans le sens de "s'écarter de la norme linguistique", en l'occurence de l'arabe littéraire».

joue le rôle de pivot. La survie de cette approche, plusieurs siècles après l'avènement de l'Islam, prouve sa validité.

A l'époque de la formation de la nouvelle civilisation, on voit apparaître chez les conquérants musulmans un sentiment d'attachement au passé, à ce qu'on porte en soi et qu'on veut préserver; ce sentiment serait à l'origine du processus de l'arabisation comme objet de l'unification culturelle. Le souci de pureté linguistique qui prédomine dans ce processus conduit à l'étroite dépendance entre la lecture du Coran, l'interprétation du chant d'art et les origines de la grammaire arabe.

Concepts esthétiques

Un thème favori qu'on rencontre fréquemment dans les ouvrages littéraires du passé est celui d'énoncer les mérites et les caractères distinctifs des divers peuples connus en se référant à leur musique. Un des plus célèbres littérateurs, l'auteur prolifique al-Djāḥiẓ (m. 868), écrit dans l'un de ses nombreux passages sur la musique: «Les Persans faisaient du chant une branche des belles-lettres (*adab*) et les Grecs l'assimilaient à la philosophie, quant aux Arabes, ils distinguaient poésie, rhétorique et éloquence» (Shiloah 1979: 91-2). Cette constatation souligne indirectement l'apport arabe à la nouvelle musique, dans laquelle l'expression poétique prête son concours à l'expression musicale. Cette façon de voir figure avec plus de précision sept siècles plus tard dans le commentaire anonyme du *Livre des cycles* de Ṣafī al-dīn. Dans sa définition de la musique, le commentateur anonyme écrit: «Le but de l'art musical est d'aider à atteindre celui de l'art poétique». Pour bien préciser qu'il ne s'agit pas là simplement d'une prolongation du sens du texte, l'auteur propose une clarification vers la fin du traité. Sous le titre «De la composition des mélodies» (Erlanger 1930-59, III: 519 et 539), il inclut un long exposé sur les principes de base de tous les modes d'intervention vocale. Bien que certaines idées ne fassent que résumer des propos tenus par d'autres auteurs, l'ensemble de l'exposé, avec son enchaînement systématique, est tout à fait remarquable. L'auteur distingue d'abord deux espèces de musique vocale: l'une est à rythme et forme musicale libres; elle concerne la cantillation, les adresses oratoires et la déclamation des poésies. L'autre est conçue dans une forme mélodique et rythmique déterminée. Une deuxième distinction générale fait appel à la dichotomie quantité-qualité. Par quantité, il désigne les valeurs mesurables de l'acuité et de la gravité des notes qui sont d'ailleurs communes à l'instrument et à la voix. La voix, de son côté, se distingue par des qualités propres aux notes qu'elle émet. Là, l'auteur s'emploie à énumérer un grand nombre de timbres qui sont les produits des émissions vocales et des sons spéciaux qui dénotent des états d'âme. Parmi ces qualités figurent celles qui déterminent les phonèmes. Comme ceux-ci sont produits par des parties spéciales des organes vocaux, il s'ensuit une présentation détaillée de phonétique musicale. Enfin, l'auteur passe aux notions de base de la prosodie et de la métrique, auxquelles d'ailleurs recourent tous les théoriciens de la musique pour expliquer les fondements de la composition et des formules rythmiques. Et pour conclure, l'auteur dit: «L'art musical consiste à adapter des paroles aux mélodies et des mélodies aux paroles de telle façon que les phonèmes qui composent les paroles deviennent des qualités distinctives par rapport aux notes des mélodies».

En suivant cette même démarche, nous pouvons admettre que le chant d'art, en dépit de son éloignement de la zone où le musical se trouve assujetti au verbe et à ses inflexions, demeure toujours sous son égide idéale et continue à manifester son attachement aux conceptions de base des formes et principes de la récitation mélodieuse et de la cantillation.

La cantillation

La cantillation, dont le but principal est de régler la restitution exacte des textes sacrés, a fait l'objet d'études minutieuses dès le début de l'Islam. Vu son importance capitale, sa systématisation prend rapidement une ampleur considérable englobant l'analyse détaillée des phénomènes phonétiques, des timbres et des types de voix désirables. La codification de ses normes visait avant tout à assurer la bonne diction et à prévenir les déviations dangereuses dans la récitation. Toutefois il ne serait pas hasardeux d'admettre que ses normes exerçaient une influence remarquable sur la musique savante, surtout si on pense au processus d'arabisation mentionné plus haut.

Comme appui à l'étude de la cantillation, les auteurs recourent au verset coranique: «Psalmodie le Coran avec soin» (S. LXXXIII, 4). Cette prescription conduisit à l'établissement du *tadjwīd* comme branche des sciences coraniques. Le *tadjwīd* (la parure de la récitation) est un système consacré à la voix et à ses émissions, ainsi qu'à l'art de psalmodier selon les règles et les lois de la phonétique. Quant au revêtement mélodique, suivant les sources, il aurait été inspiré des airs simples qui accompagnaient les chants de chameliers, le *ḥidā'* et le *rakbānī*. Le *ḥidā'* est considéré comme la première forme du chant arabe préislamique (Farmer 1929). Une tradition (*ḥadīth*)[9] rapporte à cet effet que le Prophète recommanda de lire le Coran avec des mélodies arabes de la région de Najd en Arabie et non pas avec celles des mécréants, des Juifs et des Chrétiens. L'auteur de l'importante Encyclopédie des sciences coraniques, al-Suyūṭī (m. 911), mentionne une autre tradition qui indique exactement le texte du chant dont l'air fut emprunté pour la psalmodie. Ce même auteur cite une autre tradition ayant trait à une caractéristique majeure de la récitation: la

[9] *Ḥadīth* (récit, propos) est employé, selon l'*Encyclopédie de l'Islam*, pour désigner la Tradition rapportant les actes et les paroles du Prophète, ou son approbation tacite de paroles ou d'actes effectués en sa présence.

pause. Abu'l Faḍl al-Rāzī fut, dit-il, le premier à avoir attiré l'attention sur la question de la pause, tout en s'inspirant des lois de la prosodie. Enfin, il convient de signaler que le genre *ḥidā'*, le chant du chamelier qui aurait inspiré la psalmodie à ses débuts, était d'un caractère plaintif et que, selon les témoignages anciens, il se confondait avec la lamentation. Or, un caractère plaintif était recommandé pour la psalmodie.

Nous supposons que cette espèce de réévaluation était guidée par des besoins culturels innés, mais l'on est en bon droit de se demander s'il n'y avait pas aussi un aspect de compromis avec les coutumes que l'on transformait pour les besoins de la cause. Le témoignage suivant d'Ibn al-ʿArabī (m. 844-6) semble confirmer cette possibilité: «Le Prophète voulut que le Coran devint leur passion exclusive en remplacement du *rakbānī* (un genre de chants de chameliers) qu'ils avaient coutume de chanter»[10]. Quoiqu'il en soit, la reconversion ne fait en fin de compte qu'accentuer les valeurs intrinsèques et encourager leur survie.

Échelle de timbres et de qualités vocaliques

L'art du *tadjwīd* comprend deux constituants: le premier, d'ordre phonétique, est dénommé *taḥqīq*, c'est-à-dire l'établissement avec précision de chaque consonne en lui donnant sa pleine valeur et tout ce qu'elle comporte pour être bien prononcée; le second est le *tartīl* qui concerne les règles de la récitation, son mouvement, la force et l'emphase marquées par la voix et les pauses. Deux vers tirés d'un des nombreux poèmes didactiques illustrent ces conditions:

> «Une consonne a une valeur propre: respecte sa mesure et ne détériore pas sa nature.
> Ne pense pas que le *tadjwīd* est une prolongation sans limites ou bien celle appliquée à ce qui ne se prête pas à être étendu.»

Quant à la partie phonétique de la science du *tadjwīd*, elle procède d'une analyse minutieuse de la formation des diverses consonnes dans les organes de l'appareil phonatoire (poumons, pharynx, fosses nasales, luette, langue, lèvres) afin de dégager ainsi les qualités et les nuances vocales correspondantes que le lecteur avisé doit s'employer à produire avec précision. Signalons à cet effet que les vingt-quatre lettres de l'alphabet arabe sont réparties en classes phonétiques, à savoir les gutturales, les labiales, les nasales, etc. A cela s'ajoutent deux facteurs: le degré d'aperture de la bouche qui permet de distinguer parmi les consonnes occlusives, spirantes, liquides, etc., et le mode d'articula-

---

[10] Il s'agit d'une tradition figurant dans le recueil de Bukharī, qui fait autorité; elle est citée dans Talbi (1958), où celui-ci fait grand cas du recours à la musique savante dans la récitation du Livre saint.

tion qui permet de classer les consonnes en sonores, emphatiques, sourdes, géminées, etc. Chaque son acquiert ainsi une qualité propre dénotant d'une part le caractère technique de son émission et, d'autre part, les nuances phonétiques influençant l'impression auditive lors de la prononciation. Cette dernière doit être assurée sans difficulté ni exagération. Elle est qualifiée soit de *tafkhīm*, prononciation pleine, grasse ou grave; soit de *tarqīq*, prononciation fine et aiguë. D'autres qualités se nomment: *tafashshī*, étalement du souffle dans l'articulation du *sh*; *idghām*, assimilation, et *ghunna*, nasalisation, qui joue un grand rôle dans la lecture. Ainsi, tous les phénomènes phonétiques sont désignés par des termes appropriés et sont scrupuleusement analysés dans les traités du *tadjwīd*, souvent aussi en rapport avec le chant d'art.

Ainsi qu'il l'a été mentionné auparavant, les consonnes arabes sont imprononçables, inertes; ce sont les voyelles, considérées comme mouvement (*ḥarakah*), qui les vivifient, les personnalisent, d'où l'importance capitale de leur présence conjointe à celle des consonnes dans l'émission du son. La science du *tadjwīd* considère en l'occurence le traitement et la nature des trois voyelles fondamentales sous différents aspects, notamment celui de l'*imālah*, inclinaison de la voyelle a vers le son *i*, ou encore celui de la durée de l'émission. Or, la durée des voyelles est conditionnée par les consonnes qu'elles mettent en mouvement, la fonction du mot dans la phrase et sa place dans le verset.

Le *tartīl*, qui est le second objectif du *tadjwīd* suivant la définition généralement acceptée, touche à la restitution globale du texte sous une forme compréhensible et susceptible de toucher les fidèles. L'agencement du texte avec les pauses et les arrêts adéquats, ou l'alternance correcte de l'écoulement rythmique et des repos, assurée par un contrôle rigoureux du souffle, est considérée comme la condition fondamentale de la cantillation. En effet, c'est d'elle que dépend la transmission du message contenu dans le texte, car s'arrêter à un endroit inadéquat de la phrase risque de conduire à une interprétation entachée d'hérésie. Ainsi, en observant les règles établies, le lecteur devient en quelque sorte l'interprète et le porte-parole de la version officielle. Les cinq règles essentielles de la récitation, qui soulignent aussi sa dimension musicale, sont: l'*istirsāl*, la prolongation du son sans laisser tomber la voix; le *tarkhīm*, l'adoucissement du son sans perdre l'intonation; le *tafkhīm*, l'amplification du son; le *taqdīr al-anfās*, le contrôle de la respiration; et le *tadjrīd*, la transition maîtrisée d'un son fort à un son faible et vice-versa.

Enfin, les auteurs du *tadjwīd* incluent dans leur exploration un examen approfondi sur les qualités des voix recommandées pour la cantillation. Parmi plus de trente variétés de voix répertoriées, seules onze sont retenues, car les autres ne sont pas jugées compatibles avec la cantillation. Il convient de signaler que les types de voix recommandés pour la lecture du Coran, ainsi que leurs désignations respectives font partie de la nomenclature complète que présentent et analysent les théoriciens de la musique savante. Ceci est vrai dans une large mesure pour une grande partie des autres caractéristiques du *tadjwīd*. Nous reviendrons sur la question des types de voix en parlant de la musique savante.

La belle voix [11]

La notion de belle voix et sa définition apparaissent fréquemment dans la littérature relative tant à la cantillation qu'à la musique savante. Son évocation dans le contexte religieux est souvent accompagné de modèles dénotant parfois un caractère apologétique. Ainsi, pour vanter le grand pouvoir expressif de la belle voix, l'on cite l'exemple de l'ange Serafil [12] et celui du roi David.[13] Une tradition répétée assure que l'ange Serafil a la plus belle voix que Dieu ait créée. Quand il chante, tous les habitants du Ciel arrêtent leur prière et leurs louanges, les arbres bourgeonnent, les oiseaux et les Houris (femmes paradisiaques qui se distinguent par leur voix superbe),[14] mûs par l'inspiration, se mettent à entonner des hymnes qui font les délices de tous ceux qui s'étaient abstenus du plaisir musical dans ce bas monde. Quant à David, le pouvoir qu'on lui attribuait de psalmodier avec la plus belle des voix fut à l'origine d'une tradition qui raconte que Mahomet, pour exprimer son exaltation devant la belle voix d'abū Mūsā al-Ash'arī, dit: «Tu as reçu un des *mizmār* qui appartenaient à David».[15] *Mizmār* signifie ordinairement un instrument à anche, mais, dans ce cas, ce terme correspondrait à mon avis à *mazmūr* (*mizmor* en hébreu) qui veut dire psaume, impliquant la belle psalmodie de David. Par ailleurs, on attribue à la belle voix de David un pouvoir affectif extraordinaire, un charme irrésistible sur les oiseaux, les fauves et les êtres surnaturels, au point que la proximité de cette psalmodie fait tomber de nombreuses victimes. Enfin, il est dit que sa voix retentira le jour de la résurrection.

L'insistance sur cette notion de belle voix dans les sources les plus diverses nous conduit à la question de savoir en quoi consiste la beauté de la voix; y a-t-il des critères précis qui la distinguent? Disons-le tout de suite, dans le contexte religieux, la notion de beauté n'est jamais assimilée à une quelconque catégorie esthétique; on la considère uniquement sous l'angle de son expressivité éthique, destinée à donner l'ampleur nécessaire à la récitation des textes sacrés, et comme moyen de rendre le message plus touchant. Il n'en va pas de même dans le contexte de la musique savante où la belle voix est appelée à séduire, à charmer.

Dans un traité d'al-Djāḥiẓ sur les esclaves-chanteuses, qui est la première œuvre en prose à traiter de l'amour sous la forme d'un essai, il y a trois sens

---

11 L'adjectif *al-ḥasan* signifie beau, bon et bien.

12 Serafil, ou Israfil, est l'ange de la résurrection, dont l'attribut est la trompette.

13 David fait l'objet d'un certain nombre de passages coraniques où ses qualités sont vantées. Les commentateurs du Coran et les historiens des prophètes le dépeignent comme prophète et insistent sur son habileté à psalmodier.

14 Les Houris sont, d'après le Coran: «aux regards modestes, aux yeux grands et beaux que ni homme, ni démon n'aura touchées avant eux» (LV 72-74).

15 Abū Mūsa al-Ash'arī était compagnon du Prophète et l'un de ses principaux lieutenants.

Three musicians at a banquet, one singing a poem to the accompaniment of the luth. Ms. B.N. Paris, AR 6094, f. 75. (Photo: Bibliothèque Nationale.)

qui sont associés comme le dit R. Sicard (1987) «pour la vue, la contemplation d'une belle et appétissante esclave, car l'habileté [professionnelle] et la beauté se rencontrent rarement pour le plaisir des amateurs; pour l'ouïe… la joie procurée par la musique, pour le toucher, le désir sexuel et l'envie du *bāh* (coït)…». Des variations sur cette espèce d'association sont multiples dans les écrits appropriés. Six siècles après al-Djāḥiẓ, le poète ottoman Muḥyī al-dīn ibn al Khaṭīb (m. 1533) écrit que le chanteur doit remplir trois conditions pour être digne de sa profession: avoir un beau visage, une taille élancée et une expression douce. Et il ajoute que, si le chanteur est laid, il fera mieux de se cacher en chantant pour que sa laideur ne fasse pas ombrage aux délices de sa voix. Et pour conclure, il paraphrase al-Djāḥiẓ disant: «Quelle différence y a-t-il entre chant émis par une bouche qui te donne envie de l'embrasser et un chant entonné par une bouche qui t'inspire de détourner le regard?»[16].

---

16 Ce passage figure dans la *rawḍa* 31 de l'Anthologie littéraire intitulée *Rawḍat al-akhyār*….

Classification et classement des voix

En traitant de la voix et de ses qualités, on retrouve chez les théoriciens et musicographes le même souci de minutie et de recherche de nuances. Là aussi, on associe les phénomènes sonores à la phonétique, à la grammaire et aux diverses particularités de la langue arabe.

Pour illustrer notre propos, voici un exemple qui se distingue par des traits particuliers. Il s'agit de *La perfection des connaissances musicales* dont l'auteur, al-Ḥasan al-Kātib, semble avoir vécu au XIe siècle (cf. Shiloah 1972). Ce traité appartient à une catégorie spéciale d'écrits; il combine, selon la définition de son auteur, la théorie et la pratique musicales de l'époque. Il touche en effet à des problèmes concrets qui sont remarquablement analysés par un observateur qui semble avoir été un éducateur. Un coup d'œil rapide sur les quarante-trois chapitres composant ce traité nous montre d'emblée les affinités entre musique, phonétique, rhétorique, poésie et prosodie, sur lesquelles nous avons insisté dans cet article. Parmi les sujets traités séparément, fixons notre attention sur deux chapitres: le XXIII, qui traite des articulations et des données phonétiques, et le XXXV, qui expose les caractéristiques des voix.

Le premier suit de très près l'enseignement du *tadjwīd* énumérant quarante-sept sons préférentiels désignés par des dénominations propres. Une partie d'entre eux couvrent des phénomènes phonétiques, des articulations et des nuances vocaliques, les autres se réfèrent à des notions de hauteur, d'intensité, de puissance et de couleurs, leur assignant des expressions particulières. La parenté avec l'art du *tadjwīd* est surtout évidente dans la partie qui concerne la formation des lettres, leur articulation et leur prononciation exacte; nous y retrouvons le même développement, la même terminologie. Par ailleurs, une bonne partie de la nomenclature a trait à des faits d'ordre psychophysiologique correspondant à des moyens susceptibles de créer des émotions et de doter l'interprètation musicale d'un surplus d'expressivité. Les termes qui se rapportent à la hauteur et à la durée sont par exemple: le *sadjāḥ* qui désigne le son grave d'une octave et le *ṣiyāḥ*, sa réplique à l'aigu. A cela, il convient d'ajouter l'important procédé d'octaviation, considéré comme un facteur d'embellissement par excellence; le choix de l'ambitus en fonction des possibilités de la voix du chanteur, et le *tadrīdj* (gradation), l'évolution graduelle du grave à l'aigu et vice versa en observant l'homogénéité de timbre. La durée est impliquée dans un terme comme *al-tamaṭṭī*, action de prolonger un son avec le souffle aussi longtemps qu'il est possible.

Quant aux sons expressifs spéciaux, il nous semble bon d'en mentionner une douzaine, vu leur importance dans le système. Les termes seront suivis d'un bref commentaire. *Ṣarkhah*, son aigu, tenu et unique; *dadjarah*, son d'angoisse; *nazhah*, soupir d'élan; *istighāthah*, cri plaintif qui fait penser à l'appel au secours; *ta'awwuh*, l'interjection «ah!» qui traduit un soupir d'angoisse; *qahqahah*, son rappelant l'éclat de rire; *hazzah*, tremblement; *tanahhud*, une ou plusieurs notes suivies d'un soupir manifeste à la manière d'un sanglot; *ṣahīl*, notes émises graduellement à la manière du hennissement d'un cheval; *hamzah*, son de poitrine (occlusion glottale); *zakhmah*, resserrement; *takahhun*, sons accompagnés d'un bourdonnement de gorge.

Cette riche palette de timbres, je dirais cette rhétorique sonore et musicale, est probablement à l'origine de la multiplicité de types de voix que les auteurs arabes distinguent dans leurs écrits. Parmi les quelque trente variétés de voix connues, seules onze ont été retenues comme souhaitables pour la psalmodie; elles font d'ailleurs toutes partie des qualités énumérées dans le chapitre XXXV d'al-Ḥasan al-Kātib. Il est intéressant de signaler à ce propos qu'une liste plus ou moins analogue à celle d'al-Ḥasan figure chez un auteur égyptien du XXe siècle: Kamil al-Khulay (cf. Rouanet 1922). Est-il possible d'en conclure que la conception dont nous traitons aurait survécu aux vicissitudes du temps? Je pense qu'au début de notre siècle, ceci aurait pu être vrai.

Les qualifications des voix proposées par les deux auteurs précités sont: affligée; vacillante; ronde comme un bassin; complaisante; sonore/claire; puissante; rugueuse/dure; douce/lisse/légère; pure/homogène; excessive/surabondante; claquante; retentissante/métallique; criarde/perçante; tremblante; nasillarde; tendre/humide; étouffée; moelleuse; obscure/sombre; menue/délicate; réverbérante; suffoquée; flasque/nonchalante; agitée/perturbée; brisée/saccadée; rauque.

Dans cette avalanche de qualificatifs propres à nous émerveiller, il n'est pas question de classement de voix par hauteur; la classification concerne exclusivement le timbre, la puissance, l'éclat, l'épaisseur et le volume. En examinant de près la nomenclature et les témoignages, on pourrait relever une préférence générale pour les voix aiguës affectées, légèrement rauques et nasillardes.

Cette richesse de nuances et de qualités vocales souligne aussi la faculté de la voix humaine d'aboutir dans sa haute subtilité au degré lui permettant de jouer le rôle de porteuse et génératrice d'émotions qui se précisent et s'intensifient avec le concours de la parole. Mais la voix, indépendamment du rôle important qui lui est assigné dans l'interprétation musicale pure, possède un caractère expressif en soi.

C'est ainsi que le théologien al-Ghazālī (m. 1111) explique l'hostilité des juristes à l'égard du chant de la femme, car, dit-il, l'interdiction n'a pas été motivée par la musique mais par la voix; en effet, la voix féminine est séduisante même en causant[17].

---

17 Cet énoncé figure dans le chapitre sur les lois du *samā'* qui est le huitième livre du deuxième «quart» de son *Iḥyā 'ulūm al-dīn* («Revification des sciences de la religion»). A ce propos, il convient de signaler un approche semblable dans le Judaïsme, qui s'appuie sur le dicton talmudique *Qol be-'ishshah 'erva*: «la voix de la femme est impudicité» ou «femme chantant en public commet un acte impudique».

Le traitement de la voix

Pour le bon maintien de sa voix, le chanteur est tenu d'en prendre soin quotidiennement. Cet aspect des choses fait l'objet d'un chapitre particulier du même al-Ḥasan. Il s'agit des recommandations pratiques concernant surtout le régime alimentaire à observer. A ce propos, notre auteur conseille l'absorption d'eau chaude ou d'huile d'amandes à jeun, ou quand on a faim. Il recommande le jus de légumes, le froment tendre broyé mélangé avec du beurre et du sucre, la canne à sucre grillée, le jus de violette dilué dans de l'eau chaude, l'œuf à la coque, la consommation de prunes et la succion de la plante *djullāb* (julep).

Par ailleurs, la fréquentation de l'étuve, les exercices soutenus ainsi que la récitation modulée, sont de nature à augmenter la beauté de la voix. De plus, il est conseillé au chanteur d'éviter le surmenage de sa voix, les longues veillées, les chants à danser qui imposent des contraintes à la voix, le vent frais et le froid, et enfin les aliments acides.

La formation du chanteur et les développements de ses activités vocales

Il est bien entendu que le postulant doit avoir au départ un talent musical naturel, une belle voix, un sens inné du rythme et une faculté d'assimilation rapide. Pour mettre à l'épreuve ces dispositions, le maître demande au postulant de chanter différents genres de musique en observant l'émission des lettres et l'articulation. Ensuite, il examine sa déclamation poétique et la puissance de sa voix. Si le postulant est admissible, son entraînement comportera l'amélioration des postures musculaires, le conditionnement de l'émission vocale et de l'ouverture buccale, les modalités respiratoires et articulatoires. Ce travail a pour but d'agir sur les timbres et la modification des couleurs vocaliques pour enfin aboutir à la bonne diction et à la maîtrise dans l'émission des sons expressifs. Au niveau de l'interprétation, le maître est censé choisir pour son élève des chants qui s'adaptent le mieux à sa voix et à ses capacités artistiques; un mauvais choix risque de nuire à la voix du débutant et à son potentiel artistique. Pour former son goût, l'élève doit écouter longuement les grands artistes et observer leurs manières.

Nous possédons un témoignage célèbre rapporté par l'historien de l'Espagne musulmane al-Maqqarī (m. 1632)[18] qui décrit la méthode d'enseigne-

---

[18] Al-Maqqārī écrivit une longue monographie sur l'Espagne musulmane et sur le polygraphe grenadin Lisān al-dīn ibn al-Khaṭīb sous le nom de *Nafḥ al-ṭīb*.... C'est une immense compilation de renseignements historiques et littéraires (cf. Dozy et al., 1855-61 : II, 83-91; Abbas 1968: III, 122-33).

ment développée par l'illustre musicien Zīryāb[19]. Selon al-Maqqāri, «Quand Zīryāb entreprenait la formation d'un élève, il l'invitait tout d'abord à s'asseoir sur un coussin rond connu sous le nom de *miswara*, puis, si celui-ci possédait une voix forte, il lui demandait de chanter à gorge déployée; si sa voix était faible, il lui prescrivait de serrer sa taille avec un turban, car ce moyen avait le don de renforcer la voix. En effet, la colonne d'air ne se disperse pas dans ce cas en s'acheminant vers l'ouverture buccale. Si l'élève avait le défaut de tenir ses molaires rapprochées et de ne pas pouvoir ouvrir la bouche, ou s'il avait l'habitude de serrer ses dents en parlant, il le soumettait à un exercice qui consistait à introduire dans sa bouche un morceau de bois, large de trois doigts, et à l'y laisser pendant quelques nuits jusqu'à ce que ses mâchoires fussent élargies. Par ailleurs, s'il voulait mettre à l'épreuve un postulant pour savoir s'il avait ou non un talent inné pour le chant, il l'invitait à crier de toutes ses forces *ô ḥadjdjām* (ô poseur de ventouses) ou à crier *Ah!* en prolongeant sa voix. Si, en entonnant ces mots, sa voix était claire, retentissante, puissante et porteuse, sans être dépourvue de nasalité et sans souffrir d'étouffement ou de manque de souffle, il était certain que cet élève était qualifié et il acceptait de le former; sinon, il le refusait».

Pour compléter ce tableau, il convient de dire un mot aussi sur les qualités idéales d'un bon maître enseignant. Celui-ci doit être d'âge mûr, parfait dans son art et connaissant les différentes méthodes d'enseignement de l'art musical. Il doit posséder le savoir théorique, être chevronné dans la pratique, doté d'une voix claire et belle, d'une puissance équilibrée, qui ne s'étrangle pas et qui n'est pas désagréable à entendre. Ces conditions sont d'autant plus importantes qu'il s'agit d'un enseignement oral et non systématisé qui, dans une large mesure, rend l'élève dépendant de son maître. Celui-ci, en effet, devient pour lui le principal modèle à imiter jusqu'au stade où son imagination créatrice lui permet de s'en détacher. Les étapes de cette démarche complexe peuvent se résumer ainsi: acquisition des connaissances de base et développement des qualités vocales, familiarisation avec le répertoire, mémorisation d'un grand nombre de chants de genres différents en s'exerçant à imiter leur modèle, et enfin, si le talent du postulant le permet, la mise en valeur de ses apports personnels.

L'excellence du chanteur-musicien

A la lumière de ce que nous venons d'exposer en détail, nous nous proposons de brosser, en guise de sommaire, l'image idéale du parfait chanteur-musicien. La question de savoir quelles sont les conditions qui font un bon chanteur-mu-

[19] Zīryāb, musicien bagdadien et élève du célèbre Isḥāq al-Mawṣilī (m. 850), se voit repoussé par la jalousie de son maître; il s'embarque, en 821, pour l'Andalousie sur l'invitation du calife 'Abd al-Raḥmān. A Cordoue, il devient le musicien en chef de la cour et le fondateur de l'école musicale andalouse.

sicien est souvent posée dans les sources; elle fait son apparition déjà au moment où le nouvel art commence à se cristalliser après l'avènement de l'Islam.

En synthétisant les diverses opinions, nous pouvons retenir les conditions suivantes: en dehors de dispositions musicales innées, de qualités vocales recherchées et de vertus artistiques admises et normalisées, le parfait chanteur-musicien devait se distinguer par sa vaste culture, son éloquence, son art de discourir avec compétence sur les divers domaines du savoir. Répondant à cet idéal, le parfait chanteur-musicien des premiers siècles de l'Islam arrivait à manier avec bonheur aussi bien la musique que la poésie, et grâce à ses compositions, les portes de la cour s'ouvraient au poète dont les vers avaient été mis en musique.

Un musicien qui, de l'avis de tous ses contemporains, remplissait à la perfection ces conditions, fut le célèbre Isḥāq al-Mawṣilī (m. 850). Son éducation avait été assurée par les meilleurs professeurs de lecture coranique, de grammaire, de poésie, de la science de la tradition (*ḥadīth*) et de jurisprudence. Ses connaissances lui permettaient aussi bien de tenir sa place dans une assemblée savante que de mener une conversation distrayante. Ses trente-neuf écrits sur la musique couronnent ses exploits exceptionnels; mais hélas! ils sont tous perdus[20]. Il y a là de quoi faire rêver tout musicien de valeur, quels que soient le temps et la culture auxquels il appartient.

Parmi les définitions de l'excellence du musicien qui abondent dans la littérature, nous trouvons les qualités suivantes: «Avoir de la vivacité d'esprit et de la subtilité dans l'assimilation; bien contrôler la respiration; savoir manipuler les différents genres musicaux; être capable de deviner la pensée et les souhaits de ses auditeurs en donnant satisfaction au désir de chacun tout en se mettant d'accord avec le sentiment qu'il éprouve».

Comme complément à ces idées, glanées dans les propos des grands maîtres du passé, nous aimerions citer en guise de conclusion une définition d'un grand musicien du premier siècle de l'Islam réunissant de façon condensée les aspects essentiels discutés dans cette étude.

Répondant à une question sur les qualités qui distinguent le parfait chanteur-musicien, question formulée par Mālik ibn al-Samaḥ (m. env. 136/754), Ibn Suryadj (m. 107/726) dit: «[C'est] le musicien qui enrichit les mélodies, qui a un souffle long, qui confère de la proportion aux mesures, qui donne de l'emphase à la prononciation, qui respecte les inflexions grammaticales, qui soutient les notes longues pendant toute leur durée, qui détache distinctement les notes brèves et qui, enfin, utilise correctement les différents genres rythmiques». Quand cette définition fut portée à la connaissance du musicien Ma'bad (m. 125/743), il s'exclama: «S'il y avait un Coran pour la musique, il ne saurait pas être autrement».

---

[20] La liste complète de ses écrits figure dans le catalogue des livres en langue arabe *Kitāb al-fihrist* écrit par ibn al-Nadīm (m. 995).

Bibliographie

ABBAS Ihsan (ed.)
1968 Al-Maqqārī: *Nafḥ al-ṭīb min ghuṣn al-andalus al-raṭīb…* 8 vol. Beirut.

DOZY R., DUGAT G., KREHL Ludolf et WRIGHT W.
1855-1861 *Analectes sur l'histoire et la littérature des Arabes d'Espagne, par al-Maqqārī.* Leiden: Brill.

DURING Jean
1988 *Musique et extase. L'audition spirituelle dans la tradition soufie.* Paris: Albin Michel.

ERLANGER baron Rodolphe d'
1930-1959 *La musique arabe.* 6 vol. Paris: Geuthner.

FARMER Henry-George
1929 *A history of Arabian music to the XIIIth century.* London: Luzac.

GHATTAS A. et HEFNI M. (ed.)
1967 *Kitāb al-mūsīqī al-kabīr d'al-fārābī.* Cairo.

MASSIGNON Louis
1958-1961 «Voyelles sémitiques et sémantique musicale», *in: Encyclopédie de la musique* I: 79-83. Paris: Fasquelle.

MOLÉ Marijan
1963 «La danse extatique en Islam», *in: Les danses sacrées.* Paris: Seuil. [Sources orientales 6]: pp. 145-280.

RITTER Hellmuth
1955 *Das Meer der Seele.* Leiden: Brill.

ROBSON James (ed. and trad.)
1938 *Tracts on Listening to Music. Being dhamm al-malāhī by Ibn abi'l Dunya and Bawāriq al-ilmā' by Majd al-dīn al-Ghazālī.* London.

ROSEN Haiim
1989 «Nouveaux regards sur l'expression poétique d'Homère», *Revue des études grecques* (Paris) CII, 2: 263-83.

ROSENTHAL Franz (trad.)
1958 *The Muqaddimah. An Introduction to History.* 3 vol. New York: Bollingen.

ROUANET Jules
1922 «La musique arabe», *in:* A. Lavignac *Encyclopédie de la musique et dictionnaire du Conservatoire.* 1re partie, t. V: 2676-2812. Paris: Delagrave.

SICARD R.
1987 «L'amour dans la *riṣālat al-qiyān* – Essai sur les esclaves-chanteuses – de Gāḥiẓ», *Arabica* XXXIV: 326-38.

SHILOAH Amnon
1972 *La perfection des connaissances musicales.* Paris: Geuthner.
1979 *The Theory of Music in Arabic Writings.* München: Répertoire international de sources musicales.

SLANE W.M.G., baron de
1863-1868 *Les prolégomènes d'Ibn Khaldun…* Reproduction photomécanique de la première partie des tomes XIX, XX et XXI des notices et extraits des mss. de la BN, Paris.

TALBI M.
1958 «La Qirā'ah bi-l-alḥān», *Arabica* V: 183-90.G

XV

An Eighteenth-Century Critic of Taste and Good Taste

Only in the last few years has Charles Fonton's *Essai sur la musique orientale comparée à la musique européenne*—one of the earliest and most important studies of Turkish music by a European—received the attention that it merits. Fonton's manuscript (Bibliothèque Nationale, n.a. 4023), dated 1751, contains a wealth of information, with drawings of instruments and six examples in musical notation. It was preceded only by the work of the converted Pole Albert Bobovsky, alias 'Ali Beg (d. 1675)[1] and the Romanian Prince Demetrius Cantemir (1673–1723),[2] to whom Fonton refers several times with the utmost reverence. Yet Fonton's work never received the approbation and esteem accorded to La Borde's *Essai sur la musique ancienne et moderne* (1780), which includes chapters on Arab and Turkish music, and to the subsequent writings of Villoteau (1823, 1826) and Kiesewetter (1842).

In 1838, the *Revue et Gazette Musicale* printed a short summary of the contents of Fonton's essay, prefaced by the judgment that his work had lost all value upon the appearance of Villoteau's contributions to *La Description de l'Égypte* (Villoteau 1823, 1826). This editorial comment was repeated in Fétis's short entry on Fonton in his *Biographie universelle des musiciens* (which may have been drawn, as well, from Michaud 1856): "A French Orientalist, lived in Constantinople in 1751, as indicated by the date affixed to the two manuscripts found in the Bibliothèque Impériale. The author seems to have been little versed in the matter he treats; his work, as a matter of fact, became valueless after the publication of Villoteau" (1874:291). Nearly a century later, Alexander Ringer remarked upon the importance of Fonton's "virtually unknown account of Turkish instrumental music," which "not only draws attention to the rhythmic patterns of Arabic music but also makes some pertinent observations concerning the inadequacy of Western notation for the transcription of Eastern melodies" (1965:116). Not until 1985 was the full French text of the manuscript published, with extensive critical notes, by Eckhard Neubauer (Neubauer 1985–86). Most recently, the Turkish musicologist Cem Bahar (1987) has published a Turkish translation of the essay, with an important introduction on Fonton and his times. In Bahar's work, the value of this early source is assessed by an expert who is native to the culture treated by Fonton.

Three reasons may have been instrumental in consigning Fonton's work to oblivion. (1) He was neither a professional musician nor a recognized musicographer and therefore may not have been taken seriously by experts in the field. (2) The essay deals basically with questions related to performance practice and its theory. Consequently, it is not conceived in a rigorous, systematic manner and excludes more ordinary theoretical aspects such as scales and modes. It may therefore have been considered merely a curious, rather amateurish endeavor. (3) Last but not least, particularly in its initial pages, Fonton's essay contains harsh and cogent criticism of what may be called ethnocentric European views with regard to Oriental musical cultures in general.

These are the very attributes that imbue this work with great value for us. For example, to inculcate better understanding, Fonton recommends what modern terminology would call an "emic" approach. The freshness of the text, the personal stamp it bears, and the pertinent observations resulting from the author's long exposure to Ottoman musical culture make the essay much more important for us than the types of ethnomusicological observation that are included in the anthology compiled by Frank Harrison (1973).

Fonton provides invaluable information on musical practice during the first half of the eighteenth century in the flourishing center of Constantinople. His chapters on rhythm and rhythmic modes, as well as the extensive organological notes, offer painstakingly accurate analysis of a subject the author knew well. Fonton was in all likelihood proficient in handling an instrument; Cem Bahar assumes that he had learned to play the *tanbur*. From an ethnological point of view, Fonton's argument with his contemporaries' flawed approach and misjudgment of non-Western musical cultures is most significant and revealing. The present essay thus concentates mainly on this aspect and attempts to illuminate it against a broad background.

Fonton was officially sent to Constantinople as a *jeune de langues* (literally "youth of languages"), a translation of the Turkish *dil oglan*. The institution of jeunes de langues had been decreed in 1669 by Colbert, to prepare *drogmans* (interpreters) to serve with the French diplomatic and consular corps in the Levant. According to the provisions of the decree, six French youths of nine to ten years were to be sent to the Capuchin monastery in Constantinople to study Oriental languages and cultures. The cost of their education, which amounted to 300 pounds for each child, was defrayed by the Marseilles Chamber of Commerce. This explains the fact that Fonton's essay, written as a dissertation to prove that he had fulfilled his obligations and was qualified to work in the profession, was addressed to Monseigneur Rouille, Ministre de la Marine. The covering letter suggests that Rouille was particularly interested in the state of the arts and sciences among the Orientals, but the real reason for the choice of subject matter was in all likelihood Fonton's own penchant for and proficiency in music and his knowledge of the musical scene of his time.

According to Gustave Dupont-Ferrier (1921:420), Fonton was born on December 4, 1725. He was admitted to the Parisian school of Jeunes de Langues attached to the Collège Louis-le-Grand, which was then run by Jesuits. He graduated in 1746, in natural sciences, and was sent the same year to Constantinople for five years. From 1753 to 1778, he served in Aleppo, Cairo, and Izmir. The date of Fonton's death is unknown, but we do know that his son followed in his footsteps and also became an interpreter.

For an understanding of the original views that Fonton elaborates in his introductory prologue it is important to note that his arguments bear directly on the major ideas and concerns surrounding the operatic rivalry in France and the impassioned controversy over French and Italian opera. However, although he argues on the same ground and uses the same idiom as his contemporaries, Fonton reaches different conclusions.

In three concise sentences at the beginning of his prologue, Fonton clarifies his fundamental approach to the two facets of the art of music, the universal and the particular. This opening is the point of departure for a discussion of the cultivation of an appropriate attitude toward non-European musical traditions in general and Oriental musical traditions in particular. Fonton's initial sentences formulate his principal ideas:

> The divine art of music, which need only be named to be acclaimed and extolled, has as many followers in the world as the world has people. Its empire encompasses all who breathe, and there is no clime, be it ever so barbaric, where music's sweetness and charm are not recognized. Each nation has its own music, and the taste for it is as particular to each as it is general to all. Being a divine art, music should be looked upon as a revelation common to all human beings; all share equally its delight and effect, as through its medium all seek to satisfy the same basic needs. And yet, when it comes to taste, there is wide divergence with respect to that which is innate to each particular nation.

The concepts of "taste" (*goût*) and "good taste" (*bon goût*) were at the center of a lively debate among Fonton's contemporaries. Fonton speaks only once of "good taste," perhaps trying to avoid the value judgment it connotes. In the course of his prologue he is probably referring to contemporary theories about musical taste in the context of the controversy regarding French and Italian music.

Fonton's remarks may have been inspired by a well-known work, the *Traité du bon goût en musique* by Le Cerf de la Viéville, Seigneur de Freneuse (excerpts translated in Strunk 1950:489–507). This treatise forms part of the sixth dialogue of the *Comparaison de la musique italienne et de la musique française,* written between 1704 and 1706 in answer to Raguenet's attack on Lully, whom de Freneuse ardently admired. In the framework of a learned discussion about the best way of judging things, one of the Seigneur's protagonists enumerates the following criteria: thorough knowledge of and long familiarity with the matter under consideration; how it compares with other things of its kind; and, above all, good taste. The latter is said to be formed by the union of "our inward feeling" and "rules" or "established precepts." Such an approach, wherein good taste is conceived as superior judgment comprising experience and observation, inward feeling and codified rules based on intellectual processes, makes no explicit claim to be absolute and therefore applicable to all men. The question of whether individual norms might vary in response to diversity of taste remains open.

Fonton's answer to this question may be compared with that of his contemporary, Johann Joachim Quantz. In the final chapter of Quantz's *Versuch einer Anweisung die Flöte traversière zu spielen,* paragraphs 52 and 53, we read "The divergence in taste which asserts itself in all the various nations that take any pleasure at all in art has the greatest influence on musical judgment. . . . Every nation, unless it belongs among the barbarians, has in its music some one quality which pleases it pre-eminently and above all others" (1752, XVIII, in Strunk 1950:592). We still do not know exactly who the barbarous nations are, but as we read on, it becomes clear that "all the various nations" eventually narrow down to two that were the outstanding arbiters of good taste in music: "In recent times, however, two nations have not only acquired special merit through their improvement of musical taste, but have also, in following their innate temperamental inclinations, come to diverge pre-eminently from one another in this respect. These nations are the Italian and the French. The two peoples have been seduced into setting themselves up as arbiters of good taste in music and for several centuries they have been the musical lawgivers" (ibid.). Further on, Quantz undertakes to characterize the music of the Italians, French, and Germans, and to show how their distinctive tastes affect their treatment of parallel themes. Are these ideas meant to convince us that not all nations have musical taste or are privileged to enjoy the sublime quality of "good taste"?

The above opinions are the general background against which Fonton presents his argumentation. He pits himself against the egocentric views and warped attitudes of his European colleagues toward the music of the "other." His point of departure is Quantz's discussion of divergent taste. Fonton contends that this diversity actually applies to all nations and to all of the arts; consequently, it is not the exclusive property of a few European nations. Art asserts itself in all nations and reflects their respective values, norms, manners, feelings, and ways of thinking. Hence it does not and cannot comply with the abstract norms and contentions of what is known as "good taste." It is repugnant for any given culture to conclude that others do not have art, or take no pleasure in art, merely because it does not conform to certain rules and is contrary to that very culture's logic and rules of good judgment. In so doing, the European arbiters of good taste rely on false impressions and prejudices, that is to say, on the more aberrant of "inward feelings." This approach is recognized as wrong when applied to Western music but is used to condemn inexorably the music of the "other." Such prejudice, leading inevitably to baseless conclusions, becomes even more deplorable when combined with partiality and misjudgment.

Fonton goes further and openly accuses his contemporaries of permitting themselves to be guided by self-love, which we would now call ethnocentrism. He writes: "One imagines, and this surely comes from judgment dictated by self-love, that the alien nations, chiefly those who dwell outside Europe, are deprived of any sort of knowledge and are immersed in the deepest, darkest ignorance." He rebels against such an insulting generalization but, as he says, he refrains from arguing with it, to avoid digressing from his main theme. Then, turning to the music itself, he declares dramatically that he can already hear the excited outcry of his critics who will accuse him of debasing and dishonoring this noble art in ascribing it to "barbaric, crude people who are totally incapable of appreciating its value." These are probably the very same "barbarous nations" whom Quantz excluded from those that "take any pleasure in art."

Expressing himself boldly and harshly, Fonton continues to put into the mouths of his critics a concentration of the worst conceivable stereotypes used to describe the alien music of the "other": "How can we, they would say, make so light of the word music as to apply it to a motley collection of untuned instruments, dissonant voices, graceless movements, unrefined songs, bizarre mixtures of low and high sounds, ill-assorted, disparate, cacophonous tunes, in brief, a monstrous symphony designed to inspire aversion and horror rather than to evoke captivating pleasure? This is the prevalent concept of any music that is not European, an entirely erroneous perception founded on universal prejudice that passes judgment without due examination and condemns without knowledge." Fonton's scathing censure reaches a climax here, as he accuses his European colleagues not only of prejudice fed—albeit in good faith—by ignorance, but also of partiality and misjudgment nourished by ethnocentric views.

May he not have been exaggerating to sharpen the thrust of his argument? Perhaps not all of his contemporaries were so arrogant, intolerant, and egocentric. Indeed, let us examine the case of one who supposedly sympathized with his views. The European composer and musicographer Blainville, who spent some time in Constantinople and even learned to handle Turkish instruments, wrote as follows in a chapter devoted to Turkish music: "A Turk told me that if he could make use of our beautiful musical pieces, he would soon abandon their insignificant Turkish airs and *chansonettes.*" Blainville concludes philosophically, "Yes, Plato would have persuaded this people that good, beautiful music is always to be preferred." Then he goes on to state that the Turks have neither art nor science, and at the close of the section devoted to Turkish music he says: "I will not mention Persian, Mongol, or Indian music here at all; they are of the same genre as Turkish music, all are more or less the same" (Blainville 1747:63–65).

Having let off steam and expressed his contemptuous irritation with the narrow, biased intolerance of his contemporaries, Fonton turns to a more constructive way of explaining diversities of taste. He states that within its own genre, Oriental music has its own beauty and its own criteria for judging that beauty. He admits that an ear that is not naturally attuned to a different type of music would certainly suffer upon hearing it for the first time. This holds true for the Orientals as well: "They will be as insensitive as rocks to the harmonious accents of the Lullys and the Tartinis." Long exposure and experience as well as the willingness to be exposed to and to admit that the "other" too has an art, will help to reveal the unique beauties particular to a different culture. Diversity of taste is due to the different influences impinging on each individual as a result of "the climate he is born into, the nature of the air he breathes, the various things that affect him, the diverse impressions that generate different penchants and inclinations, different ways of thinking, feeling and behaving." The nature of a given taste, then, is determined by the physical and sociological environment; its norms are determined by the culture, based on maximum uniformity and on those attributes of taste common to its adherents.

Turning to the then-accepted definition of good taste, Fonton says, "But this definition would not fit the tastes of different nations when compared to each other. French taste is entirely different from Italian, Italian from German, and German from English. Nevertheless, each of them, moving in different, even opposing, directions, claims to follow good taste. It would be impossible to decide among them." He then concludes that the most desirable state would be to belong to no country at all, that is, to appear on the face of the earth without having been born into any one of these four countries.

Fonton is aware that his argumentation can be refuted by the claim that rules defining the beautiful, the good, and the true are general and common to all, because they obey the dictates of reason that are shared by all people. He agrees that reason is the supreme, infallible judge, but adds that, in effect, most things are subject to relative and arbitrary considerations. Reason, as part and parcel of the Divine intelligence, is indeed the same in all creatures, but once planted in the human being it becomes the captive of the body that envelops it and the recipient of all the impressions and perceptions of exterior objects transmitted to it by the senses. This divergent perception of objects leads to different ways of thinking that in turn generate different ideas, implying that the norms of judgment are relative and culture bound. Fonton formulates this as follows: "A thing is not beautiful until it is seen within the context of the genius of each nation."

Nevertheless, most people have the potential capacity to listen appreciatively to alien sounds after several hearings; the ear that is naturally pained the first time it hears strange music may, upon better acquaintance, find it delightful. Some ears, however, are so constructed as to be irreversibly attuned to a single, familiar musical genre, and may categorically reject any new vibration. It is not to such organs that Fonton's essay is addressed, nor does he consider it his task to sing the praises of Oriental music and to strive by all possible means to gain advocates. To render his presentation more explicit and accessible to the European reader, he chooses to use a special method of comparison: in comparing Turkish with European music, he endeavors to emphasize the differences between them rather than to parallel their beauty.

In his prologue, Fonton provides a synopsis of the four chapters that comprise his essay, stressing that his observations are based on musical practice and not on theoretical sources. He maintains that he was unable to find good, authoritative examples of the latter.

The first chapter of the essay deals with the Oriental view of the origin of music. In this connection Fonton records a number of legends and presents a pseudohistoric, "emic" interpretation, indicating what he considers credible and what should be seen as anecdotal. A short "historical" survey relates the chain of succession from the Persians to the Turks, ending with a fifteenth-century "reformer" named Hodjia (*sic*), who restored the musical art and to whom Fonton devotes several pages of anecdotes. This is followed by an account of the flourishing court of Sultan Ahmet III, in the period immediately prior to Fonton's own time. He mentions Greek, Arab, and Jewish musicians, as well as the Romanian Prince Demetrius Cantemir.

The second chapter provides a brief characterization of Italian, French, and German music before describing comparable attributes of Oriental music.

The third chapter deals with the general rules governing Oriental music. Criticizing the weakness of the Orientals with respect to systematic theory, Fonton nevertheless extols the merit of the musicians who are "more skilled connoisseurs and observers than the Europeans . . . and have a sure ear." Remarks about intervals, scales, the absence of a notational system, and the inadequacy of Western notation for the transcription of Eastern melodies are followed by an important description of the Turkish rhythmic system and twenty-eight rhythmic modes (*uṣūl*). Equally important is the subsequent treatment of the musicians' artistry and creativity with reference to major forms such as the *peshref* and *taqsīm*, and to the ethical connotations of a musical performance.

The fourth chapter deals with the tremendous power the Orientals ascribe to music. "This is perhaps the only chapter," says Fonton, "in which their views coincide with ours." To illustrate this point, he contents himself with one example gleaned from a Turkish treatise on music, recording a fictional story about the famous theorist Safī al-Dīn (d. 1294). Safī al-Dīn is the only figure from an earlier historical period whom Fonton mentions. Fonton provides appendices that include very important organological notes on the *ney* (flute), tanbur (long-necked lute), *miskal* (panpipe), and *kaman* (fiddle). Each entry is accompanied by a sketch drawn by another jeune de langues, Jean-Baptiste Adanson. He added a final drawing depicting an ensemble that includes the aforementioned instruments plus a drum.

The aim of this essay has been to draw attention to the original ideas that Fonton elaborated in his introductory prologue, some of which are strikingly similar to the major concerns of modern ethnomusicology. Further exploration of Fonton's essay and its appendices must be reserved for another occasion.

NOTES

1. Albert Bobovsky was *drogman* (interpreter) to the Sultan Mehmed IV. He wrote a book on Turkish music (Bibliothèque Nationale, ms. turc 292) in which he included a large number of Turkish compositions recorded in Western notation.

2. Cantemir acquired an extensive knowledge of Turkish music and, according to Fonton, was a dextrous *tanbur* player who performed for the Sultan Ahmet III. He wrote a treatise on Turkish music and transcribed 150 compositions using a notation that he invented. One of these compositions is included among the notated examples reported by Fonton.

LIST OF REFERENCES

Behar, Cem. *Charles Fonton*, Yüzyilda Türk Müziği, Pan Yayincilik 5, 1987. (Turkish).

Blainville, Charles-Henri. *Histoire générale, critique et philologique de la musique.* Paris: Pissot, 1767, 420-431.

Dupont-Ferrier, Gustave. *Du Collège de Clermont au Lycée Louis le Grand (1563-1920)*, vol. 3. Paris: E. de Brocard, 1925.

Fétis, Francois-Joseph. *Biographie universelle des musiciens*, vol. 3. Paris: Firmin, Didot, 1874.

Harrison, Frank, ed. *Time, Place and Music: An Anthology of Ethnomusicological Observation c. 1550 to c. 1800*. Amsterdam: Frits Knuf, 1973.

Kiesewetter, Raphael Georg. *Die Musik der Araber*. Leipzig: Breitkopf & Härtel, 1842.

Michaud, Joseph. *Biographie Universelle ancienne et moderne*, vol. 14. Paris, 1856, p. 365.

Neubauer, Eckhard. "Der Essai sur la musique orientale von Charles Fonton (Text-teil)," *Zeitschrift für Geschichte der Arabisch-Islamischen Wissenschaften* 2, 1985, 277-324.

Neubauer, Eckhard. "Der Essai sur la musique orientale von Charles Fonton (Einleitung und Indices)," *Zeitschrift für Geschichte der Arabisch-Islamischen Wissenschaften* 3, 1986, 335-76.

Ringer, Alexander L. "On the Question of Exoticism in 19th Century Music," *Studia Musicologia* 7, 1965, 115-23.

Strunk, Oliver, compiler. *Source Readings in Music History*. New York: Norton, 1950.

Villoteau, Guillaume-André. *Description historique, technique et littéraire, des instruments de musique des orientaux — Description de l'Egypte*, vol. 13. 2nd edn. Paris: C.L.F. Panckoucke, 1823.

Villoteau, Guillaume-André. *De l'état actuel de l'art musical en Egypte, ou relation historique et descriptive des recherches et observations faites sur la musique en ce pays —Description de l'Egypte*, vol. 14. 2nd edn. Paris: C.L.F. Panckoucke, 1826.

INDEX